당신이 나를 위한 바로
# 그 사람 인가요

Are you the one for me?

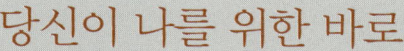

Barbara De Angelis 저 | 서영석 역

ARE YOU THE ONE FOR ME?
Knowing Who's Right & Avoiding Who's Wrong
by Barbara De Angelis

Korean Translation Copyright ⓒ 2008 by Hakjisa Publisher
This translation is arranged with Harvey Klinger, Inc.
through EYA (Eric Yang Agency)

Copyright ⓒ 1992 by Barbara De Angelis
All rights reserved.

본 저작물의 한국어판 저작권은 EYA (Eric Yang Agency)를 통한
Harvey Klinger, Inc. 사와의 독점계약으로 한국어 판권을 학지사가 소유합니다.
신 저작권법에 의해 한국 내에서 보호를 받는 저작물이므로
무단전재와 무단복제를 금합니다.

## 역자 서문

처음 이 책을 접한 건 2년 전 미국의 어느 작은 동네 서점에서였다. 우선 책의 제목이 흥미로웠고, 저자가 오프라 윈프리 쇼에도 출연했던 유명인이라는 사실이 흥미를 더해 주었다. 하지만 상담자와 한 여인으로서의 경험들을 진술하고 설득력 있게 이야기하고 있는 점이 마음에 더 와 닿았다. "당신이 나를 위한 바로 그 사람인가요?" 현재 누군가를 사귀고 있는 사람들, 지금 이 순간에도 누군가를 찾고 있는 사람들, 혹은 나처럼 그 한 사람을 찾았다고 생각하는 사람들에게 한 번쯤 돌아보고 되새기게 만드는 질문이다.

첫 장의 제목이 '사랑만으론 충분치 않다'라는 점에서 볼 수 있듯이, 이 책에는 평소 우리가 지니고 있는 생각들에 도전하는 내용들이 많다. 특정 유형의 사람들에게 반복해서 끌리는 심리적인 이유, 관계 초기에 범하기 쉬운 실수들 그리고 좋은 관계로 나아가기 어려운 유형 등 관계에서 유의해야 할 내용들을 사례를 들어 이해하기 쉽게 제시하고 있다. 또한 누가 맞지 않는 사람인지, 반면에 누가 건강하고 잘 어울리는 사람인지를 명료하게 기술하고 있다.

  남자와 여자의 심리적 특성들이 어떻게 다르고 관계에서 요구하는 것들이 어떤 차이를 보이는지를 이야기하는 책은 주변에 많다. 하지만, 관계에서 범하기 쉬운 실수들은 무엇이고, 이를 극복하기 위해서는 어떤 점들을 고려해야 하는지를 사례를 들어 제시하고 있는 책은 찾아보기 어렵다. 그런 점에서 이 책은 의미 있는 관계를 맺고 싶어 하는 모든 사람들에게 좋은 길잡이가 될 것이다. 특히, 이전 관계에서 상처받은 사람들, 현재 관계를 맺고 있지만 다양한 이유로 서로의 미래에 대해 회의적인 사람들에게 하나의 방향판과 같은 역할을 할 것으로 기대한다. 또한 이 책이 연인과의 관계에서 탐색해 봐야 할 구체적인 주제들을 제시하고 있다는 점에서 관계로 인해 힘들어하는 사람들을 상대하는 상담자들에게도 좋은 상담소재를 제공한다고 생각한다.

  관계는 '양날을 지닌 칼' 과도 같다. 한편으론 사랑받고 싶고 기대고 싶은 인간의 기본적인 욕구를 채워 주는 반면, 그 어떤 것보다도 상처를 많이 주는 것이 관계다. 관계가 가까우면 가까울수록 그 속에서 충족되는 욕구가 많은 것이 사실이지만 그만큼 더 쉽게 상처를 받을 수 있다. 이러한 이유 때문에 특히 열정으로 가득한 연인 간의 관계에서는 좀 더 신중하고 사려 깊은 판단이 요구된다. 사랑의 모험을 시작하는 사람들에게 도움이 되기를 기대한다.

끝으로 교정 등의 번거로운 일에 수고를 아끼지 않은 건국대학교 상담심리 대학원생들과 이 책의 출판을 허락해 주시고 많은 지원을 해 주신 학지사 김진환 사장님께 진심으로 감사드린다.

2007년
서영석

## 감사의 글

다음 분들에게 제 고마움을 표현하고 싶습니다.

저를 믿어 주고 제가 필요한 것을 정확히 알아서 해 주신, 이 책의 제목까지 만들어 주신 저자권 대리인 하비 클링어 씨께 감사드립니다. 당신은 최고입니다!

라디오, 편지 그리고 제 세미나를 통해 자신의 고통과 성장을 저와 함께 공유했던 모든 분들에게 감사드립니다. 제가 이 책을 써야 하는 이유를 보여 주셨고 용기를 내서 자신의 마음을 치유해 주셨습니다.

이 책을 쓰는 내내 앉은 채로 또는 잠든 채로 내 옆에 있어 줬던 내 베스트프렌드이자 애완견인 '비쥬', 완전한 사랑과 헌신을 보여 줘서, 그리고 지속적인 위안의 원천이 돼 줘서 고맙다. 내가 언제쯤 충분히 일했다는 것을 알고 나와 함께 산책을 해 준, 그래서 진정 중요한 것이 무엇인지를 일깨워 준 내 소중한 강아지, 고맙다.

무엇보다, 내 마음의 진정한 동반자인 남편 제프리 제임스, 고맙다는 말로는 당신의 사랑과 친절함, 인내와 충성에 대한 제 고마움을 표현하기가 부족합니다. 당신이 없었다면 전 이 책을 쓸 수 없었을 겁니다. 왜냐하면 당신이 없었다면 이 책에서 말하려고 하는 건강한 관계를 경험할 수 없었을 테니까요. 나를 가르쳐 주고, 내 빛이 되어 주고, 내 안식처가 되어 줘서 고맙습니다. 내가 아름다울 때만이 아니라, 오랫동안 잠옷을 입고 안경을 쓴 채로 컴퓨터 앞에 앉아 있을 때에도 날 사랑해 줘서 고맙습니다. 떠나지 않고 내 마음속에 존재하는 놀란 어린 소녀를 치유하는 것을 도와줘서 고맙습니다. 언제나 변함없이 당신을 사랑합니다.

Barbara De Angelis

# CONTENTS

03 역자 서문
06 감사의 글

**첫 번째 이야기**
## 사랑의 선택 이해하기

12  **01** s·t·o·r·y  사랑만으론 충분치 않다
66  **02** s·t·o·r·y  사랑하는 사람을 선택하는 이유
112 **03** s·t·o·r·y  사랑에 빠지는 잘못된 이유
152 **04** s·t·o·r·y  관계 초기에 범하는 여섯 가지 큰 실수

**두 번째 이야기**
## 맞지 않는 사람 피하기

200 **05** s·t·o·r·y  잘될 수 없는 열 가지 관계 유형
248 **06** s·t·o·r·y  치명적 결함
334 **07** s·t·o·r·y  융화의 시한폭탄

### 세 번째 이야기
# 누가 맞는지 알기

| | | |
|---|---|---|
| 400 | 08 S·t·o·r·y | 파트너에게서 찾아야 할 여섯 가지 특징 |
| 424 | 09 S·t·o·r·y | 성적 공명: 무엇이 당신을 흥분시키고 무엇이 그렇지 않은가 |
| 458 | 10 S·t·o·r·y | 융화: 당신에게 맞는 사람 찾기 |
| 496 | 11 S·t·o·r·y | 전념하기: 그 관계가 옳은 것일 때 전념하고 지키며, 옳지 못할 때 떠나 보내기 |
| 540 | 12 S·t·o·r·y | 사랑의 모험 |

첫 번째 이야기

# 사랑의 선택 이해하기

당신은 어둠 속에서 사랑하는 사람 옆에 누워 있습니다. 그의 숨소리로 그가 잠이 들었다는 것을 알 수 있습니다. 그의 얼굴 윤곽을 바라보며 이 관계의 미래가 궁금해집니다. 당신은 그가 당신과 결혼하고 싶어 한다는 것을 알고 있습니다. 당신도 그 사람을 사랑하고 있고 그 사람이 없는 삶은 상상할 수도 없습니다. 그러나 그와 결혼한다는 생각을 하면 두려워집니다. 이 사람에게 전념했는데 나중에 더 좋은 사람이 나타난다면 어떻게 할까요? 이 사람이 당신에게 맞는 바로 그 사람이라고 어떻게 확신할 수 있을까요?

당신은 남편과 피자를 먹으면서 텔레비전을 보고 있습니다. 이번 주에 처음으로 둘만의 시간을 보내고 있습니다. 다음 달에 결혼 10주년 기념일이 있다는 사실이 믿겨지지가 않습니다. 만족스러운 십 년의 세월이었습니다. 비록 결혼생활에 큰 문제는 없었지만, 간혹 옳은 선택을 한 것인지 궁금해집니다. 남편을 사랑하지만 처음 만났을 때처럼 사랑에 빠져 있다고는 생각되지 않습니다. 소파에 앉아 있는 남편을 힐끔 쳐다보면서 당신이 진정 만족하고 있는지, 아니면 단순히 편하게 느끼고 있는 것은 아닌지 스스로에게 질문합니다. 다른 사람과 함께라면 더 행복할까요? 남편이 당신을 위한 완벽한 파트너인가요?

당신은 지금 변호사 사무실에 앉아서 이혼서류들을 바라보고 있습니다. 당신이 서명을 하면 결혼생활은 공식적으로 끝이 납니다. 펜을 쥐고 있는 손이 떨리고 있고 마음속에 수많은 기억들이 넘쳐나서 눈물이 고입니다. 그가 당신에게 처음 키스하던 순간, 그가 청혼하던 밤, 결혼식 날 느꼈던 기쁨, 처음으로 집을 사서 고칠 때 느꼈던 재미, 아이들이 태어났을 때 가졌던 친밀감, 그의 팔에 안겨 느꼈던 안락함, 미래에 대한 희망과 꿈, 계획…… 이런 식으로 끝날 거라고는 꿈에도 생각해 본 적이 없습니다. 이 관계가 잘될 거라 너무도 확신했고, 그 사람이 바로 당신을 위한 사람이라고 그렇게도 자신했습니다. 그러나 지금은 이혼서류에 서명을 하면서 스스로에게 다음과 같이 묻고 있습니다. '내가 왜 그것을 보지 못했을까? 이 관계가 영원히 지속되지 않을 거라는 것을 어떻게 하면 알 수 있었을까? 왜 내가 잘못된 선택을 한 것일까?'

## 01 S·t·o·r·y
# 사랑만으론 충분치 않다

사랑에 빠지는 것은 마술같이 강력한 경험입니다. 처음에는 매번 하는 키스와 대화 그리고 모든 순간이 그렇게 좋아 보이고 완벽해 보입니다. 그러나 곧 그 매력과 심취는 '관계'가 되고, 다른 사람과 함께 삶을 공유하는 도전적인 현실에 마주치게 됩니다. 매혹적인 몇 주가 몇 개월이 되면서, 어느 날 우리는 스스로에게 '이 사람이 나에게 맞는 사람일까?'라고 질문을 하게 됩니다.

여러분이 진지한 관계를 경험해 본 적이 있다면 관계에 전념하기 전이나 결혼하기 전, 또는 관계가 잘되고 있지 않을 때나 영원히 헤어질 것을 결심하기 전에 스스로에게 이런 질문을 해 보았을 겁니다.

저는 로스앤젤레스에서 라디오 토크쇼를 진행할 때 이 질문을 매일 듣곤 했습니다. 어떤 다른 문제보다도 이 문제와 관련된 전화를 더 많이 받았습니다.

* "저는 제 남자친구를 사랑합니다. 하지만 그 사람에게만 전념해야 하는 결혼이 두려워요. 몇 년 후에 제가 더 사랑하는 사람을 만나면 어떻게 해요? 우리가 충분히 잘 어울린다는 것을 어떻게 알 수 있죠?"

* "저는 지난 2년 동안 한 여자와 데이트를 해 왔습니다. 그러나 그 여자의 아이들과는 어울리기가 힘들더군요. 박사님은 이 관계가 잘될 거라고 생각하세요?"

* "남편과 저는 늘 다퉈요. 남편은 상담을 받자고 해도 거부하고 성관계도 더 이상 갖지 않아요. 저는 남편을 사랑하고 자식들에게도 상처를 주고 싶지 않거든요. 하지만 완전히 절망적이에요. 제가 남편을 떠나기 전에 이 관계가 정말로 끝났다고 어떻게 확신할 수 있죠?"

* "정말 고통스러운 관계에서 방금 막 벗어났어요. 제 삶을 함께 할 수 있는 동반자를 찾고 싶은데 다시 상처를 입을까 봐 두려워요. 다음 번에는 제 마음이 상처받기 전에 저와 맞지 않는 사람인지 아닌지 어떻게 알 수 있을까요?"

저는 그들이 겪고 있는 고통과 혼란을 충분히 이해합니다. 저 역시 그것들을 경험했기 때문이죠. 열일곱 살 때 처음으로 진지한 관계를 가진 이후로, 그리고 최근까지도 전 그 사람들이 저를 충분히 사랑했는지 뿐만 아니라 정말 저에게 맞는 사람인지조차도 심각하게 고려해 보지 않고 사랑에 빠졌습니다. 누군가가 나타나서 사랑할 만한 뭔가를 지니고 있다면 저는 관계를 시작했습니다. 그 사람이 '나에게 맞는 바로 그 사람'이라며 스스로를 설득했지만, 결국엔 서로 맞지 않는다는 것을 깨닫고 관계는 끝나 버렸습니다. 그러고는 혼자 낙심하면서 제가 무엇을 잘못했는지 의아해했습니다.

너무 많은 상처를 겪은 후에야 저는 슬픈 사실에 직면해야 했습니다. 제 경험, 그동안 받은 교육, 행복해지고 싶은 강렬한 열망에도 불구하고 저는 계속해서 저와는 맞지 않는 사람을 선택했던 겁니다. 저는 잘못된 이유 때문에 잘못된 사람과 사랑에 빠졌던 것입니다.

저는 지난 5년 동안 저 자신뿐 아니라 다른 사람들이 좀 더 나은 사랑의 선택을 하도록 도울 수 있는 방법을 찾기 위해 시간을 보냈습니다. 그리고 그 결과가 정말로 놀랄 만큼 대단한 것이었다고 말할 수 있어서 기쁩니다. 제 세 번째 책의 주제를 정하면서, 저는 이내 그것이 무엇인지 알았습니다. 처음 두 책은 사랑하는 방법에 관한 것이었습니다. 이 책은 누구를 사랑할지에 대한 것입니다. 어떤 사람이 언제 당신에게 맞는지 알고, 당신에게 맞지 않는 사람을 피하는 것과 관련된 내용입니다. 이 책을 읽으면서 열정적이고 만족스러운 관계를 갖기 위해 필요한 깨달음과 지지를 얻기를 기원합니다.

## 내가 어떻게 그렇게 맹목적일 수 있었을까

우리는 사랑을 하면서 행복하기를 원하고 관계가 잘 되기를 원합니다. 따라서 우리 중 누구도 일부러 자신에게 맞지 않는 사람을 선택하지는 않습니다. 우리는 파트너를 고를 때 올바른 결정을 내리고 있다고 진심으로 믿습니다. 그러나 종종 그런 선택이 실수였던 것으로 드러나는 것은 고통스럽고도 슬픈 현실입니다.

많은 사람들이 잘못된 파트너를 선택하고,
왜 관계가 잘 안 되는지 의아해한다.

당신은 이전 관계에 대해 다음과 같이 생각했거나 말해 본 적이 있습니까?

- "제가 어떻게 그렇게 눈이 멀 수 있었을까요? 그 사람이 정말로 어떤 사람인지 왜 알지 못했을까요?"
- "이번에는 잘 될 거라고 확신했어요. 도대체 제가 어디서 잘못을 한 걸까요?"
- "처음 만났을 때 그는 참 멋져 보였어요. 왜 그 사람이 내가 도저히 참을 수 없는 사람으로 변했는지 알 수가 없어요."
- "애초부터 그녀가 느끼는 방식과 제가 느끼는 방식이 서로 다르다는 예감이 있었어요. 저는 그 예감을 무시했고, 상황이 나아질 거라며 저 자신을 설득하곤 했죠."
- "우리는 서로 사랑했지만 어떤 것도 의견이 일치하지 않았어요. 결국 매사에 싸울 수밖에 없었죠."
- "저는 제 남자친구가 예전에 사귀었던 사람들과 분명 다르다고 확신하고 있었어요. 그런데 결국 제가 똑같은 유형의 남자를 선택했다는 걸 알기까지 거의 2년이 걸렸어요. 어떻게 그렇게 오랜 시간을 낭비할 수 있죠?"

❋ "그때는 정말 그녀를 사랑했습니다. 하지만 사실 한 여자에게 그렇게 빠져 있다는 것을 인정하는 것이 혼란스러웠기 때문에 누구에게도 우리 관계를 말하지 않았어요."

❋ "그 남자는 모든 것이 완벽했어요. 그와 함께 있는 것이 행복하다고 계속해서 저 자신에게 말했지만 뭔가 통하는 것이 없었어요."

"그 사건이 일어날 당시에는 모르지만 지나서 돌이켜보면 다 이해하고 깨닫게 된다."는 말이 있습니다. 그 당시에는 볼 수 없었던 것이 돌이켜보면 훨씬 더 분명하고 쉽게 보입니다. 현재 하고 있는 실수보다 과거에 저지른 실수에 대해 현명해지기가 훨씬 더 수월합니다. 하지만 '실수'는 단지 성장과 학습을 위한 기회일 뿐 '실수'라는 것은 없다고 생각합니다. 우리가 과거로부터 배운 것들은 그 와중에 겪은 고통과 상처에 의미와 목적을 부여합니다.

이 책에는 올바른 파트너를 선택하는 것과 관련해서 제가 개인적으로 경험했던 것들과 제가 상담했던 분들의 경험을 통해 알게 된 모든 것이 담겨 있습니다. 당신이 왜 그런 사랑의 선택을 하는지 이해하고, 어떻게 하면 좀 더 만족스러운 선택을 할 수 있을지 깨닫게 해 주는 내용들로 구성되어 있습니다. 따라서 이 책은 '내가 어떻게 그렇게 눈이 멀었을까?' '내가 지금 나에게 맞는 사람과 사귀고 있는지 어떻게 알 수 있을까?' 라는 질문에 대한 답을 제공합니다. 이 책이 당신 자신의 애정생활에 대한 진실을 바라보는 데 필요한 비전을 제공하기를 희망합니다.

만일 당신이 싱글이라면, 이 책이 좀 더 건강하고 성공적인 선택을 하는 데 도움이 되는 도구와 지침들을 제공하기를 희망합니다.

만일 당신이 실연의 상처에서 회복되고 있는 중이라면, 왜 이전에 선택했던 관계들이 좋은 관계가 아니었는지를 이해하도록, 그리고 다음에는 훨씬 더 현명하고 덜 고통스러운 선택을 하도록 이 책이 도와주기를 희망합니다.

만일 당신이 싱글이지만 현재 사귀고 있는 사람이 있다면, 이 책을 읽으면서 현재 그 관계가 당신에게 옳은 것인지 분명히 알게 되고, 따라서 잘 되지 않을 관계를 위해 시간과 에너지를 낭비하지 않았으면 합니다.

만일 당신이 어떤 관계에 전념하고 있거나 이미 결혼을 한 상태라면, 이 책을 읽으면서 당신과 파트너가 경험하고 있는 많은 갈등들이 사랑이 부족해서가 아니라 두 사람이 서로 융화되는 부분이 부족해서 발생한 것임을 깨달았으면 합니다. 또한 두 사람이 지니고 있는 차이점들을 이해하는 것은 두 사람이 좀 더 평화롭고 열정적으로 사는 데 도움이 된다는 것을 인식하기를 바랍니다.

### 왜 어떤 관계들은 잘 안 되는 걸까

관계가 잘 안 되는 이유는 다음의 두 가지 중 하나입니다.

1. 당신은 올바른 사람과 사귀고 있지만 잘못된 방식으로 사랑하고 있다.
   - 당신과 파트너는 잘못된 대화 습관을 지니고 있습니다.
   - 당신은 진정한 친밀감을 형성하는 방법을 잘 모르고 있습니다.

- 당신은 당신이 원하는 것을 요구하지 않습니다. 따라서 결국엔 화가 납니다.
- 당신은 관계 자체에 태만합니다.

2. 당신은 잘못된 사람을 사귀고 있다.
- 당신의 애정 스타일 혹은 생활양식이 상대방의 그것과 어울리지 않습니다.
- 두 사람이 공통적으로 소유하고 있는 가치가 없고 관계에 충분히 전념하지 않습니다.
- 당신 파트너에게 '치명적인 결함'이 있어서 성공적인 관계를 맺는 것이 불가능합니다.
- 두 사람 모두 서로가 필요한 것을 충분히 줄 수가 없습니다.

저는 몇 년 전에 『항상 사랑하는 법(How to make Love All the Time)』이라는 책을 출간했습니다. 어떻게 하면 건강하고 열정적이며 만족스러운 관계를 만들어 가면서 서로를 사랑할 수 있는지를 소개하는 하나의 지침서로서 그 책을 저술했습니다. 그리고 어떻게 하면 잘못된 방식으로 사랑하는 것을 멈추고 올바른 방법으로 사랑할 수 있는지를 이야기했는데, 이는 위의 첫 번째 이유와 비슷한 내용입니다. 비록 그 책의 내용이 전 세계의 수백만 독자들에게 매우 유익했지만, 만일 당신이 잘못된 사람을 사랑한다면 올바른 방법으로 사랑한다 해도 달라질 것은 없기에, 제가 앞으로 이 책에서 다룰 내용이 없다면 완전할 수가 없습니다.

'누구를 사랑할 것인가?' 라는 질문은
'어떻게 사랑할 것인가?' 라는 질문만큼 중요하다.

## 왜 우리는 사랑에 빠지는가

사람들에게 현재 또는 과거에 파트너와 사랑에 빠지게 된 이유를 물어보세요. 아마도 다음과 같은 대답을 들을 겁니다.

- "헬스클럽에서 운동을 하다가 캐시를 만났어요. 열정적으로 에어로빅 강습에 빠져 있던 그녀의 모습에 끌렸죠."
- "도나는 제 사촌 결혼식에 왔던 신부 친구였어요. 분홍 드레스를 입은 모습이 너무도 아름다워 보였죠. 그 순간 저는 그녀를 사랑하게 될 거라는 걸 알았어요."
- "조앤과 저는 어릴 때부터 서로 알고 지냈습니다. 모든 사람들이 우리가 결혼할 거라고 말했죠. 전 그것에 대해 한 번도 의심해 본 적이 없어요. 그렇게 하는 것이 옳은 일 같았어요."
- "알렉스와 저는 어떤 프로젝트에서 함께 일하게 되었어요. 그 사람이 문제를 해결하는 방식을 지켜보았는데 매우 창의적이었습니다. 그것 때문에 끌렸던 것 같아요."
- "전 항상 음악과 함께 살죠. 친구 집에서 프레드의 기타연주를 들었을 때, 그가 저를 위한 바로 그 사람이라는 것을 알았습니다."
- "희한하게 들릴지 모르겠지만, 전 항상 키가 크고 짙은 머리칼 색에 턱수염이 있는 남자에 대한 환상이 있었어요. 데니스가 바

로 그런 모습이었죠. 그것 말고는 중요한 게 없었어요."
* "제 전남편은 매우 이기적이고 절 통제하려고 했어요. 이혼한 후에 스탠이 자상한 사람이어서 끌렸던 것 같아요. 그는 항상 다정하고 배려하는 것이 많았어요."

이런 것들은 관계를 시작하기에 좋은 이유처럼 들립니다. 하지만 사실은 그렇지 않습니다.

* 캐시의 남자친구가 그녀에 대해 아는 것이라고는 캐시가 신체적으로 많은 에너지를 가지고 있다는 것입니다.
* 도나의 남자친구가 그녀에 대해 아는 것은 분홍 드레스를 입은 모습이 아름다웠다는 것입니다.
* 조앤의 남편은 친구와 가족의 생각에 지나치게 영향을 받았기 때문에 그 자신이 왜 그녀를 사랑하는지는 모르고 있습니다.
* 알렉스의 여자친구는 알렉스의 사업 수완에 매료됐지만 그의 정서적인 기술이 어떤지는 모릅니다.
* 프레드의 파트너는 음악의 마법에 빠졌습니다. 모든 기타연주자들이 가지고 있을 거라고 가정하는 낭만적인 성격 이외에는 그에 대해 아는 것이 아무것도 없습니다.
* 데니스의 여자친구는 그의 외모를 좋아합니다. 그녀는 환상에 끌린 것입니다. 하지만 그 사람의 내면에 대해서는 아무것도 알지 못합니다.
* 스탠의 여자친구가 알고 있는 것은 그가 분명히 전남편과는 다르다는 것입니다. 그러나 그녀가 스탠을 원하는 것과 필요로 하

는 것은 다른 문제입니다.

이 사람들 중 누구도 자신이 잘못된 결정을 내리고 있다고 생각하지 않았습니다. 그들은 모두 파트너에 대해 지적이고 분별력 있는 선택을 하고 있다고 진정으로 믿었습니다. 그러나 놀라운 사실은, 그들 중 상당수가 한 달 또는 6개월, 6년 내에 자신이 잘못된 사람과 관계를 맺고 있다는 것을 발견하게 된다는 점입니다.

> 대부분의 사람들은 누구를 사귈지 결정할 때보다
> 어떤 차를 살지 또는 어떤 비디오를 살지 결정할 때
> 더 많은 시간과 노력을 투자한다.

그렇다면 우리가 원하는 방식으로 관계가 진행되지 않고, 우리의 희망과 꿈이 마음의 상처와 실망 그리고 절망으로 변한다는 것이 놀라운 일일까요?

## 당신의 사랑지수는 얼마일까

많은 사람들이 잘못된 사람과 사랑에 빠지는 이유 중 하나는 '사랑지수(Love IQ)'가 낮기 때문입니다. 사랑지수는 다른 사람과 건강한 관계를 맺고 유지하는 것에 대해 얼마나 많이 알고 있는가를 나타냅니다. 따라서 사랑지수의 크기에 따라 얼마나 올바른 파트너를 선택할지가 결정됩니다. 만일 당신의 사랑지수가 높고 '현명하게' 사랑한다면, 비록 사랑하면서 몇 가지 실수를 범할 수는 있어도 낮은 사랑지

수를 갖고 어리석게 사랑하는 사람들만큼 많은 실수를 저지르지는 않을 겁니다.

여기 당신의 사랑지수를 알아보는 퀴즈가 준비되어 있습니다. 그것은 사랑에 관한 열 개의 문장으로 구성되어 있습니다. 각각의 문장이 과거 또는 현재 당신이 사랑에 대해 느끼는 방식을 얼마나 잘 기술하고 있는지, 또 이런 생각들이 얼마나 자주 당신의 삶에 영향을 미치는지에 기초해서 점수를 매겨 보기 바랍니다.

사랑이 어떤 식으로 느껴져야 하는지에 대한 당신의 믿음이 과거 또는 현재의 관계에 매우 자주 영향을 미치면 0점, 자주 영향을 미치면 4점, 가끔 영향을 미치면 8점, 거의 또는 전혀 영향을 미치지 않으면 10점을 주세요.

**주의** 당신은 이 퀴즈를 풀면서 과거에 실제로 어떻게 느꼈는지 솔직하게 답하는 대신에, 사랑과 낭만에 대해 어떤 식으로 생각해야 한다는 관점에서 답하려고 할 수 있습니다. 각 문장에 답을 할 때 현재 당신이 어떻게 생각한다거나 당신이 지금까지 깨달은 것을 토대로 답하지 마세요. 당신 인생을 통해 지금까지 경험했던 모든 관계들을 토대로 솔직하게 답하기 바랍니다.

이것이 왜 중요할까요? 예를 들어, 첫 번째 문장을 보죠.

"나와 내 파트너가 서로를 충분히 사랑한다면 어떤 문제나 성격적인 차이도 우리 관계를 위협하지 않을 것이다."

당신은 현재 진행 중인 관계에 대해서 처음으로 문제를 회피하지 않고 솔직해질지 모릅니다. 따라서 이 문장이 현재의 당신에게는 전혀 해당되지 않는다고 느껴서 '전혀 그렇지 않다', 즉 10점을 주려고 할 겁니다. 그러나 이전 관계에서 상대방을 너무나 사랑한 나머지 그 사람의 상처 주는 행동이나 사랑스럽지 못한 행동을 전혀 중요하지 않다고 생각해서 갈등과 결점을 무시했다면, 이 문장에 0점을 주어야 합니다.

### 사랑지수 퀴즈

1. 나와 내 파트너가 서로를 충분히 사랑한다면 어떤 문제나 성격적인 차이도 우리 관계를 위협하지 않을 것이다.
2. 나에게 맞는 사람을 만난다면 내가 너무나 사랑에 빠져 있을 것이므로 다른 사람한테는 끌리지 않을 것이다.
3. 그것이 진정한 사랑이라면 처음 그 사람을 보자마자 알 것이다.
4. 올바른 관계는 항상 재미있고 흥미진진할 것이다.
5. 그것이 진정한 사랑이라면 내 파트너가 곁에 없을 경우 나는 완전하지도 완성되었다고도 느끼지 못할 것이다.
6. 진정한 사랑이 아니라면 성관계가 좋을 수 없다.
7. 나에게 완벽한 파트너라면 나에게 필요한 모든 것을 제공하고 내 삶의 모든 빈 공간을 채워 줄 것이다. 그 사람 이외에 다른 사람은 필요치 않을 것이다.
8. 내가 진정으로 사랑에 빠져 있다면 파트너를 볼 때마다 흥분되고 긴장될 것이다. 그 사람과 함께 있으면 흥분해서 소름이 돋을 것이다.
9. 잘 맞는 사람과 함께 있다면 서로 조화를 잘 이룰 것이고 상대방이 어떻게 느끼는지 항상 알 것이다.
10. 올바른 관계에 있다면 당연히 그 관계가 조화롭게 느껴질 것이고, 관계가 잘 되도록 그렇게 많이 노력할 필요가 없을 것이다.

이제 점수들을 모두 더해 보세요.

> **80~100점 | 축하합니다! 당신의 사랑지수는 매우 높습니다.**
> 당신은 관계를 매우 현실적으로 이해하고 있으며 관계가 잘 되기 위해서는 사랑만으로는 충분하지 않다는 것을 잘 알고 있습니다. 대화, 융화(compatibility) 그리고 노력이 필요합니다. 추후에 문제를 피하기 위해서는 낮은 점수를 받은 영역들에 대해 노력하기 바랍니다.

> **60~79점 | 당신의 사랑지수는 나쁘지는 않지만 더 좋아질 수 있습니다.**
> 관계에 대한 당신의 태도는 여전히 낭만적인 이상과 환상에 좌우되고 있습

니다. 관계가 어떻게 보일지에 대해 신경 쓰지 말고 당신이 어떻게 느끼는지에 대해 더 신경 쓰기 바랍니다. 갈등을 너무 두려워하지 마세요. 진정한 사랑은 모든 것이 늘 완벽해야 한다는 것을 의미하지 않습니다. 이 책에 나와 있는 훈련들을 연습한다면 당신의 사랑지수가 높아질 겁니다.

### 40~59점 | 요주의! 당신의 사랑지수는 위험할 만큼 낮습니다.

당신은 이전 관계에서 많은 상처를 입었기 때문에 아마도 이러한 사실을 이미 알고 있을 겁니다. 당신이 사랑을 하면서 계속해서 실망하는 이유는 누구를 사귈지에 대해 충분히 주의를 기울이지 않아서입니다. 당신은 파트너를 떠받들면서 그 사람을 사랑하기보다는 사랑하는 것 자체를 사랑하고 있습니다. 고통받는 것을 멈추고 보다 행복해지고 싶다면 관계를 선택하고 관계에서 행동하는 방식을 상당부분 바꿀 필요가 있습니다. 이 책에서 제공하는 정보들을 활용해서 좀 더 현명하게 사랑하기 바랍니다.

### 0~39점 | 응급 상황!

당신의 사랑지수는 너무 낮아 거듭해서 상처를 받게끔 되어 있습니다. 당신의 애정생활에 즉각적으로 관심을 기울여야 합니다. 환상을 버리고 성장할 때입니다. 당신이 무엇을 잘못해 왔는지 이해하는 데 전념하고 어떻게 하면 자신을 위해 좀 더 나은 선택을 할 수 있을지 깨달을 때에만 관계가 잘 될 수 있습니다. 당신을 실망시켰던 파트너를 비난하던 것을 멈추고, 어떻게 해서 이 관계가 처음부터 실패할 수밖에 없었는지 꼼꼼히 살펴보세요. 이 책이 건강한 관계를 맺기 위해 필요한 답을 찾는 데 도움이 될 것입니다.

당신의 사랑지수가 매우 낮다 하더라도 너무 기분 나쁘게 생각하지 마세요. 처음 이 퀴즈를 만들었을 때 저 역시 점수를 매겨 보니 28점이었습니다. 사랑에 대한 이 열 개의 문장들이 건강하지 않은 태도란 것을 분명히 알고 있었지만, 과거에 사랑을 어떻게 바라보았는지 저 자신에게 솔직하고자 노력했기에 28점을 받게 된 것입니다. 이 책을 다 읽고 나면 당신의 사랑지수는 훨씬 더 높아질 것이며, 성공적으로 사랑을 선택할 수 있는 당신의 능력에 대해 더욱더 자신감이 생길 것입니다.

## 사랑에 대한 신화들을 밝혀 보자

✱ 정욕에 빠져 있으면서 사랑에 빠져 있다고 스스로 확신한 적은 없었나요?

✱ 당신에게 맞지 않는 사람과 만나면서 몇 달 또는 심지어 몇 년 동안 그것을 깨닫지 못한 적이 있습니까?

✱ 문제를 일으키고 싶지 않아서 관계에서의 문제를 모른 척하고 넘어가나요?

✱ 극적인 상황과 긴장감을 진정한 사랑이라고 착각하는 습관을 가져본 적이 있나요?

✱ 당신의 관계가 다른 사람에게 좋아 보이기 때문에 상대방이 당신을 함부로 대하는데도 그 관계에 계속 머물러 있어야 한다고 스스로에게 말해 본 적이 있습니까?

✱ 당신 파트너와 항상 사랑에 빠져 있다는 느낌이 들지 않다는 이유로 사실은 건강한 관계를 의심하고 있나요?

✱ 당신과 어울리지 않는 사람을 선택하는 것은 아닌지, 당신에게 정말로 어울릴 수 있는 사람들을 피하는 것은 아닌지 의심이 되나요?

만일 당신이 위의 질문 중 어느 하나에라도 '예'라고 대답했다면, 당신은 '사랑에 대한 다섯 가지 치명적인 신화들'에 영향을 받아 온 것입니다.

사랑에 대한 신화는 많은 사람들이 지니고 있는 사랑과 낭만에 대한 믿음으로서 사실은 분별력 있게 사랑을 선택하는 것을 가로막습니다. 이런 믿음 또는 태도는 관계에 대한 잘못된 생각으로 다음과 같은 것으로부터 발달합니다.

- 텔레비전이나 영화를 시청함
- 로맨틱한 소설을 구독함
- 사랑에 대해 한 번도 배워 본 적이 없음

의식적으로든 무의식적으로든 우리는 이러한 신화에 기초해서 관계에 대한 결정을 내립니다. 가장 치명적인 신화 다섯 가지를 살펴보겠습니다. 하나씩 읽으면서 당신의 현재 관계뿐만 아니라 과거 관계에 대해서도 생각해 보세요.

1. 진정한 사랑은 모든 것을 이겨낸다.
2. 진정한 사랑이라면 그 사람을 만나는 순간 알 것이다.
3. 나에게 맞는 진정한 사랑은 세상에 단 하나뿐이다.
4. 완벽한 파트너라면 모든 면에서 나를 완벽하게 충족시켜 줄 것이다.
5. 누군가와 강렬한 성적 공명을 경험한다면 그것은 분명 사랑일 것이다.

### 사랑에 대한 신화 01
## { 진정한 사랑은 모든 것을 이겨낸다 }

우리 모두는 마음속 깊이 이 신화를 은밀하게 믿고 있습니다. 즉, 누군가를 진정으로 사랑한다면 그 관계를 잘 되게 할 수 있다고 믿습니다. 어떤 문제도 갈등도 상황도 우리가 충분히 사랑한다면 극복하지 못할 것이 없다고 믿습니다.

**연습**

과거에 맺었던 관계 또는 현재 진행 중인 관계에서 겪고 있는 문제들을 생각해 보고 각 문장에 해당되는 빈칸을 채우세요. 사귀었던 사람들에 대해 적어도 12개의 반응들을 적기 바랍니다.

※ 내가 내 파트너를 충분히 사랑한다면 ___(문제)___ 은(는) 중요하지 않다.

_____
_____
_____
_____
_____
_____

예) 내가 내 파트너를 충분히 사랑한다면 _____ 은(는) 중요하지 않다.

- 그가 술을 마시는 것
- 우리의 성관계가 그리 대단하지 않은 것
- 그녀가 항상 나를 비난하는 것
- 우리가 어떻게 아이들을 키워야 할지에 대해 늘 싸우는 것
- 그는 독실한 가톨릭 신자이고, 나는 불교 신자인 것
- 내가 그녀에게 성적으로 끌리지 않는 것

- 그 사람이 지난 2년 동안 실직 상태였다는 것
- 그녀의 성격이 불 같아서 늘 화를 내는 것
- 그가 다른 여자들에게 계속 추파를 던지는 것
- 내가 그녀의 아이들과 잘 지내지 못하는 것
- 그의 감정을 나에게 말하는 것을 어려워하는 것
- 그 사람 가족이 나를 받아들이지 않는 것
- 난 아이를 원하지만 그는 원하지 않는 것
- 그녀가 여전히 예전 애인으로부터 헤어나지 못하고 있는 것
- 그가 나보다 서른 살이나 많은 것
- 우리가 멀리 떨어져 살고 있는 것

첫 번째 사랑의 신화를 믿을 경우 초래할 결과는 다음과 같습니다.

1. '우리가 서로 충분히 사랑한다면 어떤 갈등이나 성격적인 차이도 중요하지가 않다.' 고 스스로에게 말하면서 관계상의 문제들을 직면하거나 해결책을 찾는 것을 피한다.

하루는 제가 진행하고 있던 라디오 토크쇼로 데니스라는 남자가 전화를 걸어왔습니다. 37세의 유태인인 그는 가톨릭 신자인 35세의 앨리스와 약혼을 했습니다. 그들은 2년 동안 연애를 했는데, 그동안 종교적인 차이에 관해 이야기를 나누었지만 그 차이에 대한 서로의 느낌을 해결하지는 못했습니다. "언젠가는 이것이 문제가 될 거라고 생각했어요. 하지만 다른 많은 부분에서는 너무도 잘 지내왔기 때문에 이 문제로 시끄럽게 하고 싶지가 않았어요. 그러다가 앨리스와 결혼 이야기를 하기 시작했죠. 제 미래와 아이들에 대해 생각하면서 저는

아이들이 유태인의 신앙을 지키면서 자라 주기를 원한다는 것을 깨닫게 되었습니다. 물론 제가 간과한 부분이기는 하지만, 앨리스가 유태인이 아니라는 것과 그것에 관련된 것들에 대해 한 번도 이야기한 적이 없었다는 것을 깨달았어요. 저는 그녀에게 개종할 것을 요구했지만 그녀가 거절했습니다. 그녀는 독실한 가톨릭 신자이고, 성당에서 신부님 앞에서 결혼을 하고 싶다고 말했어요. 그 말은 유태인으로 살아가는 사람과는 결혼할 수 없다는 의미죠. 저는 사랑으로 이런 차이를 극복해야 한다고 생각하고 싶지만 이 문제가 사라질 것 같지는 않습니다."

앨리스와 데니스가 서로에게 느낀 사랑은 종교적인 차이를 극복할 만큼 충분하지가 않았습니다. 비록 많은 커플들이 종교를 초월해서 결혼할 수 있지만, 이 두 사람은 종교적 신념을 너무 깊이 고수했기 때문에 타협할 수 없었던 것입니다. 얼마나 서로를 위했든 간에 이 두 사람은 행복할 수 없었고 함께 지내면서 자신들의 종교적 신념에 솔직해질 수가 없었습니다. 다만 "우리가 서로를 진정으로 사랑한다면 우리가 지닌 차이점들은 중요하지 않다."라고 스스로에게 말함으로써 문제를 직면하는 것을 미뤄왔던 것입니다. 상대방을 더 많이 사랑하고 받아들이려고 노력했지만 마지막 순간까지 그 자명한 문제를 직면하지 못했던 것입니다.

2. '내가 그를 더 많이 사랑해 주면 그가 변할거야.' 라고 스스로에게 말하면서 애정이 없고 만족스럽지 않은 관계를 지속한다.

28세의 킴벌리와 20세의 데이비드는 결혼생활을 지키려는 희망으로 저를 찾아왔습니다. 두 사람은 5년 동안 결혼생활을 해 왔지만 쉬지 않고 싸우는 것 이외에는 좀처럼 융화하지 못한 것으로 보였습니다. "저는 데이빗을 정말 많이 사랑해요. 하지만 저는 계속해서 그를 비난만 해요. 그게 그를 화나게 만들고, 그러는 저 자신이 싫어요." 킴벌리는 눈에 눈물이 고인 채로 말했습니다. 킴벌리에게 남편에 대한 불만을 말해 보라고 하자 그녀는 다음과 같이 말했습니다. "데이빗은 조용한 타입이에요. 매우 내성적이고 많은 사람들과 사귀지도 않죠. 하지만 전 완전히 반대예요. 매우 외향적이고 말이 많고, 즐기고 싶고, 친구들과 어울리는 것을 좋아하고, 정열적으로 살고 싶거든요. 이런 말까지 하기는 싫지만, 저는 남편과 함께 있는 대부분의 시간이 지루해요. 이야기할 거리가 전혀 없는 것 같고, 마치 제가 항상 그 사람보고 마음을 터놓으라고 잡아당기고 있는 것처럼 느껴져요."

"이것이 바로 내 모습이라고 킴벌리에게 말해 왔어요." 데이빗은 긴장하면서 대답했습니다. "전 킴벌리를 행복하게 해 주고 싶지만, 제가 아닌 다른 사람이 되라고 요구하고 있는 것 같습니다. 전 항상 감정을 드러내지 않아 왔고, 정말 변하기 싫습니다."

더 많은 이야기를 나누면서, 킴벌리가 대학 시절 남자친구에게 배신을 당한 후 안정을 찾고 싶어서 데이빗과 결혼한 것을 알게 되었습니다. 그녀는 데이빗이 좋은 사람인지 확인하는 데 지나치게 신경을 쓰느라 그들이 서로 융화할 수 있는지에 관해서는 스스로에게 물어보지 않았던 것입니다. 킴벌리와 데이빗은 서로 융화되기가 거의 불가능할 정도로 생활양식, 기질, 성격이 매우 달랐습니다. 서로를 많이 사랑했지만 관계를 지속시키기에는 충분하지 않았습니다.

그러나 킴벌리는 '진정한 사랑은 모든 것을 이겨낸다.'는 첫 번째 사랑의 신화를 믿었고, 데이빗을 더욱더 사랑해 주면 그가 변할 것이라는 희망으로 계속해서 그의 곁에 머물러 있었던 것입니다. 그녀는 데이빗 스스로가 변하고 싶어하지 않기 때문에 변하지 않고 있다는 점을 전혀 고려하지 않았습니다. 단지 완벽한 아내가 되려고 계속 노력했고, 자신의 사랑으로 자신이 원하는 대로 남편을 바꿀 수 있다고 믿었던 것입니다.

슬프게도 이런 사랑의 신화는 당신에게 상처와 고통, 심지어 신체적인 해로움까지 초래할 수 있습니다. 왜냐하면 그것은 건강하지 못한 관계에 머물러 있으라고 당신을 설득하기 때문입니다. 자존감이 매우 낮거나 방치 또는 학대로 점철된 어린 시절을 보낸 사람들은 떠나기 어렵다고 생각하는 관계에 스스로 빠지게 됩니다. 자신이 상대방을 더 사랑해 준다면 그 사람의 해로운 행동이 사라질 것이고 그러한 행동이 사랑과 애정으로 대체될 것이라고 스스로를 설득하려 합니다. 이것은 일종의 덫입니다. 당신 파트너의 역기능적인 행동은 당신이 얼마나 사랑하느냐와는 전혀 관계없는 힘에 의해 결정됩니다.

3. 관계가 잘 되지 않을 때, '단지 내가 그/그녀를 더 많이 사랑했다면 우리 사랑을 구할 수 있었을 텐데.'라고 말하면서 스스로를 감정적으로 괴롭힌다.

54세의 아이린은 60세의 라울과 31년 동안 결혼생활을 했습니다. 라울은 알코올중독자로서 분노와 무책임으로 아이린과 세 자녀에게 심한 고통을 주었습니다. 도움을 받자고 남편에게 간청했지만 라울은 자신의 문제를 완전히 부인했고, 결국 아이린은 용기를 내서 남편을 떠나기로 했습니다. 이혼한 후 2년이 지나서 그녀는 우울증으로 도움을 받고자 저를 찾아왔습니다. 그녀를 괴롭히는 것이 무엇이냐고 묻자 그녀는 "제가 죄책감을 느끼고 있는 것 같아요."라고 대답했습니다.

"남편을 떠난 것에 대해 죄책감을 느끼시나요?"

"단지 그 사람을 떠난 것에 대한 죄책감이 아니라 결혼생활이 잘 되도록 제가 더 노력하지 못한 것에 대해 죄책감을 느낍니다." 눈물을 가득 머금은 채 그녀가 말했습니다. "제가 남편을 버린 것처럼 느껴져요. 만일 제가 알코올중독자 가족모임에 좀 더 자주 갔다면 그 사람을 더 잘 이해할 수 있었을 거고 그가 술을 끊었을지도 몰라요. 혹은 제가 좀 더 애정을 갖고 대했다면, 또는 그 사람을 좀 더 만족시켰다면 아마도 그가 술을 끊었을 거예요."

이야기를 나눌수록 그녀가 결혼생활을 구하지 못한 것을 자신의 실패로 여겨 여전히 스스로를 벌주고 있다는 것이 더욱더 분명해졌습니다. 아이린의 어머니는 항상 그녀에게 '좋은 아내는 온갖 어려움을 무릅쓰고 남편 옆에 있어야 한다.'라고 말했습니다. 그래서 아이린은 자신이 아내로서 부적절하다고 느꼈던 것입니다. 그녀의 우울증은 사랑에 대한 첫 번째 신화, 즉 자신이 라울을 좀 더 많이 사랑했다면 결혼생활이 잘 되었을 것이라는 믿음에서 발생한 것입니다. 그러나 사랑의 현실은 신화와 매우 다릅니다. 물론 사랑은 좋은 관계를 위한 기초이지만, 관계가 유지되고 성장하려면 사랑보다 더 많은 것들이 필요합니다.

첫 번째 사랑의 신화에 대한 현실은 다음과 같습니다.

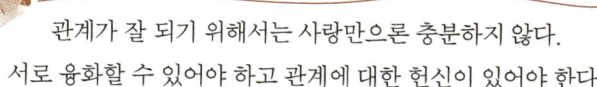

> 관계가 잘 되기 위해서는 사랑만으론 충분하지 않다.
> 서로 융화할 수 있어야 하고 관계에 대한 헌신이 있어야 한다.

애석하게도 두 사람이 서로 사랑하지 않기 때문에 끝나는 관계는 사실상 거의 없습니다. 단지 그들은 서로 융화할 수 없는 파트너이기 때문에 끝나는 것입니다.

저는 이 사실을 몇 번의 제 과거 경험을 통해 알게 되었습니다. 잘못된 파트너와 사귀는 많은 사람들이 그렇듯이, 저 역시 더 많이 노력하고 더 많이 사랑해서 융화하기 어려운 부분을 메우려고 했습니다. 그러나 결국에는 같이 평화롭고 행복하게 살기에는 서로 융화할 수 있는 부분이 충분하지 않았습니다. 많은 세월 동안 제가 더 많이 사랑했다면 두 사람이 가지고 있었던 차이점들은 전혀 문제가 되지 않았을 거라고 생각하며 저 자신을 비난했습니다. 이제는 제가 잘못 생각했다는 것을 압니다. 차이점들은 어떤 때는 관계를 힘들게 할 만큼, 관계를 건강하지 않게 그리고 만족스럽지 않게 만들 만큼 매우 중요합니다. 우리는 이 책의 나머지 부분에서 당신이 어떤 사람과 융화할 수 있는지 알아보는 방법에 관해 더 자세히 들여다볼 것입니다.

{ 사랑에 대한 신화 02 }
## 진정한 사랑이라면
## 그 사람을 만나는 순간 알 것이다

※ 당신이 멜로영화를 볼 때 이것을 보게 됩니다.
※ 당신이 사랑노래를 들을 때 이것에 관해 듣습니다.
※ 당신이 미혼이고 외로울 때 이것에 대한 꿈을 꿉니다.

### 첫눈에 반하는 사랑

저는 우리 모두가 '첫눈에 반하는 사랑', 즉 진정한 사랑이라면 그 사람을 만나자마자 알 것임을 믿고 있다고 생각합니다. 다른 종류의 사랑도 있겠지만, 이 사랑의 신화에 따르면 진정한 사랑은 마치 섬광처럼 당신에게 다가올 것입니다.

제가 어린 소녀였을 때 이 신화를 처음 들었던 기억이 납니다. 저는 그때 한 남자의 눈을 바라보면서 한 치의 의심도 없이 그 사람이 제 인생의 소울메이트라고 즉석에서 알아보는 그런 낭만적인 순간을 갈망했습니다. 저는 〈남태평양〉이라는 영화에서 묘사되었던 '어떤 매혹적인 밤'을 꿈꾸었습니다. 이런 식으로 감정적으로 강렬하게 인식하는 것 이외의 것들은 진정한 사랑이라면 당연히 느껴야 하는 것들을 단순히 모방한 것처럼 생각되었습니다.

당신은 이것을 '첫눈에 반하는 사랑' 또는 '바로 통하는 것'이라고 부를 수 있습니다. 하지만 당신이 이러한 사랑에 대한 두 번째 신화를 믿는다면, 그로 인해 발생할 수 있는 문제들은 다음과 같습니다.

1. 강렬한 끌림 또는 결합을 너무 깊이 생각한 나머지 관계의 나머지 부분을 살피는 것을 회피한다.

서른두 살의 스킵은 매우 성공한 사업가인데, 어느 결혼식에서 스물일곱 살의 회계원인 마르샤를 만났습니다. "그녀를 봤을 때 처음 든 생각은 '아! 너무 아름답다.' 였고, 두 번째 든 생각은 '이 여자와 결혼을 해야겠다.' 였습니다. 그날 밤은 아마도 제 인생에서 가장 낭만적인 밤이었을 겁니다. 아름다운 여름밤이었고, 별빛 아래에서 함께 춤을 추었습니다. 마르샤는 신부의 부케까지 받았는데, 모두들 다음 차례는 우리가 될 것이라며 놀렸습니다."

"그 후 우리는 10개월 동안 데이트를 했고, 마르샤가 저에게 좀 더 자신에게 헌신하기를 원한다고 말했습니다. 말하자면 그녀에게 청혼하라는 거였죠. 저는 시간이 좀 더 필요하다며 서두르고 싶지 않다고 말했습니다. 하지만 마르샤는 계속 저에게 압력을 주었고, 결국엔 저에게 자신과 결혼할지 아니면 떠날지를 결정하라고 최후통첩을 보내왔습니다."

"저는 뭔가가 잘못되었다는 걸 알았어요. 왜냐하면 제가 행복하지 않았으니까요. 하지만 제가 실수를 하고 있는 것인지 의심할 때마다 제 머릿속에서 작은 목소리가 들려오곤 했어요. '그녀를 처음 보았을 때 네가 '그 느낌'을 가졌다면 어떻게 그녀가 너에게 잘못된 선택일 수 있겠는가?' 저는 그 질문에 답할 수가 없었습니다. 그래서 저는 계속해서 처음에 내가 얼마나 마르샤를 좋아했는지를 기억하려 했어요. 저는 저 자신에게 제가 성숙해지고 싶지 않으니까 이런 걱정을 하고 있다고 말하고 그녀와 결혼했습니다."

"아직 결혼생활을 유지하고 계시나요?" 제가 스킵에게 질문했습니다.

"아니요." 그는 슬픈 표정으로 대답했습니다. "전 2년 후에 마르샤를 떠났어요. 저희 관계는 그 매혹적인 첫날 저녁만으로는 유지될 수 없었습니다. 마르샤가 아름다운 것은 사실이지만, 그녀는 아주 화를 잘 냈습니다. 화를 내면서 저를 통제하려고 했고, 술을 너무 많이 마셔서 감정적으로 폭발하는 일이 자주 있었죠. 더 일찍 그녀와 헤어졌어야 했는데 계속 미뤘어요. 왜냐하면 저 자신의 느낌을 계속해서 의심했고, 우리가 처음 만났을 때 얼마나 완벽했는지를 계속 생각했기 때문입니다. 진실을 보고 싶지 않았던 거죠."

스킵은 사랑에 대한 두 번째 신화의 희생자였습니다. 그는 마르샤에 대한 강렬한 첫인상 뒤에 숨어서, 자신이 얼마나 불행한지 현실을 직면하기보다는 처음 마르샤에 대해 가졌던 인상들로 관계에 대한 자신의 환상을 유지했던 것입니다.

### 첫눈에 사랑에 빠지는 마니아?

2. 섬광 같은 시작에 중독되어 현실적이고 오래 지속되는 사랑을 할 기회를 놓친다.

알렉시아는 아동복가게를 운영하는 작고 인상적인 36세의 여성이었습니다. 그녀는 켄트와의 관계에서 무엇을 해야 할지 결정하려고 저를 찾아왔습니다. "우선 제 지난 관계들이 그렇게 좋지 않았다는 것을 말씀드려야겠어요."라며 알렉시아가 말하기 시작했습니다. "전 순간적이고 자극적인 남자들에게 매력을 느꼈던 것 같아요. 하지만 결국 그들은 저를 떠나거나, 바람을 피우거나, 아니면 어떤 식으로든 저에게 상처를 주었죠. 이런 관계들은 시작할 때 너무 강렬하게 느껴져서 격렬하고 필사적으로 사랑에 빠지게 되고, 그러다가 결국 상처를 받아요."

"작년에 남자를 완전히 끊어야겠다고 마음먹었는데, 그때 켄트를 만났어요. 그는 제 친한 친구의 사촌인데 여럿이 모여 주말을 함께 보냈어요. 처음 만났을 때부터 켄트를 좋아했지만 제 타입이 아니었기 때문에 그와 데이트를 할 것이라는 생각은 전혀 해 보지 않았죠. 우리는 정말 좋은 친구였고 밤이면 몇 시간씩 전화로 이야기를 나누면서 다른 사람한테는 말하지 않았던 것들을 공유했어요. 그러다가 하루에도 몇 번씩 전화를 하게 되었고, 대부분의 저녁 시간을 함께 보내게 되었습니다."

"어느 날 밤, 영화를 보고 돌아오는 길에 켄트가 제게 몸을 기대고 입술에 키스를 했어요. 처음엔 너무 놀랐고 '이 사람과 키스를 해서는 안 돼. 그는 내 친구야.' 라고 생각했죠. 하지만 키스를 하면서 제가 그것을 좋아한다는 것을 깨달았어요. 켄트는 나를 바라보며 몇 달 동안 나와 키스하고 싶었다며 사랑에 빠진 것 같다고 고백했어요."

"어떤 기분이었나요?" 제가 알렉시아에게 질문했습니다.

"완전히 혼란스러웠어요. 흥분되었고 놀랐고 모든 것이 뒤죽박죽된 느낌이었죠. 켄트는 애인이 아닌 그냥 친구여야 했죠. 제가 상상하는 그런 타입의 남자가 아니거든요."

"그럼 어떤 남자들이 당신 타입이죠?"

알렉시아는 다소 난처해하면서 빈정대듯 대답했습니다. "아시겠지만 마음을 한순간에 빼앗아가는, 저를 녹다운시키는 그런 타입이죠."

"알렉시아, 당신과 켄트의 관계는 건강하게 들려요. 건강한 사랑이 어떻게 느껴져야 하는지 당신은 전혀 몰랐던 것 같네요."

첫눈에 반하는 사랑에 대한 신화를 너무 강하게 믿고 있었던 알렉시아는 켄트에 대한 자신의 감정이 커져 가는 것을 인정하지 못했던 것입니다. 그녀는 만난 지 첫 5분 내에 머리를 치는 느낌이 없다 해도 진짜 사랑일 수 있다는 것을 상상할 수 없었던 것이죠. 다른 많은 '첫눈에 반하는 사랑을 믿는 사람들' 처럼, 알렉시아는 즉각적인 높은 수준의 열정에 중독되어 있었기 때문에 관계 속에서 발전해 나가는 진정한 사랑을 깨달을 수 없었습니다. 그녀는 인생 최초의 건강한 사랑을 거의 파괴할 뻔했습니다. '첫눈에 반하는 사랑을 믿는 것'은 우리의 '사랑지수'를 낮추는 가장 치명적인 방법 중 하나입니다.

'첫눈에 반하는 사랑을 믿는 사람'은 종종 상대방에게서 잘못된 특성을 찾고 올바른 특성들은 간과합니다.

## 첫눈에 반하는 사랑이란

당신이 누군가를 만나서 사랑에 빠지자마자 갖게 되는 느낌은 무엇입니까? 그것이 첫눈에 반하는 사랑이 아니라면 무엇일까요?

✵ **첫눈에 느끼는 욕정(lust-at-first-sight)_** 당신이 다른 사람과 성적인 공명(sexual chemistry)을 경험하게 되면, 실제 느끼는 것보다 더 많은 감정을 그 관계에 부여합니다. 그 사람에 대한 생각을 멈출 수가 없는데, 그것은 그 사람과 사랑에 빠져서가 아니라 그 사람에게 성적으로 흥분되었기 때문입니다. '이상형'의 모습과 딱 맞아 떨어지는 사람에게서 느껴지는 강렬한 신체적 매력은 특히 즉각적으로 흥분되는 것을 추구하는 사람일 경우 그것을 자칫 사랑으로 착각할 수 있습니다. 그러나 당신이 기대했던 대로 관계가 진행되지 않을 경우, 처음 보자마자 느꼈던 그 강렬한 욕정은 종종 깊은 실망으로 이어지곤 합니다('맹목적인 욕정'에 관해서는 4장 '관계 초기에 범하는 여섯 가지 큰 실수'를 참고하세요.)

✵ **이미지에 푹 빠짐_** 누군가와 사랑에 빠졌다고 생각하지만 실제로는 그 사람의 이미지(외모, 직업, 부, 운전하는 차, 인생에서 성취한 것 등)와 사랑에 빠진 것일 수 있습니다. 당신의 머릿속에 관계에 대한 환상을 만들어 놓고 '내 남자친구는 의사야.' 또는 '난 지금 완벽한 몸매를 가진 여자와 사귀고 있어.'라고 스스로에게 말하면서 진정한 그 사람의 모습을 무시하고 있는 것입니다.

이러한 위험에도 불구하고 누군가를 처음 만나자마자 '이 사람은 나를 위한 완벽한 사람'이라고 느끼는 것이 과연 정확한 판단일까요? 그렇다면 30년간 함께 살아온 부부가 첫 데이트를 할 때부터 서로에게 맞는 사람이라는 것을 알았다고 말하는 것은 무슨 의미일까요? 그건 첫눈에 반하는 사랑이 아니었을까요? 저는 그들이 서로에게 강렬한 매력과 정서적 교감을 경험했고, 그것이 성공적인 관계로 성장했을 것으로 생각합니다. 그들은 첫눈에 서로에게서 뭔가 특별한 것을 인식했지만, 세월이 흐르면서 진정한 사랑으로 발전했던 것입니다.

두 번째 사랑의 신화에 대한 현실은 다음과 같습니다.

> 푹 빠지는 것은 한순간이지만,
> 진정한 사랑은 시간이 필요하다.

춥고 눈이 많이 오는 밤에 통나무집에 앉아 있는 상상을 해 보세요. 당신은 몸을 따뜻하게 하려고 불을 피웁니다. 불을 피우기 위해 신문지를 이용할지, 나무를 이용할지 선택을 해야 하겠죠. 불에 대해 조금이라도 알고 있다면, 당신은 그 답을 알고 있을 겁니다. 신문은 즉각적으로 큰 불을 만들어 내지만 이내 꺼집니다. 반면에 나무는 처음에 불이 붙는 데 시간이 걸리지만 불이 붙고 나면 오랫동안 탑니다.

저는 저 자신을 포함해서 많은 사람들이 견고하고 지속적인 관계를 맺을 수 있는 파트너를 찾기보다는 관계 초기에 즉각적인 불꽃을 찾는 실수를 범하는 것을 보아왔습니다. 물론 누군가와의 관계에서 이 두 가지를 동시에 가질 수 없다고 말하는 것은 아닙니다. 강한 불을 만들기 위해 신문과 장작을 모두 사용할 수도 있기 때문이죠. 그러나 당신이 반복해서 옳지 않은 사람을 파트너로 선택해 왔다는 것을 깨달았다면 신문 같은 사람이 아닌 장작 같은 사람을 찾는 것이 좋을 것입니다.

## 어떻게 나는 인생에서 가장 좋은 관계를 놓칠 뻔했나

솔직히 저 또한 '첫눈에 반하는 사랑'을 믿는 사람이었습니다. 누군가에게 빠질수록, 그 '사람'과 그 사람과의 '관계'에 대한 제 느낌을 더 신뢰했습니다. 제가 저질렀던 실수들에 관해서는 나중에 좀 더 자세히 밝히겠지만, 우선 즉각적인 교감을 추구했기 때문에 진정한 행복을 파괴할 뻔했던 사건을 말하고자 합니다.

4년 전 오랫동안 사랑했던 사람과 가슴 아픈 관계를 끝내고 있던 중이었습니다. 그때 너무 운이 좋게도 저에게는 케빈과 제프리라는 두 명의 이성친구가 있었습니다. 처음에 제 세미나에서 그들을 알게 되었는데, 나중에는 제가 일하고 있던 기관에서 집단을 이끄는 사람들이 되었습니다. 그들이 보여 준 지원에 힘입어 제가 관계에서 원했던 것을 얻지 못하고 있다는 것을 스스로 인정하게 되었고, 그 사람을 떠나야 한다는 사실을 직면할 용기를 얻을 수 있었습니다.

이런 결정을 내리면서 보냈던 몇 달 동안 저와 제프리는 많이 가까워졌습니다. 매일 전화 통화를 했고 많은 프로젝트에서 함께 일했습니다. 외모가 서로 닮아서 남매 같다는 농담도 많이 들었죠. 다른 여자들이 제프리를 매력적으로 생각한다는 것을 알았지만, 저는 그가 제 타입이 아니라고 생각했습니다. 제프리도 저와 비슷한 여자를 찾을 수 있다면 그런 여자와 사귈 거라며 농담하곤 했습니다. 저 역시 그때 어려운 시간을 보내고 있었기 때문에 그를 만나서 이야기하는 것뿐이라고 스스로에게 변명을 했습니다. 우리가 서로를 포옹하거나 만질 더 많은 이유들을 찾고 있다는 것을 알고 있었지만, 함께 있으면 너무 편안하기 때문이라고 저 자신을 설득했습니다.

어느 날 저녁 저와 케빈, 제프리 셋이서 세미나와 관련된 일을 상의하면서 모임을 갖고 있었습니다. 케빈이 우리를 보더니 "둘 사이에 무슨 일이 벌어지고 있는 거지?"라고 물었습니다.

"무슨 말이야? 아무 일도 없는데." 제가 재빠르게 대답했습니다.

"글쎄, 두 사람이 같이 있으면 마치 사랑에 빠진 것처럼 보여서 하는 말이야."

"농담하지마. 우리는 단지 좋은 친구라구. 사실 우리가 그 이상의 관계라는 걸 너 역시 믿을 수 없을 텐데. 안 그래?"

"너희 둘 옆에 있으면 친구 이상의 느낌이 들어." 케빈이 웃으며 말했습니다. "자, 이제 내가 이 방에서 나갈 테니까 두 사람이 그 점에 관해 좀 더 이야기해 봐." 케빈은 이 말을 남긴 채 방에서 나갔습니다.

제프리와 저는 아무 말 없이 소파에 마주 보고 앉았습니다. 잠시 동안 서로의 눈을 바라보다가 우리는 둘 다 울기 시작했습니다. 그것은 우리 둘 다 피하고 있었던 것, 인정하기를 꺼려 하고 있었던 것을 케빈이 말로 표현했기 때문이었습니다. 정말로 우리는 사랑에 빠져 있었던 것입니다.

제프리가 손을 뻗어 제 손을 잡았습니다. "이런 일이 일어나다니 믿겨지지가 않아. 우리는 단지 친구로 남아야 하는데."

"아마 그냥 스쳐 지나가는 걸 거야." 저는 놀란 목소리로 말했습니다. "그런 식으로 느낀다고 생각할 뿐이겠지. 곧 지나갈 거야."

그 순간 저는 제프리에 대한 제 감정이 잦아들 것이라고 정말 믿고 싶었습니다. 왜냐하면 제가 그를 사랑한다는 사실을 완전히 받아들일 수가 없었기 때문입니다. 수많은 질문들이 제 머릿속에서 오고 갔습니다. "내가 그를 사랑했다면 왜 지금까지 그것을 알지 못했지? 어떻게 처음에 전혀 매력을 느끼지 못했던 사람과 이렇게 가깝다고 느낄 수 있는 거지? 첫눈에 반한 사랑이 아니니까 결국 열정이 없는 관계를 의미하는 게 아닐까?"

첫눈에 반하는 사랑을 믿는 많은 사람들처럼, 저는 제 머릿속을 강타하지 않는 사람들에 대한 느낌을 신뢰하지 않았습니다. 저는 제가 사랑에 빠졌는지 판단하기 위해 극적인 것, 강렬함, 그 사람을 잃을까 봐 그리고 그 사람에게 버림받을까 봐 두려워하는 것, 극단적인 감정 기복 등과 같이 건강하지 못한 관계를 나타내 주는 것들만 찾고 있었습니다. 제 인생에서 처음으로 우정, 신뢰, 개방, 안전함, 일관성, 진실한 배려 등에 기초한 정서적 교감을 한 남자와 발전시키고 있었지만, 사랑이라 하기에는 너무도 평화롭게 느껴졌다는 이유만으로 그것을 알아차리지 못했던 것입니다.

몇 달 동안 저는 제 감정과 싸웠습니다. 어떤 날은 계속 사귀고 싶다가도, 다음날이면 갑자기 저 자신을 속이면서 그만 만나야겠다고 결심하곤 했습니다. 제프리와의 관계가 갑자기 다가온 것이 아니라 천천히 다가왔기 때문에 그에 대한 제 느낌이 충분히 강렬한 것인지 의심하곤 했습니다. 저한테 확신이 부족했기 때문에 제프리를 힘들게 했고 영원히 그를 놓칠 뻔했습니다. 제가 믿었던 사랑의 신화를 놓아 버리는 데 거의 1년이라는 긴 시간이 소요되었고, 마침내 제프리에 대한 제 감정의 깊이와 그로 인한 기쁨을 이해하게 되었습니다.

4년 전에 있었던 일이지만, 돌이켜 보면 제프리가 잘 견뎌 준 것에 감사하고, 저한테 일어났던 일 중 가장 좋았던 것을 버리지 않았다는 것에 감사합니다. 그 덕에 저는 계속해서 저를 역기능적인 관계로 몰아넣었던 사랑의 신화를 버리게 되었습니다.

어떤 사람의 첫인상만으로는 그 사람이 건강하고 사랑스러운 파트너가 될지 판단할 수 없습니다. 두 번째, 세 번째, 네 번째, 다섯 번째 인상이 필요합니다. 단지 겉모습이 아니라 시간을 두고 그 사람의 인격과 품성을 발견해야 합니다.

사랑에 빠지는 것은 쉽지만, 건강한 관계를 만드는 것은 노력이 필요하다는 사실을 기억하세요.

## { 사랑에 대한 신화 03 }
## 나에게 맞는 진정한 사랑은 세상에 단 하나뿐이다

모든 관계에서는 우리 스스로에게 다음과 같은 질문을 하는 시기가 옵니다.

✳ 그/그녀가 정말 나를 위한 바로 그 사람일까?

이 질문에 대답하려 할 때 부딪히는 한 가지 문제는 '바로 그 사람'이라는 말입니다. 이 말은 이 세상 모든 사람에게는 단 한 명의 딱 맞는 파트너가 있고, 우리는 그 사람을 찾아야만 하며, 만일 못 찾으면 절대 행복해질 수 없다는 것을 가정하고 있습니다. 그런 사람과 비슷한 사람도 인정되지 않습니다. 진정한 소울메이트와 사랑에 빠졌다는 것을 확신해야 합니다.

그래서 우리가 미혼일 때는 각각의 잠재적 파트너를 의심의 눈초리로 세밀하게 조사해서 그 사람에게서 발견한 모든 단점들을 '바로 그 사람'이 아닌 증거로 분류합니다. '바로 그 사람은 춤을 더 잘 출 거야. 바로 그 사람은 이전 결혼에서 두 명의 아이를 갖지 않았을 거야. 바로 그 사람은 돈을 더 많이 버는 사람일 거야. 바로 그 사람은 5킬로그램 이상 체중이 초과하지 않은 사람일 거야.' 그러나 진정한 사랑을 찾는 데 실수하지 않으려고 노력할 때, 우리는 종종 진정으로 멋진 관계를 경험할 수 있는 기회를 잃어버리곤 합니다.

그리고 우리가 누군가를 사귀고 있을 때, 특히 관계가 힘들어졌을 때 우리는 은밀하게 이렇게 묻습니다. '이 사람이 정말 나한테 완벽한 파트너일까? 함께 있으면 더 행복한 사람이 다른 어딘가에 있지 않을까?'

세 번째 사랑의 신화를 믿음으로써 얻게 되는 부정적인 결과는 다음과 같습니다.

1. 현재 사귀고 있는 사람을 환상 속의 '그 사람'과 비교하기 때문에 지금 사귀고 있는 사람이 지니고 있는 독특한 점을 소중히 여기지 못한다.

태미는 34세의 매우 매력적이고 외향적인 항공기 승무원으로 어떤 남자와도 진지한 관계를 맺지 못하는 이유를 알고 싶어서 제 세미나에 참가했습니다. "저한테 무슨 문제가 있는 건지 잘 모르겠어요. 제 친구들은 모두 결혼했거나, 약혼했거나, 아니면 적어도 누군가를 사귀고 있거든요. 하지만 저는 저한테 맞는 사람을 찾을 수도 없을 것 같아요."

"데이트는 많이 하세요?"

"데이트는 그냥 데이트일 뿐이에요. 항상 저한테 관심을 보이는 사람들을 만나긴 하는데, 처음에는 저도 꽤 그 사람들에게 열정적이에요. 그런데 한두 달 정도 지나면 시들해지고 더 이상 만나고 싶지가 않아요. 마침내 작년에 제 인생을 함께할 수 있겠다고 느꼈던 사람을 만났어요. 8개월을 사귀었죠. 처음 4, 5개월은 모든 것이 완벽했어요. 하지만 그러다가 그 사람에 대한 아주 사소한 것들이 저를 힘들게 했고, 나머지 몇 달은 내내 싸우다가 결국 헤어졌어요."

태미와 좀 더 이야기를 나누면서 저는 태미가 모든 것이 완벽할 때에만 관계가 잘 되는 것으로 생각하고 있다는 것을 발견했습니다. 그녀에게 완벽하다는 것은 갈등과 차이가 없으며, 그녀가 싫어하는 것이 상대방에게 전혀 없어야 한다는 것이었습니다. 태미는 사랑에 대한 세 번째 신화, 즉 이 세상 어딘가에 '완벽한' 남자가 그녀를 기다리고 있다는 것, 그 사람만이 그녀를 행복하게 해 줄 수 있다는 것을 믿으면서 자랐습니다. 따라서 그녀를 힘들게 하는 일이 일어나면 그 관계에서 손을 떼고 무의식적으로 자신의 남자친구를 '완벽한 그 사람'과 비교했던 것입니다. 당연히 어느 누구도 그 시험을 통과할 수는 없었습니다. 이 과정에서 그녀는 그녀와 함께 있는 상대방을 진정으로 이해하고 사랑에 빠질 기회를 갖지 못했던 것입니다.

저는 태미와 상담을 하면서 어떻게 그녀가 남자들에 대한 환상을 갖게 되었는지, 어떻게 그 환상이 진정한 관계를 맺는 것을 방해했는지를 이해하도록 도와주었습니다. 석 달 후, 그녀가 이전 남자친구와 다시 사귀고 있다는 내용의 편지를 보내왔습니다. "얼마나 다르게 느껴지는지 믿을 수가 없어요. 그 사람은 예전과 똑같은 모습인데, 제가 더 이상 그가 완벽하기를 기대하지 않아요. 그러니까 그 사람을 있는 그대로 사랑하는 것이 훨씬 더 쉬워졌어요."

2. 한 관계가 끝난 후에 새로운 관계에 마음을 열지 못한다.

사랑에 대한 세 번째 신화를 믿음으로써 생기는 두 번째 문제는 헤어졌든, 이혼했든, 사별을 했든, 평생 지속되기를 희망했던 관계가 끝난 후에 다른 관계를 시작하지 못한다는 것입니다. 만일 당신이 하나의 진정한 사랑이라고 믿었던 그 사람을 잃었다면, 당신은 여생을 외롭게 지내야 하고 누구도 그 사람을 대신할 수 없게 됩니다.

몇 년 전에 제 친구를 통해 도리스란 여성을 만났습니다. 도리스는 그 당시 61세로 약 40년간의 결혼생활 끝에 2년 전 남편을 여읜 상태였습니다. 그녀의 남편은 오랫동안 암으로 투병생활을 했고, 도리스는 남편 없는 삶에 적응하면서 시간을 보내고 있었습니다. 그녀의 가족과 친구들은 그녀에게 다른 사람을 사귀어 보라고 권했지만, 그녀는 거북해하면서 싫어했습니다.

"저는 제 인생에서 사랑을 이미 했어요. 남편과 저는 멋진 시간들을 함께 보냈죠. 제가 왜 남편을 대신하기 위해 이 세상에 존재하지도 않는 사람을 찾으려고 노력해야 하죠? 그처럼 진정한 사랑은 일생에 딱 한 번밖에 없어요."

저는 도리스에게 새로운 파트너가 죽은 남편을 대신하는 것이 아니라 완전히 다른 관계를 경험할 수 있는 기회를 제공하는 거라고 설명했습니다. "전 잘 모르겠어요. 그런 일을 하기에는 제가 너무 늙었다는 생각이 드네요."

6개월이 지난 후 저는 도리스로부터 한 통의 전화를 받았습니다. "도움이 필요한 것 같아요!" 도리스는 그녀가 관여하고 있는 자선단체에서 사울이라는 64세의 신사를 만났습니다. 사울은 15년 전에 이혼을 했고, 도리스를 만나기 전까지는 남은 인생을 함께할 사람을 찾지 못했습니다. "저를 정말 많이 좋아해요! 그런데 가장 두려운 것은 저 역시 그 사람에게 푹 빠져 있다는 거예요. 4개월 동안 만났거든요. 처음에는 그를 사교모임의 보호자나 동반자 정도로만 생각했는데, 최근에는 그 사람 없이는 견딜 수가 없어요. 이제 그 사람은 결혼에 대해 이야기를 해요. 결혼 이야기를 꺼냈을 때 전 숨을 쉴 수가 없었어요. 계속해서 저는 이 관계가 제 결혼생활과 어떻게 다른지 생각하고 있어요. 그런데 마치 남편이 생긴 것 같은 느낌이 들어요. 제가 그와 무엇을 하고 있는 걸까요?"

"그분을 사랑하고 있는 거죠." 제가 웃으면서 대답했습니다. "당신의 남편을 사랑했던 방식이 아니라 전혀 다른 새로운 방식으로 사랑을 하고 있는 겁니다. 이것이 바로 사랑이 멋진 이유입니다. 전혀 다른 방식으로 사랑을 경험할 수 있거든요."

"박사님 말씀은 제가 그 사람을 사랑해도 된다는 말인가요?" 도리스가 조심스럽게 질문했습니다.

"그럼요, 도리스." 저는 그녀를 안심시켰습니다.

두 달 후 도리스와 사울은 결혼했습니다. 그들은 행복해 보였고, 가끔 도리스는 전화를 걸어서 어떻게 지내는지 말해 주었습니다. "저는 이 사람과 헤어질 수 없어요! 제가 첫 남편을 너무 많이 사랑했지만, 사울 역시 다른 방식일 뿐이지 그만큼 사랑해요. 어느 누가 이 할머니에게 두 번째 기회가 올 것이라고 생각이나 했겠어요?"

도리스는 자신에게 맞는 진정한 사랑은 세상에 단 하나뿐이라는 세 번째 신화를 믿음으로써 사울과의 멋진 삶을 거의 놓칠 뻔했습니다.

### 당신에게 맞는 파트너는 많다

세 번째 사랑의 신화에 대한 현실은 다음과 같습니다.

> 한 사람 이상과 진정한 사랑을 경험하는 것은 가능하다.
> 당신이 함께 있어서 행복할수 있는 잠재적인 파트너는 많다.

저는 당신에게 우리 각자를 위해 지구 주위를 배회하고 있는 잠재적인 파트너가 몇 명이 있다고 구체적으로 말할 수는 없습니다. 하지만 저는 사랑하면서 행복을 경험할 가능성이 한 사람에게만 국한되지는 않는다는 것을 알고 있습니다. 저는 개인적인 경험을 통해 사랑을 위한 인간의 마음은 그 용량이 엄청나지만 우리가 믿는 사랑의 신화 때문에 즐길 수 있는 사랑의 양이 제한된다는 것을 알고 있습니다. 만일 아무나 두 사람을 택해서 남은 인생을 둘만 외딴 섬에서 살게 한다면, 아마도 그들은 서로에게 낭만적인 파트너가 될 겁니다. 비록 이것이 당신의 로맨틱한 환상은 아니겠지만, 사랑하는 행위 자체는 본질적으로 기분 좋은 것이고, 기회가 주어진다면 우리는 우리가 사랑할 수 없을 것 같은 사람들을 사랑할 방법을 찾을 수 있음을 말해 줍니다.

각각의 진정한 사랑은 서로 다른 방향으로 마음을 내뻗고, 각각의 관계는 서로 다른 방식으로 우리를 위해 기능합니다. 그렇다면 누구를 사귀는가는 중요하지 않다는 것일까요? 물론 아닙니다. 사실 서로 융화할 수 있는가의 문제가 훨씬 더 중요합니다. 사랑하는 사람을 찾는 것뿐만 아니라 당신과 융화할 수 있는 파트너를 찾는 것은 건강하고 지속적인 관계를 위해 꼭 필요한 일입니다.

{ **사랑에 대한 신화 04**
**완벽한 파트너라면 모든 면에서
나를 완벽하게 충족시켜 줄 것이다** }

관심 있는 일자리를 위해 면접을 하고 있다고 상상해 보세요.

"이 일에 관해 말씀해 주시겠어요?" 당신은 고용주가 될지도 모르는 사람에게 이렇게 질문합니다.

"저는 기본적으로 사장님께서 제 모든 욕구를 충족시켜 주실 것으로 기대합니다. 제가 말씀드리지 않아도 제가 뭘 원하는지 아셨으면 좋겠어요. 사장님께서 제 마음을 읽으셔서 제 비밀스러운 기대를 모두 아시고 그것들을 해결해 주시면 좋겠어요. 제가 혼란스러워할 때 해답을 찾아주시고, 제가 우울할 때는 기분 좋게 해 주시고, 제가 자신없어 할 때는 저 자신을 더 사랑할 수 있게 해 주셨으면 좋겠어요. 물론 제가 싫증나지 않도록 계속해서 저를 즐겁게 해 주시구요. 제 취미와 관심 사항을 모두 좋아해서 제 완벽한 동반자가 되어 주시면 좋겠어요."

이 모든 기대들이 너무나 이상하다는 것에 동의할 겁니다. 아무리 많은 돈을 준다 해도 누구도 이렇게 부담스럽고 불가능한 상황에 처하고 싶지는 않을 겁니다. 비록 이 이야기가 다소 과장되어 있기는 하지만, 실제로 우리 중 많은 사람들은 우리가 지닌 모든 욕구들을 파트너가 충족시켜 주기를 무의식적으로 기대하고, 그 기대를 충족시켜 주지 못하면 화를 내고 환상에서 깨어나게 됩니다. 저는 이것을 '상대방의 전의를 상실하게 하는 것' 이라 표현합니다. 왜냐하면 당신 또한 그러한 욕구들이 무엇인지 알지 못하기 때문에 사랑하는 사람에게 그것들이 구체적으로 무엇인지 말할 수 없습니다.

사랑에 대한 네 번째 신화를 믿음으로써 얻게 되는 부정적인 결과는 다음과 같습니다.

1. 당신 자신이 충족시켜야 할 욕구들을 파트너가 충족시켜 주지 못한다는 이유로 좋은 관계를 알아보지 못한다.

"남편과 이혼해야 할 것 같아요." 안드레아가 제 사무실에 앉으면서 말했습니다. 그녀는 심각한 위기에 처한 결혼생활에 대해 상의하기 위해 저와 상담 약속을 했습니다. 안드레아는 27세의 귀엽고 운동선수 같은 외모를 지니고 있었는데, 남편인 벤자민과 결혼한 지 약 2년 정도 되었습니다.

"뭐가 문제죠?"

"잘 모르겠어요. 그냥 행복하지가 않아요. 전 결혼생활이 이것보다는 나을 거라고 생각했어요. 결혼하면 제 상황이 달라질 거라 생각했지만 달라진 게 없었어요. 그래서 실망했죠."

"결혼하면 뭐가 달라질 거라고 생각했나요?"

"제 인생에 대해 좀 더 자신감 있고 분명해지길 원했던 것 같아요. 하지만 전 지금 혼란스럽기만 해요."

"당신의 남은 인생에 대해 이야기해 보죠. 무엇을 하실 건가요?"

"글쎄요, 지금 당장은 아무것도 없어요. 6개월 전에 직장에 다녔지만 별로 하고 싶지 않아서 관뒀어요. 전 제가 무엇을 하고 싶은지 잘 모르겠어요. 이 결혼에서만 벗어난다면 더 기분이 좋아질 거라고만 계속 생각했어요."

"남편에 대해 특별히 불만이 있나요?"

안드레아는 잠깐 생각을 하더니 다음과 같이 대답했습니다. "아니요, 딱히 불만스러운 건 없는 것 같아요. 저를 정말 사랑해 주고 참 다정해요. 다만 제가 행복하지가 않아요."

안드레아와 이야기를 나누면서 문제가 그녀의 남편에게 있는 것이 아니라 그녀에게 있다는 것을 확신할 수 있었습니다. 그녀는 인생에서 방향도 목표도 없었습니다. 그녀는 자신의 내면에 있는 빈 자리, 즉 낮은 자존감이 자리 잡고 있는 그 빈 공간을 벤자민이 채워 주기를 기대하면서 결혼했던 것입니다. 그러나 그것은 남편의 몫이 아니라 그녀 자신의 몫이었습니다. 그녀는 경력을 쌓거나 교육을 받는 대신 운동을 하고 텔레비전을 보면서 시간을 보냈습니다.

안드레아는 전혀 성장하지 않은 제멋대로인 여성이었습니다. 벤자민이 안드레아를 얼마나 많이 사랑하느냐에 상관없이, 그가 그녀 내부의 공허함을 채울 수는 없었습니다. 그녀가 공허하다고 느꼈기 때문에 결혼생활이 그녀를 만족시키지 못한다고 가정했던 것입니다. 실제로 벤자민은 안드레아에게 좋은 남편이었지만, 안드레아는 그녀 자신에게 그다지 좋지 못했습니다. 결혼생활에 만족하지 못한 것이 아니라 그녀 스스로에게 만족하지 못했던 것입니다.

진정한 사랑이 모든 것을 좋게 만들어 줄 거라는 생각은 매우 치명적인 환상입니다. 당신 스스로 해야 할 것을 파트너가 대신 해 줄 것으로 기대하기 때문에 완벽하게 좋은 관계를 망칠 수 있습니다.

만일 당신이 새로운 관계를 시작하기 전에
감정적으로 공허하다고 느낀다면,
관계를 시작해도 마찬가지로 공허하게 느낄 것이다.

2. 당신이 다른 곳에서 찾아야 할 것을 당신 파트너가 제공해 주지 않는다고 화를 낸다.

완벽한 파트너라면 당신의 모든 욕구들을 충족시켜 줄 것이라는 믿음의 또 다른 함정은 상대방이 당신에게 전부가 되어 주기를 원하면서 상대방에게 부담을 주는 것입니다. 남편이 같이 쇼핑을 갔으면 좋겠다고 불평하거나, 토요일에 옛날 가구들을 같이 보러 다녔으면 좋겠다고 불평하거나, 집을 어떻게 꾸며야 하는지 좀 더 신경을 써 줬으면 좋겠다고 불평하는 여자분들이 얼마나 많은지 모릅니다. 저는 여자들이 지니고 있는 욕구 중에는 남자들이 충족시킬 수 없거나 그럴 필요가 없는 욕구들이 있다는 것을 많은 시간이 지나서야 깨닫게 되었습니다. 이것은 사랑, 애정, 우정 등과 같은 기본적인 욕구가 아니라 여성 스스로 즐길 수 있는 욕구들입니다. 대부분의 남편들은 자녀의 생일파티를 위해 장식하는 것을 즐기지 않고, 새로운 소파의 감을 고르는 것도 즐거워하지 않으며, 대부분의 여자들이 하는 것처럼 세일 때 쇼핑몰에 가서 시간을 보내는 것도 즐거워하지 않는다는 사실을 받아들여야 합니다. 이런 욕구들은 다른 여자들에 의해 더 잘 충족될 수 있습니다.

남자들은 여자들보다 이런 부분에서 좀 더 낮은 기대 수준을 가지고 있는 듯합니다. 그러나 남자들 또한 여자들이 모든 면에서 그들을 충족시켜 주지는 않는다는 사실에 실망하고 있는 것 같습니다.

제프리는 몇 년에 걸쳐 이런 단계를 겪으면서 제가 그 사람한테 정말로 맞는 사람인지 의심하기 시작했습니다. 당연히 저는 죽을 만큼 두려웠지만, 이 문제에 대해 이야기를 나누면서 그의 걱정이 한 영역, 즉 스포츠에 집중되어 있다는 것을 알게 되었습니다. 제프리는 스포츠에 재능이 있고 모든 종류의 운동을 좋아합니다. 저 역시 운동하는 것을 즐기지만 다른 것들을 더 우선순위에 두는 경향이 있습니다. 이 문제에 관해 더 많이 이야기를 나누면서 저는 제프리가 자신에게 맞는 여자는 밖에 나가서 야구공을 주고받고, 주말마다 라켓볼을 치며, 몸매를 가꾸는 것에 신경 쓰는 여자일 거라는 사랑의 신화를 지니고 있었다는 것을 깨달았습니다. 제프리는 저와 이런 것들을 함께하기를 원했기 때문에 혼자서 운동하는 것을 스스로 자제하고 있었습니다. "내 취미생활을 빼앗아 갔다고 생각해서 당신한테 화를 냈던 것 같아."라고 그가 고백했습니다. 제가 그와 함께 운동하는 것에 좀 더 많이 동의했지만, 한편으로는 제프리가 야구팀에 가입하고 친구들과 보디빌딩을 하며 그가 좋아했던 것들을 할 시간을 가짐으로써 자신의 욕구를 스스로 충족시키자는 것에 의견을 같이했습니다.

네 번째 사랑의 신화에 대한 현실은 다음과 같습니다.

> 나에게 맞는 파트너가 내가 지닌 많은 욕구들을 충족시켜 주지만,
> 모든 욕구들을 충족시켜 주는 것은 아니다.

우리는 각자 완벽한 파트너에게 원하는 '소망 목록'을 가지고 있습니다. 하지만 여기서 요점은 당신 파트너만이 충족시켜 줄 수 있는 욕구들이 있고, 당신의 가족과 친구 및 지인들이 충족시켜 줄 수 있는 욕구들이 있다는 것입니다.

당신 파트너에게서 원하는 것과 필요로 하는 것을 구별하는 것이 중요합니다.

만일 제프리가 사랑에 대한 네 번째 신화에 도전하지 않았다면, 저와의 관계를 끝내고 미스 운동선수를 찾으러 떠났을지도 모릅니다. 우리가 함께 경험했던 그 깊고도 강렬한 결합을 뒤로 한 채 말이죠.

## 사랑에 대한 신화 05
## 누군가와 강렬한 성적 공명을 경험한다면 그것은 분명 사랑일 것이다

✽ 누군가와 계속해서 성관계를 갖기 위한 하나의 변명으로 그 사

람을 정말 사랑하고 있다고 스스로를 설득해 본 적이 있습니까?
* 침대에서만 잘 지내는 관계를 가져본 적이 있습니까?
* 사랑에 빠졌다고 생각해서 누군가를 사귀었는데, 성관계를 가진 후에 그것이 사랑이 아니고 단지 정욕이었다는 것을 깨달은 적이 있습니까?

이 사랑의 신화는 우리에게 말썽을 일으킵니다. 이는 성을 인정하고 즐기는 것에 대해 많은 사람들이 느끼고 있는 죄책감에 그 뿌리를 두고 있습니다. 사회, 가정교육 그리고 도덕적 가치들은 종종 우리가 성적으로 되는 것 자체를 '허용'하지 않기 때문에, 우리가 단지 상대방에 대해 강한 성욕을 느꼈을 뿐인데도 그것을 상대방에 대해 낭만적인 느낌을 가지고 있는 것으로 생각하게 만듭니다.

저는 이것을 '사랑에 빠지는 정욕 공식(lust into love formula)'이라고 부르는데, 이 공식은 다음과 같이 적용됩니다.

### 사랑에 빠지는 정욕 공식

1. 처음에 누군가에게 강렬한 성적 공명, 즉 정욕을 느낀다.
2. 그리고 그 충동을 행동으로 옮겨 그 사람과 성관계를 갖는다.
3. 그 후 아직 정서적으로 친밀하지 않은 사람과 성적으로 친밀한 관계를 가졌다는 것에 대해 죄책감이나 불편함을 경험한다.
4. 결국 당신의 정욕을 합리화하기 위해 그 사람과 관계를 맺는다.

물론 당신이 누군가와 관계를 맺을 때마다 이 공식을 따른다는 것은 아닙니다. 그러나 당신이 다섯 번째 사랑의 신화를 강하게 믿고 있다면, 당신이 인정하고 싶은 것보다 더 자주 이런 상황에 놓이게 될 수 있습니다.

사랑에 대한 다섯 번째 신화를 믿음으로써 얻게 되는 부정적인 결과는 다음과 같습니다.

1. 융화할 수 없는 사람과 사귄다.

26세의 앤은 옷가게에서 점원으로 일하고 있습니다. 다음 이야기는 그녀가 다섯 번째 사랑의 신화 때문에 어떻게 감정적으로 애를 먹게 되었는지를 말해 줍니다.

"브라이언과 저는 콜로라도에서 스키를 타다가 만났어요. 집에서 멀리 떨어져 있다는 것과 스키장의 추위 그리고 스키복을 입은 그의 모습이 너무 귀여워서 제 판단이 흐려졌던 것 같아요. 두 번째 데이트에서 그와 잠을 잤어요. 고도 때문일 수도 있는데 제 인생에서 그런 짜릿한 섹스를 해 본 적이 없었던 것 같아요. 브라이언은 성관계를 잘 한다고 스스로 자랑스러워했는데 사실 그랬어요. 전 완전히 사랑에 빠졌다고 확신했죠."

"휴가가 끝나서 그는 시애틀로 돌아갔고 전 샌프란시스코로 돌아왔어요. 우리는 2~3일마다 전화통화를 했고, 제가 그를 어떻게 생각하는지 그에게 말했어요. 6개월 동안 우리는 2주마다 주말을 함께 보냈는데, 상상되시겠지만 대부분의 시간을 침대에서 보냈습니다. 우리 둘 사이에 육체적인 열정은 굉장했어요. 저는 제가 그 사람을 아주 많이 사랑하기 때문에 그렇게 느끼는 거라고 생각했어요. 우리는 결혼에 대해 이야기하기 시작했지요."

"그해 여름, 우리는 둘 다 일을 접고 2주 동안 제 집에서 함께 보내기로 결정했어요. 브라이언이 도착하는 것을 기다릴 수 없을 정도였죠. 처음 며칠은 늘 그랬던 것처럼 정말 좋았어요. 그러나 모든 것이 어그러지기 시작했죠. 우린 모든 것에 대해 다투기 시작했어요. 우선 브라이언의 흡연이 문제가 되었어요. 담배를 피우는 것은 알았지만, 주로 침대에서 시간을 보냈기 때문에 그렇게 자주 피우는지는 몰랐죠. 함께 보내는 시간이 길어지자 거의 끊임없이 담배를 피우는 것 같았어요. 그리고 전 그 사람이 그렇게 부정적인 사람인지 몰랐어요. 그는 제 친구들, 제가 집을 꾸민 방식, 심지어 제가 운전하는 방식에서까지 나쁜 점들을 찾아냈어요. 상황이 점점 더 나빠져 결국 우린 성관계조차 갖지 못했고, 저는 그가 떠나는 것을 기다릴 수 없을 지경까지 되었죠."

"그가 시애틀로 돌아간 날, 전 침대에 누워서 울었어요. 너무 혼란스러웠죠. 바로 제 눈앞에서 꿈이 산산조각 나는 것 같았습니다. 브라이언과의 관계를 생각하면서 그 다음 며칠을 보냈는데 갑자기 모든 것이 분명해지기 시작했어요. 전 브라이언과 관계를 맺었던 것이 아니었어요. 우리가 했던 것은 오로지 성관계뿐이었어요. 우리의 만남은 하나의 낭만적인 놀음이었고, 그 후 6개월간은 전화통화와 시시덕거림 그리고 농담으로 채워졌죠. 짧게 만나서 내내 침대에서만 지냈을 뿐이었어요. 전 브라이언을 한 인간으로 만났던 것이 아니라 단지 섹스 파트너로 만났던 겁니다. 심지어 그를 그렇게 좋아한 것도 아니었어요."

앤은 이전 남자친구들과는 그렇게 좋은 성관계를 가져 본 적이 없었습니다. 그래서 브라이언을 만나서 불꽃이 튀었을 때, 그것이 분명 사랑이라고 생각했던 겁니다. 사랑하지 않으면서 그리고 결혼할 것도 아니면서 그렇게 누군가에게 성적으로 흥분할 수 있다는 것을 인정하기가 힘들었던 겁니다. 그녀는 이 경험을 통해 정욕이 항상 사랑에서만 나오는 것은 아님을 아주 힘들게 배웠습니다. 두 사람의 공통점은 스키를 타는 것을 좋아하고 섹스를 좋아한다는 것이었습니다. 이는 한 번의 놀음을 위해서는 충분할지 몰라도 지속적인 관계로 발전하기에는 충분치 않았던 것입니다.

2. 이미 끝냈어야 할 관계에 머물러 있고, 맞지 않는 파트너를 떠나 보내는 것을 힘들어한다.

사랑의 신화에 대한 세미나가 끝난 후, 38세의 이혼한 교사인 자말이 제게 다가와 말했습니다.

"박사님이 제 이야기를 하시는 줄 알았어요. 전 정말 너무 어렸을 때 고등학생 여자친구와 결혼했어요. 전 성 경험이 전혀 없었고, 그녀 역시 저 이외에는 어느 누구도 만난 적이 없었습니다. 그래서 우리가 성적으로 잘 맞지 않는다는 것을 깨닫는 데 시간이 좀 걸렸어요. 그녀를 많이 사랑했지만 시간이 흐르면서 그녀에게 느꼈던 매력이 모두 사라졌어요. 아이들 때문에 어떻게든 잘해 보려고 노력했지만 결국 제가 31세 때 이혼했습니다."

"19세 이후로 처음 데이트를 하기 시작했고, 저는 준비가 되어 있었어요. 그리고 다시는 성관계 없는 관계에 빠지지 말자고 스스로 다짐했습니다. 그 후로 몇 년 동안은 매우 열정적이었다는 것을 인정해요. 매력을 느끼지 못하는 사람과 사랑에 빠지는 것이 너무 두려웠기 때문에 완전히 그리고 즉각적으로 흥분하게 만드는 여자들과 데이트를 했습니다."

"그렇게 사브리나를 만났어요. 재즈바에서 만났는데, 처음 눈에 들어왔던 것은 그녀의 몸이었어요. 마치 제 환상 속에 존재하는 여자 같았죠. 말을 걸고 춤을 추었어요. 도저히 더 이상 참을 수가 없어서 그녀의 집으로 가서 시작했지요. 저는 너무 흥분해서 미칠 것 같았고 죽어서 천국에 간 것 같았습니다. 그녀는 마치 한 마리 야생마 같았어요. 여자와 함께 있으면 그렇게 되어야 한다고 늘 생각했던 바대로 느껴졌어요."

"전 완전히 이 사람이라고 확신하기 전까지는 누군가를 사귀지 않겠다고 다짐했는데 그런 제 결심은 산산조각이 났습니다. 사브리나도 만족해 보였어요. 결국 전 그녀를 만난 지 한 달이 채 안 돼서 그녀의 집으로 들어갔습니다. 그러면서 문제가 시작되었죠. 전 사브리나가 돈이 없다는 것을 알게 되었고, 그때까지 이전 남자친구가 경제적으로 지원해 주고 있었다는 것을 알게 되었어요. 지불하지 못한 고지서가 수북이 쌓여 있었습니다. 전 그녀의 주문에 걸려 있었고, 그녀가 스스로의 힘으로 일어설 때까지 그녀를 돕기로 결정했습니다."

## 섹스의 낙원이라는 감옥으로부터 탈출하기

자말은 계속 이야기했습니다. "6개월이 흘렀고, 우리 관계는 마치 롤러코스터 같았어요. 한순간 싸웠다가 이내 격렬하게 섹스를 했지요. 사브리나는 버릇없고 무책임한 어린아이 같았죠. 그녀는 한 번도 직장을 구한 적이 없었고, 제 모든 에너지를 바닥나게 했어요. 이 관계에서 벗어나야 한다는 것은 알았지만, 그녀에게 떠나겠다고 말을 하면 그녀가 저를 다시 유혹해서 결국 떠나지 못했어요."

"사브리나가 100만 원어치의 옷을 사들고 집에 들어온 날, 전 더 이상 참을 수가 없어서 그 집에서 나왔습니다. 몇 달 만에 처음으로 자유롭다고 느꼈죠. 하지만 불행하게도 그 느낌은 오래 가지 않았어요. 사브리나는 제가 새로 이사 간 집으로 전화를 했고, 성적으로 흥분하게 만드는 옷을 입고 나타나 제 의지를 꺾곤 했습니다. 우리는 며칠 동안 같이 보내다가 다시 한두 달 떨어져 지내곤 했어요. 그녀가 밤에 전화해서 외롭다고 말하면 전 그녀와 다시 성관계를 가졌지요. 저 자신이 혐오스러웠습니다."

"인정하고 싶지는 않지만, 환상적인 성관계에 사로잡혀 결국 사브리나를 놓아 주는 데 2년이 걸렸어요."

자말의 이야기는 극적이기는 해도 그렇게 드문 이야기는 아닙니다. 그는 사브리나와의 섹스가 너무 좋았기 때문에 그녀가 바로 자신에게 맞는 여자라고 확신했던 것입니다. 좋은 섹스가 반드시 건강한 사랑을 의미하는 것이 아니라는 사실을 깨닫기까지 자말은 극적인 사건과 모욕감으로 점철된 몇 년의 시간을 보내야 했습니다.

다섯 번째 사랑의 신화에 대한 현실은 다음과 같습니다.

훌륭한 섹스는 진정한 사랑과 아무런 관계가 없고
성교하는 것과 관계가 있다.

비록 당신이 파트너와 환상적인 섹스를 했다 하더라도,
- 반드시 상대방을 사랑한다는 것을 의미하지 않습니다.
- 반드시 두 사람이 함께 지내야 한다는 것을 의미하지 않습니다.
- 반드시 좋은 관계가 될 것임을 의미하지 않습니다.

대신 다음과 같은 것을 의미합니다.
- 두 사람이 서로 성적으로 끌렸다는 것입니다.
- 둘 중 하나 또는 둘 다 성관계에 매우 능숙하다는 것입니다.

또는 다음과 같은 것을 의미할 수도 있습니다.
- 침실 이외의 다른 영역에서 서로 융화할 수 있다면, 건강하고 온전한 관계를 위한 기초가 될 수 있을 만큼 강한 매력을 느끼는 것입니다.

## 사랑에 대한 진실

당신은 아마도 다섯 가지 사랑의 신화 중 하나 또는 모두와 관련 지어 생각해 볼 수 있었을 겁니다. 이런 신화들 때문에 사랑하면서 실수를 저질렀다는 사실이 놀랍지 않습니까?

다섯 가지 사랑의 신화와 각각의 현실을 정리하면 다음과 같습니다.

| 사랑의 신화 | 사랑의 현실 |
|---|---|
| 1. 진정한 사랑은 모든 것을 이겨낸다. | 관계가 잘 되기 위해서는 사랑만으론 충분하지 않다. 서로 융화할 수 있어야 하고 관계에 대한 헌신이 있어야 한다. |

| | |
|---|---|
| 2. 진정한 사랑이라면 그 사람을 만나는 순간 알 것이다. | 푹 빠지는 것은 한순간이지만, 진정한 사랑은 시간이 필요하다. |
| 3. 완벽한 파트너라면 모든 면에서 나를 완벽하게 충족시켜 줄 것이다. | 한 사람 이상과 진정한 사랑을 경험하는 것은 가능하다. 당신이 함께 있어서 행복할 수 있는 잠재적인 파트너는 많다. |
| 4. 나에게 맞는 진정한 사랑은 세상에 단 하나뿐이다. | 나에게 맞는 파트너가 내가 지닌 많은 욕구들을 충족시켜 주지만, 모든 욕구들을 충족시켜 주는 것은 아니다. |
| 5. 누군가와 강렬한 성적 공명을 경험한다면 그것은 분명 사랑일 것이다. | 훌륭한 섹스는 진정한 사랑과 아무런 관계가 없고 성교하는 것과 관계가 있다. |

## 마땅히 당신이 받아야 할 사랑 만들기

최근에 저는 대규모의 사람들에게 강의를 한 적이 있습니다. 강의가 끝난 후 책에 사인을 하고 있는데, 한 젊은 여성이 눈에 눈물을 가득 머금은 채 다가와서 말을 걸었습니다. "전 박사님께서 말씀하신 모든 것에 고무되었어요. 지난달에 박사님과 박사님의 남자친구분이 함께 진행하신 세미나에도 참석했는데, 언젠가는 두 분처럼 좋은 관계를 맺는 행운이 저에게도 주어졌으면 좋겠어요."

약 50명의 사람들이 저와 이야기하려고 줄을 서서 기다리고 있었기 때문에 보통 때라면 그녀에게 고맙다는 말을 하고 다음 사람과 이야기를 했을 겁니다. 하지만 뭔가가 절 멈추게 했고, 저는 그녀의 손을 잡고 그녀의 눈을 바라보며 이야기를 하게 되었습니다. "전 당신이 이 점을 알았으면 좋겠어요. 제 인생에서 그렇게 멋진 남자를 만나게 되었다는 것이 축복이라고 느낍니다. 하지만 운과는 전혀 상관이 없어요. 저는 과거에 건강하지 못한 사랑을 선택했고, 그 남자들을 제가 원하는 모습으로 변화시키려고 노력했죠. 전혀 융화할 수 없는 파트너들을 만났지만, 저는 그것이 중요하지 않다고 스스로에게 말하곤 했어요. 모든 잘못된 이유들 때문에 남자들을 사랑했던 겁니다. 운이 좋아서 이 관계가 잘 되고 있는 것이 아니에요. 결국 저는 올바른 사람을 선택했고, 지금 느끼고 있는 친밀감과 조화로움을 만들어 내기 위해 정말 열심히 노력했어요. 당신의 인생에서도 똑같은 일이 일어날 수 있습니다."

아마도 당신 또한 사랑에 운이 없다고 느끼고, 당신이 꿈꾸고 있는 관계를 맺을 수 있다는 희망을 잃어버렸을지도 모릅니다. 혹은 당신 인생에서 특별한 누군가를 만났지만, 더 친밀해지고 더 사랑을 느끼고 싶은데 어떻게 해야 할지 확신이 서지 않을 수도 있습니다. 당신이 이 책을 발견하고 읽게 되어 기쁩니다. 저는 당신이 이 책을 읽음으로써 당신 내부에 있는 힘과 지혜를 발견해서 건강하고 즐거움이 넘치는 진실한 사랑으로 나아가기를 희망합니다.

## 02 S·t·o·r·y
# 사랑하는 사람을 선택하는 이유

* 당신은 책임감이 강하고 성숙한 파트너를 원했지만, 당신을 미치게 할 만큼 무책임하고 신뢰할 수 없는 사람을 만난 경우가 있습니까?

* 당신은 오래 전념할 수 있는 관계를 맺을 준비가 되어 있다고 스스로에게 말해 왔고 같은 식으로 느끼는 사람을 찾았지만, 결국엔 가질 수 없거나 관계에 전념할 수 없는 사람과 사랑에 빠진 적이 있습니까?

* 정서적으로 닫혀 있고 멀게 느껴지는 사람과 다시는 사귀지 않을 거라 맹세했지만, 결국엔 당신이 받을 만한 가치 있는 방식으로 당신을 사랑할 수 없는 사람과 절망적으로 사랑에 빠진 경험이 있습니까?

✻ 왜 지금까지 만났던 파트너들과 결국 사귀게 되었는지 궁금하게 여긴 적이 있습니까?

우리는 모두 파트너에게 무엇을 원하는지 알고 있다고 생각합니다. 우리는 건강하지 않거나 부정적인 특성들은 원하지 않고, 다만 대단한 것들을 많이 원합니다. 그래서 우리는 우리의 이상과 다르고 이상보다는 훨씬 멋지지 않은 누군가와 사귀게 되었을 때 좌절하고 실망하게 됩니다.

전 당신이 잡지나 신문에 난 '애인구함' 광고, 즉 만나고 싶은 사람들을 구하는 광고를 읽어 봤을 거라 확신합니다. 만일 당신이 찾고 있는 파트너의 타입을 설명하는 광고를 작성해야 한다면 아마도 다음과 같을 것입니다.

### 애인구함

매력적이고 감수성이 예민하며 지속적인 관계를 위해 배려할 줄 아는 사람. 정서적으로 개방적이어야 하며, 감정에 대해 이야기할 수 있고, 친밀해지는 것을 두려워하지 않는 사람. 성공했지만 일중독자는 아니며 유머감각이 있을 것. 내가 정말 사랑받고 있고 소중히 여겨지고 있다고 느끼게 해 주는 사람. 만일 당신이 건강하고 정직하며 신실하고 한 사람에게만 전념할 준비가 되어 있다면 내가 바로 당신을 위한 그 사람입니다!

당신의 구인 광고와 실제로 사귀게 된 파트너를 맞춰 보면 아마도 다음과 같을 겁니다.

### 애인구함

자아도취적이고 잠재력은 많으나 그것을 가지고 아무것도 안 하는 피해 입은 실패자. 미성숙하고 무책임하며 게으름. 성욕마저 적으면 금상첨화임. 기술도 배경도 성공할 필요도 없음. 공약을 남발하고 자신의 실패를 남 탓으로만 돌리기 좋아하는 사람을 찾는다면 지금 저에게 전화 주세요. 주의: 직업 있는 남자는 신청할 필요 없음.

### 애인구함

결혼하셨거나 약혼하셨나요? 한 사람만 만날 수는 없나요? 그렇다면 제가 바로 당신을 위한 여자입니다. 전 오래오래 고통스럽고 좌절스러운 관계를 위해 제가 소유할 수 없는 남자를 찾고 있어요. 시간이나 에너지는 필요 없어요. 제가 모든 일을 다할 겁니다. 낮이든 밤이든 상관없으니 언제라도 전화 주세요. 기다리겠습니다. 만일 당신이 정직하지 못하고 저를 휘두르는 것을 좋아하며 오직 당신 자신만 생각하는 사람이라면 당신이 바로 제 이상형입니다.

분명 우리 중 어느 누구도 뒤의 두 광고처럼 쓰거나 우리 인생에서 이런 종류의 관계를 받아들이는 것에 동의하지 않을 겁니다. 그러나 우리는 종종 이런 설명과 맞아 떨어지는 파트너와 사귀게 됩니다.

이 장은 왜 당신이 지금까지 사귀었던 파트너들을 선택했는지 또는 지금 사귀고 있는 사람을 선택했는지를 이해하도록 고안되었습니다.

## 지금까지 선택했던 사람들에 대한 도표 만들기

다음에 제시된 연습은 당신이 지금까지 맺었던 관계들에 대한 전체적인 모습을 보여 줄 것입니다. 저는 수년간 제 세미나에서 이 과정을 가르쳐 오면서 이 연습에 참여하는 사람들을 놀라게 했습니다.

경고: 이것은 이 책에서 배울 가장 중요한 연습 중 하나입니다. 지시문을 주의 깊게 읽어 보고, 각 부분을 완성하는 데 최대한 충분히 시간을 할애하기 바랍니다.

사랑의 선택 도표를 만드는 것은 다음과 같이 진행됩니다.

1단계_ 빈 종이에 현재 만나고 있는 사람을 포함해서 당신과 의미 있는 관계를 맺었던 사람들의 이름을 쭉 적는다. 몇 번 데이트를 해 본 사람은 포함시키지 말고, 감정적으로 매우 가까웠던 사람들의 이름만을 적는다. 각 이름 뒤에 글을 쓸 수 있는 공간을 비워 둔다. 인생에서 오직 한 사람만 사귀었다면 그 사람의 이름만 쓴다.

2단계_ 각 사람의 이름 뒤에 가장 좋지 않았던 특징들, 당신이 가장 싫어했던 그 사람의 성격을 적는다. 문장으로 쓰지 말고 한두 단어로 그 특징을 요약해서 적는다. 예를 들어, 남자친구가 4년 동안 사귀면서 한 번도 직업을 갖지 않았다면 '무직'이라고 적는다. 긍정적인 특징들은 적지 않는다.

3단계_ 다 끝났으면 목록을 읽어 보고 모든 사람들에게서 반복되는 것처럼 보이는 단어나 특징들에 동그라미를 친다.

4단계_ 한 번 이상 적었거나 당신 눈에 띈 단어나 특징들을 요약한 목록을 작성한다.

5단계_ 작성한 목록을 보면서 생각할 시간을 갖는다. 그리고 스스로에게 다음과 같이 질문한다.

1. 내가 알아야 할 관계 패턴이 있는가?
2. 시간이 흐르면서 발견되는 경향이 있는가? 더 건강해지고 있는가, 아니면 더 악화되고 있는가? 좋아지고 나서 다시 원래의 상태로 돌아가는가?
3. 어떤 사람은 다른 사람보다 나쁜 특징들을 열거하기가 더 쉬웠는가?
4. 현재 사귀고 있는 사람은 예전 사람보다 의미 있게 다른가? 더

좋은가, 더 나쁜가, 아니면 같은가?

예 1) 앤의 사랑의 선택 도표

<u>에디</u>
_ 정직하지 못한
_ 조작적인
_ 꿈속에서 사는
_ 비실제적인
_ 통제적인
_ 자아도취의
_ 폭발하는 성격
_ 성적으로 무능한
_ 변덕스러운
_ 돈 때문에 날 이용함
_ 직업을 유지할 수 없음

<u>데이빗</u>
_ 낮은 성욕
_ 변덕스러운
_ 속이는
_ 폭발하는 성격
_ 고집이 센
_ 감정에 대해 대화 불가능
_ 부정한
_ 비실제적인
_ 자아도취의

<u>션 (전남편)</u>
_ 화를 내는
_ 부정한
_ 변덕스러운
_ 직업이 없는
_ 속이는
_ 통제적인
_ 성욕이 적은
_ 정서적으로 먼
_ 자아도취의
_ 반항적인
_ 감정에 대해 말하기 싫어함

<u>아담(남편)</u>
_ 로맨틱하지 않음
_ 성욕이 적은
_ 감정에 대해 이야기하기 어려워함
_ 성질이 있음
_ 반항적인
_ 심각함

_ 돈 때문에 날 이용함

제리
_ 꿈속에서 사는            _ 변덕스러운
_ 자아도취의              _ 낭만적이지 않은
_ 폭발하는 성격           _ 비실제적인
_ 직업적으로 수동적인


서른아홉 살의 앤은 다섯 명의 남자들을 대상으로 목록을 만들었습니다. 그녀는 그중 한 명인 아담과 결혼했고, 이전에는 션과 결혼을 했었습니다. 그리고 다른 세 명의 남자와는 오랜 기간 교제했습니다. 앤의 목록을 살펴보면 몇 가지 두드러진 점들이 있습니다.

1. 션의 목록이 가장 긴데, 그녀 인생에서 션과의 관계가 가장 고통스러웠음을 정확히 반영하고 있습니다.
2. 현재 남편인 아담에 대한 목록이 가장 짧은데, 이것은 그녀 인생에서 가장 건강하고 만족스러운 관계임을 반영해 줍니다.
3. 전남편인 션과 현재 남편인 아담을 비교해 보면 큰 차이가 있는데, 이는 그녀에게 뭔가 진정한 성장이 일어났음을 나타냅니다.

앤은 연습 3단계에서 반복되는 것으로 보이는 비슷한 특징들을 동그라미 치고 요약 목록을 만들었습니다.


4단계–비슷하거나 공통된 특징의 요약 목록
- 화난                    - 정직하지 못한

- 변덕스러운
- 성적으로 무능한
- 무직의
- 통제적인
- 무책임하고 신뢰할 수 없는
- 자아도취의
- 감정에 대해 이야기하기 싫어함

"당황스럽네요." 앤은 자신의 요약 목록을 읽으면서 불평했습니다. "저는 이 남자들이 공통된 특징들을 가지고 있다고 한 번도 생각해 본 적이 없었어요. 전 늘 새로 사귀는 남자가 이전 남자와 얼마나 다른지 스스로에게 말했거든요. 제 추측엔 그들이 겉모습은 달랐지만 비슷한 사람들이었던 것 같아요. 적어도 제가 그 세월을 거치면서 성장했고, 애정이 가득하고 신뢰할 만한 사람과 결혼했다는 걸 알겠어요."

사랑의 선택 도표를 작성하면서 앤은 자신의 이전 관계가 왜 잘 되지 못했는지 이해할 수 있었습니다. 일단 종이에 작성해 보니까 어떤 남자가 그녀에게 매력적이었고, 왜 그녀가 그토록 불행했는지 이해하기가 쉬웠습니다.

### 예 2) 미첼의 사랑의 선택 도표

36세의 변호사 미첼은 왜 자신이 결혼할 만한 적당한 여자를 찾지 못하고 있는지 알고 싶어 했습니다. "전 사귀면서 저를 숨 막히게 하지 않는 힘 있고 독립적인 여성을 찾고 있어요. 하지만 결국 반대되는 사람과 사귀게 되더라구요." 그가 설명했습니다.

발레리
_ 정서적으로 불안정한

린다
_ 조작적인

_ 위태위태한
_ 드라마 여왕
_ 매달리는
_ 비합리적인
_ 외모에 집착하는
_ 피해자
_ 징징대는
_ 조작적인
_ 유치한
_ 무기력한
_ 성적으로 피해의식이 있는

_ 드라마 여왕
_ 성질 있음
_ 통제하는
_ 늘 긴장하는
_ 징징대는
_ 정서적으로 부재한
_ 성적으로 억압되어 있는
_ 쉽게 놀라는
_ 부모와 너무 밀착되어 있는

셰릴
_ 거만한
_ 이기적인
_ 드라마 여왕
_ 부정적인
_ 극도로 긴장한
_ 피해자

_ 비판적인
_ 음식에 집착함
_ 투정쟁이
_ 신경질적인
_ 마음이 닫힌
_ 기운 빠지게 하는

4단계 – 비슷하거나 공통된 특징의 요약목록
- 드라마 여왕
- 집착하는
- 정서적으로 불안정한
- 성적으로 피해 의식이 있는
- 통제적인
- 피해자
- 미성숙한

미첼은 자신의 요약 목록을 보고 매우 놀라워했습니다. "전 이 여자들에게 끌리지 않을 수 없었어요. 하지만 잘못된 이유로 끌렸던 거죠. 분명 전 피해의식을 가지고 있어요. 드라마에 중독된 약하고 소녀 같은 스타일의 여자들에게 매력을 느낍니다. 이런 관계가 얼마나 거칠고 혼란스러울지 상상하실 수 있을 겁니다. 이런 여자들은 위기가 하나 지나가면 그 다음 위기가 닥쳐오고, 전 그들을 구하기 위해 모든 걸 해결해 주려고 노력하죠."

미첼은 자신의 사랑의 선택 도표를 통해 몇 가지 깨달은 점이 있습니다.

* 그가 드라마에 중독된 여자들에게 매력을 느꼈을 뿐 아니라 분명 본인 또한 드라마에 중독되어 있다. 왜냐하면 이런 종류의 행동을 견디고 있기 때문이다.
* 엉망인 여자들을 선택함으로써 자신이 그들보다 더 우월하다고 느끼면서 그들의 삶이 제자리를 찾을 수 있도록 도와준다.
* 그가 비록 강하고 독립적인 여자를 원한다고 말하지만, 결국 의존적이고 스스로 충분치 못한 여자들을 찾게 된다. 그러면 또 한번 자신이 필요하고 중요한 사람이라고 느낀다.


## 당신의 정서적 구인 광고 작성하기

사랑의 선택 도표와 요약 목록을 작성했으니, 이제는 당신이 지금까지 선택했던 파트너들의 유형에 대한 진실에 직면할 시간입니다.

당신이 지금까지 찾고 있던 사람이
어떤 유형의 사람인지 알고 싶다면,
지금까지 사귀었던 사람들이
어떤 유형의 사람들이었는지 들여다 봐야 한다.

* 당신은 우연히 당신 파트너들을 사귄 것이 아닙니다.
* 당신은 운이 나빠서 누군가에게 매력을 느꼈던 것이 아닙니다.
* 당신은 우연의 일치로 반복해서 같은 종류의 사람들을 발견한 것이 아닙니다.

### 구하는 것을 얻는다

저는 우리가 뿌린 대로 거두며, 우리의 무의식적인 마음은 어떤 '안건' 또는 욕구를 지니고 있고, 이러한 욕구들에 기초해서 특정한 파트너들을 선택한다는 것을 믿습니다. 앤은 그녀 자신과 친구들에게 사랑이 넘치고 개방적이며 안정적이고 책임감 있는 남자를 원한다고 주장했을 수 있습니다. 하지만, 실제로 그녀는 그녀의 요약 목록에서 보는 바와 같이 화를 잘 내고, 신뢰할 수 없으며, 자아도취적이고, 직장이 없고, 성적으로 무능력한 남자들과 사귀었습니다. 미첼은 강하고 독립적인 여자를 원했지만, 그 역시 계속해서 구원해 줘야 하는 미성숙하고 지나치게 드라마틱한 여성들과 사귀었습니다.

과거든 현재든 찾고 있었던 유형의 사람을 요약해 보는 가장 효과적인 방법 중 하나는 당신 자신의 정서적 구인 광고를 작성해 보는 것입니다. 사실 당신은 구인 광고에 들어갈 내용을 이미 발견했습니다.

이제 다음과 같이 해 보세요. 당신의 요약 목록에 있는 특징들을 사용해서 구인 광고를 작성하세요. 가급적 직설적이고 유머러스하게 만들어 보세요. 당신 자신과 과거의 선택들을 놀림감으로 삼아도 좋습니다. 사실 당신 광고가 드라마틱하고 터무니없을수록 당신의 애정생활에 상처를 주었던 부정적인 감정 패턴에서 벗어나는 데 도움이 될 겁니다.

앤이 작성한 사랑의 선택 요약 목록을 다시 한 번 보겠습니다.

- 화난
- 변덕스러운
- 성적으로 무능한
- 무직의
- 통제적인
- 정직하지 못한
- 무책임하고 신뢰할 수 없는
- 자아도취의
- 감정에 대해 이야기하기 싫어함

이제 앤의 구인 광고가 어떻게 들리는지 보겠습니다.

### 애인구함

품위 없는 지속적 관계를 위해 화를 잘 내는 직장 없는 통제광 구함! 변덕스럽고 사람을 조종하며 나를 공포로 숨죽이게 만드는 데 전문가여야 함. 왜냐하면 내가 좋아하는 것이 바로 그것이기 때문. 내가 당신을 계속 추측하게 할수록 난 더 행복해질 것임. 야망을 가진 남자나 깨끗한 신용카드 기록을 지닌 사람은 지원할 필요 없음. 당신이 아무리 소유할 수 없고 밉살스럽게 굴더라도 당신을 사랑해 줄 누군가를 찾고 있다면 내가 바로 그 여자임. 습관적으로 지각하고 거짓말을 한다면 금상첨화. 당신이 발기불능이라도 걱정 마세요. 난 당신이 정상인 척할 것이고 불평하지도 않을 겁니다. 당신이 원할 때면 언제든 연락 주세요. 당신은 나의 주인입니다.

이제 미첼의 요약 목록을 다시 한 번 보겠습니다.

- 드라마 여왕
- 통제적인

- 집착하는
- 정서적으로 불안정한
- 성적으로 피해 입은
- 피해자
- 미성숙한

미첼의 구인 광고는 다음과 같습니다.

### 애인구함

당신 자신을 미워합니까? 세상을 증오하세요? 인생에서 뭔가 잘못되고 있으면 다른 사람을 비난하길 좋아하나요? 저는 하루 24시간 내내 투정하며 불평하는 미성숙하고 성적으로 피해 입은 여자를 찾고 있습니다. 섭식장애, 약물중독, 다른 종류의 집착마저 가지고 있다면 더할 나위 없습니다. 당신은 달리는 차에서 뛰어내리거나, 내가 말하는 도중에 전화를 끊어 버리거나, 비싼 레스토랑에서 성질내는 것을 잘해야 합니다. 몸이 닿는 것이 싫은가요? 그렇다면 저에겐 완벽한 사람입니다! 부모님께 하루에 한 번 미만으로 전화한다면 신청하지 마세요. 왜냐하면 전 성인을 찾고 있는 것이 아니거든요. 한밤중이나 근무 중 혹은 중요한 미팅 중에 전화 주세요. 방해할 거라 걱정하지 마시고요. 당신과 최근 당신에게 닥친 위기만큼 저에게 중요한 것은 없습니다.

자신의 구인 광고를 작성하는 것은 매우 도전적일 수 있습니다. 이것을 작성하다 보면 내가 기꺼이 받아들일 의향이 있는 사람들이 도대체 어떤 유형의 사람들인지를 정확히 바라봐야 하기 때문입니다. 하지만 이것은 무의식적으로 존재해 왔던 것을 받아들이고 그것을 의식함으로써 우리 자신의 부정적 프로그램을 중단하는 강력한 방법입니다.

> 이 연습 때문에 마음이 불편해지더라도 그냥 넘어가지 마세요. 너무나 강력해서 웃음이 날 정도가 될 때까지 당신의 구인광고를 만들기 바랍니다.

제 세미나에 참석했던 몇 사람이 작성한 광고들을 조금 더 보겠습니다.

신시아는 32년간의 결혼생활을 끝내고 남편과 이혼했습니다. 그녀는 이전 관계들을 토대로 작성한 목록을 가지고 다음과 같은 구인 광고를 만들었습니다.

### 애인구함

대화할 줄 모르는 변덕스러운 머저리. 수화도 괜찮음. 소파에 처박혀 내내 운동경기를 보고 트림을 하는 남자를 찾고 있습니다. 지루하면 지루할수록 전 당신을 더 좋아할 겁니다. 자주 면도하거나 샤워할 필요도 없습니다. 전 구역질나는 게 좋거든요. 부인하는 것은 필수조건입니다. 우리가 어떤 문제를 가지고 있다고 절대 인정하지 마세요. 발기되는 것도 필요치 않습니다.

36세의 칼은 자신이 2% 모자라는 남자라고 생각하는 여자들과 계속 사귀어 왔습니다. 다음은 칼이 작성한 구인 광고입니다.

### 애인구함

당신이 거기 있다는 거 알아요. 당신은 매우 매력적이고, 피상적이며, 돈과 차에 집착하고, 그럴듯한 사람들이 당신을 주시하고 있죠. 전 당신에게 충분치 않아요. 우리 둘이 함께한다면 완벽할 겁니다. 당신은 계속해서 날 깎아내릴 것이고, 전 그것을 좋아할 겁니다. 제가 부적절한 사람이라고 느끼게 만드는 여자가 필요해요. 공개적으로, 특히 당신 친구들 앞에서 망신 주면 더더욱 좋습니다. 옷을 입고 화장하는 데 많은 시간을 보내면서 몇 년 동안 한 권의 책도 읽지 않았다면, 당신이 바로 제가 찾고 있는 사람입니다. 전화 주세요. 전 저 자신을 무가치하다고 느끼게 만드는 당신이 필요해요.

43세의 프란신은 매력적이지만 잔인한 남자들과 사귀었습니다. 다음은 그녀의 구인 광고입니다.

### 애인구함

여보세요! 사랑하는 사람에게 상처 주는 것을 좋아하나요? 몇 번의 헤어짐과 화해가 반복되는 지루하고 고통스러운 관계에 관심이 있나요? 난 나를 비참하게 해 줄 사람을 찾고 있어요. 난 까다롭지 않아요. 중독도 환영합니다. 낮이든 밤이든 언제든지 전화 주세요. 당신으로부터 전화받는 즐거움에 비하면 밤에 단잠을 자는 것은 아무것도 아닙니다. 술 마시고 매춘부와 함께 보낸 후 충동적으로 나에게 전화하는 당신의 그 사려 없음을 내가 한 여자로서 얼마나 바람직한지에 대한 최고의 관심과 찬사로 여길 겁니다. 이 순간 신청하는 당신보다 문제가 더 많은 남자들이 많습니다.

저는 지난 몇 년 동안 수천 명의 사람들에게 사랑의 선택 도표와 구인 광고를 작성하게 해서 자신들의 관계를 더 잘 이해하도록 도와주었습니다. 기억하세요. 당신은 파트너의 긍정적인 특징들을 보고 있는 것이 아니라 부정적이고 바람직하지 않은 특징들을 보고 있습니다.

당신 관계에서 지속되는 부정적인 패턴을 찾아내는 일은
이런 패턴을 제거하기 위한 첫 번째 단계다.

## 당신의 정서적 프로그램 이해하기

다음과 같은 것들이 궁금했던 적이 있었습니까?

- ✱ 나한테 좋은 사람이 아니라는 것을 알면서도 왜 그 관계에 머물러 있었을까?
- ✱ 왜 반복해서 같은 스타일의 사람들을 사귀는 것일까?
- ✱ 왜 내 파트너는 내가 가장 싫어하는 특징들만 지니고 있을까?

'내가 똑똑하다면 어떻게 이런 바보 같은 관계에 말려들 수 있었을까?' 그 해답은 왜 지금까지 당신이 그런 파트너들을 선택했는지를 이해하는 데 있습니다.

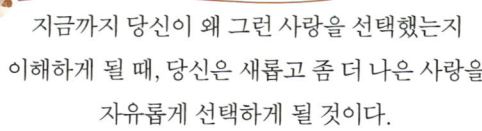

> 지금까지 당신이 왜 그런 사랑을 선택했는지
> 이해하게 될 때, 당신은 새롭고 좀 더 나은 사랑을
> 자유롭게 선택하게 될 것이다.

　이 장의 나머지 부분은 당신이 선택한 과거와 현재 관계들에 대해 통찰을 얻도록 도와줄 것입니다. 읽으면서 부정적인 특징들을 요약한 목록과 정서적 구인 광고를 떠올려 보세요. 그렇게 하면 당신이 더 많이 알고 싶어 하는 특정한 문제들에 좀 더 집중할 수 있을 겁니다.

　앞서 말한 것처럼, 당신이 파트너와 헤어진 것은 우연에 의해서도 운이 나빠서도 아닙니다. 그것은 당신의 정서적 프로그램에 의해 일어난 것입니다. 당신의 정서적 프로그램은 성장하면서 당신 자신에 대해, 다른 사람들에 대해 그리고 세상에 대해 당신이 내렸던 일련의 결정과 믿음입니다. 살아가면서 우리는 매일 경험을 축적하는데, 각각의 경험은 우리가 우리 자신과 타인 그리고 삶에 대한 결정들을 내리도록 도와줍니다. 기본적인 정보를 가지고 컴퓨터 프로그램을 짜는 것처럼, 이러한 믿음을 가지고 우리의 마음을 짜는 것입니다. 남은 인생 동안 이 '프로그램'은 우리의 생각과 행동에 영향을 미치게 됩니다.

　다시 말해서, 삶의 경험들은 우리가 우리 자신과 타인들에 대해 특정한 결정을 내리게 합니다. 이런 결정들이 모여 '정서적 프로그램'이 되고, 이런 프로그램은 우리가 성인이 되어서 특정한 '사랑의 선택'을 하도록 합니다.

　　　　　삶의 경험 → 결정 → 정서적 프로그램 → 사랑의 선택 그 밖에 알아야 할 것이 있습니다. 정서적 프로그램의 대부분은 우리가 매우 어릴 때 형성됩니다. 심리학자들은 다음과 같이 가정합니다.

- 출생에서 5세까지 정서적 프로그램의 50%가 형성되고, 5세부터 8세까지 정서적 프로그램의 30%가 더 형성된다.

이 말은 8세까지 정서적 프로그램의 80%가 형성된다는 것을 의미합니다. 달리 말하면, 우리 자신과 다른 사람들에 대한 결정 중 80%가 이미 내려졌다는 것입니다.

- 8세부터 18세까지 정서적 프로그램의 15%가 더 형성된다.

따라서 18세가 되면 정서적 프로그램의 95%가 완성된다! 나머지 5%는 이후 나머지 삶을 위해 남겨진 것이며, 이 5%가 많아 보이지는 않지만, 제가 다른 이들의 삶에 변화를 일으키도록 도와주는 데 사용하는 것이 바로 이 5%입니다. 그나마 좋은 소식은, 다른 95%를 이해하고 변화시키기 위해 이 5%를 사용할 수 있다는 겁니다.

지금쯤 당신은 당신이 의식하고 있는 마음의 5%가 '난 나를 사랑해 주고 잘 대해 주는 멋진 사람을 원해.' 라고 말한다 하더라도, 당신이 의식하지 못하는 마음의 95% 때문에 서툰 사랑의 선택을 한다는 점을 이해했을 겁니다.

일단 지금까지 당신이 했던 일들을 왜 한 건지 그 이유를 이해하게 되면, 자유롭게 당신의 행동을 변화시킬 수 있을 겁니다.

관계에서 경험하는 고통의 많은 부분은
무의식적인 정서적 프로그램 때문에 발생한다.

## 사랑에 대한 당신의 결정 발견하기

다음 단계는 당신의 정서적 프로그램을 이해하는 것인데, 이것은 마치 당신의 뇌를 이해하기 위해 컴퓨터 매뉴얼을 읽는 것과 같습니다. 다음과 같은 연습이 도움이 될 겁니다.

### 연습: 정서적 프로그램 지도 작성하기

1단계_ 어린 시절부터 집을 떠나오기 전까지 기억나는 가장 가슴 아픈 사건이나 경험들을 목록으로 만들어 본다. 계속 진행되었던 상황(예: 부모의 알코올중독)이나 특정 사건들(예: 부모에게 맞았거나 조롱당한 것)을 포함시킨다.

<u>상황 예</u>
- 부모님이 이혼을 했다.
- 엄마와 아빠는 늘 싸웠다.
- '완벽한' 언니와 항상 비교당했다.
- 살이 많이 쪄서 항상 놀림을 당했다.
- 아버지는 집에 들어오지 않고 바람을 피웠다.
- 우리 가족은 8명의 자녀가 있어서 시간과 돈이 충분치가 않았다.
- 엄마는 자주 화를 냈고 매우 우울해했다.
- 아빠는 나에게 사랑을 보인 적도 없었고 칭찬해 준 적도 없었다.
- 내가 열 살 때 엄마가 암으로 돌아가셨다.
- 의붓아버지는 날 미워했다.

- 종교적으로 엄격한 집안에서 자랐고, 늘 죄에 대한 두려움 속에 살았다.
- 아빠가 성적으로 괴롭혔다.

<u>사건 예</u>
- 남동생이 태어나자 난 무시당했다.
- 부모님은 나에게 말하지도 않고 내 강아지를 죽였다.
- 아빠는 내 생일파티에 오기로 약속해 놓고 한 번도 오지 않았다.
- 아빠가 형을 때리는 것을 보았다.
- 엄마가 술에 취해 정신이 없는 것을 본 적이 있다.
- 엄마가 나를 가게에 두고 떠났다고 생각했다.
- 오빠가 날 성적으로 괴롭혔다고 말했을 때 부모님은 날 믿지 않았다.
- 아빠가 날 바다에 내버려 둬서 거의 익사할 뻔했다.
- 열한 살 때 가장 친한 친구가 나와 절교하고는 모든 사람들에게 나를 싫어한다고 말했다.

2단계_ 목록에 있는 각 항목에 대해 깊이 생각해 보고 스스로에게 다음과 같이 질문한다. '내가 이 경험 때문에 나 자신이나 다른 사람들 또는 내 인생에 대해 어떤 결정들을 내렸나?' 기억나는 사건이나 상황 옆에 그 결정들을 적는다. 충분히 시간을 갖되, 어느 하나에 막히면 다른 것을 하고 나중에 다시 막혔던 것으로 돌아와 마무리한다. 어렸을 때 내렸던 많은 결정들이 서로 비슷하더라도 놀라지 않는다.

상황 예

| 상황 또는 사건 | 결정 |
|---|---|
| 부모님이 이혼했다. | 난 충분히 사랑스럽지 않다. |
| 아빠가 날 성적으로 괴롭혔다. | 난 나쁘고 더럽다. 나를 사랑하는 남자들은 날 통제한다. |
| 엄마와 아빠는 늘 싸웠다. | 난 착해야 하고 사람들을 화나게 해서는 안 된다. 내가 화내는 것도 안 된다. |
| 살이 많이 쪄서 항상 놀림을 당했다. | 이대로의 내 모습은 좋지 않기 때문에 사람들이 날 좋아하게 만들려면 훨씬 더 노력해야 한다. |
| 아버지는 집에 들어오지 않고 바람을 피웠다. | 남자는 믿을 수 없고, 여자는 잠자코 견뎌야 한다. |
| 엄마는 자주 화를 냈고 매우 우울해했다. | 나 자신을 표현하는 것은 안전하지 못하다. 사람들의 기분을 상하게 해서는 안 된다. |
| 아빠는 나에게 사랑을 보인 적도 없었고 칭찬해 준 적도 없었다. | 난 사랑스럽지 않다. 사람들이 날 사랑하게 하려면 열심히 노력해야 한다. |
| 내가 열 살 때 엄마가 암으로 돌아가셨다. | 난 모든 사람을 돌봐야 한다. |
| 의붓아버지는 날 미워했다. | 나를 사랑하는 사람들(엄마)은 날 버린다. |
| 종교적으로 엄격한 집안에서 자랐고, 늘 죄에 대한 두려움 속에 살았다. | 재미있는 일을 하거나 성적인 것은 좋지 않다. |
| 아버지는 내 생일파티에 오기로 약속해 놓고 한 번도 오지 않았다. | 남자는 무책임하며, 난 남자를 믿을 수 없다. |
| 아빠가 형을 때리는 것을 보았다. | 다치지 않기 위해선 착해야 한다. 난 내가 사랑하는 사람들을 지켜줄 수 없다. |
| 오빠가 날 성적으로 괴롭혔다고 말했을 때 부모님은 날 믿지 않았다. | 내 감정은 중요하지 않다. 따라서 내 감정을 밖으로 드러내지 말아야 한다. |

3단계_ 특정한 경험과 상황 때문에 내렸던 결정들에 대해 생각해 본 후, 이러한 정서적 프로그램이 어떻게 사랑과 관련된 당신의 선택과 지금까지 사귄 파트너의 유형에 영향을 미쳤는지를 적어 본다. 이는 이 연습에서 가장 어려운 부분이지만 가장 중요한 부분이기도 하다. 며칠간 시간을 두고 차근히 생각해 봐도 좋다. 당신의 생각을

분명히 하기 위해 친구나 파트너와 이야기하는 것도 좋은 방법이다. 새로운 것들이 떠오를 때마다 목록에 적어 둔다.

우리는 이 장에서 계속 앤에 관한 이야기를 해 왔고, 앞서 그녀의 요약 목록과 구인 광고 '애인 구함: 천박한 관계를 위해 화를 내고 무직인 통제광을 구함'을 봤습니다. 이제 그녀의 정서적 프로그램 표를 살펴보겠습니다.

### 앤의 정서적 프로그램 표

| 상황 또는 사건 | 결정 | 사랑 선택 |
| --- | --- | --- |
| 아빠는 지키지 못할 약속을 해서 날 계속 실망시켰고, 아빠가 나타나야 할 때 나타나지 않았다. | 내가 사랑하는 사람은 날 실망시킬 것이다. 남자들은 믿을 수가 없다. | 받아들여 모시고 살 남자, 하지만 날 실망시키는 남자, 책임감 없는 남자 |
| 엄마와 아빠는 문제가 있다고 말하지 않았다. 이혼하기 바로 직전까지도 난 그 사실을 듣지 못했다. | 내가 사랑하는 사람들은 나에게 거짓말할 것이기에 난 그들을 믿을 수가 없다. | 자기 자신과 나에게 정직하지 못한 남자 |
| 아빠가 엄마에게 다정하고 애정이 넘치는 것을 본 적이 없다. 아빠는 다른 여자들과 바람을 피웠다. | 남자는 자신의 부인에게 성적으로 끌리지 않으며, 여자들은 사랑에 굶주린다. | 성욕이 낮아서 나를 원한다는 것을 보여 주지 않는 남자, 다른 여자에게 매력을 느끼는 남자 |
| 어릴 때 열이 나서 아팠다. 아빠는 집에 오지 않았고 엄마만이 내 옆에 남았다. | 난 남자들이 날 위해 옆에 있어 줄 것이라고 믿을 수가 없다. 난 나 스스로 돌봐야 한다. | 직업이 없어서 내가 지원해 줘야 하는 사람, 현실적이지 않고 날 돌봐 주지 않는 사람 |
| 엄마도 아빠도 이혼에 대해 이야기하지 않는다. 그 후에 얼마나 슬픈지에 대해서도 이야기하지 않는다. 모든 것이 괜찮은 것처럼 행동한다. | 내 감정을 공유하는 것은 안전하지 않다. 내가 사랑하는 사람들은 감정에 대해 이야기하고 싶어 하지 않는다. | 감정에 대해 이야기하는 것을 힘들어하고 내가 감정적이 되는 것을 싫어 하는 남자, 우리 문제를 보는 것을 거부하는 남자 |

앤은 이렇게 말했다. "어린 시절에 경험했던 사건들이 저에게 이토록 영향을 미쳤다는 것을 깨닫지 못했어요. 내내 제가 잘못된 남자들을 선택하고 있다는 것은 알고 있었지만 왜 그런지는 알지 못했죠. 어린 시절에 내렸던 결정들을 읽어 내려가면서 놀랐어요. 그렇지만 마음 한구석에서는 아직도 그런 것들을 믿고 있다는 걸 느낄 수 있었어요. 저는 아빠에게 느꼈던 것과 같은 것을 느끼게 하는 남자들, 즉 화를 잘 내고 믿을 만하지 못하며 배신하는 남자들을 사귀었던 거예요. 가장 나쁜 것은 어릴 때 이런 감정에 너무 익숙했기 때문에 이 패턴을 깨닫지 못했다는 겁니다."

앤은 잘못된 파트너들을 사귀게 된 이유를 알았기 때문에 올바른 파트너를 사귀기 위해 변할 수 있었습니다.

사랑에 대한 당신의 무의식적인 결정들을 알게 되면,
당신은 새롭고 건강한 결정들을 내릴 수 있다.

나중에 마음을 다시 프로그램하는 방법에 관해 이야기할 텐데, 그렇게 하면 과거의 건강하지 못한 습관으로부터 자유로워질 수 있을 겁니다.

어린 시절에 경험했던 사건과 그에 기초해 내렸던 결정 그리고 추후에 따라왔던 사랑의 선택과 관련해서 몇 가지 예를 더 들어 보겠습니다.

| 상황 또는 사건 | 결정 | 사랑 선택 |
|---|---|---|
| 엄마는 화를 잘 냈고 매우 우울해했다. | 나 자신을 표현하는 것은 안전하지 못하다. 다른 사람의 기분을 상하게 해서는 안 된다. | 성질을 잘 내는 우울한 파트너, 내가 기분이 안 좋거나 감정적인 것을 싫어하며 감정에 대해 이야기하지 않는 사람 |
| 아빠가 날 성적으로 괴롭혔다. | 난 나쁘고 더러우며, 날 사랑하는 남자들은 날 통제한다. | 성적으로 집착하고 매우 통제적인 사람 |
| 난 과체중이었고, 항상 놀림을 당했다. | 이대로의 내 모습은 좋지 않기 때문에 사람들이 날 좋아하게 만들려면 훨씬 더 노력해야 한다. | 옆에 있어 주지 않거나, 나는 원하는데 나를 친구로만 좋아해서 거절당하는 느낌을 주는 사람 |
| 아빠는 집에 있지 않고 바람을 피웠다. | 남자는 믿을 수가 없다. 여자는 참고 견뎌야 한다. | 감정적으로 나를 위해 옆에 있어 주지 않거나, 일중독자이거나, 여전히 예전 여자친구와 사랑에 빠져 있는 파트너 |
| 아빠는 애정을 보인 적도 없었고, 나를 칭찬해 준 적도 없었다. | 난 사랑스럽지 않다. 사람들이 날 사랑하도록 열심히 노력해야 한다. | 내가 특별하다고 느끼게 해 주지 못하는 전혀 감정적이지 않은 파트너 |
| 부모님이 이혼했다. | 나를 사랑하는 사람은 날 버린다. | 나로 하여금 못되게 굴게 해서 그 사람을 시험하게 해 놓고 결국엔 나를 떠난 파트너 |
| 난 아빠가 엄마를 함부로 대하는 것을 보았다. | 난 착해야 한다. 그래야 상처를 받지 않는다. 나는 내가 사랑하는 사람을 지킬 수 없다. | 내가 고치려고 노력하는 문제들을 가진 파트너 |

## 사랑하는 사람을 선택하는 이유

당신의 정서적 프로그램은 사랑하는 사람을 선택하는 데에 여러 방식으로 영향을 줄 수 있습니다. 당신이 결국 특정한 파트너와 사귀게 되는 데에는 몇 가지 이유가 있습니다.

### 귀향증후군(the 'going home' syndrome)

인간은 친숙한 것에 끌립니다. 우리는 매일 밤 침대의 같은 쪽에서 잠을 자는 것을 좋아하고, 직장에서도 같은 자리에 주차하고 싶어 하며, 제일 좋아하는 휴양지에 다시 가고 싶어 합니다. 익숙한 것으로 돌아가려는 것은 혼란스럽고 격변하는 우주 속에서 우리 삶에 일관성과 안정감을 주는 우리의 기본적 본능입니다. 불행하게도 이런 본능은 우리와 맞서 작용할 수도 있습니다.

> 그 경험이 긍정적이든 부정적이든,
> 우리는 종종 어린 시절에 경험했던 것과
> 비슷한 정서적 상황을 찾는다.

저는 이런 패턴을 '귀향' 이라고 부릅니다. 그러면 이것이 어떻게 작용하는지 보겠습니다.

당신이 어린아이였을 때 가정은 당신의 삶에 사랑과 안정감을 제공하는 주요 원천이었습니다. 가정에 폭력과 혼란이 존재했다 하더라도 그것은 여전히 '가정' 이었습니다. 당신이 먹고 자고 어느 정도의 관심을 받는 곳이었습니다. 따라서 당신은 사랑을 가정과 연관시킵니다. 또한 당신은 가정에서의 경험을 근거로 가정과 다른 특징들을 관련 짓습니다. 예를 들어, 부모님이 자주 싸웠으면 당신 마음속에는 '가정=혼란' 이라는 공식이 자리 잡고 있을지도 모릅니다. 사랑과 애정을 받지 못했다면 '가정=외로움' 이라는 공식이 있을 수도 있습니다. 또는 부모가 학대하는 사람이었다면 '가정=공포' 라는 공식이 있을지도 모릅니다.

학교에서 배웠던 기초 산수를 기억해 봅시다.

A = B 그리고 B = C 이면 A = C

'귀향'을 설명하기 위해 이와 같은 원리를 사용해 보겠습니다.

* 사랑 = 가정이고 가정 = 혼란이면 사랑 = 혼란
* 사랑 = 가정이고 가정 = 외로움이면 사랑 = 외로움
* 사랑 = 가정이고 가정 = 공포면 사랑 = 공포

'가정' 하면 떠오르는 것이 무엇이든
당신의 마음은 그것을 사랑과 동일시한다.

따라서 가정이 혼돈으로 느껴졌다면, 당신은 드라마틱하고 혼란스러운 관계를 만들게 하는 불안정한 파트너를 찾을 것입니다. 가정이 외로움으로 느껴졌다면, 당신은 사랑, 관심 또는 애정을 충분히 주지 않아서 결국 당신을 외롭게 만드는 파트너를 찾을 것입니다. 집이 공포로 느껴졌다면, 당신은 항상 당신을 비난하고 떠날 거라 위협하거나 또는 당신의 질투심을 자극해서 늘 당신에게 두려움을 느끼게 만드는 사람을 사귈지도 모릅니다. 무의식적으로 당신은 친숙한 것을 선택합니다. 당신은 집으로 돌아가고 있는 것입니다.

물론, 우리 모두는 가정에 대해 긍정적인 기억 또한 지니고 있어서 성인이 된 후에 그것을 다시 만들어 내려고 노력합니다. 그러나 제가 목격해 온 바에 따르면 좀 더 가슴 아픈 기억들이 가장 큰 문제들을 야기할 수 있는데, 그것은 그 기억들이 보통 무의식 속에 남아 있기 때문

입니다. 이를테면 부모님이 당신에게는 많은 애정을 보여 줬지만 정작 그들은 서로를 비난했다면, 당신은 의식적으로는 애정이 넘치는 파트너를 찾지만 무의식적으로는 비난하는 사람에게 끌릴지도 모릅니다.

### 어떻게 앤은 자신의 관계에서 '집으로 돌아갔는가'

우리는 이 장에서 계속 앤의 이야기를 하고 있습니다. 앤은 무책임하고 감정적으로 무딘 남자들을 사귀었던 서른아홉 살의 여성입니다. 현재 앤은 아담과 행복한 결혼생활을 하고 있지만, 자신의 과거 경험으로 인해 누군가를 완전히 믿는 것을 두려워하는 자신을 발견했습니다. 그녀의 정서적 프로그램 목록을 읽어 보면 어떻게 그녀가 남자들과의 관계에서 '집으로 돌아갔는지' 알 수 있습니다. 저는 앤에게 가정과 관련된 부정적인 연상(기억)들을 적어 보게 했는데, 그것은 다음과 같습니다.

가정 = 실망
- 부인
- 배신
- 부정직
- 감정에 대한 의사소통이 부족함
- 부적절함
- 버림받음

가정을 사랑으로 대치하면, 사랑과 관련된 앤의 무의식적인 연상(기억)을 알 수 있습니다.

사랑 = 실망
- 부인
- 배신
- 감정에 대한 의사소통이 부족함
- 부적절함

- 부정직    • 버림받음

앤은 자신이 설명하고 있는 부정적인 가정의 모습과 성인이 되어 맺었던 관계의 모습이 비슷한 것을 보고 무척이나 놀랐습니다. 앤의 모든 애정생활에는 그녀가 어린 소녀일 때 느꼈던 동일한 감정들이 포함되어 있었습니다. 앤은 신체적으로는 집을 떠났어도 정서적으로는 집을 떠나지 않았던 것입니다. 그녀는 계속해서 동일한 정서적 환경을 다시 만들었던 것인데 그것이 불쾌하다 하더라도 익숙한 것이었기 때문입니다. 좋은 소식은 아담과의 결혼생활에서는 예전의 그 익숙한 감정들을 거의 느끼지 못한다는 것입니다. 이전 파트너와는 달리, 아담은 책임감 있고 성공적이며 정서적으로 열린 사람이었습니다. "마침내 집을 떠난 느낌이 들어요. 아담은 제가 내렸던 사랑에 대한 많은 부정적인 결정들을 바꾸도록 도와주고 있어요. 아담을 보면 제 아버지가 생각날 때도 있긴 하지만, 제 반응에 대해 함께 이야기할 수 있어서 제가 치유되도록 합니다."

저는 앤에게 부정적인 특징들을 반대되는 특징들로 변화시킴으로써 가정과 사랑에 대한 그녀의 개념을 다시 정의 내리도록 요청했습니다.

앤이 작성한 새로운 목록은 다음과 같습니다.

가정 & 사랑 = 신뢰
- 정직    • 감정에 대한 의사소통
- 신의    • 일관성
- 지속성  • 안정감
- 지지

## 왜 미첼은 정서적으로 무능력한 여성들을 선택했나

미첼을 기억하십니까? 자신에게 의존해서 삶의 문제들을 해결하고자 했던 여성들을 사귀었던 36세의 변호사를 기억하시죠? 여기 가정과 사랑에 대한 그의 목록이 있습니다.

가정 & 사랑 = 드라마
- 부족한 안정감
- 책임감
- 어머니의 고통
- 위기
- 어린 시절의 부재

미첼의 어머니는 성인으로서 제대로 기능할 수 없었던 알코올중독자였습니다. 술에 취해 있지 않을 때 그녀는 감정적으로 기복이 매우 심했습니다. 미첼의 아버지는 아내의 병을 부인하는 식으로 대처해 온 조용하고 수동적인 사람이었습니다. 장남이었던 미첼은 엄마의 몫이었던 요리, 청소, 동생들 돌보는 일을 상당부분 떠맡아야 했습니다. 결국 미첼에게는 어린 시절이 없었던 겁니다.

하지만 미첼에게 가장 큰 부담은 엄마를 고치려고 노력해야 하는 정서적인 부담이었습니다. "엄마를 많이 사랑했지만, 엄마가 술을 끊게 할 수는 없었어요. 마치 제가 엄마의 유일한 희망이라고 느껴졌어요. 이런 여자들이 얼마나 엉망인지 깨닫지 못하는 것도 당연하죠. 감정적으로 불안정한 드라마틱한 여성들이 저한테는 정상처럼 느껴졌어요. 마치 집처럼 친숙하게 느껴진 거죠. 제가 매일 경험했던 것들이니까요."

미첼이 자신의 정서적 프로그램을 인식한다면 그것을 완전히 제거할 수 있을까요? 물론 그렇지 않습니다. 그러나 일단 그가 엉망진창인 여성들을 구제하려는 자신의 '약점'을 의식하고 있기 때문에, 이제는 자신이 건강한 파트너를 선택하고 있는지 확인하는 일에 좀 더 관심을 기울일 수 있을 겁니다.

자, 이제 가정과 사랑에 대한 당신 자신의 정서적 프로그램에 대해 살펴볼 시간입니다.

연습: '사랑'과 '가정' 정의 내리기
1단계_ 어린 시절 '가정'이란 단어와 연관되는 부정적인 기억들을 적어 본다.
2단계_ '가정' 대신 '사랑'이란 단어로 바꾸어 사랑과 관련된 당신의 무의식적인 프로그램을 이해한다.
3단계_ 당신의 '사랑 = ○' 목록을 지금까지 당신이 사귀었던 파트너들이 지녔던 부정적인 특징들과 비교해 본다. 비슷한 점들을 찾아내어 혹시 그런 파트너를 사랑함으로써 자신이 '귀향'했는지를 확인한다.

## 어린 시절에 해결하지 못했던 정서적 문제 해결하기

정서적 프로그램이 사랑하는 사람을 선택하는 데 영향을 미치는 두 번째 방법은 어린 시절에 해결하지 못했던 정서적인 문제들을 완성하기 위해 무의식적으로 당신을 자극하는 것입니다. 그것은 다음과 같이 작용합니다. 모든 아이들에게는 두 가지 본능 또는 해결해야 할 과

제가 있습니다.

- 행복하다고 느끼고 싶어 하며, 특히 부모에게 사랑받고 있음을 느끼고 싶어 한다.
- 자신의 부모 또한 행복하고 사랑받는 것을 보고 싶어 한다.

어린 시절을 돌이켜 보았을 때 이런 문제나 욕구가 해결되지 않았다면, 그것은 마치 아직도 진행 중인 심리적인 문제를 가지고 있는 것과 같습니다. 당신은 뭔가 완성되지 않았고 옳지 않다고 느낍니다. 당신의 마음은 이런 욕구들이 당신에게 중요하다는 것을 기억하고 있으며, 이러한 무의식적인 목표들을 달성하기 위해 상황들을 조성할 겁니다.

> 당신의 무의식적인 마음은 어린 시절 드라마를 다시 만들도록 도와줄 사람들을 선택하게 만듦으로써 해결되지 않은 정서적인 문제들을 완성하려고 한다.

어린 시절에 해결하지 못했던 문제들을 완성하는 방법으로는 다음과 같은 것들이 있습니다.

- 부모에게서 원했던 사랑이나 관심을 받지 못했다면, 당신의 부모처럼 당신에게 원하는 사랑을 주지 않고 열심히 노력해야 그 사랑을 주는 사람을 파트너로 사귄다.
- 또는 그런 부모에게 화가 나 있다면, 당신의 부모와는 다르게 당신이 원하는 사랑을 주는 사람을 사귀면서 그 사람을 거부하거

나 상처를 주거나 당신의 사랑을 얻기 위해 열심히 노력하게 만들 수 있다(보복 차원에서).

## 엄마 또는 아빠와 사랑에 빠진 것은 아닐까

29세의 미셸은 어린 시절에 해결하지 못했던 몇 가지 정서적인 문제들을 완수하기 위해 무의식적으로 남성들을 이용한 전형적인 사례입니다. 그녀는 늘 매우 비판적이고 통제하려는 남자들을 사귀었는데, 자신이 그들에게 충분하지 않다고 느꼈습니다. 그녀의 파트너들은 그녀가 충분히 마르지도 않고, 충분히 똑똑하지도 않으며, 충분히 의욕적이지도 않다고 말하곤 했습니다. 오랫동안 사귄 남성은 모두 세 명이었는데, 모두가 그녀를 다른 사람으로 바꾸려고 했습니다. 심지어 미셸은 마지막에 사귄 남자친구가 그녀의 가슴이 너무 작다고 해서 가슴 성형수술까지 받았습니다.

저는 그녀가 부모에게 가졌던 불만들을 작성해 보라고 숙제를 내주었고 남자친구들에게 가졌던 불만과 비교해 보라고 했습니다.

| 아버지 | 어머니 |
|---|---|
| • 옆에 있어 주지 않음 | • 비판적 |
| • 수동적 | • 요구가 많은 |
| • 표현하지 않는 | • 냉소적인 |
| • 심각한 | • 변덕스러운 |
| • 차가운 | • 완벽주의자 |
| • 일중독자 | • 화난 |

"믿겨지지가 않아요. 제가 엄마와 사랑에 빠졌다니요." 미셸의 어머니는 매우 비판적이고 신랄한 여자였습니다. 미셸의 어떤 행동도 그녀의 기준에는 미치지 못했습니다. 늘 딸을 들볶았고, 미셸의 외모와 행동을 다른 아이들과 비교했습니다. 미셸의 아버지는 늘 곁에 없었으며, 주변에 있다 해도 단지 그냥 그곳에 있을 뿐이었습니다. 미셸은 어머니의 많은 관심을 받았지만 그것은 부정적인 관심이었습니다. 그녀의 어머니는 심지어 미셸이 성인이 되어서도 미셸이 승진을 했거나 여행 계획을 짤 때에도 여전히 미셸의 판단을 의심했고 미셸이 부적절하다고 느끼게 만들었습니다.

계속해서 그녀를 깎아내리는 남자들을 사귐으로써 미셸은 어머니와의 관계를 재창조하고 있었으며, 그런 관계 속에서 그녀 자신이 충분히 똑똑하고 예쁘고 착해지려고 노력했습니다. 그것은 마치 마음 한구석에서 '이번에는 내가 예쁘다고 생각하게 만들 수 있을 거야.' 또는 '그가 원하는 모습보다 더 좋아지면 나를 사랑해 줄 거야.' 라고 생각하는 것과 같았습니다. 그녀 안에 살고 있는 어린 소녀는 엄마에게 인정받고 싶은 욕구를 놓아 본 적이 없었습니다. 따라서 그녀는 서투른 사랑의 선택을 해 온 것입니다.

만일 당신이 당신의 부모를 사랑하는 것은 아닌지 의심이 된다면, 제가 미셸에게 내 주었던 연습을 한 번 해 보세요. 당신의 부모에 대한 불만 목록을 작성하고 이 장의 앞부분에서 작성했던 당신의 요약 목록과 비교해 보세요. 비슷하다는 사실에 놀랄 수도 있겠지만, 분명 당신은 통찰을 얻을 겁니다.

### 엄마 또는 아빠를 벌주고 있나요

아이였을 때 사랑받지 못했다고 느껴서 이와 관련된 분노가 억압되어 있다면, 당신은 아마도 앞의 두 번째 선택―당신의 부모와 비슷한 파트너를 찾아서 무의식적으로 그에게 상처를 주는―을 하게 될지도 모릅니다.

41세의 루이자는 43세의 프레드릭과 결혼한 지 4년이 되었습니다. 루이자에게는 이것이 세 번째 결혼이었는데, 두 사람이 저를 찾아왔을 때는 거의 이혼할 지경이었습니다. "마치 제 눈앞에서 과거 장면들이 벌어지고 있는 것 같아요." 루이자는 놀란 표정을 지으면서 인정했습니다. "매번 저는 남편들에 대한 흥미를 잃어버려요. 지난 두 번의 결혼에서도 제가 바람을 피웠고 헤어질 때도 모양새가 좋지 않았어요. 전 프레드릭을 사랑해요. 그래서 결혼할 때 다시는 이런 실수를 저지르지 않겠다고 맹세했어요. 하지만 지난 6개월 동안 제가 한 일이라고는 그 사람을 비난하는 것뿐이었지요."

루이자의 패턴을 이해하기 위한 열쇠는 그녀의 아버지와의 관계에 있었습니다. 루이자의 부모님은 그녀가 다섯 살 때 이혼했습니다. 이혼 후 아버지는 다른 도시로 이사를 갔는데, 가끔 전화나 편지를 할 뿐 만나러 오는 횟수는 차츰 적어졌습니다. 루이자는 어린 시절 내내 아버지의 사랑과 관심에 목말라 했고, 아버지에 대한 동경 이외에는 어떤 것도 표현하지 못했습니다. 그러나 그녀 내면에 억압되어 있던 아버지에 대한 분노는 그녀가 사춘기가 되어 데이트를 시작할 때 밖으로 모습을 드러냈습니다. 루이자는 그녀 자신이 상처를 주는 사람이 되었습니다. 자신에게 푹 빠진 사람을 찾아서 자신을 진정으로 사랑한다고 확신할 때까지만 그에게 빠져 있다가, 바람을 피우고는 갑자기 헤어지거나 또는 아무런 부끄러움 없이 상대방을 대했습니다. 자신이 사귀었던 남자들을 버림으로써 자신을 버렸던 아버지를 벌주었던 겁니다. 그것은 마치 '버림받는 것이 얼마나 기분 나쁜지 아세요? 제가 겪었던 일을 이제 아시겠죠?' 라고 말하는 것과 같았습니다.

당신에게 상처를 준 부모에게 여전히 화가 나 있다면,
당신은 상처를 주기 위해
파트너를 사귀고 있을지도 모릅니다.

## 당신은 엄마나 아빠를 구하려고 하고 있나요

무의식적으로 어린 시절의 문제를 끝내는 또 다른 방법이 있습니다. 당신의 한쪽 부모가 행복하지도 사랑받지도 않았다면, 당신은

- 상대방이 당신에게 좋은 사람이든 아니든, 당신의 한쪽 부모를 닮은 사람을 사귑니다. 이렇게 함으로써 비록 다른 한쪽 부모는 사랑해 주지 않았어도 당신은 사랑하고 있다는 것을 '증명' 해 보이는 것입니다.
- 당신 부모를 닮은 사람과 사귀어서 그 사람을 고치거나 구원하려고 노력합니다. 이렇게 함으로써 그 부모를 행복하게 해 주려고 노력합니다.
- 당신 부모의 결혼생활보다 더 낫지 않은 관계를 맺습니다. 이는 엄마, 아빠보다 더 행복해지지 않기 위함입니다.

### 사례 1) 어떻게 태미는 그녀의 아버지를 구원하려고 노력했나?

"알코올중독자와 사랑에 빠지는 것이 정말 지긋지긋해요! 저는 왜 계속해서 중독자들을 만나서 관계를 맺는 걸까요?"라며 태미가 불평을 했습니다. 태미는 남자에 관해 이상한 취향을 지닌 서른두 살의 매우 똑똑한 광고기획자였습니다. 그녀는 아무리 노력해도 계속해서 중독자들을 사귀었습니다. 비록 자신은 술을 마시지도, 담배를 피우지도, 마약을 하지도 않았지만 그런 사람들과 사랑에 빠지는 것입니다. 현재 남자친구인 토드 역시 마찬가지였습니다. 그는 매력적이고 성공한 사업가이지만, 지나치게 자존심이 강하고 음주 문제가 있는 사람입니다.

태미의 패턴을 이해하는 것은 어렵지 않았습니다. 그녀는 농촌에서 자랐고, 세 자녀 중 막내로서 아버지가 가장 아끼는 딸이었습니다. 태미의 아버지는 열심히 일하는 애정이 많은 사람이었지만 알코올중독자였습니다. 가족 중에 그 단어를 사용한 사람은 아무도 없었지만, 모든 가족들이 아버지와 함께 사는 것은 그가 '미쳐 있는 시간'을 받아들이는 것을 의미함을 알고 있었습니다. 태미는 남편의 문제를 감추려고 노력하는 어머니와 음주로 인해 경제적인 손실과 결국엔 심각한 질병으로 고생하는 아버지를 보면서 어린 시절을 보냈습니다. 태미는 무력감을 느꼈습니다. 그녀는 아버지를 매우 사랑했지만, 어떻게 하면 아버지를 격려해서 아버지 자신을 해치는 것을 그만두게 할 수 있을지 몰랐습니다. 어린 시절 아버지가 찾지 못하도록 헛간의 건초더미 아래에 술병을 감추곤 했지만 아버지는 그것을 늘 찾아냈습니다.

태미가 큰 도시로 떠난 지 얼마 되지 않아서 아버지는 간암 진단을 받고 돌아가셨습니다. 그녀는 망연자실했습니다. 어떻게든 아버지의 비극적인 결말을 막았어야 했다고 생각했습니다. 이 무렵 그녀는 알코올중독자들과 사랑에 빠지기 시작했고, 필사적으로 그들을 치유하려고 노력했습니다. 토드는 가장 최근의 '사례'입니다. 태미는 제게 "저보고 그 사람을 떠나라고 말씀하실 거라는 거 잘 알아요. 하지만 그 사람에겐 정말 제가 필요해요. 그 사람은 끔찍한 어린 시절을 보냈고, 저는 제가 그 사람을 위해 존재한다는 걸 믿습니다. 결국엔 그 사람이 술을 끊을 거예요."라고 말했습니다.

태미에게는 토드와 헤어지는 것이 마치 자신의 아버지, 다시 말해 아버지를 구하려는 자신의 임무를 저버리는 것과 같았습니다. 그녀는 자기파괴적인 사이클에 갇혀 있었던 겁니다. 아버지나 어머니를 구하려는 또는 그들을 행복하게 만들려는 무의식적인 정서 프로그램을 지닌 사람들이 그러하듯이, 태미 역시 자신의 과거에 갇혀서 누가 그녀에게 좋은 사람이어서가 아니라 과연 그녀가 그 사람을 도와줄 수 있는가에 근거해서 사랑을 선택했던 것입니다.

사례 2) 어떻게 제레미가 엄마와 결혼했나?

처음 제레미를 봤을 때 정말 좋은 사람처럼 보였습니다. 그는 베키와 결혼한 지 24년이 되었는데, 아내를 사랑하지 않는다고 느끼지만 헤어질 수 없었기 때문에 매우 혼란스러워했습니다. "대학시절부터 베키를 알고 지냈어요. 그녀는 아주 다정한 사람이죠. 아이들한테는 훌륭한 엄마이자 헌신적인 아내입니다. 솔직히 말하면, 저는 이 결혼생활이 행복하지가 않았습니다. 그녀가 뭘 잘못했다는 게 아닙니다. 완벽하죠. 하지만 애인으로서는 끌리지가 않습니다. 아이들을 제외하면 우리는 공통점이 거의 없어요."

　제레미에게 자신의 어린 시절이 어떻게 베키와의 관계에 영향을 미쳤는지를 이해하도록 도와준 결과, 자신이 왜 그렇게 오랫동안 아내를 행복하게 해 주기 위해 자신의 행복을 희생해 왔는지 이해하기 시작했습니다. 제레미의 아버지는 아내와 아이들을 버리고 비서와 도망을 갔습니다. 제레미의 어머니는 망연자실하여 스스로 자신이 여자로서 부적절하다고 느꼈습니다. 그 이후로 어머니는 데이트도 결혼도 하지 않았습니다. 그때 제레미는 열한 살로 가족 중 유일한 남자였습니다. 제레미는 그 사건을 자세히 알지는 못했지만 어머니가 불안해하고 버림받았다고 느끼는 것을 알 수 있을 만큼 충분히 예민했습니다. 그는 그때 무의식적으로 몇 가지 결정을 내렸습니다. 자신의 사랑으로 어머니의 공허함을 채워 드리면 어머니 자신이 충분히 좋은 사람이라는 것을 어머니가 알 수 있고, 제레미 자신은 절대 여자를 떠나지 않음으로써 아버지가 잘못했다는 것을 아버지에게 증명할 수 있을 거라는 결정이었습니다.

　제레미는 베키를 만나자마자 그녀에게 끌렸습니다. 그녀는 제레미의 엄마처럼 불안하고 상처받기 쉽고 남자를 두려워하는 여성이었습니다. 제레미는 처음부터 베키를 보호해 줘야 한다는 책임감을 느꼈고, 이 때문에 베키는 사랑받고 있다고 느꼈습니다. 이 감정이 커져서 그는 결국 그녀에게 청혼을 했습니다. 어떻게 하면 베키를 행복하게 해 줄 수 있는지 생각하면서 몇 년을 보낸 후, 결국 그 자신이 행복하지 않다는 것을 스스로 인정하기 시작했습니다. 하지만 자신의 정서적 프로그램 때문에 베키에게 상처를 주는 어떤 행동도 생각하지 못하고 계속 관계에 머물러 있었고, 시간이 흐르면서 점점 더 갇혀 있다는 느낌을 갖게 되었습니다. 제레미에게 있어 자신이 베키를 떠난다는 것은 생각할 수도 없는 일이었습니다. 그것은 바로 자신이 아버지와 같은 사람이며, 어머니에게 다음과 같이 말하는 것과 같았습니다. "베키가 내 욕구를 충족시키지 않는 것처럼, 어머니 역시 아버지의 욕구를 충족시키지 못한 거예요. 그러니까 아버지가 떠난 것은 옳았어요."

저는 제레미를 가두고 있는 것이 베키에 대한 사랑이 아니라 아버지에 대한 분노와 어머니를 보호하려는 마음이라는 것을 지적해 주었습니다. 해결되지 않은 어린 시절의 문제가 거의 삼십 년 동안이나 그를 볼모로 붙잡고 있었던 것입니다. 제레미는 아내와의 관계에 완전히 몰입하지 못했는데, 그 이유는 감정적으로 여전히 어머니에게 매여 있었기 때문이었습니다.

인생에서 멋지고 사랑스러운 사람을 가질 수 있도록 스스로에게 허락하세요.

저는 어린 시절에 해결하지 못했던 정서적인 문제들이 우리 모두에게 있다고 믿습니다. 그러나 당신이 선택했던 사랑이 행복하지 않다면, 그리고 여전히 어린 시절의 감정에 매여 있다고 의심된다면, 지금까지 읽은 것들을 생각해 보면서 당신의 과거와 현재가 어떻게 연결되는지를 발견해 보시기 바랍니다.

### 친밀감에 대한 두려움

✷ 당신은 한 사람에게 전념하지 못하는 사람과 사귀고 있습니까?

* 누군가 당신에게 강한 사랑의 감정을 표현하면 놀라거나 숨막히는 느낌을 갖습니까?
* 심지어 그들이 당신이 원하는 것을 주고 있을 때에도 그들을 밀어내고 있는 자신을 발견합니까?

위의 질문 중 어느 하나라도 '예' 라고 대답했다면, 당신은 세 번째 방식으로 정서적 프로그램에 영향을 받고 있는 것입니다. 그것은 바로 친밀감에 대한 두려움입니다.

우리가 두려워하는 것은 친밀감이 아니라
친밀감으로 인해 발생하는 결과다.

어린 시절 당신과 친한 누군가(예: 부모, 형제 혹은 친척)가 어떤 식으로든 당신에게 상처를 주었다고 가정해 보죠. 당신은 어머니를 사랑했는데, 당신이 아이였을 때 어머니가 돌아가셨습니다. 이로 인해 당신은 친하다는 것과 그 고통스러운 경험을 관련 짓습니다.

친밀감 = 친밀감의 상실 = 친밀감을 수치스러워함 = 고통

즉, 당신은 친밀감을 부정적인 결과와 연관시킵니다.

세월이 흐릅니다. 의식적으로는 애정이 넘치고 친밀한 관계를 갖고 싶다고 스스로에게 말하지만, 당신의 정서적 프로그램은 친밀하다는 것을 바람직하지 않은 뭔가와 연관시킵니다. 따라서 무의식적으로 친밀한 것으로부터 당신을 보호해 줄 수 있는 사람들을 파트너로 선

택합니다. 왜냐하면 그들은 정서적으로 부재하거나 그들 자신이 친밀해지는 것을 불편해하기 때문입니다. 당신은 "왜 저는 제가 원하는 사랑을 주려고 하는 사람과 사귀지 못하는 걸까요?"라면서 불평합니다. 그 해답은 그런 식으로 사랑받고 싶지 않기 때문입니다. 당신은 사랑을 믿지 않습니다. 사랑은 당신에게 고통을 주었고, 또다시 당신에게 고통을 줄 것이라면서 두려워하고 있습니다.

수잔은 제가 주최한 여성 세미나에 참석했던 38세의 그래픽디자이너였습니다. "제 생물학적인 시계가 다 돼 가고 있어요. 제가 원하는 건 남편 될 사람을 찾아서 정착하고 가정을 이루는 겁니다. 오랫동안 저에게 맞는 사람을 찾고 있었지만, 결국 잘못된 사람들을 만났지요. 결혼한 남자, 아이를 원치 않는 남자, 느끼는 것을 두려워하는 남자 등등. 왜 좋은 남자들은 제 주변에 없는 걸까요?"

애정생활에 대한 수잔의 불평을 들으면서 뭔가 다른 것이 있을 거라는 느낌이 들었습니다. 몇 시간 동안 정서에 관한 연습을 한 후, 전 그것이 무엇인지 알게 되었습니다. 그녀의 목소리는 떨렸고 눈가에 눈물이 고였습니다. "전에는 전혀 알지 못했어요. 저와 엄마를 떠난 아버지를 한 번도 용서한 적이 없었어요. 제가 세 살 때 부모님께서 이혼하셨는데, 아버지는 다른 주로 이사를 갔어요. 그 이후에 몇 번 아버지를 만났어요. 아버지가 없는 것이 훨씬 더 좋다고 어머니가 말씀하시던 것이 생각납니다. 저 자신도 엄마의 말이 맞다고 생각했어요. 몇 년 동안 제 마음속에서 아버지를 지우려고 노력했습니다. 아버지가 떠난 것이 나한테는 아무런 영향을 주지 않는다고 스스로에게 말하면서요. 하지만 분명 영향을 주었다는 걸 잘 압니다. 제가 이 워크숍에 들어온 이후로는 그 생각을 멈출 수가 없었어요. 괜찮은 척하는 것에 지쳤어요. 아무것도 느끼지 않는 것에 지쳤습니다."

친밀해지는 것에 대해 경직되어 있었던 수잔은 계속해서 자신의 곁에 있어 주지 않는 부적절한 남자들을 자신의 삶 속으로 끌어들였던 것입니다. 수잔에게 친밀감은 상실, 공포, 불신, 고통, 실망을 의미했습니다. 의식적으로는 계속해서 남자를 원했지만, 무의식적으로는 모든 대가를 치르고서라도 친밀해지는 것을 피해 왔던 겁니다. 건강한 관계를 맺기 위해서는 오랫동안 피해 온 그 고통에서 벗어나야 하고, 새롭고 긍정적인 친밀함의 상(像)을 만들어야만 합니다.

### 연습

친밀하다는 것과 연관시켰던 부정적인 단어들을 적어 보세요. 친하다는 것이 무엇을 의미하는지, 왜 그렇게 생각하게 됐는지 생각해 보기 바랍니다. 그리고 파트너를 선택할 때 그것이 어떤 영향을 미쳤는지 스스로에게 질문해 보세요.

## 낮은 자존감

형이상학적인 철학에서 자주 인용되는 말이 있습니다. "당신은 얻을 만하다고 생각하는 것을 얻는다." 저는 이 말을 믿을 뿐 아니라 저 자신과 저와 함께 일했던 수많은 사람들의 인생을 통해 이것이 명백하게 드러나는 것을 목격했습니다. 우리 중 많은 사람들은 자신이 사랑받을 자격이 별로 없다고 생각합니다. 사실 이것이 문제입니다. 바로 이것이 정서적 프로그램이 우리의 애정생활에 영향을 미치는 네 번째 방식입니다. 의식적으로는 사랑받기를 원하지만, 무의식적으로는 자신이 사랑받을 만한 가치가 없다고 여기는 것입니다.

자존감에 관해서는 한 권의 책을 쓸 수도 있지만, 여기서의 요점은 다음과 같습니다.

어렸을 때 사랑스럽지 않다고 들었거나
그렇게 결론 내린 사람은
나중에 사랑을 끌어들이는 것을 힘들어할 수 있다.

아이들은 부모가 이야기하는 것을 믿습니다. 왜냐하면 아이들은 부모를 사랑하고, 부모는 아이들이 알고 있는 유일한 권위자이기 때문입니다. 그래서 부모가 아이에게 너는 충분히 착하지 않다거나, 충분히 똑똑하지 않다거나, 충분히 마음에 들지 않는다고 말하면 아이는 그것을 믿게 됩니다. 실제로 부모가 이런 말을 사용하지 않았더라도 사랑하지 않는 방식으로 아이를 대했다면, 아마도 그 아이는 자신이 사랑받을 수 없는 존재라고 결론을 내릴 겁니다. 그래서 그 아이는 성인이 된 후에 자신을 사랑할 수 없거나, 자신을 함부로 대하는 사람을 끌어들이거나, 또는 파트너를 찾는 것조차 힘들어할 것입니다.

낮은 자존감과 관련해서 가장 큰 문제는 관계에서 잘 대우받지 못하고 있다는 것조차 인식하지 못한다는 겁니다. 일반적으로 자존감에 문제가 있는 사람들은 왜 상대방이 그들을 충분히 사랑하지 않는지 변명하거나 상대방의 행동에 대해 오히려 그들 자신을 비난합니다.

사례 1)

27세의 크랙은 계속해서 데이트 약속을 어기고, 늦거나 아예 나타나지 않으며, 이유를 설명하려고 전화도 하지 않는 여성과 사귀고 있었습니다. 친구들 눈에는 그녀가 크랙을 전혀 배려하지 않는 것이 분명했지만, 그 자신은 그렇게 생각하지 않았습니다. "패트리스가 너무 바빠서 그래." "그녀는 자신의 일에 매진하고 있고, 꼭 마지막 순간에 일이 터지곤 해." 크랙은 커서 어떤 사람이 되라고 말하지 않았던 아버지와 간섭하는 것을 두려워했던 조용한 어머니 밑에서 자랐습니다. 그래서 무시당하고 중요하지 않은 사람으로 대우받는 것에 익숙해져 있었습니다. 패트리스의 행동이 그에게는 전혀 낯설지가 않았던 겁니다.

### 너무 죄책감이 들어서 사랑받을 수 없다고 생각하나요

때로는 부모 때문에 자존감이 무너진 것이 아니라 어린 시절부터 간직해 온 억압된 죄책감이나 수치심 때문에 자존감이 낮아진 경우가 있습니다.

> 당신 스스로도 용서하지 못하는 뭔가를 했거나
> 다른 사람의 고통에 대해 어떤 식으로든 책임을 느낀다면,
> 당신의 정서적 프로그램은 당신이 사랑받을 만한
> 가치가 없다고 결론 내렸을 수도 있다.

사례 2)

조애니는 남자를 만나보기는커녕 관계를 시작해 본 적도 없는 32세의 활기찬 간호사였습니다. 조애니는 매우 외향적이고 매력적이었기

에 그녀가 외로운 생활을 하고 있다는 이야기를 들으면서 놀라지 않을 수 없었습니다. "저한테 무슨 문제가 있는지 잘 모르겠지만, 무엇을 해도 사랑할 사람을 찾을 수가 없어요. 제 친구들은 모두 결혼했거나 남자친구가 있어요. 도대체 저한테 무슨 문제가 있는 거죠?"라고 그녀가 불평했습니다.

그녀의 정서적 프로그램을 하나씩 밝혀내면서 그녀의 텅 빈 애정생활과 관련 있을 거라고 전혀 생각해 보지 못했던 뭔가를 발견했습니다. 조애니에게는 심각한 장애를 가지고 태어난 스테파니라는 여동생이 있었습니다. 그녀는 걷지 못하는 여동생을 데리고 다니던 일, 사지를 잘 사용하지 못했던 여동생을 먹여 주던 것을 기억하고 있었습니다. 스테파니는 다섯 살 때 휠체어를 타야 했고, 결국 특수장애를 지닌 아이들을 돌봐 주는 시설로 보내졌습니다.

"어렸을 때 스테파니 옆에 누워서 그 애의 아름다운 얼굴을 바라보던 게 기억나요. 전 하나님이 왜 제 어린 여동생에게 이러시는지 이해할 수가 없었어요. 그 애는 제 유일한 여동생이었거든요. 부모님께선 그 이후로 아이를 갖지 않으셨어요. 그리고 전 그 애로부터 뭔가를 빼앗았다는 생각을 했어요. 모든 사람들이 제가 건강한 것이 얼마나 행운이냐고 말했지만, 그것이 오히려 저를 더…… 글쎄요, 죄책감을 느꼈다는 것이 적절한 표현일 것 같네요. 불쌍한 스테파니가 그렇게 장애를 가졌는데, 제가 너무나 정상이라는 것에 죄책감이 들었어요."

조애니는 여동생에 대한 슬픔과 사랑으로 눈물을 흘렸습니다. 우리는 어린 시절 그녀가 내렸던 결정들에 관해 이야기했습니다. 스테파니가 행복하지 않다면 그녀 역시 행복할 자격이 없으며, 스테파니가 가질 수 없기 때문에 그녀 역시 남편과 정상적인 애정생활을 누릴 자격이 없다는 것입니다. 조애니는 이런 죄책감이 성인이 된 자신에게 얼마나 강력하게 영향을 미치는지 인식하지 못했습니다. 어떤 식으로든 그녀의 감정은 행동으로 나타났고, 남자들이 그녀에게서 멀어지도록 만들었습니다. 사랑에 빠지지 않도록 스스로를 프로그램시켰던 것입니다. 일단 이런 패턴의 근원을 인식하자, 조애니는 자신의 죄책감을 치유하기 시작했고 두 배로 행복해지도록 자신을 허락하기 시작했습니다. 한 몫은 그녀 자신을 위한 것이었고, 다른 한 몫은 스테파니를 위한 것이었습니다.

### 과거를 이용해서 사랑으로 가득한 미래 만들기

지금까지 언급한 내용 중 많은 부분은 아니더라도 몇몇 사항들에 대해서는 당신 자신의 문제와 관련 지어 생각해 볼 수 있을 거라 확신합니다. 당신이 경험한 것들이 앞에서 제시한 것 중 몇 가지를 조합한 것이라 하더라도 놀라지 마세요. 당신을 특별하게 느끼게 해 주지 못하는 사람들(당신의 어린 시절과 비슷한)을 파트너로 선택함으로써 '귀향' 해 왔다고 결론지었을 수도 있습니다. 엄마, 아빠를 구원하기 위해 그들을 닮은 사람과 사랑에 빠졌을 수도 있습니다. 이 장에 담겨 있는 모든 정보들을 소화하기 위해서는 이 장을 여러 번 읽어야 할지도 모릅니다. 여기에 도움이 될 만한 몇 가지 제안을 하겠습니다.

✻ **제가 언급한 모든 연습들을 꼭 해 보세요.** 정말 효과가 있습니다. 두렵다고 피하지 마세요. 바로 그것이 당신에게 가장 필요한

것일지도 모릅니다.

✱ 당신 자신과 당신이 선택했던 사랑에 대해 깨달은 점들을 적어 보세요. 생각을 말로 옮겨 보면 그것이 좀 더 구체화되고 정서적 프로그램을 바꾸는 일을 시작하도록 도와줄 겁니다.

✱ 지금 누군가를 사귀고 있다면 당신이 깨달은 점을 파트너와 나누어 보세요. 그리고 파트너에게 이 책을 읽고 똑같이 해 보도록 요청하세요. 만일 누군가를 사귀고 있지 않다면 친한 친구와 해 보세요. 새로 깨달은 것을 더 많이 이야기할수록 잊어버릴 가능성은 그만큼 줄어듭니다.

'사랑하는 사람을 선택하는 이유' 가 이 장의 제목입니다. 지금까지 우리는 정서적 프로그램, 어린 시절의 문제 완성하기, 엄마나 아빠를 구원하기 그리고 파트너를 선택하는 데 건강하지 못한 그 외의 다른 동기들에 대해 이야기했습니다.

그렇다면 사랑에 빠지는 건강한 이유는 무엇일까요? 그것이 과연 존재할까요? 단지 사랑하기 때문에 파트너를 선택하는 것이 가능할까요? 물론 그 대답은 '예' 입니다. '사랑' 이라고 불리는 마술적인 감정은 우리를 누군가에게로 끌어당깁니다. 그러나 꼭 기억해야 할 점은 가장 좋은 관계에서도 건강하지 못한 패턴들이 많이 나타날 수 있다는 것입니다. 예를 들어, 매우 행복한 관계를 맺고 있지만 당신은 상대방을 고치려는 성향이 있다거나, 친해지려고 하는 상대방의 요구에 저항할 수 있습니다. 아마도 이런 행동들은 지금까지 우리가 논의해 왔던 정서적 프로그램 때문에 발생할 수 있습니다.

따라서 현재 좋은 관계를 맺고 있다면 당신의 정서적 프로그램 때문에 그 사람을 사귀게 되었다는 사실을 깨달았다고 하더라도 당황하지 말고, 헤어져야겠다고 생각하지도 말고, 혹은 이혼해야겠다고 결심하지도 말기를 바랍니다. 모든 관계는 그 안에 치유적인 요소들을 지니고 있습니다. 함께 있을 때 편안하게 느낄 수 있는 파트너가 있는 것만큼 좋은 것은 없습니다. 상처 입은 부분을 치유하기 위해 함께 노력할 수 있습니다.

만일 건강하지 않은 관계를 맺고 있다고 의심된다면, 11장 '전념하기: 그 관계가 옳은 것일 때 전념하고 지키며 옳지 못할 때 떠나 보내기'를 읽은 후 과연 그 관계에 계속 머물러 있을지를 결정하기 바랍니다.

이 장을 읽고 깨달은 점도 있지만 한편으로는 그 과정이 고통스러울 수 있다는 것을 잘 알기 때문에, 용기를 내서 끝까지 읽어 준 당신이 자랑스럽습니다. 다음은 조지 산타야나(George Santayana)의 멋진 경구입니다.

"과거를 기억할 수 없는 사람은 그것을 되풀이하는 운명에 놓여 있다."

우리 중 어느 누구도 과거의 영향으로부터 완전히 벗어날 수는 없습니다. 하지만 저는 그 기억을 통해 잘못된 선택으로 인해 겪어야 했던 고통이 오히려 건강하고 사랑으로 가득한 관계를 만드는 데 도움을 주는 삶의 교훈으로 바뀔 수 있다는 것을 진정으로 믿습니다.

# 03 S·t·o·r·y
# 사랑에 빠지는 잘못된 이유

사랑하기 위해 이유가 필요한 것은 아니다.
경험 그 자체가 충분한 이유다.
- 바버라 안젤리스, 17세, 어느 일기에서

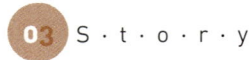

　17세 무렵 저는 주체할 수 없을 만큼 낭만적이었고, 이상주의와 환상으로 가득한 철학적인 세상에 살고 있었습니다. 그때가 1968년이었는데, 당시에 제가 가장 좋아했던 책은 『작은 아씨들』이었고, 가장 좋아했던 노래는 브로드웨이 뮤지컬 〈라만차의 남자〉에 나오는 '불가능한 꿈'이었습니다. 저는 그 노래를 하루에도 열두 번씩 들었는데, 그 노래를 들으면 모든 것이 가능할 것 같았습니다. 저는 사람들을 믿었고, 세계 평화에 대한 희망을 믿었으며, 무엇보다 사랑을 믿었습니다. 저에게 사랑한다는 것은 이 세상에서 경험할 수 있는 가장 고결한 인간의 경험이어야 했습니다. 제 일기에서 인용한 위의 문구처럼 저는 관계가 좋건 나쁘건, 그 사람이 나에게 적합하건 그렇지 않건 신경 쓰지 않았습니다. 사랑에 빠진다는 생각 자체에 매료되어 있었던 겁니다.

세월이 흐르면서 터득한 교훈은 잘못된 이유로 사랑에 빠지면 사랑에 빠졌을 때 느끼는 기쁨이 곧 슬픔으로 변한다는 것입니다. 사랑에 빠지는 데 잘못된 이유가 있을까요? 17세 무렵 제가 생각했던 것과는 달리 그 대답은 '예' 입니다.

잘못된 이유로
누군가와 관계를 맺는 것은
건강하지 않고 만족스럽지 못한 관계를
맺는 한 가지 방식이다.

사람들이 관계를 맺고자 결심하는 데는 사랑에 빠지는 것 이외에도 다른 이유들이 있습니다. 이 장에서는 관계를 맺는 일곱 가지 잘못된 이유들에 관해 이야기하겠습니다. 각각의 이유를 읽으면서 당신의 과거 또는 현재에 이런 실수들을 범했는지 스스로에게 질문해 보기 바랍니다. 이런 패턴들을 더 많이 지각하면 할수록 왜 당신이 과거에 관계 때문에 힘들어하고 실망했는지를 이해하게 될 것이고, 그것을 더 이상 반복하지 않게 될 것입니다.

관계를 맺는 일곱 가지 잘못된 이유

1. 압력(나이, 가족, 친구 등)  2. 외로움
3. 성욕  4. 삶으로부터의 도피
5. 성장의 회피  6. 죄책감
7. 정서적 또는 영적 공허함을 채우기 위해

{ 잘못된 이유 01 }
## 압력

※ 대부분의 친구들은 누군가를 사귀고 있지만, 당신은 여전히 혼자인가요?
※ 당신은 미혼이고 30세가 넘었나요?
※ 당신 가족 중에 결혼하지 않은 사람은 당신뿐인가요?
※ 현재 이혼한 상태인가요?

위의 질문 중 하나라도 '예' 라고 대답했다면, 당신은 압력이라는 것이 무엇인지 이미 알고 있습니다. 압력이란 친구, 가족, 사회 그리고 당신 자신의 생각이 당신에게 미치는 영향입니다. 이런 압력은 '누군가를 사귀어야 해. 그렇지 않으면 너한테 뭔가 잘못이 있는 거야.' 라는 메시지를 당신에게 전달합니다. 이러한 외부적인 영향 또는 우리 자신의 내부적인 영향에 압력을 받는다면 보통 때라면 맺지 않을 관계를 맺게 될 수도 있습니다.

다음은 일반적으로 사람들이 경험하는 압력들입니다.

### 나이 압력

※ 어떤 여성이 한 번도 결혼한 적이 없는 37세의 남성을 만났습니다. 이 만남에 대해 얼마나 흥분했는지 친구에게 이야기했을 때, 그 친구의 첫 번째 반응은 "37세인데 아직까지 독신이네. 그 사람 무슨 문제 있는 거 아냐?" 였습니다.

※ 사촌의 결혼식에 참석했습니다. 피로연에서 모든 친척들한테서 같은 이야기를 듣습니다. "벌써 서른이네. 왜 결혼하지 않는 거야?"

이것이 바로 '나이 압력'입니다. 특정한 나이 이상인데 누군가와 진지한 관계를 맺고 있지 않다면 '정상'이 아니라고 보는 태도를 말합니다. 물론 그 나이가 언제냐는 사람마다 다릅니다. 당신이 이를 의식하고 있든 않든, 어느 나이에 결혼을 해야 한다는 시점이 있을 겁니다. 그 나이는 당신이 자라면서 가족한테 들었던 것일 수도 있고, 당신의 형제자매가 결혼했던 나이일 수도 있으며, 얼마나 나이를 먹어야 진정으로 성장했다고 여길 수 있는지에 대한 생각일 수도 있습니다.

나이 압력의 기원을 이해하기 위해서는 수천 년 전으로 거슬러 올라가야 합니다. 그 시대에는 한 가족이 경제적으로 생존하느냐는 얼마나 많은 자녀를 갖느냐에 달려 있었습니다. 아들은 사냥과 농사를 도왔고, 적들로부터 가족을 보호하는 일을 맡았습니다. 딸은 집안일을 도왔고, 다른 남성들이 배우자로 원한다면 소중한 자산이었습니다. 젊은이들은 더 빨리 결혼해서 자신의 가족을 일굴수록 더 좋은 것이었습니다. 그럼으로써 전체 가족의 수가 증가할 수 있었고, 재산을 소유한 가족일 경우 조상들이 축적한 것을 유지할 상속인이 생긴다는 것을 보장하는 것이었습니다. 기억해야 할 점은 그 당시 사람들의 수명은 현재의 그것에 비해 절반도 안 되었다는 것입니다. 따라서 14세 소녀의 경우 앞으로 살 날이 많아야 30년에 불과했을 것입니다. 20세가 되면 이미 중년에 접어든 셈이죠. 따라서 여자 아이가 10대 초반에 결혼한다는 것은 당연한 일이었고, 곧장 자녀들을 갖기 시작했습니다.

많은 시간이 흘렀지만, 여전히 우리는 우리 조상들이 간직했던 생각에 영향을 받습니다. 따라서 이모님이 추석에 당신을 따로 불러서 "얘야, 내가 상관할 문제가 아니라는 건 잘 알지만 좋은 사람 만나서 빨리 정착하는 것이 어떠니?"라고 말한다면, 이모님은 역사적으로 근거 있는 이야기를 하는 것입니다.

그 압력이 가족에게서 오든, 친구에게서 오든, 또는 당신 자신의 긴박함에서 발생하든 그 결과는 동일합니다. 단지 누군가와 관계를 맺기 위해 파트너에 대한 기준을 낮추게 됩니다.

### 로젠이 고등학교 동창회에서 겪었던 마음의 상처

졸업 후 10년 만에 개최되는 고등학교 동창회 초대장을 받았을 때 로젠은 28세였습니다. "독신으로 산다는 것이 정말 저에게 영향을 미치던 때였어요. 오랫동안 특별한 사람을 만나고 싶어 했지만, 사업을 하는 데 바빠서 제가 어떻게 지내고 있는지 생각할 겨를이 통 없었죠. 초대장을 받고서 옛 친구들을 만날 생각을 하니 우울해지더군요. 제가 호텔에 나타났는데 친구들과 그 남편들이 애들 사진을 들고 저를 반기는 상상을 했어요. 물론 제가 유일하게 결혼하지 않은 사람이구요."

"그때 샌디를 만났어요. 제 친구가 소개시켜 줬는데, 제 타입이라고는 생각하지 않았어요. 하지만 한 번 기회를 줘 보자고 생각했죠. 무슨 일이 일어나고 있는지 미처 깨닫기도 전에 우리는 이미 관계에 들어와 있었어요. 돌이켜 보면 처음부터 큰 문제들이 있었다는 걸 알 수 있어요. 저는 계속해서 샌디의 잘못된 점을 찾았고, 그 사람을 개선시키고 싶어 했어요. 저는 옷, 음식, 영화 등 많은 것들에 대한 그 사람의 취향을 좋아하지 않았어요. 심지어 키스하는 방식까지도 맘에 들지 않았어요. 하지만 이 모든 것을 참아야 했고, 다른 사람들에게는 제가 얼마나 행복한지 이야기했어요."

"동창회에 갔다온 지 5개월 후 전 미몽에서 깨어났고, 더 이상 샌디와의 관계를 유지하고 싶지 않다는 것을 인정하게 되었어요. 전 누군가를 사귀고 싶었고, 28세가 되었다는 것과 동창회가 다가온다는 두 가지 사실에 큰 압력을 느껴서 누군가를 만나서 혼자 지내지 않는 것처럼 보이고 싶었던 것 같아요. 샌디와 헤어지는 건 참 가슴 아픈 일이었어요. 제 친구들과 가족은 저보고 언제 결혼하냐고 묻곤 했는데, 샌디와의 이별이 그녀뿐 아니라 제 친구들과 가족을 실망시키는 일이었습니다."

로젠의 경우가 바로 사랑해서가 아니라 압력을 줄이기 위해 누군가를 사귀는 좋은 예입니다.

## 가족과 친구들로부터의 압력

어떤 사람들은 쉽게 가족과 친구들의 의견을 따르기 때문에 행복하지 않은 관계를 맺거나 그 관계에 머물러 있게 됩니다. 만일 당신이 자기 주관이 뚜렷하지 않은 사람이라면, 또는 가족 구성원들과 매우 긴밀하게 얽혀 있다면, 어떤 사람을 정말로 원해서가 아니라 다른 사람들이 사귀어야 한다고 생각하기 때문에 결국 관계를 맺을 수 있습니다.

### 어떻게 레니는 결혼하라는 압력을 받았는가

레니는 손으로 머리를 감싼 채 앉아 있었습니다. "저는 모든 사람들을 실망시켰어요. 이제 어떻게 해야 하죠?" 45세의 레니와 43세의 아내 크리스타는 초등학교 시절부터 알고 지냈습니다. 가족들 또한 같은 교회를 다녔고 친구처럼 지냈습니다. 그래서 레니와 크리스타가 중학교 시절 사귀기 시작했을 때 양가 부모님은 매우 기뻐했습니다. "언젠가는 크리스타와 제가 결혼할 것이라는 사실을 의심한 적이 없었던 것 같아요. 모든 사람들이 마치 그것이 이미 일어난 것처럼 이야기했으니까요. 제 어머니는 저와 크리스타가 나이가 들면 할머니의 도자기를 물려받을 거라고 말씀하시곤 했어요. 아버지 역시 크리스타의 아버지에게 그쪽 집안 식구들이 저희 가족처럼 느껴지고 언젠가는 그렇게 될 것을 희망한다고 말하곤 했죠. 그리고 크리스타는 몇 년 동안 제 성을 사용하기까지 했어요."

"전 고등학교를 졸업한 후 해군에 입대했습니다. 그렇게 하는 것이 저에게 좋은 경험이 될 거라 아버지께서 생각하셨기 때문이죠. 모든 사람들이 제가 제대하면 크리스타에게 청혼할 거라 생각하는 것 같았고 또 실제로 그렇게 했어요. 돌이켜 보니 그렇게 결심했는지 기억이 잘 안 나네요. 단지 예정되어 있었던 것이죠. 그분들이 얼마나 행복해했는지 상상하실 수 있을 겁니다. 전 바로 그때부터 아무것도 느끼지 못했어요. 제가 크리스타를 사랑하지 않은 것은 아니에요. 어떤 면에서는 사랑했습니다. 하지만 저는 그때 그녀와, 아니 누구와도 결혼할 준비가 안 되어 있었어요."

"이제 20년의 세월이 지났네요. 애들도 셋이나 되고, 결혼 후에 네 번쯤 바람을 피었고…… 더 이상 어떻게 할 수 없을 것 같습니다. 어떻게 해야 할지 모르겠어요. 전 지금 제 아내와 아이들에게 상처를 주고 있고 저를 사랑하는 모든 사람들을 실망시키고 있거든요."

저는 놀란 아이처럼 울고 있는 레니를 바라보면서 타인의 기대에 부응하기 위해 오랜 세월 동안 부담을 느끼면서 살아온 이 불쌍한 남자에게 연민을 느꼈습니다. 그는 자신의 마음에 귀 기울이지 않고, 다른 사람들이 가장 좋은 것이라고 생각하는 결정들을 내림으로써 그 오랜 세월 스스로를 실망시켰습니다. 가족과 친구들의 생각을 따르면서 진정한 사랑과 행복을 경험할 수 있는 기회를 그 자신에게서 빼앗았던 겁니다.

상대가 옳고 적합한 사람이기 때문이 아니라 타인들의 압력 때문에 누군가를 사귀게 된다면, 그것은 자신의 힘을 포기하는 것이고 불행한 결말이 보장된 관계를 시작하는 것입니다. 만일 당신이 과거 또는 현재 이런 입장에 처해 있다면, 당신이 원하고 필요로 하는 것이 무엇인지 스스로에게 물어보고 그것을 다른 사람들이 어떻게 생각하는지보다 우선시하기 바랍니다.

## { 잘못된 이유 02 }
## 외로움

✳ 침대에 혼자 누워 있습니다. 누군가를 사랑한지도, 성관계를 가져 본 지도 꽤 오래되었습니다. 몸은 텅 비어 있는 것 같고 마음은 쓰려 옵니다. 이전에 사귀었던 사람들이 생각나고, 당신을 껴안으며 당신이 특별하다고 느끼게 해 주었던 사람과 보냈던 행복했던 시간들을 떠올려 봅니다. '그 사람에게 전화해 볼까? 전화해서 보고 싶다고 말할까? 마음 아프겠지? 아냐, 그렇게 나쁘지 않을지도 몰라.'

✳ 금요일 오후입니다. 역시 주말을 위한 계획이 아무것도 없습니다. 혼자 지내는 것도 이젠 지겹습니다. 이제 서서히 혼자 집에 있어야 하는 토요일 저녁이 두려워집니다. 그런데 갑자기 세차장에서 만났던 그 남자의 얼굴이 떠오릅니다. 토요일 저녁에 시간 있냐고 물어봤던 그 사람에게 아무 일 없으면 전화해 주겠다고 말했습니다. 물론 아무 일 없죠! 그런데 그 사람과 데이트 하는 걸 원할까요? 그 남자 재미없어 보이던데. 하지만 일단 전화하기로 결정했습니다. 비디오랑 데이트 하는 것보다는 나으니까요.

✳ 두 번 만난 여자와 데이트를 하고 있습니다. 당신은 그녀가 당신을 좋아하는 것을 알지만, 사실 당신은 그렇게 끌리지 않습니다. 저녁을 먹고 그녀가 자신의 아파트로 당신을 초대합니다. 그녀 집으로 가는 차 안에서 그녀가 당신의 허벅지에 손을 얹습니다. 그녀가 당신을 좋아하는 게 분명합니다. 당신은 그녀에게 그렇

게 끌리는 것은 아니지만, 마지막으로 여자와 함께 보낸 것이 벌써 5개월 전이라서 그것이 그립기도 합니다. 그래서 그녀와 잠을 자면 어떨까 생각을 합니다. 그렇다고 그녀와 결혼을 해야 하는 것은 아니니까요. 그렇지 않나요?

위의 이야기 중 당신에게 해당되는 것들이 있을지 모릅니다. 우리는 모두 외로움을 경험하기 때문입니다. 외로움을 경험할 때 우리는 감정적으로 너무 공허하기 때문에 어떤 사람이든 사랑할 사람을 필사적으로 찾으려고 합니다. 그러나 불행하게도 외로워서 누군가에게 손을 뻗을 경우, 나중에 매우 복잡하고 가슴 아픈 관계로 전락할 수 있습니다.

위의 첫 번째 이야기의 여성은 전 남자친구에게 전화를 걸어서 외롭다고 말할 겁니다. 그 남자는 그녀 집에 와서 그녀를 위로하고 결국 잠자리를 같이 하겠죠. 그들은 갑자기 다시 관계를 맺게 되지만, 그가 현재 다른 여자를 만나고 있다는 사실은 말하지 않았습니다. 그녀는 몇 달 동안 그 남자와 의미 없는 관계를 경험하게 되고, 결국 이번에는 영원한 이별을 하게 될 것입니다. 이 모든 고통이 결과적으로 절절이 외로웠던 그 밤의 행동 때문에 일어났던 것입니다.

두 번째 이야기의 여성은 그렇게 흥미롭게 느껴지지 않았던 남자와 결국 데이트를 할 것입니다. 6개월 후 여전히 그 남자와 관계를 맺고 있을 때, 정말로 좋아하는 누군가를 만나게 됩니다. 이제 그녀는 먼저 만나고 있던 남자에게 상처를 줘야 합니다. 사랑하는 사람을 만났기 때문에 더 이상 만나고 싶지 않다고 말해야 합니다.

세 번째 이야기의 남성은 단지 하룻밤 사랑을 생각할지도 모릅니다. 하지만 상대방 여성은 다른 것을 생각할 수 있습니다. 늘 그 남자 곁에 있으면서 그가 관계에서 편하게 느끼도록 해 주고, 결국 그녀와 결혼하게 만들지도 모릅니다. 어느 날 그는 미몽에서 깨어나 자신의 아내를 사랑하지 않는다고 느끼고, 그녀의 마음을 아프게 하며, 가족을 실망시키고, 스스로를 비열한 사람이라고 느끼게 될 겁니다.

위의 이야기에 나온 사람들은 단순히 운이 나빠서 불행한 상황에 처하게 된 것이 아닙니다. 잘못된 이유 때문에 관계를 맺게 된 것이었고, 처음부터 불행한 결말을 예고하고 있었던 겁니다.

> 외롭다고 느낄 때는
> 서툰 선택을 할 가능성이 훨씬 더 많고,
> 결국 만족스럽지 못한 관계를 맺게 된다.

## 어떻게 론다의 외로움이 그녀를 죽일 뻔했나

론다의 이야기는 우리가 외로울 때 내리는 사랑의 선택이 어떻게 우리 자신과 타인들에게 고통을 줄 수 있는지를 보여 주는 아주 슬픈 예입니다. 35세의 론다는 어렸을 때 과체중이었습니다. 중학교 때 친구들은 벌써 데이트를 하고 있었는데, 론다는 집에만 있어야 했고 학교 숙제를 하면서 시간을 보내야 했습니다. 학교 성적이 무척 뛰어났기 때문에 동부 아이비리그 사립대학교로부터 장학금을 받고 입학 허가를 받았습니다. 그녀는 데이트라는 것을 한 번도 해 보지 못한 채 대학에 입학했습니다.

론다는 대학 입학 후 첫해에 25킬로그램이 빠졌습니다(그녀 말로는 그녀 어머니의 조리법으로부터 벗어났기 때문이라고 합니다.). 그녀는 거울에 비친 자신의 모습을 믿기 어려웠습니다. 실제로 론다는 매력적이었습니다. 그래서 남자들이 자신에게 데이트 신청을 했을 때 자신이 변한 것이 사실임을 알게 되었고, 칼을 만나기 전까지 한두 번의 데이트를 했습니다.

칼은 4학년으로 매우 부유한 집안 출신이었습니다. 운동을 잘하고 잘생기고 거만했습니다. 그가 론다에게 데이트를 신청했을 때, 그녀는 그가 실수하고 있는 것이라 확신했습니다. 론다는 그렇게 잘생긴 남자가 자기에게 관심을 보이는 것을 결코 기대하지 않았던 것입니다. 사실 그녀는 관계에서 무엇을 바라야 할지 몰랐습니다. 관계를 맺어 본 적도 없었습니다. 그래서 몇 달 동안 다른 사람들은 만나지 않고 오로지 칼만 사귀었는데, 론다는 너무나 행복해서 칼의 이상한 성격에 주의를 기울이지 않았습니다. 예를 들어, 칼은 도박하는 것을 좋아했습니다. 작은 액수뿐만 아니라 큰 액수를 가지고 도박을 했습니다. 또한 칼은 거칠고 외설스러운 섹스를 즐겼고, 성적으로 흥분하기 위해 론다를 혹사시켰습니다. 그리고 그녀가 없을 때는 포르노 필름을 상영하는 성인 영화관과 스트립쇼를 하는 술집에 자주 갔습니다.

15년의 세월이 흘러 론다가 저를 찾아왔을 때, 그녀는 거의 신경쇠약에 가까운 증상을 보였습니다. 행복한 결혼생활에 대한 그녀의 꿈은 곧 악몽으로 변했습니다. 칼은 강박적으로 도박을 했고 난폭한 성질의 성도착증 환자였습니다. 그의 행동은 점점 더 나빠졌고 부모에게 물려받은 유산을 도박으로 탕진하게 되었습니다. 그리고 난폭한 섹스에 대한 칼의 욕구는 결국 섹스를 하기 전에 론다를 때리게 되는 지경까지 이르게 되었습니다. 론다 내부에 있던 뚱뚱한 어린 소녀는 칼을 잃는 것이 너무 두려워서 그가 이렇게 취급하는 것을 참았습니다. 그러나 결국 저에게 전화를 걸기 바로 전날 밤 칼의 학대와 성폭행에 대해 맞받아 싸웠습니다. 생명의 위협을 느낀 론다는 두 아이들을 데리고 친구 집으로 도망쳤습니다.

론다가 치유되기 위해서는 단지 남편을 떠나는 것만으로는 안 되었고, 그렇게 오랫동안 칼에게 머물러 있었던 그녀 자신을 용서해야만 했습니다. 사랑받고 싶은 욕구 때문에 남편에게 비인간적인 취급을 당하는 것을 참아야만 했다는 것을 힘들지만 인정해야만 했습니다.

론다의 경우는 극단적이기는 합니다. 하지만 그녀의 패턴은 그렇지 않습니다. 만일 당신의 정서적인 취약함이 파트너를 선택하는 데 영향을 준다고 의심된다면, 그리고 결국 불행한 관계를 맺어 왔다면, 이제 단 한 번의 결심으로 행복한 관계를 맺을 수 있다는 사실에 흥분해야만 합니다. 당신을 위한 해결책은 좀 더 까다로워지라는 것입니다. 상황이 힘들다는 이유로 당신의 기준을 낮추지 말기 바랍니다. 당신은 오래된 상품들을 헐값으로 처분하려는 가게가 아닙니다. 당신은 당신이 가질 수 있다고 생각하는 종류의 관계만 맺을 수 있는 존재가 아니며, 당신이 원하는 종류의 관계를 가질 만큼 충분히 소중하고 사랑스러운 존재입니다.

{ 잘못된 이유 03 }
# 성욕

* 성적으로 흥분한 나머지 누군가를 실제로 좋아하는 것보다 더 좋아한다고 당신 스스로에게 말한 적이 있습니까?
* 상대방의 좋지 않은 점들을 모른 척한 채 관계를 오래 끌면서 계속해서 성관계를 맺은 적이 있습니까?

제가 무슨 말을 하고자 하는지 알 겁니다. 성관계를 가진 지도 꽤 되었고, 성욕 때문에 평상시라면 사귀지 않았을 사람과 사귀고 있습니다. 결국 당신은 성욕에 이끌려 원치 않는 관계를 유지하고 있다는 사실에 직면하게 될 것입니다. 얼마나 당황스럽고 부끄러운 일입니까? 하지만 많은 사람들에게 일어나는 일입니다.

저는 친밀한 신체적 접촉과 성욕 해소를 위해 상대방이 누구든 그 사람을 사귀게 되었다는 이야기를 수없이 많은 사람들에게서 들었습니다. 만일 당신이 이런 종류의 성적 압박을 느낀다면 당신은 그 누구와도 관계를 맺을 수 있으며, 현재 당신이 하고 있는 것이 옳은 일이라고 스스로를 확신시키기 위해 엄청난 타협을 하게 될 것입니다.

요점은 이렇습니다. 저는 여기서 누군가와 성적인 궁합이 잘 맞아서 사랑에 빠지는 것을 이야기하려는 것이 아닙니다. 저는 그것을 '맹목적 욕정(lust blindness)'이라고 부르는데, 이 문제에 관해서는 4장 '관계 초기에 범하는 여섯 가지 큰 실수'에서 더 자세히 다룰 것입니다. 성욕만 가지고 어떤 사람에게서 매력을 느낄 수는 없습니다. 그건 단지 그 사람이 어떤 사람이든 함께 있고 싶다는 것을 의미할 뿐입니다.

### 어떻게 로니는 자신의 성욕 때문에 사랑에 굶주리게 되었을까

"전 남자들에게 넌더리가 나요."라고 로니가 불평을 토로했습니다. 그녀는 제가 진행하던 라디오 토크쇼에 전화를 걸어 자신의 삶에 깃든 패턴에 관해 저에게 조언을 구했습니다. "전 정말로 운이 없었어요. 남자들을 만나서 아주 짧게 사귀었지만, 헤어지고 나면 그 남자들은 다른 여자를 만나서 이내 결혼하더군요. 농담이 아니에요, 바버라 박사님. 여덟 명의 남자들이 저와 헤어지고 결혼을 했어요. 제가 뭘 잘못했는지 잘 모르겠어요."

그에 대한 제 첫 번째 질문은 "어디서 그 남자들을 만났죠?"였습니다. "술집에서요."라는 로니의 답에서 문제의 한 원인을 읽을 수 있었습니다. 그리고 두 번째 질문인 "잠자리를 하기 전에 얼마나 그 남자들과 사귀었죠?"에 대해 "하루 혹은 일주일."이라고 답하는 것에서 더 큰 문제의 원인을 읽을 수 있었습니다. 그런 후 저는 그녀가 자랄 때 섹스에 대해 어떤 것들을 배웠는지 물어보았습니다. "엄마는 저에게 모든 남자들이 여자에게서 원하는 것은 여자의 몸이라고 말했어요." 이제 문제의 전체를 볼 수 있었습니다.

"로니, 불행이나 불운이라는 것은 없어요. 하지만 잘못된 선택이라는 것은 있죠. 당신은 계속해서 잘못된 선택을 했던 겁니다. 남자에게 사랑받고 싶은 욕구가 너무 강해서 당신을 성적으로 원하는, 그래서 당신과 잠자리를 같이했던 남자라면 그게 누구든 당신을 사랑하고 있다고 여겼던 겁니다. 당신은 그 남자들을 사랑한 것도 좋아했던 것도 아니에요. 다만 그들이 당신에게 보여 줬던 관심을 좋아했을 뿐입니다. 그러한 관심이 당신의 영혼 내부에 있는 빈 공간을 채웠던 거죠. 그래서 남자들이 당신을 떠나 다른 여자와 결혼을 하면 당신은 화가 나고 버림받았다고 느끼는 겁니다. 당신은 스스로에게 상처를 주는 방식으로 상황을 만들었던 거지요."

잘못된 이유 때문에 남자들을 사귀었고 그로 인해 그녀의 자존감이 대가를 치른 것입니다.

### 성욕에 이끌려 니콜라스가 치른 대가

"바버라 박사님, 저 큰일났어요." 니콜라스의 얼굴에는 고통스러운 표정이 역력했습니다. 니콜라스는 잘생긴 35세의 치과의사로 제 세미나에 참석하고 있었습니다. "3개월 전에 재키를 만났어요. 그녀는 제 친구의 옛 여자친구인데, 사실 그렇게 끌리지는 않았어요. 그런데 여자하고 잠자리를 같이한 지도 1년이나 되었거든요. 1년요! 저한테 뭔가 잘못이 있는 것 같았어요. 사람들도 '저 남자는 오랫동안 여자랑 잠을 안 잤나봐.'라고 말하는 것처럼 느껴졌거든요. 이전에도 정말로 좋아하는 사람을 만난 적은 없었어요. 그리고 몇 개월이 지나 재키를 만났을 때 저는 '제기랄, 뭐 저 여자를 좋아하지는 않지만 적어도 이 반복되는 고리는 끊을 수는 있겠지.'라고 생각했어요."

"우리는 한두 번 데이트를 하고 잠자리를 같이했어요. 웃긴 건 섹스 자체도 별로였다는 겁니다. 이 관계가 어디를 향하는지 알 길이 없었지만, 전 섹스를 언제 다시 하게 될지 모르니까 할 수 있을 때 하는 게

차라리 좋을 거라 생각했죠. 바보 같은 소리로 들린다는 거 잘 압니다. 하지만 상황은 더 나빠졌어요. 6주가 지났고, 전 저 스스로에게 혐오감을 느끼기 시작했어요. 그래서 하루는 재키에게 더 이상 만나지 말자고 했죠. 그날 오후 전 어느 환자의 틀니를 껴맞추고 있었는데 재키에게서 급한 전화를 받았어요. 당장 저와 통화를 해야 한다는 것이었어요. '니콜라스, 나 임신했어.' 전 너무 충격을 받아서 환자의 틀니를 바닥에 떨어뜨리고 말았죠."

"그날 밤 저는 재키 집으로 가서 모든 것을 말했어요. 바버라 박사님, 재키는 아이를 낳고 싶어 했지만, 저는 그녀를 사랑하지 않는다고 말했어요. 심지어 좋아하는 마음도 없다고 했죠. 그녀와 섹스를 한 건 내 잘못이었다고 말했지만, 그녀는 제가 어떻게 느끼고 생각하건 상관없다고 말하더군요. 그녀는 저를 사랑하니까 제 아이를 원한답니다. 저한테 이런 일이 일어나다니 도저히 믿을 수가 없습니다."

니콜라스는 성욕 때문에 그렇게 비싼 대가를 치르게 될지 예상치 못했던 것입니다. 결국 재키는 아이를 낳았고, 니콜라스는 아이를 부양하는 비용을 지불하면서 자주 그 아이를 만나고 있습니다. 니콜라스는 재키뿐 아니라 피임을 하지 않았던 자신에게 분노를 느끼고 있습니다. 여전히 그는 사랑하는 여자를 찾고 싶다고 말하지만, 아직 그런 여자를 만나지 못하고 있습니다.

## 당신의 성욕 한계는 어디인가

당신의 성욕 한계점(성적으로 왕성하지 않았기 때문에 뭔가 이상하다고 느끼는 데 걸리는 기간)을 알고 있습니까? 만일 당신이 독신이라면 당신의 성욕 한계가 얼마인지 스스로에게 물어보세요. 한 달, 일 년, 아니면 그 이상? 이것을 알려면 달력이나 데이트 한 과거의 경험을 돌이켜 봐야 하겠지만, 충분히 그럴 만한 가치가 있는 일입니다. 기억해야 할 것은 신체적으로 불편한 것을 말하는 것이 아니라 심리적으로 불편하게 될 때까지의 기간을 말하는 것입니다. 당신의 성욕 한계점을 아는 것이 좋습니다. 그 시간이 다가올 때 달력에 표시를 하는 것이 좋을 수도 있습니다. 그렇게 하면 잘못된 이유로 누군가와 관계를 맺는 것을 피할 수 있습니다.

### 잘못된 이유 04
## 삶으로부터의 도피

당신은 사랑에 빠지는 것이 얼마나 마음을 흩뜨리게 하는 일인지 생각해 본 적이 있습니까? 사랑하게 되면 상대방이 무엇을 느끼고 있는지, 무엇을 필요로 하는지, 어떻게 하면 그 사람을 행복하게 해 줄 수 있을지, 당신의 행동이 그 사람에게 어떻게 영향을 미칠지, 정말 예를 들기도 힘들 만큼 여러 가지를 생각합니다. 따라서 종종 우리가 관계에 빠지는 이유가 그 사람이 바로 나를 위한 사람이라는 것을 알았기 때문이 아니라 자신의 삶에서 도피하기 위해서라는 것은 그렇게 놀랄 일이 아닙니다.

지금 당신은 인생의 중요한 문제를 회피하기 위해 관계를 이용하고 있습니까?

다음 문장들을 읽고 그것이 현재 또는 과거의 당신에게 적용되는지 스스로에게 질문해 보세요.

* 한 사람과의 관계가 끝나면 얼마 되지 않아 다른 사람을 사귄다.
* 관계에 많은 시간을 투자한다.
* 삶의 많은 영역들이 내가 원하지 않는 방식으로 진행되고 있다.
* 실행에 옮기고 있지 않은 꿈과 계획이 있다.
* 누군가를 사귀고 있는 동안 나 자신의 관심사나 친구들에게 시간을 덜 할애한다.
* 사귀는 사람과 다소 빨리 성관계를 맺는 편이다.
* 대체로 혼자 시간을 보내는 것을 좋아하지 않고 다른 사람들과 함께 있으려고 한다.
* 어떤 일을 할 때 전화나 중요하지 않은 용건 또는 다른 사람들의 요구 등으로 인해 쉽게 산만해진다.
* 스스로를 자극해서 나 자신의 문제를 해결하는 것보다는 다른 사람들을 자극해서 그 사람들의 문제를 해결하도록 하는 것이 더 쉽다고 느낀다.

만일 위의 예문 중 서너 개가 당신에게 해당된다면, 아마도 당신은 자신의 삶을 돌보는 것을 회피하기 위해 관계를 이용하고 있을지 모릅니다. 사랑에 집착하는 것이라고 생각했던 것이 사실은 당신 자신과 자신의 문제에 직면하지 않으려는 회피일 가능성이 많습니다. 다른 사람을 사랑하는 데 바쁘고 그 사람을 행복하게 해 주며 그 사람의 욕구를 채워 주는 데 모든 시간을 바친다면, 결국 당신 자신의 욕구를 충족시키고 당신의 꿈을 실현하는 데 쓸 시간은 많지 않기 때문입니다.

어떤 사람들은 삶에 대한 열정과 목적이 부족해서 권태감을 느끼기 때문에 관계를 맺습니다. 이런 사람들은 자신이 왜 그런 식으로 느끼는지 깨닫기 위해 자신의 내부를 들여다보기보다는 애정행각에 빠지게 되고 그것을 자신의 목적으로 삼습니다. 이렇게 빠진 관계는 결코 순탄하지 않습니다. 당신은 상대방과 사랑에 빠진 것이 아니라 삶의 문제에서 벗어나려는 당신의 욕구에 빠져 있기 때문입니다. 그리고 관계가 끝나면 당신은 다시 한 번 당신 자신과 홀로 남습니다.

### 메리 베스가 '관계 단식' 을 해야 하는 이유

메리 베스는 자신이 '관계 소진'(『항상 사랑하는 법』이라는 책에서 제가 기술한 증상)으로 시달리고 있다고 말했습니다. "이 남자에서 저 남자로 옮겨다니는 것이 이제는 진절머리가 나요. 차라리 수녀가 되고 싶어요. 전 정말 어리석게도 남자를 사귀고 더 이상 견딜 수 없을 때까지 관계를 유지하다가는 헤어져요. 몇 주 동안은 저 혼자인 것이 그렇게 행복할 수가 없어요. 집안 청소도 하고, 하고 싶었지만 남자를 사귀면서 시간이 없어 할 수 없었던 일도 하죠. 하지만 어느 순간 안절부절못하고 파티나 술집에 가서 새로운 남자에게 눈길을 주고 있어요."

저는 메리 베스가 어떤 직업에 종사하는지 물어보았습니다. 그런데 그녀가 불편해하는 것을 알 수 있었습니다. "음, 지금은 다운타운에서 미용사로 일하고 있어요. 하지만 그건 제가 사업을 시작할 때까지 만이에요." 메리 베스는 실내장식가가 되려는 꿈을 가지고 있었습니다. 그러나 제가 그녀에게 질문했을 때, 자신의 꿈에 대해 지금까지 아무것도 하지 않았다는 것이 분명했습니다. 그녀는 학교에 다시 가서 학위를 따야 한다거나 인테리어 디자인과 관련된 일자리를 찾아야 한다고 계속해서 스스로에게 말해 왔습니다. 하지만 그녀는 그렇게 하지 않았습니다. 혼자가 되었을 때마다 며칠 또는 몇 주 동안은 자신의 목표에 대해 흥분했습니다. 그런 후 그녀는 실패에 대한 두려움에 시달려야 했습니다. 그래서 그녀는 갑자기 새로운 파트너를 찾아 또다시 배회했습니다. 메리 베스는 자신이 미루어 왔던 것으로부터 멀어지기 위해 새로운 관계를 이용한 것입니다.

저는 어떤 남자들이 섹스를 위해 여성을 이용하는 방식과 똑같은 방식으로 그녀 역시 자신의 삶으로부터 벗어나기 위해 남자들을 이용하고 있다는 것을 지적해 주었습니다. 그녀는 6개월 동안 '관계 단식'에 들어가는 것에 동의했습니다. 데이트도 하지 않고 술집에도 가지 않기로 동의한 겁니다. 그 6개월 동안 그녀는 자신과의 관계를 발전시키고 다시 한 번 자신의 꿈을 품기로 했습니다. 일단 그녀가 자신의 삶을 정돈하게 되면, 그녀는 자신의 애정행각 뒤로 숨을 필요가 없으며 건강한 관계를 맺을 수 있는 파트너를 찾을 수 있는 시간을 벌 수 있을 것입니다.

만일 당신 자신의 문제를 처리하는 것을 회피하기 위해 지금까지 관계를 이용한 것이 아닌지 의심된다면 '관계 단식'을 권합니다. 처음에는 힘들겠지만, 당신이 회피해 왔던 모든 문제에 직면할 수 있을 겁니다.

{ 잘못된 이유 05 }
## 성장의 회피

어떤 사람들은 자신의 전체 삶을 다른 사람과 공유할 준비가 되어 있기 때문이 아니라 누군가가 보살펴 주기를 원하기 때문에 관계를 맺습니다. 이런 사람들은 성장하는 것을 피하려고 노력하는 것이기 때문에 '엄마'와 '아빠' 역할을 수행할 파트너를 찾습니다. 이런 관계는 본질적으로 함께 배우고 성장하는 관계가 아닌 의존적인 관계입니다. 다음과 같은 경우가 여기에 해당됩니다.

- 당신과 당신 파트너는 나이 차이가 많이 난다.
- 두 사람은 경제적인 면이나 직업적인 성공 등에서 큰 차이를 보인다.
- 삶의 경험에서 큰 차이가 있다.
- 상대방에게 늘 도움과 조언을 구한다.

당신은 사랑에 빠져 있다고 생각할지 모르지만 사실은 엄마 또는 아빠를 대신할 사람을 찾은 것입니다.

25세 배우인 카트리나는 성장을 피하고자 사랑에 빠지는 전형적인 예를 보여 줍니다. 그녀는 34세 변호사인 사이먼과의 2년에 걸친 관계에 문제가 발생했을 때 저를 찾아왔습니다. 사이먼은 사랑의 미몽에서 깨어나 카트리나를 떠날 것을 고려하고 있었고, 카트리나는 정서적으로 공황 상태에 빠져 있었습니다. "사이먼은 제 인생 전부예요. 그가 없다면 전 아무것도 할 수 없을 거예요. 그가 저에게 머물 수만 있다면 어떤 일이라도 할 겁니다."

카트리나가 사이먼과의 관계를 묘사하는 것을 들으면서, 비록 그녀가 그녀를 돌봐 주는 사이먼의 방식을 사랑한 것은 사실이지만 사이먼을 진정으로 사랑한 것은 아니라는 것을 깨달을 수 있었습니다. 카트리나는 그들이 함께 보냈던 시간들을 설명하면서 그가 그녀에게 무엇을 해 주었고, 어디로 휴가를 데려갔으며, 그녀의 직장 문제에 대해 어떤 조언을 해 주었는지, 그리고 그녀를 얼마나 잘 도와주었는지에 대해 장황하게 설명했습니다. 저는 카트리나가 과연 사이먼을 얼마나 잘 알고 있는지에 대해서 의문이 들었습니다. 카트리나에게 사이먼은 단지 '아빠'였고, 어떤 일이든 그녀를 위해 늘 존재하는 사람이었을 뿐이었습니다. 카트리나의 아버지는 그녀가 네 살 때 집을 떠났고, 그 후로 그녀는 아버지를 두 번 정도 보았을 뿐이었습니다. 카트리나는 남성에게 보살핌을 받고 싶은 욕구가 강했고 바로 사이먼에게서 그런 것들을 발견한 것입니다. 그녀의 이전 남자친구들 또한 그녀보다 연상이었고, 그녀보다 정신적으로 더 성숙한 사람들이었습니다. 카트리나는 '난 아마도 나이가 많은 사람들을 좋아하나 봐.' 라고 생각하면서 스스로를 속여 왔습니다.

제가 사이먼을 만났을 때, 그는 죄책감에 시달리고 있었습니다. "전 카트리나를 사랑해요. 하지만 우린 서로 맞지 않아요. 제 생각엔 카트리나는 어떤 사람과도 관계를 맺을 준비가 안 되어 있는 것 같습니다.

우리가 처음 만났을 때 전 그녀를 보호해 줘야겠다고 생각했고, 아마도 제가 해야 할 것 이상으로 그녀를 돌봐 준 것 같습니다. 지난 6개월 동안 전 이런 역할이 바뀌어야 한다고 생각했어요. 하지만 카트리나가 스스로 일어설 수 있도록 격려하면 할수록 그녀는 제가 그녀를 버리려 한다고 비난했습니다. 지금 이 순간 전 영원히 그녀를 떠나고 싶습니다. 과연 카트리나가 성장하고 싶어 하는지 잘 모르겠어요."

    카트리나에 대한 사이먼의 생각은 정확했습니다. 그녀는 정신적으로 성장하고 싶어 하지 않았고, 그녀를 돌봐 줄 파트너를 찾으면서 남자와의 관계를 이용해 더 이상 성장하는 것을 피해 왔던 것입니다. 어린 시절에 해결되지 않았던 자신의 욕구를 충족시키기 위해, 그리고 자신의 삶에 대한 책임을 회피하기 위해 카트리나는 사랑에 빠졌던 것이지요.

    나중에 다시 이야기하겠지만, 모든 관계는 그 안에 치유적인 요소를 포함하고 있어서 여성이 남성을 위해 엄마의 역할을, 남성이 여성을 위해 아빠의 역할을 수행할 때가 있습니다. 그러나 대부분의 경우에 당신이 이러한 역할을 하게 된다면, 당신은 어린아이의 상태, 즉 무책임한 상태로 남아 있기 위해 관계를 이용하고 있는 것입니다.

{ 잘못된 이유 06 }
## 죄책감

※ 상대방을 거절하면 그 사람의 감정을 다치게 하니까 그렇게 하

지 않기 위해 결국 관계를 맺은 적이 있습니까?
* 그 사람과 헤어지면 상처를 입힐까 두려워 당신이 원하는 것 이상으로 오랫동안 관계에 머문 적이 있습니까?
* 당신이 좋아하는 것보다 그 사람이 당신을 더 좋아했기 때문에 관계를 끊는 것에 대해 지나치게 죄책감을 느껴 본 적이 있습니까?

만일 위의 질문 중 어느 것에라도 '예' 라고 대답했다면, 당신은 사랑에 빠지는 여섯 번째 잘못된 이유인 죄책감에 대해 이미 잘 알고 있습니다. 죄책감 때문에 관계를 맺고 오랫동안 관계를 유지하려는 것이 이상하게 들릴 수도 있지만 이런 일은 늘 일어납니다. 당신이 사랑이라고 부르는 것도 사실은 동정이거나 심한 경우 연민일 수 있습니다. 당신이 그 관계를 유지하고 싶어서가 아니라 당신이 그 관계를 떠났을 때 일어날지도 모를 일이 두려워 관계를 맺고 있는 것입니다. 한마디로 당신은 죄책감의 포로가 된 것입니다.

### 죄책감 때문에 사랑하고 있습니까?
다음 지문을 읽고 현재 또는 과거의 당신에게 해당되는 것이 몇 개인지 살펴보세요.

* 사람들, 특히 내가 좋아하는 사람들에게 '아니요' 라고 말하기가 어렵다.
* 내가 어떻게 느끼는가는 우리 가족에게 별로 중요하지 않았다 (예: 알코올중독이나 비판적인 부모의 경우).
* 다른 사람들을 행복하게 해 줘야 한다는 책임감을 느끼면서 자

랐다(예: 문제가 있는 부모를 구해야 한다고 느꼈거나, 정서적으로 나에게 많이 의지했던 부모 밑에서 자란 경우).

✽ 나에게 필요한 것이 무엇이며 내가 원하는 것이 무엇인지 잘 알지 못한다. 심지어 사랑하는 사람들에게 내가 원하는 것을 요구하는 것이 힘들다.

✽ 나는 내가 타인의 요구에 민감하고 베푸는 사람인 것에 대해 자부심을 느끼기 때문에 누군가 나에게 이기적이라고 말한다면 매우 상처를 받을 것이다.

✽ 다른 사람의 감정을 상하게 하는 것이 두렵고 내가 좋아하는 사람들의 기분을 상하지 않게 하기 위해 어떤 일이라도 하려고 한다.

✽ 나 자신을 위해서보다는 다른 사람을 위해서 시간과 돈을 사용하는 것이 훨씬 더 편하다.

✽ 내가 좋아하는 사람이 어떤 문제에 대해 이야기하는 것을 들으면 해결책을 찾아주어야 한다고 강하게 느낀다.

✽ 나 때문에 다른 사람의 기분이 상했다고 생각되면 내 의견이나 느낌을 표현하는 것에서 한 발짝 물러선다.

✽ 가까운 사람들보다 내가 더 행복하고 부유하고 성공해서 마음이 편치 않다.

위의 몇몇 지문이 당신에게 해당된다면, 당신은 대부분의 사람들이 느끼는 정도의 죄책감을 지니고 있는 것입니다. 만일 네 개 이상의 지문이 당신에게 해당된다면, 당신이 누군가와 관계를 맺을 때 죄책감의 영향을 받고 있음을 의미합니다. 거의 모든 지문이 당신에게 해당된다면, 그것은 분명 잘못된 이유로 사랑을 하고 있다는 것을 나타냅니다.

### 악몽 같은 사랑으로 이끈 다니엘의 죄책감

다니엘의 경우만큼 잘못된 이유로 사랑에 빠진 더 좋은 예를 생각하기가 어렵습니다. 그는 잘생긴 30대 남성이고 잘 나가는 TV PD지만, 사랑과 관련된 다니엘의 삶은 온통 뒤엉켜 있었습니다.

다니엘은 드라마틱한 홀어머니의 독자였습니다. 그의 어머니는 다니엘의 시간과 관심 그리고 사랑을 지나치게 요구했고, 이런 것들을 받지 못하면 토라지고 울고 심지어 몸이 아프기까지 했습니다. 물론 다니엘의 아버지 역시 처음 결혼했을 때 똑같은 식으로 대접을 받았습니다. "어머니는 저로 하여금 죄책감을 느끼도록 만드는 데 선수였어요. 고등학교 시절에는 심지어 제가 주말에 데이트가 있다는 것을 아시면 아주 태연하게 몸이 아프시곤 했지요. 한 손엔 냄새나는 소금을 가지고 다른 한 손에는 차가운 수건을 쥐고선 소파에 누워 계시곤 했죠. 그러면서 '얘야, 내 걱정은 하지 마라. 나가서 좋은 시간 보내. 내가 더 안 좋아지면 구급차를 부르지 뭐.'"

다니엘이 대학에 진학해서 집을 떠났을 때, 그는 어머니와의 건강하지 않은 관계와도 단절되었다고 생각했습니다. 그러나 앞 장에서 살펴보았듯이, 우리의 정서적 프로그램은 부모와 물리적으로 떨어진 이후에도 우리 마음속에 여전히 머물러 있게 마련입니다. 따라서 다니엘이 엘사와의 관계에 대해 이야기했을 때 전혀 놀라운 일이 아니었습니다.

엘사는 아주 예쁘고 여성스러운 26세의 사진보조사였는데, 다니엘은 사교모임에서 그녀를 처음 만났습니다. 인상적이었던 것은 엘사가 도자기로 만든 인형처럼 매우 연약해 보였다는 것입니다.

"그때 엘사가 끔찍할 정도로 학대적인 관계에서 벗어났다는 이야기를 했어요. 그녀가 그동안 겪었던 일에 대해 이야기하면서 눈에 눈물이 고였고, 전 매우 안타깝게 느꼈죠."

다니엘과 엘사는 데이트를 하기 시작했습니다. 다니엘은 엘사의 자존감이 매우 낮다는 것을 알았고, 하루에도 몇 번씩 전화를 해서 그녀가 얼마나 특별한 사람인지를 확인시켜 주었습니다. 이내 엘사는 다니엘을 그녀의 구세주로 인식하기 시작했습니다.

### 죄책감의 늪에 빠지다

처음에 다니엘은 엘사와의 관계에 대해 긍정적으로 생각했습니다. 그러나 몇 개월이 흐른 후 그는 뭔가가 잘못되고 있다고 느끼기 시작했습니다. "요구사항이 많고 사소한 부분에 대해서도 관심을 가져 달라는 그녀를 대하면서 전 감정적으로 숨이 막힐 것만 같았어요. 저만의 공간이 필요하다고 말하자 엘사는 완전히 이상하게 행동했죠. 울고 소리지르면서 제발 자기를 버리지 말라고 애원했어요. 그런 행동에 대해 저 역시 마음이 편치 않아서 그녀가 원하는 것이면 뭐든 하겠다고 약속을 했죠. 그래서 잠시 동안은 평온했어요. 하지만 그런 관계가 다시 불편해지고 그러한 상황은 반복되었습니다."

"저희가 어떻게 헤어졌는지 묻지 마세요. 엘사의 생일 그리고 그녀에게 상처를 주고 싶지 않은 제 마음, 뭐 이런 것들과 관련이 있었던 것 같습니다. 전 늪에 빠진 느낌이었어요. 제가 행복하게 되면, 즉 그녀를 떠나게 되면, 아마도 그녀가 죽을지도 모른다고 생각했어요. 만일 엘사와 결혼을 하면…… 그건 저 자신을 망치는 일이 될 거고요. 몇 주 동안 절망에 빠져 방황했죠. 그때 조시를 만났어요. 그녀는 안정되고 독립적이고 강한 여자였어요. 전 그때 의무감이나 죄책감을 느끼지 않게 하는 그런 여성을 필사적으로 원하고 있었어요. 만난 지 4일 만에 전 조시와 잠자리를 같이하게 되었습니다."

"바버라 박사님." 다니엘이 신음하듯 말을 꺼냈습니다. "엘사와 저는 다음 달에 결혼할 예정입니다. 물론 전 그렇게 할 수 없다는 걸 알지만, 제가 엘사에게 상처를 주었다는 생각에 끔찍하기만 합니다. 이 모든 사실을 엘사에게 이야기하면 어떤 일이 벌어질지 상상할 수도 없어요."

다니엘의 눈에 깃든 정신적인 고통을 보았을 때 제 마음 역시 아팠습니다. 여기 상처 입은 여인을 돕겠다는 좋은 의도로 관계를 시작했던 한 남자가 있습니다. 그리고 이제 그는 그녀에게 더 깊은 상처를 남기려 하고 있습니다.

어떻게 다니엘이 이 고통스러운 상황에 처하게 되었나요? 다니엘은 진실한 사랑이 아닌 죄책감에 이끌려 이 지경까지 이른 것입니다. 단지 헤어지는 것에 대한 죄책감으로 과거 또는 현재 죄책감의 포로가 되었다면, 다음에 제시된 말을 곰곰이 생각해 보시기 바랍니다.

사랑이 아닌 죄책감 때문에
누군가와 함께하기로 결정한다면,
당신은 상대방뿐 아니라
당신 자신 또한 속이는 것이다.

## { 잘못된 이유 07 }
## 정서적 또는 영적 공허함을 채우기 위해

저는 우리 각자가 바로 지금 이 순간 우리 자신과 우리가 몸담고 있는 이 우주와의 관계를 이해하려고 노력하고 있으며, 우리 스스로를 우주와 분리되지 않는 한 부분으로 느끼고 싶어 한다는 것을 믿습니다. 이것은 우리가 어떤 식으로든 보다 초월적인 힘과 의미에 연결되고 싶은 욕구, 즉 영적인 갈망을 지니고 있다는 것을 의미합니다. 또한 우리는 성인의 몸을 가진 어린아이로서 누군가에게 사랑받고 싶어 하고, 인정받고 싶어 하며, 부분으로 쪼개진 존재가 아닌 전인적인 존재로 느끼고 싶어 합니다. 이것은 우리 주변 사람들과 연결되고 싶은 욕구, 즉 인간적 갈망인 것입니다.

사랑이 위대한 이유는 세상의 다른 무엇으로도 채울 수 없는 기쁨과 소속감을 우리에게 제공하기 때문일 것입니다. 사랑은 당신의 존재에 의미를 부여하고 당신이 하고 있는 모든 일에 대해 숭고한 목적을 제공합니다. 그러나 당신이 정서적 또는 영적 공허함을 채우기 위해 사랑을 이용하게 된다면 사랑이 제공하는 이러한 축복은 오히려 위험한 것이 될 수도 있습니다.

당사자들은 건강한 관계를 통해 우주의 마력과 신비로움에 대해 한층 더 고양된 이해를 얻을 수 있고 영적인 성장의 문을 열게 됩니다. 또한 그런 관계를 통해 어린 시절에 입었던 마음의 상처를 치유할 수 있고, 상대방에게 사랑받고 수용받는다는 느낌을 통해 더욱더 강한 자의식을 갖게 됩니다. 그러나 **당신이 극심한 정서적, 영적 공허함을 가진 채 관계를 시작하는 것은 당신뿐 아니라 당신 파트너에게도 고통을 안기는 위험을 자초하는 일입니다.**

정서적·영적으로 공허한 상태에서 관계를 맺는 것에는 다음과 같은 문제가 도사리고 있습니다.

1. 나에게 맞는 사람을 발견했다기보다는 나 자신의 빈 공간을 채우기 위해 관계에 빠진 것이다.

만일 당신이 정서적·영적으로 몹시 공허한 상태에서 방황한다면, 당신은 계속해서 비어 있다는 느낌을 갖게 됩니다. 그러한 공허함은 심하지 않을 경우 불편함이나 긴장감 등으로 경험될 수 있지만, 극심한 경우는 고통, 우울감, 무망감 등으로 발전할 수 있습니다. 마치 굶주린 짐승이 배고픔의 고통을 없애기 위해 닥치는 대로 먹어 치우는 것처럼, 혼자라는 고통을 없애기 위해 아무 관계나 맺으려고 합니다. 그 관계가 건강하든 그렇지 않든, 사랑으로 가득 차 있든 학대적이든, 성취적이든 소모적이든 최소한 관계를 시작하는 초기에는 이런 것들이 당신에게 중요하지 않습니다. 다만 '나는 관계를 맺고 있어.'라는 생각이 당신의 '식욕'을 잠시 동안 무디게 할 뿐입니다. 그것이 누구든 간에 어떤 사람과 잠자리를 같이한다는 것은 당신 자신을 느낄 필요가 없기 때문에, 잠시 동안 굉장한 기분을 느끼게 만들 겁니다. 누군가와 함께 시간을 보냄으로써 당신 혼자 있을 필요가 없게 되었으므로 매우 만족스럽게 느껴질 겁니다.

당신은 잘못된 이유로 잘못된 파트너와 잘못된 관계를 맺는 것이 얼마나 상처 입기 쉬운 상황에 처하게 만드는 것인지를 이해할 수 있습니다. 누군가와 함께 있다는 고양된 기분이 사라지게 되면, 이제 당신에게는 당신이 사랑하기로 선택했던 사람을 직면하는 일이 남습니다. 결국 당신은 관계에서 채워지지 않았다고 느끼게 되고, 설상가상으로 당신이 선택한 사람과 함께 있다는 자체가 이전보다 더 당신을 공허하고 외롭게 만든다는 것을 발견하게 될 것입니다. 이 얼마나 고통스러운 일입니까?

당신은 이 관계에서 저 관계로 떠돌아 다니면서 어느 관계에서도 만족하지 못하면서, 늘 언제쯤 완벽한 파트너를 찾게 될지 궁금해합니다. 우선 나 자신의 마음과 영혼을 채워야만 건강한 관계를 맺을 수 있다는 것을 깨달아야 이런 악순환에서 해방될 수가 있습니다. 다이어트 전문가들은 절대로 배고픈 상태에서 쇼핑을 해서는 안 된다고 말합니다. 왜냐하면 건강에 이롭지 않은 음식들을 마구 사기 때문입니다. 마찬가지로 저 역시 여러분 자신을 채우지 않은 채로 파트너를 찾지 말라고 충고하고 싶습니다. 적어도 사랑에 굶주리지 않을 만큼 당신을 충분히 채우고 난 후에 파트너를 구하기 바랍니다.

2. 당신에게 좋을 수도 있는 관계지만, 당신 스스로가 채워야 할 일을 관계를 통해 채우기를 기대한다.

자신을 온전하고 완전하게 느끼지 못하게 하는 파트너와 관계를 지속하는 것은 더 이상 가치가 없는 일이라고 불평하는 사람들을 저는 자주 만납니다. 종종 이런 사람들은 스스로가 내적으로 온전하거나 충만하다고 느끼지 못하기 때문에 오래전부터 마음속에 지녀왔던 정서적 공허함을 상대방이 채워 줄 것이라 기대합니다.

당신 마음속에 깊은 공허함이 자리 잡고 있다면,
상대방이 당신을 얼마나 사랑하느냐에 상관없이
그 사람이 당신의 공허함을 채워 줄 수 없다.

만일 파트너를 당신의 정서적, 영적 구세주로 바라본다면 완벽하게 좋은 관계라도 파멸될 수 있습니다. 당신만이 그 빈 공간을 채울 수 있고, 당신만이 스스로를 구원할 수 있습니다. 상대방이 당신의 공허함에 오히려 보태지 않기를 기대하는 것이 합리적인 생각입니다. 당신이 치유되는 과정에서 당신을 지지하는 식으로 당신을 사랑해 줬으면 하고 기대하는 것이 더 합리적인 생각입니다. 나 자신을 어떻게 사랑해야 하는지를 그 사람이 가르쳐 주기를 기대하는 것이 더 현명한 생각인 것입니다.

### 정서적 · 영적으로 공허합니까

여기 당신이 정서적 또는 영적으로 공허한지를 결정하는 데 도움이 되는 퀴즈가 있습니다. 각 문장을 읽고 곰곰이 생각해 보기 바랍니다. 매우 자주 느끼면 0점, 종종 느끼면 4점, 간헐적으로 느끼면 8점, 그리고 좀처럼 또는 전혀 느끼지 않으면 10점을 주세요.

1. 혼자 있으면서 아무것도 하지 않으면 마음이 힘들다. 라디오나 TV를 켜놓고 있거나, 누군가와 함께 있어야 하거나, 또는 뭔가를 바쁘게 해야 한다.
2. 인생의 목적이 무엇인지 잘 모르겠고 내가 지금 무엇을 하고 있는지도 잘 모르겠다.

3. 내가 무엇을 가치 있게 생각하고 무엇을 믿는지 확신이 없고, 무엇이 옳고 그른지에 대해 혼란스럽다.
4. 나는 나 자신만을 위해 좋아하는 것을 하지 않는다(좋은 음식을 만들거나, 여행을 가거나, 정장을 차려입는 등). 나는 이러한 것들을 파트너가 있을 때 한다.
5. 나는 삶, 죽음, 종교, 신, 어렸을 적 경험 등과 같은 것들의 의미에 대해 생각하거나 그러한 것들에 대한 내 느낌을 말하는 것이 편치 않다.
6. 나는 예측 가능하고 통제 가능한 일이 좋다. 갑작스러운 변화에 처하게 되면 난 몹시 당황스럽다.
7. 나는 나 자신과 내 삶을 다른 사람들의 행복과 성공에 비교한다. 내 처지와 바꾸고 싶은 사람들이 많다.
8. 나는 어떻게 시간을 보낼지, 어떤 행동을 할지 계획이 다 서 있을 때 기분이 최고로 좋다. 즉흥적으로 하기보다는 계획을 세우는 것이 좋다.
9. 나에게 장점이 있다는 걸 인정하기 힘들고, 어떤 일을 잘했어도 내 탓으로 돌리기가 힘들며, 칭찬이나 선물을 받는 것이 힘들고, 다른 사람들이 나를 사랑하고 있다는 것을 믿기가 어렵다.
10. 심지어 누군가가 나를 사랑하고 좋은 일이 일어나도 그러한 것들을 느끼고 내 것으로 받아들이기가 어렵다.

이제 각 문항의 점수를 합산해 보세요.

**80~100점** | 당신은 당신 자신과 영적 · 정서적으로 건강한 관계를 맺고 있습니다.

당신의 내적 세계에 대한 당신의 이해 정도는 외부 세계에 대한 만족만큼이나 깊이가 있습니다. 당신은 당신이 누구이고 삶의 목적이 무엇인지 잘 알고 있으며, 이런 충만감과 사랑의 깊이를 타인과 관계를 맺을 때 유용하게 사용할 수 있습니다. 낮은 점수를 받았던 문장들을 생각해 보고 스스로 해결해 보기 바랍니다.

**60~79점** | 당신 자신과의 영적·정서적 관계는 나쁘지 않습니다. 하지만 더 좋아질 수 있습니다.

몇몇 분야에서는 괄목할 만한 성장을 이뤘지만, 다른 분야에서는 여전히 노력이 필요합니다. 스스로를 너무 가혹하게 대하지 마세요. 당신은 있는 그대로 충분합니다. 더욱더 자신을 신뢰하면서 스스로를 통제하는 것을 줄이기 바랍니다. 당신은 이미 건강한 관계를 맺을 준비가 되어 있습니다. 다만 스스로를 사랑하는 것보다 상대방이 당신을 더 사랑해 줄 것을 기대하는 것은 건강한 관계를 맺는 데 방해 요소가 되니 주의하기 바랍니다.

**40~59점** | 위험! 당신은 상당한 정도로 정서적·영적 공허함을 지니고 있습니다. 이러한 공허함이 건강한 관계를 맺지 못하도록 방해하고 있는 것입니다.

당신은 지금까지 당신의 외부 세계에 너무 관심을 가져왔습니다. 지금부터는 그러한 관심을 당신 내부로 돌리고 진정으로 당신이 누구인지를 발견할 시간입니다. 계속해서 당신 자신으로부터 도망칠 수 없습니다. 당신의 사랑이 그토록 고통스러웠던 이유는 당신 자신과도 좋은 관계를 맺지 못했기 때문입니다. 만일 당신이 싱글이라면 최소한 3개월에서 6개월 동안 '관계 단식'을 해 보기 바랍니다. 데이트도 하지 말고, 누구를 유혹하지도 말고, 성관계도 갖지 말기를 바랍니다. 대신 당신 자신을 알게 되는 시간을 가지세요. 독서를 하거나, 수업을 듣거나, 명상을 하거나, 자연 속에서 시간을 보내거나, 일기를 써 보기 바랍니다. 만일 당신이 이미 관계를 맺고 있고 그 관계를 유지하고 싶다면, 이와 똑같은 것들을 하되 당신과 파트너 사이에 약간의 빈 공간을 만들어 보세요. 스스로에게 만족하기 전까지는 누구도 당신을 행복하게 만들 수 없습니다.

**0~39점** | 위급 상황! 당신은 정서적·영적 기아 상태에 빠져 있습니다.

당신의 삶은 즉각적인 관심을 필요로 합니다. 누군가가 나타나서 당신을 구출할 것이라고 기대하는 것을 중단하기 바랍니다. 당신만이 당신을 구출할 수 있습니다. 미몽에서 깨어나 다음과 같이 스스로에게 다짐하기 바랍니다. '내가 이 행성에 존재하는 이유는 나 자신을 회피하기 위해서가 아니라 배우고 성장하기 위해서다.' 일어나서 당신 자신의 무망감에 대항해 싸우세요. 누군가와 좋은 관계를 맺을 거라는 생각을 하기 전에 당신이 누군지, 어떻게 자신을 사랑할 수 있는지 시간을 두고 발견해야만 합니다. 당신을 지지해 줄 사람들을 찾기 바랍니다. 당신은 지금보다 더 행복해져야 할 가치로운 존재이기 때문입니다.

## 공허함을 이해하고 치유하기

저는 앞 장에서 어린 시절 가족 내에서 경험한 것이 그 후에 내리는 삶의 결정들에 영향을 미친다는 점을 이야기한 적이 있습니다. 덜 사랑받았을수록 그리고 더 많은 고통을 겪었을수록 당신은 더 많은 정서적·영적 공허함을 간직하게 됩니다. 앞의 퀴즈에서 낮은 점수를 받았거나 또는 공허함 때문에 잘못된 사랑의 선택을 해 왔다는 것을 깨달았다면, 지금부터 당신 자신과 깊은 관계를 맺기 바랍니다. 이를 위해 당신은 다음과 같은 것들을 할 수 있을 것입니다.

* **일지를 작성한다_** 이를 통해 당신의 내적 자아와 접촉하게 되고 당신의 생각과 감정에 익숙해질 겁니다. 또한 당신 자신의 내적 지혜로 다가갈 수 있는 기회를 갖게 될 겁니다.
* **명상하는 것을 배운다_** 저는 지난 23년 동안 명상을 해 왔습니다. 18세에는 초월적 명상을 시작했는데, 그때 저는 제 안에 많은 공허함이 자리 잡고 있다는 것을 깨달았습니다. 명상은 스트레스를 줄여서 인생을 더 즐길 수 있게 할 뿐만 아니라 더 미묘한 형태의 자각을 갖게 하고 당신에게 영적인 힘을 제공할 겁니다. 당신이 선택할 수 있는 다양한 형태의 명상이 있습니다. 당신에게 맞는 명상법을 찾기 바랍니다. 당신의 삶에 강력한 평정의 감각을 더할 것입니다.

❋ **자연에서 시간을 보낸다_** 숲속을 거닐면서, 바닷가에 앉아 대양을 바라보면서, 산 정상에 서 있으면서 자연이 우리에게 보여 주는 장엄함과 우아함에 영향을 받지 않을 수는 없습니다. 바쁘게 돌아가는 일상생활 속에서 우리는 전자적인 자극들에 수없이 노출되고 우리의 고향인 지구의 아름다움과 안정감과 단절되기 쉽습니다. 야외에서 시간을 보내게 되면 쉽게 영적으로 회복할 수 있습니다. 그것이 산책이든, 공원에 앉아 있는 것이든, 산이나 호수 또는 바다로 당일치기 여행을 계획하는 것이든 상관없습니다. MP3 플레이어는 집에 두고 오고 가능한 한 적게 말하면서 자연의 침묵을 만끽하세요. 당신의 영혼을 평온과 고요로 가득 채우기 바랍니다.

❋ **생각하게 만드는 책을 읽는다_** 우리는 종종 책으로부터 특정한 조언을 구할 거라 생각할 때 책을 읽습니다. 하지만 독서는 명상의 한 형태가 될 수 있습니다. 삶의 의미에 대해 생각하게 하는 책은 당신이 영적 충만감을 회복시키는 과정을 시작할 때 특히 도움이 됩니다.

## 올바른 이유로 사랑하기

당신은 이제 관계를 맺는 잘못된 이유들을 알았기에, 사랑하기 위한 올바른 이유가 무엇일까 궁금할 것입니다. 저는 우리 삶 속에 다음의 두 가지 조건이 존재해야 건강한 관계를 맺을 준비가 되었다고 생각합니다(또는 이미 맺고 있는 관계에 좀 더 전념할 수 있다고 생각합니다.).

1. 당신 스스로가 사랑으로 가득 차 있다고 느끼고 그 사랑을 공유하고 싶어 한다.

우리의 삶이 좋은 것들로 가득하고 진정으로 누군가와 공유할 준비가 되어 있을 때 건강한 관계를 맺을 수 있습니다. 왜냐하면 다른 사람과 공유할 수 있는 무언가를 가지고 있기 때문입니다. 양손이 선물로 넘쳐나는 사람은 그 풍요로움을 다른 사람에게 나누어 줄 때까지 기다릴 수가 없을 겁니다. 그렇게 되면 관계에서 무엇을 얻을 수 있느냐보다는 무엇을 줄 수 있는가에 초점이 맞추어지게 됩니다. 이것은 받기 위해 주는 사랑과는 다릅니다. 그보다 당신은 너무나 가득 차 있기 때문에 그냥 주는 것입니다. 당신이 진정으로 당신 자신의 선함에 닿게 될 때, 그것이 자연스럽게 넘쳐나고 있다는 것을 느끼게 될 것입니다. 그것은 마치 만수에 달한 강이 강둑으로 넘치는 것과 같습니다.

관계를 순조롭게 만드는 것은
충만함이지 공허함이 아니다.

2. 사랑하는 사람의 거울을 들여다봄으로써 기꺼이 스스로에 대해 더 많은 것들을 배우고 싶어 한다.

관계는 소유가 아닙니다. 그것은 하나의 과정입니다. 관계는 당신이 획득하는 것이 아니라 그 관계 속으로 들어가는 것이고, 하루 24시간 당신에게 영향을 미칩니다. 사랑에 빠지게 되면 당신의 모든 것들을 속속들이 비춰 주는 거울을 마주하게 됩니다. 당신의 두려움, 연약함, 이기심, 무딤, 한계, 정서적 프로그램 그리고 당신의 자만심과 마주하게 됩니다. 당신이 싫어하는 자신의 모든 부분들을 보게 됩니다. 관계는 극심한 고통의 원천이 될 수도 있고, 위대한 교사가 될 수도 있습니다.

만일 사랑이 가져다줄 강렬한 학습을 경험할 준비가 되어 있지 않다면, 당신은 관계에 저항할 것이고 상대방을 화나게 할 겁니다. 당신은 거울에 비친 자신의 모습을 보고 화를 낼 것입니다. 관계를 하나의 선물과 안내자로 인식하면서 열린 마음으로 관계에 들어설 때 더욱더 성장하게 되고 관계를 순조롭게 맺을 수 있습니다. 다음과 같이 말할 수 있을 때 진정으로 만족스러운 관계를 맺을 준비가 되어 있는 것입니다. '나는 그것이 나를 불편하게 만들지라도 이 사람과의 이 경험을 통해 가능한 한 모든 것을 배우기로 다짐한다.'

비록 당신이 이 장을 읽고 나서 잘못된 이유 때문에 관계를 맺은 적이 있다는 것을 깨달았을지라도 절망에 빠지지 않기를 바랍니다. 어느 철학자가 "잠을 자고 있다고 깨닫는 순간 이미 그 사람은 반쯤 깨어 있는 것이다."라고 말한 것처럼, 이전의 관계에서 범했던 실수들을 깨달음으로써 미래에 좀 더 현명한 선택을 할 수 있습니다. 절망적으로 사랑에 빠지는 대신, 희망적으로 사랑할 수 있을 겁니다.

## 04 S·t·o·r·y
# 관계 초기에 범하는
# 여섯 가지 큰 실수

우리 인생에서 가장 중요한 일들이 일어날 때,
그 순간에는 무슨 일이 일어나고 있는지 모르는 경우가 종종 있다.
- C. S. 루이스

〈영혼의 사랑〉이라는 영화에서 앨버트 브룩스는 교통사고로 죽게 된 한 남자를 연기하는데, 주인공은 이승과 저승 사이에 있는 심판의 도시에 자신이 서 있는 것을 알게 됩니다. 죽은 망자들은 이승으로 다시 보내지지 않기 위해, 자신이 이전 삶에서 사랑과 행복에 관해 충분히 배웠다는 것을 심판관에게 확인시켜야 합니다. 그렇게 해야만 자유롭게 좀 더 높은 단계의 존재로 이동할 수 있습니다. 각 영혼들은 심판관을 만나는 동안 대형 화면에 비춰지는 영화를 보면서 자신의 삶을 검토합니다. 주인공은 더 이상 그 삶을 살지 않지만 객관적으로 자신의 삶을 관찰하기 때문에 자신에 대해 많은 것들을 볼 수 있고, 실수였던 선택들 또한 볼 수 있습니다. 주의를 기울이지 않았던 상황들, 무시했던 감정들, 지나쳐 버린 기회들, 이 모든 것들이 주인공에게는 고통스러울 만큼 명료해집니다.

저는 이 영화를 보면서 가끔은 우리가 하던 일을 중단하고 우리의 삶을 담은 영화를 관람할 수 있다면 굉장한 일이 될 거라고 생각했습니다. 그것은 특히 우리가 맺는 관계에 도움이 될 겁니다. 관계가 끝난 후에 무엇이 문제였는지를 깨닫는 것은 쉬운 일이지만, 관계를 맺고 있는 와중에 무엇이 문제인지를 파악하는 것은 그렇게 쉽지만은 않은 일이기 때문입니다.

지난 수년 동안 수천 명의 남녀들과 일을 하면서, 그리고 저 자신의 애정생활을 분석해 보면서 깨달은 점은 우리가 사랑하면서 경험하게 되는 상처, 아픔, 실망 등 많은 부분들이 우리가 관계 초기에 좀 더 많은 관심을 기울였다면 피할 수 있었던 것들이라는 점입니다. 저는 저 자신의 과거 애정 행각에 대한 영화도 보았고, 친구와 내담자들이 자신들의 영화를 보도록 도와주었습니다. 이를 통해 제가 내린 결론은 대부분의 사람들은 관계 초기에 여섯 가지 큰 실수들을 저지른다는 것이었습니다. 저는 이 장에서 이러한 실수들을 소개하고, 독자들이 자신의 과거로 돌아가 이전에 범했던 실수들을 되돌아보고 그것을 통해 배울 수 있기를 소망합니다.

**관계 초기에 범하는 여섯 가지 큰 실수**

1. 충분히 질문을 하지 않는다.
2. 잠재적인 문제에 대한 경고 신호들을 무시한다.
3. 성급히 타협한다.   4. 맹목적인 욕정에 굴복한다.
5. 물질적인 유혹에 굴복한다.
6. 적합한 사람인지 생각해 보기 전에 관계에 몰입한다.

## 실수 01
## 충분히 질문을 하지 않는다

　새 차를 구입하기로 마음먹었다고 가정하죠. 당신은 자동차매매업소가 몰려 있는 거리를 돌아다니면서 마음에 드는 차를 찾고 있습니다. 어느 순간 귀엽고 날렵해 보이는 차가 눈에 들어옵니다. 차를 세우고 그 차 앞으로 걸어갑니다. '모양이 맘에 드는데.' 라고 생각하며 차문을 열고 차에 들어가 앉습니다. '차 안에서 나는 향기도 좋고, 좌석의 촉감도 좋네. 딱 나를 위한 차네.'

　차에서 나왔을 때, 매매인이 당신에게 접근합니다. "무엇을 도와드릴까요?" "이 차가 맘에 드는데요." "차에 관해 질문이 있으십니까?" "아뇨, 그냥 좋으니까 샀으면 해요." "다른 차종과 비교해서 어떤지 알고 싶으세요? 가령 주행거리라든가." "아뇨, 그런 것들에 대해 이야기하다 보면 이 차에 대해 느끼는 흥분이 금방 사라질 것 같네요." "가격은 어떻습니까? 알고 싶지 않으세요?" 자동차를 파는 사람은 약간 당황한 듯 질문을 합니다. "아뇨, 뭐 그렇게 논리적으로 따지지 마세요. 가격은 제게 중요하지 않습니다. 중요한 건 이 차가 맘에 들고 제가 원한다는 거죠."

　이건 분명 어리석은 상상입니다. 올바른 정신을 가진 사람이라면 자동차처럼 중요한 물건을 구입할 때 자신이 올바른 선택을 하고 있는지 확인하기 위해 이것저것 질문을 할 겁니다. 마찬가지로 냉장고, 스테레오, VCR, 심지어 다리미를 살 때도 혹시나 실수하지는 않을까 판매원에게 이것저것 질문을 할 겁니다. 그러나 많은 사람들은 새로운 관계를 시작할 때 한 켤레의 신발을 살 때보다도 더 적은 질문을 합니다. 그래서 관계를 성공 또는 실패로 이끌 수 있는 것들을 발견할 기회를 잃어버립니다.

## 왜 우리는 사랑을 시작하기 전에 질문을 하지 않는 것일까

관계를 시작하면서 질문을 하지 않는 이유에는 다음과 같은 것들이 있습니다.

*  **낭만적이지 못하다**_ 사랑에 빠지는 것은 로맨틱한 일입니다. 하지만 누군가를 인터뷰하는 것은 낭만적이지가 않습니다. 따라서 우리는 처음에 누군가를 만나서 마음이 끌리게 되면 당연하게 여기는 행동들, 즉 같이 저녁을 먹으러 가거나 춤을 추러 가거나 또는 상대방의 좋은 점들에 대해 칭찬합니다. 이런 것들은 우리가 영화나 책에서 본 것들이고 당연히 그래야 할 것들로 묘사됩니다. 데이트를 하는 동안 상대방에게 많은 질문을 해서는 안 됩니다. 그저 상대방을 바라보고 그 사람이 바로 나를 위한 사람이라는 것을 알 뿐입니다.

그러나 앞의 1장에서 말했던 것처럼, 이러한 사랑의 신화는 많은 문제들을 야기할 수 있습니다. 상대방을 더 잘 알기 위해 질문을 하는 것이 로맨틱해 보이지는 않겠지만, 그것이 그 사람을 진정으로 알 수 있는 현명하고 유일한 방법입니다.

31세의 브랜디는 36세의 워렌과 약혼을 파기하게 된 경위를 저에게 설명했습니다. 그녀는 워렌과 거의 1년 동안 사귀었고, 워렌이 그동안 자주 화를 내긴 했지만 약혼 후 3주가 지날 때까지 그녀를 때린 적은 없었습니다. 약혼이 파경에 이른 후에야 워렌은 자신이 이전에도 폭행과 관련된 문제가 있었다고 고백했습니다. 저는 브랜디가 워렌과 관계를 시작할 때 워렌의 과거에 대해 얼마나 알고 있었는지 물어보았습니다. "인정하기 부끄러운 일이지만, 그 사람의 과거에 대해선 아는 게 거의 없었어요. 그걸 생각해 보지 않은 것은 아니에요. 생각해 봤죠. 하지만 그런 문제에 대해 이야기하려고 할 땐 우리가 밖에서 재미있는 시간을 보내고 있거나 성관계를 맺고 있던 중이었어요. 그래서 그런 이야기를 꺼내면 분위기를 망칠 것 같았죠. 돌이켜 보면 그 사람이 말하고 싶어 하지 않았던 일들을 말하도록 몰아붙이지 않았던 것 같아요."

저는 이와 비슷한 변명들을 왜 피임을 하지 않았는지 또는 성관계를 맺으면서 왜 적절한 보호책을 사용하지 않았는지를 설명하는 사람들에게서 듣습니다.

제 대답은 이렇습니다. 정말로 어떤 것이 낭만적이지 않은지 이야기하자면, 원치 않는 임신이 결코 낭만적이지 않고, 헤르페스도 낭만적이지 못하며, AIDS는 분명 낭만적이지 않다고 말하고 싶습니다. 상대방에 관해 질문을 하는 것은 과연 상대방이 나와 잘 맞는 사람인지를 판단할 수 있게 해 주지만, 불행하게도 현 시점에서는 삶과 죽음의 문제가 되어 버렸습니다.

✳ 답을 알고 싶지 않다_질문을 하지 않는 또 다른 이유는 단지 그 답

을 알고 싶지 않기 때문입니다. 왜냐하면 그 답을 좋아하지 않을 수도 있기 때문이죠. 우리는 들어서 안 좋은 이야기를 듣고 싶어 하지 않습니다. 만일 누군가를 꼭 사귀고 싶거나 순탄한 관계를 맺고 싶다면, 옆에 있는 사람에 대한 환상을 깰지도 모르는 어떤 것도 피하려고 할 겁니다.

우리는 누군가를 왜 사랑해야 하는지
그 이유를 찾는 데 급급한 나머지
왜 사랑해서는 안 되는지에 대한
이유를 찾는 데는 시간을 들이지 않는다.

오랜 외로움 끝에 마침내 파트너를 찾았거나, 당신과의 관계에 전념할 준비가 된 누군가를 만났거나, 또는 이제는 데이트 하는 것도 지겹고 다만 누군가에게 정착하고 싶기 때문에 새로운 관계를 파괴할지도 모르는 질문들을 피하는 것입니다.

✲ **당신 또한 상대방이 당신에게 질문하는 것을 원치 않는다**_ 상대방에게 질문을 하지 않는 세 번째 이유는 상대방이 당신에게 질문하는 것을 막기 위해서입니다. 이것은 당신 자신 혹은 당신의 인생이 행복하지 않다고 느끼거나, 당신의 과거를 부끄러워하거나, 또는 지금 하고 있는 일에 대해 죄책감을 느낄 때 해당됩니다.

당신의 현재와 과거의 모습에 대해 스스로 만족하지 못할 때 무의식적으로 당신은 상대방의 인생에 대해 궁금해하지 않는데, 결국 이것은 당신 자신을 보호하려는 행위에 불과합니다. 이것은 마치 '나는 당신이 어떻든 상관하지 않아. 그러니까 당신도 나를 그냥 내버려둬, 알았지? 라고 말하는 것과 같습니다. 이런 심리적 게임을 하는 두 당사자가 조만간 건강하지 않고 역기능적인 관계를 맺게 될 것은 자명한 일입니다.

27세의 에리카는 감정의 숨바꼭질에 익숙해져 있었습니다. 그녀는 잘 알지 못하는 남자들과 격렬한 관계를 맺어 왔습니다. "제가 왜 그 남자들과 진지하게 이야기하지 않았는지 그 이유를 알 것 같아요. 그건 그들이 제 과거에 대해 물어보지 않기를 원했기 때문이에요." 에리카는 근친상간을 경험한 희생자였습니다. 그녀는 12세부터 아버지에게서 성적 희롱을 당했고, 16세 때 결국 아버지에게서 도망쳤습니다. 하지만 자신의 과거를 잊을 수는 없었지요. 근친상간을 경험한 다른 희생자들처럼 에리카는 지난 과거의 기억들을 떠올리는 것이 너무나 끔찍했기 때문에 과거의 기억들을 지우려고 애썼습니다. 자신과 너무 가까워지는 것을 원치 않는 남자들을 선택했기에 그 남자들과 어느 선 이상으로 가까워질 필요가 없었습니다. 에리카가 가장 두려워했던 것은 정서적인 유대와 공유를 원하는 남자를 만나게 되면 그녀 또한 자신의 끔찍한 비밀을 드러내야 하고, 그렇게 되면 상대방이 자신을 판단하게 될 것이고, 이는 결국 그녀가 더럽고 수치스럽게 생각하는 자신의 과거 때문에 상대방이 자기를 판단하고 버릴 거라는 것이었습니다.

### 무지한 것은 행복한 것이 아니다

지금까지 설명한 세 가지 이유에도 불구하고 사랑에는, 아니 모든 삶 속에는 '당신이 모르고 있는 것이 당신에게 해를 입힌다.' 라는 진리가 남습니다.

상대방에 대해 더 많이 알면 알수록 당신은 그 사람이 당신에게 좋은 파트너인지 아닌지를 더 잘 판단할 수 있을 겁니다. 하지만 상대방에 대한 정보가 부족하면 부족할수록 당신은 그 관계 속에서 더욱더 화가 나고 실망하고 상심할 가능성이 높습니다.

당신 파트너에게 물어봐야 할 질문들은 다음과 같습니다.

- 가정 배경 및 가족관계
- 과거의 애정관계 및 헤어진 이유
- 삶의 경험들로부터 배운 교훈
- 도덕, 가치, 품행
- 사람 및 대화에 대한 태도
- 영적, 종교적 신념
- 개인적, 직업적 목표

## 실수 02
## 잠재적인 문제에 대한 경고 신호들을 무시한다

- 상대방의 말이나 행동이 나쁜 일이 일어날 것에 대한 신호였는데 충분히 주의를 기울이지 않아 바보처럼 느꼈던 적이 있습니까?
- 당신은 사람이나 상황에서 좋은 면을 찾는 긍정적인 사람이라고

생각합니까?
- 이전 관계를 회상해 볼 때, 전에는 보지 못했지만 지금에야 보이는 것이 있습니까?

위의 질문 중 하나에라도 '예'라고 답했다면, 당신은 아마도 두 번째 실수를 범했을 겁니다. 즉, 당신은 상대방에 대해 뭔가 조심해야 할 것이 있다는 것을 눈치 챘지만, 의식적이든 무의식적이든 그것을 무시하기로 결정했을 겁니다. 아마도 다음과 같은 방식으로 했을 겁니다.

- **그것의 중요성을 과소평가한다_** "그 사람은 그렇게 많이 마시지는 않아요. 대부분 주말에 마시고, 그리고 맥주인데요 뭐."
- **상대방을 위해 변명을 한다_** "저 역시 그녀가 지나치게 질투가 많고 소유욕이 강하다는거 알아요. 하지만 이전 남편이 바람을 피워서 그녀를 불안하고 자신없게 만들었던 거죠. 이렇게 행동하는 것이 그녀의 진심은 아닐 겁니다."
- **합리화를 한다_** "그 사람이 지금 일자리를 갖는 건 어리석은 일이에요. 이제 막 그 사람이 쓴 대본을 팔아야 할 때거든요. 마지막 대본을 다듬고 에이전트와 제작자를 만나야 할 시점이죠."
- **부인한다_** "무슨 소리예요? 그 사람이 저를 잘못 대한다는 말인가요? 그 사람이 얼마나 좋은 사람인데요? 그 사람만큼 절 사랑한 사람도 없었어요. 제가 행복하니까 질투하시는 것 같네요."

역설적이게도 긍정적이고 애정이 많은 사람일수록 관계에서 보내는 경고 신호들을 무시하는 경향이 있습니다. 사람에게서 좋은 점과 잠재성을 찾으려는 경향이 강할수록 상대방의 좋지 않은 특성이나 행동들을 간과하게 되고, 결국에는 처음부터 주의를 기울였어야 했다고 생각하게 됩니다.

아마도 이것은 우리가 애정관계에서 저지르기 쉬운 가장 위험한 실수 중 하나일 겁니다. 우리는 우리가 보고 싶어 하지 않는 것을 보지 않습니다. 따라서 결국에는 실망감과 배신 그리고 화를 내는 상황으로 우리 자신을 몰고 갑니다. "처음 만났을 때 당신은 이렇지 않았어." "당신에게 이런 문제가 있다는 걸 알았다면 처음부터 당신과 사귀지 않았을 거야." "당신은 변했어. 예전엔 달랐어." 상대방에 대한 진실에 직면했을 때 우리는 이런 말들을 하게 됩니다. 비록 파트너에게 고의적으로 속는 경우도 있지만, 대부분의 경우 우리는 스스로를 기만하고 있는 것입니다.

### 어떻게 마거리트는 배신당하는 상황으로 자신을 몰고 갔나

34세 그래픽 디자이너인 마거리트는 상심한 마음을 치유하기 위해 저를 찾아왔습니다. 케네스와 맺었던 2년 동안의 관계를 막 정리한 상태였는데, 케네스가 옛 여자친구와 잤다는 걸 알고 난 후 헤어졌다고 말했습니다. "전 너무 우울해요. 아무것도 할 수가 없어요." "우리 둘 사이에 모든 것이 괜찮다고 너무나 확신했어요. 전 정말로 그 사람이 저를 위한 완벽한 파트너라고 믿었고 그런 관계를 만들어 가고 있다고 확신했거든요. 저한테 이런 일이 일어났다는 것이 믿겨지지가 않아요."

누군가로부터 부정적인 관계의 결말로 인해 충격을 받았다는 이야기를 들으면, 저는 그들이 그동안 경고 신호들을 무시해 왔을 거라고 가정합니다.

하룻밤 사이에 관계가 나빠지는 것이 아니다.
사랑이 파괴되기 전 몇 달 또는 몇 년에 걸쳐
서서히 나빠지는 것이다.

뒤늦게 암에 걸렸다는 사실을 알게 된 사람들은 그 순간부터 갑자기 병에 걸린 것처럼 느끼게 되는데, 비극적인 사실은 오랜 시간 몸 안에서 암이 자라왔다는 것입니다. 마찬가지로 갑자기 애정관계가 나빠진 것을 알게 되지만 사실은 처음부터 문제가 있었고 그 문제가 오랜 시간에 걸쳐 발전되고 악화되어 왔다는 겁니다. 비록 현대 과학이 초기 단계에서 암과 같은 질병을 발견할 수 있는 방법을 찾지는 못했지만, 당신은 빠르면 첫 몇 주 안에 관계에서 문제가 될 수 있는 것들을 감지할 수 있습니다.

### 마거리트의 영화

저는 마거리트가 관계에 대한 통찰을 얻도록 도와주기 위해 그녀에게 이 장에서 소개할 한 가지 훈련에 참여할 것을 제안했습니다. 눈을 감고 텅 빈 영화관에 앉아 있는 상상을 해 보도록 요구했습니다. 마거리트는 지금 커다란 스크린과 마주하고 있습니다. 갑자기 스크린에 불이 비춰지고 영화가 시작됩니다. 그것은 케네스와의 사랑 이야기를 담은 영화입니다. "당신이 처음 케네스와 만났던 순간부터 영화가 시작된다고 상상해 보세요. 처음 본 순간, 첫 데이트, 그와 나누었던 대화들을 마음속에 그려 보세요. 자세히 기억해 보세요. 그리고 영화를 보면서 경고 신호, 즉 그 당시에는 주의를 기울이지 않았거나 보지 못했던 단서를 찾아보세요. 그것들을 발견하면 영화를 멈추고, 눈을 감은 채 그게 무엇인지 저에게 설명해 주세요."

마거리트는 잠시 자리에 조용히 앉아 있다가 다음과 같이 말했습니다. "맞아요. 어느 파티에서 케네스를 만났어요. 우리는 이것저것 이야기를 나누었고, 누구랑 같이 왔냐고 물었을 때 케네스는 어떤 사람과 같이 왔지만 거의 끝난 관계라고 말했어요. 저는 그에게 매우 끌렸기 때문에 그가 한 말에 안심이 되었어요. 그런데 지금 영화를 관람하면서 그 사람 대답에 이상한 것이 있었다는 것을 느꼈어요. 관계가 끝났는데 그 여자를 파티에 데려와서 무엇을 하고 있었던 것일까?"

"좋습니다. 이제 영화를 계속 틀어보죠." "아, 제가 지금 막 본 것을 믿을 수가 없어요. 전 케네스의 아파트에 있어요. 우리는 거의 한 달 동안 데이트를 했는데, 우리가 처음 잠자리를 같이한 밤이죠. 그는 마실 것을 가지러 부엌에 갔고, 저는 아파트를 구경하고 있었어요. 그런데 그 사람 책상에서 한 장의 사진을 발견했어요. 열대의 어떤 해변에서 케네스가 예쁜 여자를 껴안고 있는 사진이었죠. 전 그 여자가 케네스의 옛 여자친구일거라 생각했지만, 그날 밤 분위기를 망칠 것 같아서 그냥 모른 척했죠. 나중에 전 그게 옛날 여자친구라는 것을 알게 되었고, 다음 일 년 동안 우리는 케네스가 그 여자친구 사진을 아직까지 보관하고 있는 것을 가지고 많이 싸웠어요. 전 지금까지도 왜 그 사람이 책상 위에 전 여자친구의 사진을 가지고 있었는지 저 스스로에게 질문해요."

"그 다음 장면은 케네스와 제가 레스토랑에 앉아서 이전 여자친구

이야기를 하고 있어요. 케네스는 마치 그녀가 가족과 같은 사람이라고 설명하네요. 비록 그들이 함께 있지는 않지만, 그는 그녀가 가지고 있는 모든 것이고, 그녀가 경제적으로 자립하기 전까지 그녀를 경제적으로 돕고 있다고 말하고 있어요. 케네스는 이렇게 말합니다. '마거리트, 나는 충실한 사람이야. 4년 동안이나 내 삶의 한 부분이었던 사람에게 문을 닫는 것은 나에게는 매우 힘든 일이야.' 저는 그 말을 들으면서 순간 어지럽다고 느꼈지만, 그가 하는 말이 너무 사랑스럽게 들려서 그 말을 받아치지 않았어요. 다시 이 장면을 보니까 속이 메스껍네요."

"이제 몇 주가 지났어요. 케네스가 전화를 걸어 토요일이 줄리의 생일이기 때문에 그날 저녁에 만날 수 없다고 말했어요. 그녀가 울면서 전화를 해서는 케네스 외에는 같이 있을 사람이 없고 4년 동안 생일에 갔던 장소를 가고 싶다고 해서, 그는 친구로서 그녀를 데리고 나가서 저녁을 먹으려 하고 있어요. 한두 시간 정도밖에 안 걸릴 거고, 집에 돌아오면 전화를 하겠다고 저에게 다짐을 했어요. 저는 전화벨이 울리기를 기다리면서 집에 앉아 있지요. 10시, 11시, 자정이 지났어요. 마침내 1시 30분에 전화벨이 울렸어요. 케네스였어요. 많이 사과를 했고, 저녁을 먹고 나서 줄리의 기분이 많이 안 좋아져서 그녀 집에 가서 같이 이야기를 했다고 설명했어요. '줄리가 그런 상태에 있는데 혼자 내버려 둘 수가 없었어.' 라고 말하더군요. 화가 치밀어 올랐지만 그래도 그를 무척 사랑했어요."

그 시점에서 마거리트는 울기 시작했습니다. "너무 분명하죠?" 그녀의 목소리가 떨리고 있었습니다. "이 영화에서 모든 걸 볼 수 있네요. 전 케네스가 제게 보내는 신호, 즉 줄리를 떠나 보낼 수 없었다는 것을 무시했어요. 전 그가 그녀를 떠나 보냈다고 믿고 싶었어요. 우리 관계가 종말에 이를 즈음, 마침내 그 문제에 대해 공개적으로 싸우기 시작했어요. 그녀는 케네스에게 전화를 자주 걸었고, 케네스는 계속해서 그녀에게 돈을 주었죠. 전 그것이 잘못된 것이라고 생각했어요. 그 사람은 제가 이해하지 못하는 거라면서, 제가 정서적으로 불안하기 때문에 질투하는 것이라고 말했어요."

"자, 이제 영화를 다 봤습니다. 지금도 케네스가 줄리와 잠자리를 했다는 것이 충격적인가요?"

저를 쳐다보는 마거리트의 눈에는 눈물이 고여 있었습니다. 그녀는 단호히 "아뇨."라고 답했습니다. "여전히 마음이 아프지만 충격적이지는 않아요. 그것이 일어날 것을 미리 알았어야 했어요. 제가 주의를 기울이지 않았던 거예요."

저는 마거리트가 더 이상 희생자로 남지 않고, 케네스의 잠재적인 문제들을 무시했다는 깨달음을 통해 다시금 힘을 되찾은 것이 대견스러웠습니다. 물론 이런 자각이 마거리트의 고통을 사라지게 하지는 않았지만, 다음 번에는 좀 더 주의를 기울여서 더 건강한 선택을 할 수 있을 것이라는 확신을 줄 수 있었습니다.

## 몇 가지 경고 신호가 의미하는 것

경고 신호가 발전되어 나타날 잠재적인 문제들의 몇 가지 예를 들어 보면 다음과 같습니다.

| 경고 신호 | 궁극적으로 일어날 수 있는 문제 |
| --- | --- |
| 옛 애인에 대해 이야기하는 것을 꺼리거나 질문에 대한 답을 회피하고 대수롭지 않은 것처럼 넘어가려 한다. | 무언가 심각한 것을 숨기고 있을 가능성이 있다. |
| 가족 배경에 대해 자세히 이야기하지 않는다. 가족을 자주 보지 않거나 가족과 이야기하지 않는다. | 친밀해지는 것을 힘들어한다. 가족 구성원들에 대한 숨겨진 분노나 증오가 당신에게 투사될 수 있다. |
| 이전에 사귀었던 애인(들)과 여전히 자주 연락한다. 전화상으로 그들 사이에 포함시키지 않거나 그들에게 소개시키지 않는다 | 당신에게 전념할 수 없다. 옛 애인에게 돌아갈 수 있다. 당신이 우선이 아니라 차선이 될 수 있다. |
| 가족끼리 지나치게 가깝다. 가족들과 지나치게 이야기를 많이 한다. 가족들 사이에 경계가 없다. | 당신을 가족 구성원의 하나로 포함시킬 수 없을 것이다. 당신은 늘 이방인처럼 느낄 것이다. 당신이 그들에게 공격을 당해도 당신 편이 되어 주지 않을 것이다. |
| 술을 마시거나 마약을 한다. 술이나 마약 없이는 성관계를 갖지 못한다. 파티에서 즐겁게 노는 것 말고는 사람들과 어울리지 못한다. | 알코올중독자이거나 마약중독자일 가능성이 있다. 그러나 그렇지 않다고 부인할 것이다. 감정의 기복이 심하고 정서적으로 멀게 느껴질 것이다. |
| 지나치게 마음을 쓰고 열정적이다. 끊임없이 사랑과 애정 그리고 선물 공세를 펼친다. 하루 24시간 내내 당신을 생각하는 것 같다. | 소유욕이 몹시 강하고 질투 또한 강할 수 있다. 당신을 통해 자신의 삶을 살려려 할 것이다. 당신만의 공간을 허용하지 않을 것이다. 숨막히는 듯한 느낌을 갖게 될 것이다. |
| 자주 다른 이성에게 새롱거리고 눈길을 준다. 사람들에게서 많은 관심을 받고 싶어 한다. | 바람을 피울 가능성이 농후하다. 늘 불안하게 만들 것이다. 마치 당신이 문제인 것처럼 느끼게 될 것이다. |
| 옛 애인들에 대해 분노의 감정을 지니고 있다. 마치 자신이 희생자인 것처럼 행동한다. 옛 애인과 있었던 문제를 애인 탓으로 돌리고 비난한다. | 다음 차례는 바로 당신이다! 어떤 일에 대한 자신의 책임을 받아들이지 않을 것이다. 결국 당신에게 화를 낼 것이다. |
| 신용 불량, 빚, 주차위반 벌금 미납, 불안한 재정 상태, "일시적으로 안 좋을 뿐야." | 당신의 지갑을 잘 챙기기 바란다. 이것저것 많은 변명들을 듣게 되지만 실제 행동으로 옮기지 않을 것이다. 당신은 그 사람의 엄마 또는 아빠의 역할을 해야 할 것이다. |
| 모든 일을 주도하고 싶어 한다. 늘 강하고 자신이 무엇을 하고 싶은지 알고 있는 듯하다. 두려움이나 취약함을 보이지 않는다. | 통제광! 처음엔 당신이 보살핌을 받고 있다고 느끼지만, 결국엔 마치 독재자와 함께 살고 있는 것처럼 느끼게 될 것이다. |

이러한 예들은 단지 몇 개의 경고 신호와 그로 인해 발생할 수 있는 가능한 결과를 보여 줄 뿐입니다. 6장 '치명적 결함' 에서는 치명적인 약점에 관해, 그리고 7장 '융화의 시한폭탄' 에서는 관계에서의 시한폭탄에 대해 이야기를 할 겁니다. 이를 통해 관계를 맺으면서 주의를 기울여야 할 문제들에 대해 좀 더 깊이 이해하기를 바랍니다.

## 당신의 애정생활에 대한 영화 관람하기

자, 이제는 당신이 과거 또는 현재의 관계에서 눈치를 챘지만 무시하고 넘어갔던 경고 신호들을 바라볼 시간입니다. 이를 통해 관계 초기에 좀 더 주의를 기울였더라면 예측할 수 있었던 문제들이 무엇이었는지를 발견해 보기 바랍니다. 종이와 펜을 꺼내서 방해받지 않는 조용한 곳으로 가세요.

### 애정영화 관람하기

1단계_ 애인의 이름과 관계를 시작했던 날짜를 종이 맨 위에 적는다.
2단계_ '경고 신호' 라는 제목을 이름 밑에 기술한다.
3단계_ 눈을 감고 영화관에 혼자 앉아 있는 상상을 한다. 이제 곧 영화가 시작된다. 영화 제목은 "(당신 파트너의 이름)과 (당신 이름)의 러브 스토리이고, 그 사람을 처음 만났을 때를 첫 장면으로 해서 관계가 진행된 순서에 따라 함께 보낸 시간, 성관계를 맺었던 때 등을 마치 영화를 보고 있는 것처럼 떠올려 본다.

처음 만났던 순간부터 영화의 각 장면을 관람하면서 옳지 않게 느껴지는 행동과 말 또는 경험들이 있는지 주의 깊게 관찰해 본다. 지난 경험들을 떠올리면서 당신의 몸이 긴장하는 것을 느낄 때가 있는데, 바로 이런 것들이 경고 신호다. 경고 신호를 발견할 때마다 눈을 뜨고 그것을 경고 신호 칸에 적는다. 그런 다음 다시 눈을 감고 다시 영화를 관람한다. 영화가 끝날 때까지 이런 행동을 반복한다. 즉, 관계가 끝날 때까지 또는 현재 당신의 모습이 떠오를 때까지 계속한다.

4단계_ 영화 관람이 끝나면 눈을 뜨고 당신이 적어 놓은 경고 신호들을 읽어 본다. 상대방과의 관계에서 나타났던 문제들을 토대로 관계의 결말을 몇 개의 문장으로 작성해 본다.

5단계_ 지금까지 사귀었던 모든 사람들을 대상으로 위와 같이 해 본다.

**준의 애정 영화**

제 세미나에 참석했던 준이라는 여성의 애정영화 훈련을 예로 들겠습니다.

이름-데이비드, 1974~1977

경고 신호

- 처음 몇 번의 데이트에서 매우 묘하게 행동했다.
- 정착하는 것에 대해 별로 관심이 없다고 말했다.
- 사랑과 관계에 대한 태도를 묻는 질문에 철학자의 말을 인용했다.
- 옛 애인들에 대해서는 별로 말하려 하지 않았다.

- 내가 사랑한다고 말할 때마다 자신에게 너무 감정적으로 매달리지 말라고 했다.
- 늘 내 상사 또는 선생님처럼 행동했다.
- 우리가 커플처럼 보인다는 사람들의 말을 좋아하지 않았다.

결말

저는 데이비드를 미치도록 사랑했지만, 제 영화를 보고 나니까 그 사람은 저를 사랑하지 않았던 게 분명해요. 데이비드는 관계에 전념하는 것을 당황스러워했고 가까워지는 것을 힘들어했어요. 사실 그 사람은 자신에게 매우 솔직했어요. 제가 그런 힌트를 받아들이지 않았고, 시간이 흐르면 저를 더 사랑하게 될 거라 생각했어요. 아마도 그를 가질 수 없다는 사실이 저에게는 너무 매력적으로 느껴졌나 봐요. 저와 데이비드의 관계는 그가 다른 도시로 이사를 갈 때까지 몇 년 동안 끊어졌다 이어졌다를 반복했어요(물론 늘 제 쪽에서요.). 그리고 제 가장 친한 친구와 데이비드가 사귄다는 것을 알게 되었죠. 저한테는 무척 놀라운 일이었어요.

이름-피터, 1979~1980

경고 신호

- 처음 데이트를 했을 때 술을 많이 마시고 취했다.
- 처음부터 매우 정열적인 듯했지만 침대에서는 마치 감정이 없는 듯했다.
- 고등학교 때 그가 얼마나 못된 행동들을 했는지, 그리고 거의 낙제할 뻔한 일들에 대해 자랑했다(난 그가 다양한 경험을 했다고 생

각했다.).
- 속도 제한을 무시하고 굉장히 빨리 운전했다.
- 그는 자신의 직업이 무엇인지 정확히 말해 주지 않았다. 단지 돈을 굴리는 일을 통해 돈을 많이 번다고만 이야기했다.
- 그 사람 아파트는 돼지우리를 방불케 할 만큼 지저분했다.
- 내 친구들과 처음 만났을 때 그들에게 좋은 인상을 주기 위해 노력했다. 밤새 농담을 했다.
- 자신의 옛 애인들은 모두가 약해 빠지고 무기력한 희생자들이라고 말했다.

결말

제가 처음부터 눈이 멀어서 피터가 전혀 성장하지 않은 반항아라는 것을 눈치 채지 못했나 봐요. 전 그 사람의 행동이 재미있다고 생각했지만 그것은 저 스스로를 속인 거죠. 만나고 첫 두 주 동안 그가 결코 안정되고 책임감 있는 파트너가 아니라는 것을 말해 주는 많은 경고 신호가 있었음에도 불구하고 전 그것들을 무시했어요. 우리가 만난 그 한 해 동안 혼란스럽고 드라마틱한 일들이 많았어요. 그는 마치 제 조용한 삶을 후려갈기는 회오리바람 같았어요. 늘 허세를 떨었고, '전통적인' 모든 것에 대해 부정적인 태도를 보였죠. 그와 함께 있는 시간이 오래 될수록 전 그가 주말 알코올중독자이고 미래에 어떤 일을 할 것인지에 대한 계획이 없으며, 늘 관심의 중심에 있고 싶어 한다는 것을 알게 되었어요. 돌이켜보면 피터는 제가 어떤 사람인지를 알았을까 싶어요. 그는 항상 자신의 삶에서 벌어지는 문제들을 해결하느라 바빴거든요.

물론 제가 도와주었고요. 결국 제가 그를 떠났는데, 그 사람은 저보고 자신의 강한 에너지를 다룰 수 없기 때문이라고 비난했죠. 이제 그만!

### 이름-제럴드, 1986~현재(남편)

<u>경고 신호</u>
- 처음 만났을 때 어머니와의 관계가 좋지 않다고 말했다.
- 우리가 만난다는 사실을 친구들에게 이야기했더니 나에게 화를 냈다. 그런 말을 하기 전에 자기와 상의했어야 한다고 말했다.
- 성숙하지 못하고 무식한 친구들이 주변에 많았다.
- 스스로에게 매우 가혹했고, 자신이 이룩한 성취를 인정하는 것을 힘들어했다.
- 사람들이나 상황에 대해 쉽게 짜증을 냈다.

<u>결말</u>

제럴드와의 영화를 관람하는 것이 재미있네요. 왜냐하면 제 생각엔 우리 결혼생활이 행복하다고 여겨지거든요. 무엇보다도 다른 영화들과 달랐어요. 제가 제럴드를 쫓아다닌 것도 아니고, 저를 사랑하도록 그를 어떻게 한 것도 아니었어요. 신께 감사하죠. 옛 일들로부터 교훈을 얻었고 제 패턴을 깼으니까요.

영화를 보면서 전 우리가 현재 가지고 있는 문제들을 처음부터 발견할 수도 있었다는 것을 알게 되었어요. 제 시어머니는 그 사람에게 절대 좋은 엄마가 아니었고, 그래서 제가 어떤 식으로든 그에게 엄마처럼 행동하면 즉각 반발해요. 그리고 자신에게 엄격하기 때문에 다른 사람들에게도 마찬가지로 엄격하죠. 참지 못하고 너그럽지 못한 그의 성격은 참 힘든 부분이에요. 그 사람은 모든 일에 자신이 포함되어야 한다고 생각해요. 친구들에게 우리 관계를 이야기해서 싸웠던 그때부터 전 제가 뭔가를 하기 전에 꼭 그 사람에게 먼저 이야기를 합니다. 제 생각엔 이 영화가 다른 영화들과 다른 점은 여전히 진행되고 있다는 점과, 저뿐만 아니라 제럴드 역시 자신의 경고 신호, 즉 잠재적인 문제들을 인식하고 있다는 겁니다. 우리는 한 팀으로서 제 문제뿐 아니라 그 사람의 문제까지 함께 해결해 가고 있어요.

준은 자신의 애정영화 훈련을 통해 많은 것을 배웠습니다. 옛 관계에서의 결말이 우연히 일어났던 것이 아님을 분명하게 볼 수 있었습니다. 경고 신호에 주의를 기울이지 않았던 겁니다.

## 당신이 발견한 경고 신호들을 가지고 무엇을 할 것인가

제가 이 장에서 말하고 싶은 요지는 상대방에게서 어떤 결점이 발견되면 그것에만 몰두하고 걱정해서 결국 관계로부터 도망치라고 하는 것이 아닙니다. 2장에서 보았듯이, 우리 모두는 과거의 케케묵은 옛 감정들을 관계 속으로 가져옵니다. 경고 신호를 발산하지 않는 사람을 만나기란 쉽지 않습니다. 스스로에게 다음과 같은 질문들을 해 보기 바랍니다.

※ 이 경고 신호는 내가 다룰 의향이 있을 만큼 적당한 것인가?(가령, 파트너가 너무 진지하거나, 충분히 자발적이지 않거나, 사랑을 더

신뢰할 필요가 있는 경우), 아니면 내가 다룰 의향이 없을 만큼 엄청난 것인가?(가령, 파트너가 전혀 성실하지 않거나, 바람을 피우거나, 전혀 감정적으로 느끼지 못하거나, 사랑받고 있다고 느끼게 하지 못하거나, 중독이 있거나, 감정적으로 엉망인 경우)

✳ 나는 이 문제를 다룰 의향이 있지만, 상대방 역시 자신의 문제나 패턴을 인식하고 그것을 해결하기 위해 노력할 의향이 있는가?

저는 커플 간에 충분한 사랑과 결심이 있다면 많은 어려움을 극복할 수 있다고 믿습니다. 그러나 한 사람은 문제를 인식하고 있지만 다른 한 사람이 그것을 부인한다면 좋은 관계가 지속되기란 거의 불가능한 일입니다.

{ 실수 03
성급히 타협한다 }

우리가 관계 초기에 저지르기 쉬운 세 번째 실수는 성급히 타협하는 것입니다. 이것은 당신이 상대방과 잘 어울리는 것처럼 보이기 위해 당신의 가치관이나 행동 그리고 습관을 바꾸는 것을 말합니다.

저는 '비록 그것이 내 가치관과 타협하는 것을 의미한다고 하더라도 상대방이 나를 좋아하게 하는 일이라면 뭐든 할 거야.' 와 같은 식으로 관계를 맺으라고 제안하는 것이 아닙니다. 그 과정은 이보다 훨씬 더 미묘합니다. 그것은 누군가를 알아가면서 당신에게 중요한 것을 조정하는 것입니다. 당신의 신념, 주요 관심 사항 혹은 당신의 친구들이 당신 파트너에게 받아들여지지 않는다는 것을 발견했을 때, 당신은 두 사람이 실제보다도 훨씬 더 잘 어울린다는 환상을 만들기 위해 중요하게 여겨 왔던 것들을 덜 중요하게 만들지도 모릅니다.

성급히 타협하는 것에 도사리고 있는 위험은
관계 초기에 당신의 자의식을 잃게 되고
두 사람이 서로 잘 어울린다는
그릇된 생각을 만든다는 것이다.

우리가 성급하게 타협을 하는 몇 가지 방식에 관해 살펴보고자 합니다.

## 신념과 가치관을 타협하기

우리는 누군가를 처음 만났을 때 서로의 신념과 가치관에 대해 알려고 합니다. 이런 과정을 통해 상대방이 나와 얼마나 잘 어울리는지 알 수 있기 때문입니다. 하지만 두 사람이 지닌 가치들 간에 충돌이 생기면 다음과 같은 두 가지 선택이 존재합니다.

1. 내 자신의 신념을 고집함으로써
그 사람과의 관계에 긴장감이 발생하는 위험을 무릅쓴다.
2. '평화를 유지하기 위해' 내 자신의 신념을 양보한다.

신념 또는 가치관을 타협하는 방식은 다음과 같습니다.

* 심리적으로 준비가 되어 있지 않거나 적절하다고 느끼기 전에 성관계를 갖는다.
* 잘못되었다고 느끼는 상대방의 행동에 대해 당신의 목소리를 높이지 않는다.
* 논쟁의 여지가 있는 문제(낙태, 정치, 동성애, 환경 문제, 종교)에 대해 당신 자신의 생각을 드러내지 않거나, 완화시켜 말하거나, 아니면 그런 생각을 부인한다.
* 당신이 평소에 하지 않는 일을 한다(남 험담하기, 음주, 마약복용, 포르노 영화 관람 등).
* 상대방과 견해가 다른 문제에 대해서는 의견을 말하지 않는다.
* 다이어트를 그만두고 평소에 먹지 않는 패스트푸드를 먹는다.

## 주디 이야기

"직장동료의 소개로 다릴을 만났는데 처음 본 순간 반했어요. 그때 전 27세였고, 이전에 많은 남자들과 데이트를 했지만 진지하게 생각해 본 사람은 없었어요. 하지만 다릴한테서 좋은 점들이 많이 보였고, 그래서 관계를 유지하고 싶었어요."

"그 사람한테 좋은 인상을 주고 싶은 마음이 커서인지 첫 만남인데도 실제 제 모습을 보여 주기보다는 그가 좋아할 거라 생각되는 모습을 보여 주려고 애썼어요."

"그날 밤 있었던 일을 돌이켜 보면 한 가지 패턴이 시작되고 있었다는 사실을 알 수 있어요. 우리는 저녁을 먹으러 밖에 나갔어요. 다릴을 만나기 전에는 그런 적이 없었는데, 그날 밤엔 포도주를 마시기로 했죠. 몇 잔 마시고 나니 꽤 취하게 되었어요. 하지만 거기서 끝난 게 아니었어요. 다릴의 친구들을 만나러 바에 갔고 거기서 춤추고 술을 더 마셨죠. 작은 소리가 제 마음속에서 계속 들려왔어요. '주디, 이건 전혀 너답지 않아. 이건 네가 인정하지 않는 것들이야.' 하지만 다릴은 너무 다정했고, 그래서 제 마음속에서 들려오는 소리에 신경 쓰지 않았어요. 그날 밤 전 완전히 망가졌죠. 재미가 없었다고 말할 수는 없지만, 그건 제가 원하는 식의 재미는 아니었어요."

"다릴과 전 그 후 5개월 동안 데이트를 했고, 상황은 변하지 않았어요. 그 사람은 저에게 전화해서 파티에 가자 하고, 그러면 전 달려 나갔죠. 그와 어울리는 사람들은 모두 술을 많이 마셨고, 저 역시 그들과 마찬가지였어요. 전 보통 한 달에 몇 번은 교회에 가서 예배를 보곤 했지만 포기할 수밖에 없었죠. 술에 취한 채 예배를 드릴 수는 없으니까요. 간혹 전 다릴에게 제 종교적 신념에 대해 말하려고 했고, 조금 자중하고 함께 집에서 시간을 보내자고 제안하기도 했어요. 하지만 그는 늘 웃어넘기면서 저를 '주일학교 교사'라고 놀렸어요. 결국에는 그런 제안을 하는 걸 그만두었죠."

"작년에 그와 헤어졌어요. 그 사람을 사랑했고 그 사람 또한 저를 사랑한다고 말했기 때문에 그와 헤어지는 건 제가 했던 일 중 가장 힘든 일이었어요. 하지만 그가 정말로 사랑했던 건 제가 아니었어요. 그건 그와 함께 있을 때 보였던 제 모습이었죠. 그를 만나면 진정한 제 모습이 온데 간데없이 사라졌거든요. 그와 헤어진 후에야 다시 제 모습으로 돌아오게 되었죠. 정말 고통스럽게 얻은 교훈이었어요."

## 당신의 흥미와 활동을 타협하기

1. 당신 자신의 흥미와 활동을 포기한다.
특히, 당신 생각에 그런 것들이 새로운 파트너에게
중요하지 않을 거라고 생각되거나
관계에 방해가 될지도 모른다고 의심되는 경우에는 더욱 그렇다.
또는
2. 상대방과의 유대를 공고히 하기 위해
당신 자신의 관심과 활동을 희생하면서
당신이 좋아하지 않는 활동에 참여하게 된다.

다음과 같은 방식으로 위와 같이 행동하게 됩니다.

* 당신 파트너가 저녁에 TV를 보기 때문에 예전만큼 책을 읽지 않는다.
* 당신 파트너가 하지 않기 때문에 이전에 당신이 즐겨하던 스포츠(자전거 타기, 테니스, 웨이트 트레이닝)를 포기한다.
* 당신 파트너가 관심이 없거나 지지하지 않기 때문에 개인적으로 성장하는 데 도움이 되는 세미나나 수업 또는 모임에 참여하는 것을 그만둔다.

### 스티브 이야기

"처음 발레리를 만났을 때 그녀는 다른 사람을 사귀고 있었어요.

제 친구들한테 그들 관계가 끝나면 알려 달라고 말했던 게 기억나요. 6개월 후 제 친구가 전화를 해서 이젠 발레리가 혼자라고 알려 줬어요. 그날 밤 그녀에게 전화를 걸었죠. 우리 관계는 뜨겁고 아주 진지하게 시작되었고, 전 첫 주부터 잘해 보려고 정말 열심이었어요. 토요일 아침, 늘 하던 것처럼 라켓볼을 치러 간다고 그녀에게 말했죠. '응, 그런데 난 뭘 하면서 하루 종일 너를 기다리지?' 그 말을 듣는 순간 라켓볼을 그만두기로 결심하고 오후 시간을 그녀와 함께 보냈어요."

"제 기억엔 그녀를 사귀었던 그해 두 번 라켓볼을 쳤던 것 같아요. 그런데 제가 포기했던 것이 라켓볼만은 아니었어요. 축구가 거칠고 천하다고 해서 축구경기 보는 것도 그만두었고, 오래 침대에 누워 있자고 유혹해서 아침에 조깅하는 것도 그만두었죠. 전 발레리가 좋아하지 않는 것들을 모두 그만두었어요. 제가 희생하고 있다고 생각하지 않았어요. 전 다만 다투는 걸 원치 않았던 것 같아요. 마침내 제가 포기했던 것들을 다시 시작했을 때, 발레리는 '전에는 이렇지 않았어. 너무 이기적으로 변했어.' 라고 소리치더군요. 전 그때 발레리는 제가 줄 수 있는 것 이상의 관심을 얻고 싶어 한다는 것을 알게 되었어요. 제가 그런 식으로 원래의 제 모습을 타협하지 않았더라면 우리 관계가 시작되었던 처음 몇 주 동안 이런 문제들을 볼 수도 있었을 겁니다."

## 당신의 친구와 가족을 타협하기

관계에서 너무 많이 양보하는 또 다른 방식으로는 다음과 같은 것들이 있습니다.

1. 당신 파트너가 당신의 친구, 가족
그리고 당신이 사랑하는 사람들과
함께 있는 것을 불편해하기 때문에
그들과 시간을 보내는 것을 그만둔다.
또는
2. 당신 파트너를 만족시키기 위해
당신이 좋아하지 않는 사람들과 시간을 보낸다.

앞의 주디의 경우도 여기에 해당됩니다. 주디는 다릴과 함께 술을 마시고 파티를 열면서 자신의 신념과 가치와 타협했을 뿐만 아니라 자신의 친구들과 보내는 시간을 줄였습니다. 대신 자신이 좋아하지도 않고 공통점도 적은 다릴의 친구들과 더 많은 시간을 보냈던 것입니다. "만일 제가 제 친구들과 조금만 더 가깝게 지냈더라면 그렇게 빗나가지는 않았을 거예요. 그리고 다릴과의 관계도 덜 고통스럽게, 더 일찍 끝낼 수 있었을 겁니다."

## 우리는 왜 성급히 타협하는가

관계 초기에 서둘러 타협하는 데는 두 가지 이유가 있습니다.

1. 일종의 융화를 이루기 위해서는 타협을 해야만 한다.

상대방이 중요한 방식에서 당신과 다르기 때문에 당신을 손질하지 않는다면 그 관계는 금방 끝나게 될 것입니다. 아마도 상대방은 당신이 양보하기를 기대할 수도 있고, 다릴처럼 당신이 타협하지 않는다면 당신을 놀리거나 거부할 것입니다.

2. 상대방으로부터 사랑받고 싶은 욕구가 크고, 어떻게든 상대방과 잘 해 보려고 하기 때문에 타협을 한다.

당신 파트너는 당신이 당신의 원래 모습과 신념을 포기하는 것을 원치 않을 수도 있습니다. 그러나 사귀면서 이 사람이 당신에게 맞는 사람이 아니라는 것을 알고 놀라게 되었을 때, 당신은 당신 파트너를 쏙 빼 닮은 사람이 됨으로써 두 사람이 완벽하게 어울리는 것처럼 보이도록 애쓰게 됩니다.

좋은 관계에서도 어느 정도의 타협은 수반됩니다. 누군가와 관계를 맺게 되면 혼자일 때처럼 행동할 수는 없습니다. 그러나 갈등을 피하려는 욕구 때문에 타협을 하게 되면, 그것은 분명 잘못된 이유로 타협을 하는 것입니다.

해결책은 무엇일까요? 먼저 당신의 가치, 흥미, 신념이 무엇인지 알고 관계에 들어가기 바랍니다. 그리고 당신 자신에게 우선적으로 전념하고, 그 다음 당신 파트너에게 전념하시기 바랍니다.

## 실수 04
## 맹목적인 욕정에 굴복한다

저는 세미나를 이끄는 사람으로서 사람들이 정보를 통해서보다는 경험을 통해 배울 수 있는 새로운 방법들을 만들려고 시도합니다. 만일 가르치고 싶은 원리가 있다면 훈련이나 연습을 통해 그 원리를 구체적으로 설명할 수 있는 가장 창의적인 방법을 찾으려고 노력합니다. 제가 가장 좋아하는 방법 중 하나는 사람들이 얼마나 네 번째 실수를 저지르기 쉬운지 보여 주는 것입니다. 즉, 맹목적인 욕망을 말합니다. 미혼들에게 이 훈련을 어떻게 활용하는지 살펴보죠.

세미나에 참여한 사람들은 눈가리개를 착용합니다. 그런 다음 진행 요원들의 도움으로 각기 한 명의 이성과 짝을 이룹니다. 5~10분 동안 마치 미래의 파트너를 고르는 것처럼 서로를 알아가는 시간을 갖습니다. 저는 그들이 원하는 만큼 대담하게 상대방을 유혹하라고 말합니다. 그들이 원하면 손을 잡거나 애정을 품어도 좋습니다. 10분이 경과하면 상대방에 대한 자신의 반응을 정해진 용지에 적고 다른 파트너로 이동합니다. 이 훈련이 끝날 즈음에는 6명 또는 7명의 파트너와 이야기를 나누게 됩니다.

훈련이 끝난 후 지금까지 이야기를 나눴던 모든 파트너에 대해 얼마나 끌렸는지 점수를 매기고, 그 점수에 기초해 순서를 매기며, 왜 각 파트너에 대해 그렇게 느꼈는지를 적게 합니다.

이제 재미있는 부분이 시작됩니다. 이 훈련에 참여한 사람들에게 이야기를 나누었던 모든 파트너들을 소개시켜 줍니다. 이때 참여자들은 눈가리개를 하지 않았다면 전혀 끌리지 않았을 사람에게 매력을 느꼈다는 사실을 깨닫게 됩니다. 당신은 그들의 충격적인 표정을 상상할 수 있을 겁니다. 평소 금발의 쭉쭉빵빵 미인을 좋아하는 젊고 잘생긴 젊은 청년이 가장 끌렸다고 점수를 준 여자는 사실 작고 통통하고 평범한 모습의 여성이었는데, 자신은 인생에서 가장 자극적이고 성적으로 흥분된 대화를 나누었다고 고백했습니다. 한 직장 여성은 지금까지는 성공한 남자들과 사귀었는데, 이 훈련에서 가장 끌렸던 것은 어느 학교 교사의 목소리와 민감성이었습니다. 전 이 훈련을 통해 사람들이 얼마나 시각적인 것에 끌리는지(맹목적인 욕정), 그리고 그것이 얼마나 파트너를 선택하는 사람들의 능력을 제한하는지를 이해하게 됩니다.

10장 '융화: 당신에게 맞는 사람 찾기'에서 이야기하겠지만, 성적으로 끌리고 매료되는 것은 서로를 어울리게 해 주는 중요한 요소입니다. 그러나 이 훈련은 우리가 얼마나 맹목적인 욕정에 영향을 받는지를 상기시켜 줍니다.

## 맹목적인 욕정을 치유하는 방법

저는 1장에서 '욕망에서 사랑으로' 라는 공식에 관해 이야기를 했습니다. 실제로는 상대방에 대해 강한 성욕을 느꼈을 뿐인데, 어떻게 해서 그 사람과 잘 어울린다고 믿게 되는지를 설명한 바 있습니다. 당신은 열정과 사랑에 빠진 것이지 그 사람을 사랑한 것이 아닙니다. 이 장에서는 우리가 관계 초기에 저지르는 실수들에 대해 이야기하고 있기 때문에 다시 한 번 맹목적인 욕정이 무엇인지 상기시키고자 합니다. 사람들을 만날 때 정신적인 눈가리개를 하고 육체적인 것 이상의 실제 모습을 보라고 권하고 싶습니다.

> 눈으로만 사람들을 보지 않고
> 마음으로 사람들을 느끼게 될 때,
> 당신에게 어울리는 사람을
> 당신의 인생으로 끌어들이게 될 것이다.

만일 당신이 맹목적인 욕정 때문에 누군가를 사귄 적이 있다면, 더 이상 참지 못할 때까지 새로운 파트너와의 성관계를 미룰 것을 제안합니다.

당신에게는 나름대로의 도덕적 신념이 있을 것이고, 성적인 행위 역시 자신의 양심과 도덕에 따라야만 합니다. 저는 다만 제 개인적인 견해와 제가 도와주었던 사람들에게 효과가 있었던 것들을 당신과 공유할 뿐입니다. 만일 결혼하기 전에 성적으로 왕성하려는 계획을 세우고 있다면, 새 파트너와 성관계를 맺는 것을 가급적 오래 미룰 것을 제안합니다.

파트너와 성관계를 갖기 전에 제가 이 책에서 제공하는 정보들을 사용해서 상대방에 대해 가능한 한 모든 것을 알아보기 바랍니다.

누군가와 성적인 관계를 맺는 적절한 시점이 언제인지를 판단하는 지침은 다음과 같습니다.

### 성적으로 친밀해지기 적합한 시기는 언제인가?

* 성적으로 친밀해지기 전에 정신적·정서적으로 친밀해져야 한다.
* 애무하고 성적으로 장난치는 것으로 보내는 시간의 적어도 두 배 정도의 시간은 이야기하고 서로를 알아가는 데 보내야 한다.

✱ 그 사람을 좋아해야 한다. 닮고 싶지 않은 사람과 잠자리를 같이 하지 않는다.

✱ 그 사람 자체 그리고 그 사람의 가치관을 존경해야 한다.

✱ 두 사람이 힘든 시간을 함께 겪어야 하고(둘 중 한 명이 아팠거나, 가정의 위기를 경험했거나, 직장에서의 스트레스를 경험한 경우), 스트레스 상황에서 파트너가 어떻게 행동하는지를 살펴야 하며, 당신이 스트레스를 겪을 때 파트너가 당신을 어떻게 대하는지 관찰해야 한다.

✱ 피임이나 성관계를 통해 전염되는 질병(헤르페스, AIDS 등)에 대해 상의해야 하고, 상대방의 이전 성관계에 대해 가능한 한 많이 알아야 한다. AIDS 바이러스에 대해 검사받지 않았다면 당신뿐만 아니라 상대방도 검사를 받는 것이 좋다. 운에 기대지 말아야 한다.

✱ 어떤 피임법을 사용할 것인가에 대해 서로 동의해야 한다. 안전한 성관계를 위해서는 콘돔을 사용하는 것이 좋다.

✱ 당신이 여성이라면 스스로에게 다음과 같은 질문을 한다.

　이 사람의 애를 갖고 싶은가?
　이 사람을 닮은 아들을 갖고 싶은가?

이런 질문은 두 가지 목적을 위해 사용됩니다. 첫째, 늘 임신의 가능성이 있다는 점을 상기시키고 피임에 대해 유의하고 있다는 점을 확인시킵니다. 둘째, 이 남자와 성적으로 친밀해질 준비가 되어 있다는 것을 확인하는 데 도움을 줄 것입니다. 당신이 아이를 원하든 아니든, 만일 이 남자의 유전자와 성격을 닮은 아이를 갖고 싶지 않다면 이 남자와 성관계를 갖는 것이 무슨 의미가 있을까요?

✱ 당신이 남성이라면 스스로에게 다음과 같은 질문을 한다.

　이 여자가 내 아이들의 엄마가 되는 것을 원하는가?
　이 여자를 닮은 딸을 원하는가?

제가 이 책을 저술하고 있을 때 어느 친구에게 이 목록을 보여 준 적이 있습니다. 그녀의 반응은 "바버라, 당신은 성관계에 담겨 있는 모든 즐거움을 빼앗아 갔군요. 어느 누가 이런 종류의 테스트를 통과할 수 있겠어요?" 였습니다. 제 대답은 다음과 같습니다.

✱ 방금 전 그 사람과 섹스를 하고 지금 곁에 누워 있지만 곧 외로움을 느낀다면 그것이 무슨 즐거움이겠는가?

✱ 그 사람이 당신과 성관계를 맺은 후 당신에 대해 흥미를 잃게 된다면 그것이 무슨 즐거움이겠는가?

✱ 원치 않는 임신이 무슨 즐거움이겠는가?

✱ 당신 파트너가 당신에게 헤르페스를 감염시킨 것을 아는 것이 무슨 즐거움이겠는가?

✱ AIDS 양성 반응을 얻는 것이 무슨 즐거움이겠는가?

성관계는 이 세상에서 가장 아름답고 치유적인 경험 중 하나이지만, 맹목적으로 그것에 빠져들게 될 때는 엄청난 고통과 수치심 그리고 마음의 상처를 입게 된다는 사실을 기억하기 바랍니다.

## 실수 05
# 물질적인 유혹에 굴복한다

제가 진행하는 세미나에 참석한 여성들에게 두 남성에 관해 설명하고 그들이 어떤지 판단해 달라고 요청했습니다. "여러분이 미혼이라면 이 남성들과 데이트를 하고 싶은지를 토대로 판단하시고, 기혼이라면 여러분의 친구나 딸에게 이 남성들과 데이트를 하라고 얼마나 조언하고 싶은지에 따라 판단하기 바랍니다."

"첫 번째 남성에 관해 설명하겠습니다. 이 남성은 매우 따뜻하고, 상대방을 잘 배려하며, 새로운 경험에 개방적이고, 진지한 관계를 맺는 것에 관심이 있습니다. 또한 성격이 적극적이고 사람들과 어울리는 것을 좋아합니다. 정서적으로 건강하고 사랑하는 사람과 친밀한 관계를 유지할 수 있는 능력을 갖추고 있습니다. 자신의 삶에 대해 만족하고 유머감각을 갖춘 모험적인 정신의 소유자입니다. 그리고 자신의 감정에 대해 이야기하는 것을 좋아하며 개인적인 성장에 대해 관심이 많습니다."

저는 세미나실을 둘러봤고 모든 여성들이 머리를 끄덕이고 웃고 있음을 알 수 있었습니다. "좋습니다. 이 남성에게 관심이 있는 분들이 있습니까?" 첫 번째 후보자에 대한 인기를 반영하듯, 방안의 모든 여성들이 함성을 지르고 휘파람을 불었습니다.

"좋아요. 그렇다면 두 번째 남성입니다. 이 남성은 매우 독단적이어서 모든 걸 자기 식대로 하려 합니다. 성질도 있어 보입니다. 그리고 아주 냉소적이고 비판적인 것으로 유명합니다. 섹스에 대해서는,

글쎄요, 밖으로 드러내지 않으면서 매우 억제하는 것 같습니다. 그게 별로 중요하지 않은 것 같습니다. 한 사람에게 전념하는 것을 두려워하고, 상대방과 친밀해지는 것을 힘들어합니다. 게다가 일벌레이기 때문에 사랑할 시간도 별로 없어 보입니다."

두 번째 남성에 관해 설명하자 방안의 여성들은 코를 찡긋거리고 이상한 얼굴표정을 지었습니다. "이 남성에 대해 관심 있는 분 있습니까?" 제 질문에 그들은 야유로 응답했습니다.

"좋습니다. 일단 여러분이 결정을 내려줘서 기쁩니다. 하지만 남성 후보에 대해 제가 빠뜨린 것이 있습니다. 첫 번째 남성, 즉 여러분 모두가 원했던 이 남성은 환경미화원입니다. 그리고 여러분이 야유를 보냈던 두 번째 남성은 세계 곳곳에 집과 요트를 소유하고 있으며 왕실 사람들을 비롯한 유명인사와 어울리는 백만장자입니다."

저는 참석자들의 얼굴에서 충격과 당황스러움을 읽을 수 있었습니다. 물질적인 부와 명예에 대한 자신들의 태도에 직면했던 것이죠. 첫 번째 후보자가 좋아 보였던 것만큼 청소부와 데이트를 한다는 것이 힘들었을 것이고, 두 번째 후보자가 이상하게 느껴졌던 것만큼 백만장자와 데이트를 하는 것을 거절하기가 힘들었을 것입니다.

## 우리는 어떻게 물질적인 유혹에 빠지는가

우리는 내적인 풍요로움과 성장보다는 외적인 부와 성취를 강조하는 사회에 살고 있습니다. 따라서 파트너를 선택할 때 종종 물질적인 유혹의 희생자가 되곤 합니다. 우리는 상대방의 부, 생활양식, 외모,

권력, 직업, 명성 등과 같은 것들에 영향을 받습니다.

우리가 소중히 여기는 가치가 너무나 숭고해서 물질적인 것에 영향을 받지 않는다고 믿고 싶은 만큼, 그것들에 대한 완전한 면역력이 생기는 것 역시 어려운 일입니다.

역사적으로 여성은 사회적인 약자였기 때문에 내부에서 고유한 가치를 찾기보다는 유명하고 부유한 남자들과 성관계를 맺음으로써, 번듯한 직장과 명예를 가진 남편을 얻음으로써, 혹은 좋은 차와 집을 소유한 남자친구를 사귐으로써 자신이 가치 있는 존재라는 것을 확인하려는 경향이 있었습니다. 참으로 애석한 일이지요. 물론 세상이 많이 변했고 수많은 여성들이 가족을 부양하기 위해 일을 하고 있지만, 여전히 우리는 남성이 제공하는 돈과 명예에 지나칠 정도로 가치를 부여합니다. 반면, 미래의 파트너가 어떤 정신과 영혼을 소유하고 있는지를 발견하는 일은 게을리합니다.

어떤 여성이 친구에게 새로운 사람이 생겼다고 말했을 때 그 친구의 첫 질문은 "무슨 일을 해?"일 가능성이 많습니다. 그리고 결혼한 친구를 만났을 때 하는 첫 질문은 "남편은 뭐해?"가 대부분입니다.

저는 자신의 남편이 그럴듯한 직업을 가지고 있지 않으면 이 질문에 대해 변명하듯 답하는 것을 많이 봤습니다. "응, 그냥 영업부 직원이야." "글쎄, 지금은 옷가게에서 일하지만 사업을 구상하고 있어." 그리고 우리는 얼마나 자주 우리의 부모와 조부모들에게서 '결혼을 잘한' 여자들에 관해 들었습니까! 물론 이것은 그 여자가 따뜻하고 배려를 잘하는 남성과 결혼했다는 것이 아니라 좋은 직장과 물질적으로 안정된 남자와 결혼했다는 것을 의미합니다.

물론 어떤 남성들은 여자의 돈을 보고 결혼하지만, 대부분의 남성들은 그녀의 은행 잔고에 얼마가 남아 있느냐보다는 그녀의 외모에 더 관심이 있습니다. 한 남성이 새로운 여자를 만나고 있다고 친구에게 말한다면 그 친구의 첫 반응은 "어떻게 생겼어?"일 가능성이 높습니다.

매번 남성들에게 강의할 때마다 느끼는 것이지만, 남성들이 어떤 차를 몰고 지갑에 돈이 얼마나 있느냐에 따라 판단당하는 것을 싫어하는 것처럼, 여성들 또한 치마를 입었을 때 어떤 모습인지, 가슴이 얼마나 큰지에 따라 받아들여지거나 거부당하는 것을 싫어합니다.

## 물질적 유혹의 위험성

제 친구 중에 물질적인 유혹에 빠져 행복하지 않은 관계를 맺어 온 로빈이라는 친구가 있습니다. 로빈은 상냥하고 매력적인데, 저는 그녀가 왜 항상 어울리지 않는 남자들과 사귀는지 이해할 수 없었습니다. 그래서 저는 그녀가 선택한 남자들을 유심히 살펴보고는 문제를 발견하게 되었습니다. 그녀는 부유하지 않거나 번지르르한 생활양식을 소유하지 않은 남자들과는 사귀지 않았습니다. 좋은 차와 번듯한 직장 그리고 비싼 취미를 가지고 있는 남자들을 찾았던 겁니다. 로빈에게 요즘 사귀는 남자와 어떻게 지내냐고 물어보면, 그녀는 항상 어느 식당에 갔으며 주말엔 얼마나 비싼 휴양지로 놀러 갔는지에 대해 말합니다. 그녀는 캘리포니아 비치에서 선탠을 하고 콜로라도에서 스키를 타거나 유럽에서 휴가를 보내면 좋은 관계라고 생각했던 것입니다.

그녀의 물질적인 것에서 얻는 짜릿한 기쁨은 한 달 또는 길어야 두 달 정도 지속되었고, 느꼈던 흥분감은 점점 퇴색되었습니다. 많은 경우 관계에 몰입하지 못하거나 진실된 감정을 표현하지 못하면서 자신이 얼마나 잘난지에만 관심 있는 파트너를 직면해야 했습니다. 헤어지고 나면 우울증에 시달렸고, 자신은 왜 좋은 사람을 만나서 사랑을 하지 못하는지 궁금해했습니다. 하지만 로빈은 몇 주가 지나 어떤 친구가 비벌리힐스에서 열리는 파티에 초대하면 또다시 그 생활을 반복하곤 했습니다.

당신이 '좋은 결혼 상대'를 낚는 데 성공했을지라도, 오히려 그것은 불행한 결과를 가져올 수 있습니다. 일전에 제가 진행하고 있는 라디오 토크쇼에 어떤 여성이 전화를 걸어 다음과 같이 말했습니다. "전 성공한 건축가인 남편과 결혼을 했어요. 오랫동안 사귀진 않았어요. 하지만 제 남편은 저를 사랑하는 것 같았고 흥분되는 여행과 비싼 선물들로 저를 홀딱 반하게 했죠. 결혼식도 성대하게 치렀고, 신혼여행도 유럽으로 한 달 동안 다녀왔어요. 그런데 지난해 건설 경기가 나빠져서 남편의 사업이 망하게 되었어요. 바버라, 전 남편에 대한 매력을 잃었어요. 그 사람이 절 사랑한다는 것을 아니까 저로선 너무 죄책감이 들지만, 제가 그 사람을 진심으로 사랑한 적이 있다고는 생각하지 않아요. 전 그 사람의 라이프스타일과 물질적 특혜를 사랑했어요. 이제 어떻게 해야 하죠?"

이 여성은 힘든 방식으로 다섯 번째 실수를 배운 것입니다.

> 만일 당신이 정서적으로 무엇을 줄 수 있느냐보다
> 물질적으로 무엇을 줄 수 있느냐를 근거로 파트너를 선택했다면,
> 당신은 결국 잘못된 관계를 맺게 된다.

저는 가끔 자신은 정직하고 사랑스럽고 충실한 사람이고 진정한 사랑을 찾고 있지만 돈이 많지 않고 직장도 변변하지 못해 여자들의 관심을 얻지 못한다고 불평하는 남성들을 만납니다. "전 백화점에서 점원으로 일하는데, 저한테 관심을 가졌던 여성들도 제가 어떤 일을 하는지 알게 되면 관심을 끊더라구요. 이런 여자들은 벤츠를 타고 다니는 변호사나 의사와 데이트를 할 겁니다. 10년 된 중고차를 타고 다니는 제가 그녀들을 공주 모시듯 떠받드는 것보다는 의사나 변호사들이 걸레처럼 대하는 것에 더 관심이 많은가 봐요."

전 이런 좌절을 경험한 남성들에게 동의합니다. 이 세상에는 진정한 사랑을 나누기를 고대하는 훌륭한 남성들이 수없이 많지만, '좋은 남편감' 이라는 당신의 고정관념에는 어울리지 않을지도 모릅니다. 마찬가지로 이것은 지적이고 따뜻한 성격의 여성을 발견할 수 없다고 불평하지만 실제로는 오로지 외모로만 판단하려는 많은 남성들에게도 적용됩니다. 만일 당신한테 어울리는 파트너를 찾는 일에서 좌절을 경험해 왔다면, 평상시 '나에겐 안 어울려.' 라고 생각했던 사람들을 돌아보세요. 당신은 놀라게 될 것이고 그 놀라움이 기쁨으로 바뀌게 될 것입니다.

## 실수 06
## 적합한 사람인지 생각해 보기 전에 관계에 몰입한다

때는 1963년이었습니다. 저는 6학년 교실에 앉아 있었고, 제가 미치도록 사랑했던 로버트를 뚫어지게 바라보고 있었습니다. 로버트는 제가 좋아하고 있다는 걸 몰랐는데, 만일 그 애가 알았다면 저와는 아무것도 하지 않으려고 했을 겁니다. 그때 저는 땋은 머리에 말라깽이였고, 이 세상에서 제일 못생긴 안경을 쓰고 있었으니까요. 하지만 상관없었습니다. 전 그 애를 사랑하기로 작정했으니까요. 전 그때 훨씬 더 중요한 것을 하느라 바빴기 때문에 선생님이 무슨 말을 하는지 귀를 기울이지 않았습니다. 노트에는 다음과 같은 말들을 적고 있었지요.

바버라 스미스, 바버라 앤 스미스, 로버트와 바버라 스미스, 로버트 스미스 양.

그때 전 겨우 열두 살이었지만, 손에 쥐가 날 때까지 제 이름과 그 애 이름을 계속해서 적고 있었습니다. 물론 로버트는 제가 어떤 계획을 가지고 있는지 결코 알지 못했구요. 지금은 알겠지만!

당신이 여성이라면 이 글을 읽으면서 웃음을 터뜨릴지도 모릅니다. 당신 또한 같은 일을 했을 가능성이 많기 때문입니다. 어릴 적에 우리는 어떤 사람과 결혼해서 행복하게 사는 것을 상상합니다. 이런 상상의 가장 중요한 부분은 결혼하는 것입니다. 누구와 결혼하느냐는 부차적인 문제입니다.

이것이 어울릴지를 생각하기에 앞서 관계에 몰입했던 제 첫 번째 경험입니다. 하지만 슬프게도 이 경험이 마지막이 아니었습니다. 그 후 저는 '사랑하는 것을 사랑하는 것'에 전문가가 되었고, 다른 많은 사람들처럼 사귀는 사람이 정말로 나에게 맞는지를 충분히 생각해 보기도 전에 이미 사랑에 깊숙이 발을 들여놓는 일을 반복했습니다.

이런 실수를 저지르고 있는지 어떻게 알 수 있을까요? 여기에 몇 가지 경고 신호가 있습니다.

1. 안 지 한 달도 채 안 돼 성관계를 맺는다(10장에서 더 자세히 다룰 것임).
2. 사귄 지 3~4개월 내에 동거하기 시작한다.
3. 만난 지 몇 주 안 돼 이 사람이 바로 내가 기다려 온 사람이라고 확신한다.
4. 새로 만난 사람에 대한 느낌의 강도가 함께 보낸 시간에 비해 너무 크다.
5. 처음 몇 주 또는 한 달 내에 영원히 지속될 것 같았던 이전 관계에서 했던 말이나 행동을 하고 있는 자신을 발견한다.
6. 첫 몇 주 또는 한 달 내에 새로 만난 사람과 여생을 어떻게 보낼지에 대해 상상하거나 계획을 세운다.

비록 지금 사귀고 있는 사람과의 관계에서 위와 같은 경고 신호 중 하나 혹은 그 이상을 발견했다 하더라도 놀라거나 당황할 필요는 없습니다. 그것이 당신이 너무 빨리 앞서가고 있다거나 이 관계가 영원히 지속되지는 못할 것임을 의미하는 것이 아니기 때문입니다. 그러나 상대방을 잘 알기도 전에 감정적으로 몰입하고 있을 가능성은 높습니다. 따라서 속도를 줄이고 시간을 가질 필요가 있습니다.

만일 다음에 제시된 것 중 당신에게 해당되는 것이 있다면
당신은 여섯 번째 실수를 저지를 가능성이 높습니다.

* 혼자 지내는 것보다는 커플로 지내는 것이 훨씬 더 좋다.
* 데이트를 하는 것도 새로운 사람을 만나는 것도 이젠 지겹고 빨리 정착하고 싶다.
* 어렸을 때 사랑받지 못한다고 느꼈고 버림받았다고 느꼈다.
* 누군가와 사귀고 있지 않으면 마치 길을 잃은 것같이 느껴진다.
* 주변 사람들로부터 누군가를 사귀라는 압력을 받고 있다.
* 생물학적인 시간이 다 된 것처럼 느껴진다.
* 친구들 중에 결혼하지 않은 사람은 나 혼자뿐이다.
* 사랑받고 싶고 누군가에게 소속된 사람이기를 열망하는 어린아이가 내 마음속에 자리하고 있다.
* 나는 매우 이상적인 사람이어서 사람들에게서 사랑스러운 점을 쉽게 발견한다.

**바버라 이야기**

제가 어린 소녀였을 때, 아버지는 집에서 가족과 함께 시간을 보내는 대신 밖에서 다른 여자들과 보냈기 때문에 어머니는 늘 외로워했고 버림받았다고 생각했습니다. 아버지를 무척 사랑했지만 행복하지 않은 결혼생활을 하고 있는 부모 밑에서 자란 아이들이 그런 것처럼

전 우리가 필요로 할 때 왜 아빠가 없는지 이해하지 못했습니다. 제가 11세가 되었을 때, 어머니는 저와 오빠를 일층 부엌으로 불러 엄마와 아빠가 이혼을 하게 되었다고 말했습니다. 최악의 악몽이 현실로 나타난 것입니다. 그 순간 어린 저는 마음속으로 '내가 자라서 누군가를 사랑하게 된다면 절대 그 사람을 떠나지 않을 거야.' 라는 무의식적인 결정을 내렸습니다.

십 년이 지났습니다. 전 21세가 되었고, 저를 사랑해서 결혼하고 싶다는 남자를 만났습니다. 그를 알게 된 지 몇 달이 채 안 되었기 때문에 전 그에 대해 잘 알지 못했습니다. 하지만 그 누구도 저와 결혼을 하고 싶다고 말했던 사람은 없었습니다. 따라서 저는 거의 맹목적으로 그 사람과의 관계에 저 자신을 던졌고 그 사람에게 전념했습니다. 전 그 사람과 사랑에 빠진 것이 아니라 사랑과 사랑에 빠진 것입니다.

그런 후 몇 달 동안 저는 내내 울면서 지냈습니다. 그러나 완벽한 결혼식과 완벽한 신혼여행을 준비하느라 너무 바빴기 때문에 제가 왜 그렇게 비참해하는지에 대해 스스로에게 물어볼 시간이 없었습니다. 전 일종의 임무를 수행하고 있었습니다. 세상에서 가장 훌륭한 결혼 생활을 할 예정이었고, 모든 사람이 지금까지 봤던 아내 중에 가장 훌륭한 아내가 될 예정이었던 겁니다.

저는 결혼식이 열렸던 그날을 결코 잊지 못합니다. 전 일 년 동안 안경을 쓰지 않았고, 근시가 심해 걸어다닐 때는 거의 눈이 먼 것과 같은 상태였습니다. 완벽한 웨딩드레스를 입고 약혼자가 기다리고 있는 쪽을 쳐다보았지만, 내가 볼 수 있었던 것은 온통 흐릿한 것들뿐이었습니다. 음악이 시작되었고, 저는 제 남편이 되려는 그 흐릿함을 향해서 걸어갔습니다.

  결혼 후 일 년이 채 되지 않아 전 이혼을 했습니다. 말할 필요도 없지만, 남편은 제가 생각했던 사람, 아니 더 정확하게는 제가 원했던 사람이 아니라는 것을 깨닫게 된 것입니다. 저는 여러 면에서 눈이 멀었던 거지요.

  그 후 15년 동안 저는 더 고통스러운 방식으로 이와 같은 패턴을 반복했습니다. 한 남자를 만나 이내 전념하고 수년 동안 그 관계에 머물렀습니다. 미몽에서 깨어나 상대방과 제가 맞지 않았다는 것을 발견하면 그 관계는 갑자기 끝이 났습니다. 전 파트너가 제게 어울리는 사람인지 적합한 사람인지를 물어보지도 않고 무조건 그 사람에게 몰입했습니다. 이것이 제가 관계에 계속 남아 있었던 이유였습니다. 마치 어렸을 때 엄마와 아빠의 결혼생활이 계속 유지되도록 하기 위해 필사적으로 돕고 싶었던 것처럼, 저는 누군가와의 관계를 유지하는 데 필사적이었습니다.

  5년 전 이런 관계들이 끝이 났고, 그 어떤 때보다 제 마음은 더욱더 심하게 무너져 내렸습니다. 그리고 슬픔의 어두운 터널을 빠져 나오던 순간, 갑자기 모든 것들이 선명해지기 시작했습니다.

- ✱ 내 안에서 상대방이 사랑을 해 주건 해 주지 않건 누군가를 사랑하고 싶어 하는 슬픈 소녀를 보았다.
- ✱ 스스로에게는 줄 수 없으면서 다른 사람들에게는 많은 것을 주려 하는 한 여인을 보았다.
- ✱ 자신 이외의 다른 사람들에게는 충분히 사랑받을 가치가 있다고

격려하지만, 자신이 맺는 관계에서는 늘 자신의 가치보다도 훨씬 적은 것에 안주하는 모습을 보았다.

마침내 이런 진실을 보았을 때, 저는 이전의 패턴으로부터 빠져 나오게 되었고 자유로 향하는 출구를 발견하게 되었습니다. 그리고 지난 4년 동안 제 인생에서 가장 훌륭하고 건강한 관계를 맺어 왔습니다. 관계에 전념하기까지 아주 오랜 시간이 걸렸고, 관계에서 제가 원하는 것을 요구하고 얻고 있다고 확신했습니다. 그만큼 조심스러웠던 적도 없었고, 그렇게 많은 질문을 한 적도 없었으며, 그렇게 많이 이야기한 적도 없었습니다. 하지만 제 인내와 노력은 결국 보상을 받았습니다. 저는 지금 과거에는 상상할 수조차 없었던 사랑을 아주 많이 받고 있습니다.

제 이야기를 여러분과 나누고 싶었습니다. 그래야만 제가 이 책을 쓰는 것이 왜 그토록 저에게 중요한지를 이해할 수 있을 거라 생각했습니다. 저는 제가 이 책에서 이야기하는 모든 것을 과거에 경험했었고, 제시하는 해결책들은 제 일상생활에 사용하고 있습니다. 저 역시 어둠에서 빠져 나갈 출구를 찾고 있는 중이고, 따라서 제 인생 여정을 여러분과 나눔으로써 여러분 역시 자유로 향하는 길을 찾는 데 도움을 주고자 합니다.

두 번째 이야기

# 맞지 않는 사람 피하기

이후 이야기할 내용은 해결하기 어려운 관계상의 문제들로 당신이 꼭 알아야 할 내용들입니다. 5장에서는 고통과 실망으로 끝나게 될 10가지 유형의 관계들을 다룰 것입니다. 6장에서는 관계에서 심각한 문제를 야기할 수 있는 '치명적 결함'에 관해 이야기할 것입니다. 7장에서는 '융화의 시한폭탄', 즉 갑자기 폭발해서 결국 관계에 치명적인 영향을 줄 수 있는 상황들을 다룹니다. 여러분이 이 장들을 읽고 나면 과거에 맺었던 관계, 현재 진행 중인 관계 그리고 미래에 맺게 될 관계들에 대해 보다 분명하고 솔직한 평가를 내리게 될 것이라 확신합니다. 행운을 빕니다.

**05** S·t·o·r·y

# 잘될 수 없는
## 열 가지 관계 유형

제가 진행했던 상담, 세미나, 라디오 토크쇼, TV 토크쇼 등에서 들었던 모든 관계들을 세어 보면 거의 천문학적인 숫자에 가깝습니다. 당신이 관계에서 상상할 수 있는 거의 모든 문제들을 들었다고 해도 과언이 아닐 겁니다. 저는 그 사람들의 관계가 왜 그런 식으로 되어 버렸는지를 이해하도록 도우면서, 처음부터 잘못될 수밖에 없는 관계의 유형이 있다는 것을 깨닫게 되었습니다. 지금부터 잘 될 수 없는 10가지 관계 유형을 제시하려고 합니다. 각각의 관계 유형을 읽으면서 당신의 가족이나 친구들이 경험했던 관계뿐 아니라 당신이 과거 그리고 현재 맺고 있는 관계들에 대해 생각해 보기 바랍니다.

### 잘될 수 없는 열 가지 관계 유형

1. 상대방이 당신에게 마음을 쓰는 것보다 당신이 훨씬 더 상대방에게 마음을 쓴다.
2. 당신이 상대방에게 마음을 쓰는 것보다 상대방이 훨씬 더 당신에게 마음을 쓴다.
3. 상대방의 가능성을 사랑하고 있다.
4. 상대방을 구원하려는 임무를 수행하고 있다.
5. 상대방을 역할모델로서 존경한다.
6. 외적인 이유 때문에 상대방에게 홀딱 빠져 있다.
7. 상대방과 부분적으로만 어울린다.
8. 반항하기 위해 파트너를 선택한다.
9. 전에 사귄 사람에 대한 반작용으로 새로운 파트너를 선택한다.
10. 당신 파트너는 소유할 수 없는 사람이다.

**중요 사항** 이 장을 읽은 후 당신이 10가지 유형 중 어느 한 유형의 관계에 빠져 있다고 의심된다면 도움을 청하기 바랍니다. 가족이나 가까운 친구와 이야기를 나눠 보거나 전문적인 상담을 받은 후에 과연 관계를 지속하는 것이 좋을지 중단하는 것이 현명할지를 결정하기 바랍니다.

{ **관계 유형 01**
**상대방이 당신에게 마음을
쓰는 것보다 당신이 훨씬 더
상대방에게 마음을 쓴다** }

당신은 다음과 같은 느낌이 어떤 것인지 알 겁니다. 당신은 사랑에 빠져 있습니다. 하지만 상대방이 당신을 어떻게 생각하는지 당신은 정확히 잘 모릅니다. 당신은 서로가 완벽한 파트너라고 생각하지만, 상대방은 당신과의 관계에 대해 당신만큼 흥분하고 있는 것 같지 않아 보입니다. 당신은 그 사람과 떨어져 있으면 그 사람에 대한 생각을 멈출 수가 없지만, 그 사람은 당신 없이도 괜찮아 보입니다. 이 모든 것들이 무엇을 의미할까요? 당신이 잘 될 수 없는 관계에 빠져 있다는 것을 의미합니다.

어떤 관계든 두 사람 중 한 사람이 상대방에 대해 더 집중하고 더 사랑하는 것처럼 보일 때가 있습니다. 건강한 관계에서는 이러한 양극성이 간헐적으로 바뀌고, 관계 속의 당사자들이 순번을 바꿔가며 상대방을 쫓아다니고 또 쫓기는 일이 반복됩니다. 관계가 건강할 때는 이런 '정서적 댄스'가 마치 조류가 해안가로 조용히 올라왔다가 다시 천천히 바다로 돌아가는 것처럼 아주 미묘한 방식으로 일어납니다. 그러나 한 사람이 항상 상대방을 쫓아다니게 된다면 이러한 관계는 건강하지 않습니다. 이러한 관계는 균형을 잃은 관계이기 때문에 결국 잘 될 수가 없습니다.

**충분히 사랑받고 있지 못하다는 것을 어떻게 알 수 있을까?**

상대방에게 사랑받는 것보다 당신이 상대방을 더 사랑하고 있다는 것을 알려 주는 경고 신호들은 다음과 같습니다. 진술문의 내용에 대해 대부분 그렇게 느끼고 행동한다면 1점을 주세요. 마음이 아프더라도 솔직하게 답하기 바랍니다.

1. 보통 내가 먼저 육체적으로 애정을 표현한다(파트너의 손을 잡고, 포옹을 하고, 키스를 하는 등).
2. 침대에 있을 때 친밀하게 사랑을 나누고 싶어 하는 것은 나고, 그 사람은 단지 섹스를 할 뿐이다.
3. 그 사람과 함께 있기 위해, 또는 그 사람을 위한 일을 하기 위해 평소 내가 하지 않던 방식일지라도 하게 되지만, 그 사람은 나를 위해 그렇게까지 하지는 않는다.
4. 그 사람이 자기 가족에게 나에 대해 이야기하기 전에 내가 먼저 내 가족에게 그 사람에 대해 이야기를 했다.
5. 레스토랑에 간다든지, 주말에 야외로 나간다든지, 또는 낭만적인 밤을 보내는 일을 계획하는 것은 주로 내 몫이다. 그 사람은 별로 적극성을 보이지 않으면서 다만 내가 계획한 일을 따라 할 뿐이다.
6. 그 사람보다 내가 더 이 관계에 대해 흥분하고 있는 것 같다. 그 사람은 이 관계가 자신에게 얼마나 의미 있는지 보여 주지 않는다.
7. 특별한 날에 나는 그 사람을 위해 오래 생각하고 정성스럽게 선물을 준비하지만, 그 사람은 별로 생각하지 않고 마지막 순간에 선물을 준비한다.
8. 내가 먼저 연락한다.
9. 내가 이 관계에 대해, 우리의 미래에 대해 그리고 서로에 대한 느낌에 관해 이야기를 하면, 그 사람은 아주 불편해하고, 반응하지 않거나 이야기의 주제를 바꾼다.

10. 나는 그 사람의 습관, 스케줄에 맞추려 하지만, 그 사람은 내 습관과 스케줄에 맞추려고 노력하지 않는다.

이제 각 문항의 점수들을 합하세요.

### 0~2점 | 당신의 관계는 잘 균형 잡혀 있습니다.

아마도 당신은 주는 만큼 받고 있는 것 같습니다. 점수를 받은 영역들에 주의를 기울이고, 당신이 필요로 하고 원하는 것을 상대방에게 요구하고 있는지 확인하기 바랍니다.

### 3~5점 | 당신은 사랑받고 있다고 스스로를 설득하고 있을지 모르지만 그렇지 않습니다.

당신은 파트너에게서 사랑을 받으려고 상당히 노력하고 있지만, 당신 파트너는 당신의 사랑을 얻기 위해 그렇게 많이 노력하고 있지 않습니다. 그 사람이 정서적으로 게을러서일 수도 있고, 당신을 충분히 사랑하지 않아서일 수도 있습니다. 열심히 배를 젓는 것을 멈추고 당신 파트너 역시 노를 들어 배를 젓고 있는지 확인하세요. 그렇게 하고 있지 않다면 이 관계는 당신을 위한 것이 아닙니다.

### 6~7점 | 당신은 왜 이 끔찍한 관계를 맺고 있는 겁니까?

스스로를 속이는 일을 그만두고 당신이 받아야 할 사랑을 받고 있지 않다는 사실을 받아들이세요. 당신은 낮은 자존감 때문에 떨어지는 사랑의 부스러기들만으로도 충분한 척하고 있을 뿐입니다. 그렇지 않습니다! 당신은 매우 건강하지 못한 상황에 처해 있어서 오래 머물러 있을수록 정서적으로 더 큰 피해를 입게 될 것입니다. 즉시 상대방에게 최후통첩을 하고, 듣지 않을 경우 그 관계에서 벗어나기 바랍니다. 그런 다음 스스로를 사랑하는 법을 배우기 바랍니다.

### 8~9점 | 관계라고요? 당신은 관계를 맺고 있는 것이 아닙니다. 단지 환상 속에 있는 것입니다.

당신은 모든 것을 주지만 돌려받는 것은 아무것도 없습니다. 그것은 사랑이 아닌 자기학대입니다. 당신은 어느 누구와도 관계를 맺을 준비가 되어 있지 않습니다. 너무 늦기 전에 관계에서 빠져 나와 자신을 회복시키기 위한 전문적인 상담을 받아 보기 바랍니다.

## 왜 사랑받는 것 이상으로 사랑할까

상대방을 더 사랑하게 되는 몇 가지 이유를 들어 보면 다음과 같습니다.

※ **어린 시절의 패턴을 반복하고 있는 것입니다**_ 어렸을 때 당신이 원하고 필요했던 사랑과 관심을 부모에게 받지 못했다면, 아마도 당신은 '사람들이 나를 사랑하도록 하려면 내가 노력해야 해.'라고 무의식적으로 결심했을지 모릅니다. 받는 것보다 훨씬 더 주는 사랑을 함으로써 '집으로 돌아가는' 것이고 그 패턴을 반복하고 있는 것입니다.

※ **당신 스스로에게 벌을 주고 있는 것입니다**_ 당신의 자존감이 낮다면, 당신은 스스로를 충분히 사랑하지 않기에 자신에 대한 비판적인 생각을 입증할 사람과 사귀게 됩니다.

※ **당신 부모 중 한 명이 다른 한 명에게 했던 역할을 수행하고 있는 것입니다**_ 만일 당신 어머니가 항상 아버지를 쫓아다니는 것을 목격했다면 또는 그 반대를 목격했다면, 당신은 관계라는 것이 이런 것이고 한 사람이 다른 사람을 더 많이 사랑하는 것이 '정상적인' 것이라고 결론지었을지 모릅니다.

이유가 어떻든 그 결과는 똑같을 겁니다.

- ✱ 당신은 결국 상대방에 의해 통제당하는 느낌을 갖게 될 것이다.
- ✱ 당신은 결국 사랑에 굶주리게 될 것이다.
- ✱ 당신은 결국 화가 날 것이다.
- ✱ 당신은 결국 속았다는 느낌을 갖게 될 것이다.
- ✱ 당신은 결국 비참한 느낌이 들 것이다.

> **해결책** 관계를 시작할 때 지금까지 언급한 경고 신호들이 존재하는지 살펴보세요. 왜 상대방은 당신이 원하는 방식으로 당신을 사랑하지 않는지, 상대방을 위해 변명을 하려는 함정에 빠지지 않기 바랍니다. 당신 스스로에게 솔직해지는 시간을 앞당길수록 마음에 상처를 입을 가능성이 그만큼 줄게 될 겁니다. 현재 진행 중인 관계에서 당신이 원하는 만큼 사랑을 받고 있지 않다고 깨달았다면, 이런 관계를 유지하는 것이 과연 가치 있는 것인지를 이 책의 나머지 부분을 읽으면서 결정하기 바랍니다.

### 관계 유형 02
### { 당신이 상대방에게 마음을 쓰는 것보다 상대방이 훨씬 더 당신에게 마음을 쓴다 }

이것은 첫 번째 관계 유형과 반대되는 유형입니다. 즉, 당신이 상대방을 사랑하는 것보다 상대방이 훨씬 더 당신을 사랑하는 것입니다. 현재 이런 관계를 맺고 있다면 지금까지 제가 한 몇 마디에도 당신은 죄책감을 느낄 겁니다. 만일 상대방에 대한 당신의 느낌이 어떤지 상대방이 물어 보면, 아마도 당신은 그렇지 않다고 부인할지도 모르죠.

행동으로 보여 주는 것보다 훨씬 더 강렬하게 느끼고 있다고 스스로에게 확신을 줄지도 모릅니다. 그러나 상대방이 당신을 사랑하는 만큼 당신 또한 상대방을 사랑하는 것은 아니라는 사실을 마음속 깊은 곳으로부터 알고 있습니다. 첫 번째 관계 유형처럼, 이 관계 역시 균형이 잡히지 않아서 결국에는 잘 되지 않을 겁니다.

과연 당신이 이런 관계를 맺고 있는지 확인하려면, 이 장의 초반부에 제시한 설문의 내용을 반대로 뒤집어서 스스로에게 물어보기 바랍니다. 예를 들면, 당신 파트너는 당신에게 더 자주 전화를 한다. 당신 파트너는 당신이 하는 것보다 더 많이 신체 접촉을 시도한다. 당신보다 당신 파트너가 더 자주 "사랑해."라고 말한다. 만일 당신이 이런 관계에 빠져 있다면 아마도 다음과 같이 느낄 겁니다.

- 충분히 사랑해 주지 않는다고 비난받으면 방어적이 된다.
- 사랑해 달라는 요구에 대해 부담스럽고 통제당하고 있다는 느낌이 든다.
- 상대방과 함께 있으면 숨이 막히고 얼마간 떨어져 있어야겠다고 생각한다.
- 상대방이 너무 매달리고 요구하는 사항이 많아 짜증난다.
- 줄 수 있는 것보다 더 많은 것을 원하기 때문에 좌절스럽다.

이런 관계 유형에 빠지게 되는 몇 가지 이유가 있습니다.

- 당신은 정서적으로 스스로를 보호하고 있는 것입니다_ 진정으로 사랑했던 사람에게서 상처를 입은 적이 있다면, '다시는 이처럼 상

처받지 않을 거야.'라고 무의식적으로 결심을 했을지 모릅니다. 따라서 당신은 그토록 사랑하지 않을 사람을 택하게 되고, 상대방이 당신을 떠난다 할지라도 별로 개의치 않을 것입니다.

✽ **당신 부모를 처벌하고 있는 것입니다**_ 만일 부모에게 충분히 사랑받지 못했다면, 또는 부모에게 버림받았거나 비난받았다고 느꼈다면, 당신이 취급당했던 대로 상대방을 취급하기 위해 그 사람을 당신 인생으로 끌어들인 것인지도 모릅니다. 결국 당신은 사랑해 주지 않는 당신 부모의 역할을 하게 되고, 당신 파트너는 사랑을 갈구하지만 결국 받지 못하는 어렸을 적 당신의 역할을 수행하는 것입니다. 이러한 역할 바꾸기는 전혀 관련이 없는 순진한 파트너에게 상처를 주게 되지만, 당신은 이런 과정을 통해 무의식적으로 당신 부모를 처벌하게 됩니다. 이것은 마치 당신의 일부가 '좋아, 좋아. 계속해서 내 사랑을 구걸해 봐. 하지만 내가 어렸을 때 나의 부모가 나한테 주지 않았던 것처럼, 당신 역시 내 사랑을 얻지 못할 거야.'라고 말하는 것과 같습니다. 이것은 아주 독한 관계 패턴이므로 건강한 관계를 맺고 싶다면 이러한 패턴을 직면하고 변화시켜야 합니다.

✽ **당신은 통제하고 싶은 것입니다**_ 부모에게 사랑받는다고 느꼈건 사랑받지 못한다고 느꼈건 부모에게 통제당하고 지배당한다고 느꼈었다면, 당신은 자신이 늘 통제하고 지배하고 있다는 느낌을 갖기 위해 당신이 사랑하는 것보다 당신을 더 사랑해 주는 사람을 선택하는 것일지도 모릅니다. 만일 당신 파트너가 늘 당신에게서 더 많은 것을 원하고 더 많이 상처받는다면, 당신은 관계

에서 정서적으로 파트너보다 우위에 있는 것입니다. 이렇듯 상대방의 희생을 통해 얻게 되는 잘못된 우월감은 당신의 깊숙한 무력감을 위장하는 것입니다. 만일 당신이 진정으로 의미 있는 관계를 맺고 싶다면 이것을 직면해야 합니다.

✱ **당신은 부모 중 한 사람이 다른 부모에게 했던 역할을 무의식적으로 하고 있는 것입니다_** 앞에서 말했던 것처럼, 자라면서 부모 중 한 사람이 다른 한쪽 부모보다 더 무관심하고 냉담한 것을 봐왔다면, 당신은 이것을 '정상적인' 관계라고 생각했을지도 모릅니다. 성인이 된 후 관계에서 어떤 역할을 수행해야 할지 선택할 때, 당신은 더 사랑하는 역할보다는 덜 사랑하는 역할을 선택하게 됩니다. 왜냐하면 그러한 역할이 상처를 덜 받기 때문입니다.

만일 당신이 이런 관계에 있다면 당신 마음을 완전히 주고 있는 것이 아니기 때문에 결코 만족할 수가 없습니다. 물론 상처는 받지 않을 겁니다. 그리고 모든 것을 통제하고 있다고 확신할 수도 있을 겁니다. 하지만 행복하지는 않을 겁니다. 또한 상대방을 충분히 사랑해 줄 수 없으면서 계속 옆에 머물러 있기 때문에 결국 상대방에게 상처를 주게 됩니다.

## 어떻게 마이클은 통제하는 것을 버리고 진정한 사랑을 찾게 되었나

어젯밤 이 부분을 집필하고 있을 때 친구인 마이클이 전화를 했습니다. 35세의 마이클은 유능한 영화제작자로, 알고 지낸 지 꽤 오래되어 상대방이 개인적으로 그리고 직업적으로 어떤 변화들을 겪어 왔는지 서로 잘 알고 있었습니다. 마이클은 몇 년간 사귀었던 25세의 낸시와 최근에 헤어졌는데, 마이클이 낸시를 사랑했던 것보다는 낸시가 마이클을 더 사랑했던 것이 분명했습니다. 결혼 날짜를 잡으려는 낸시의 압력 때문에 지난 9개월 동안 마이클이 얼마나 고통스러워하는지 지켜본 저로서는 마이클이 낸시와 헤어졌다는 것을 들었을 때 별로 놀라지 않았습니다.

마이클은 낸시와 헤어진 지 몇 달이 채 안 되어 테리를 만나 사랑에 빠졌습니다. 저는 마이클이 낸시와의 관계에서 보여 주었던 패턴을 테리와의 관계에서 그대로 재현하지는 않을까 내심 걱정했지만, 마이클이 새로운 사람을 만났다는 사실에 기뻤습니다.

"바버라, 당신한테 할 말이 있어요. 테리에게 결혼하자고 말했어요." 저는 놀라서 입을 다물 수가 없었습니다. 테리를 만나 사랑의 감정을 느끼기 시작한 지 이제 4개월밖에 되지 않았는데, 어떻게 테리가 자신에게 적합한 사람이라고 확신할 수 있었을까요?

"마이클, 난 지금 컴퓨터 앞에 앉아서 책을 쓰고 있어요. 내가 요즘 밤낮으로 생각하는 것은 '관계를 잘 되게 하는 것이 무엇일까, 또 관계를 잘 되지 못하게 하는 것은 무엇일까?' 예요. 나한테 말해 봐요. 낸시하고 2년을 같이 지냈어도 결혼을 하지 못했는데, 낸시와 헤어진 지 몇 달 만에 테리에 대해 그토록 확신한 이유가 도대체 무엇이죠?"

잠시 침묵이 흐른 후 마이클이 이렇게 말했습니다. "바버라, 나 역시 지난 몇 달 동안 똑같은 걸 생각했어요. 지금까지 사귄 여자들을 보면 내가 통제할 수 있었다는 공통점이 있어요. 물론 전에는 이런 식으로 생각하지 않았죠. 하지만 내가 '부드럽고 상처 입기 쉬운' 여성들에게 매료되었다는 건 확실해요. 사실 그녀들은 내가 통제할 수 있었던 자존감이 낮은 여성들이었죠. 내가 사랑해 주는 것보다 나를 더 많이 사랑했고 내가 그걸 좋아했어요. 뭐랄까, 힘을 느낄 수 있었고 안전했죠. 비록 낸시를 좋아했지만, 내 안에 있는 그 무언가가 그녀와는 절대로 결혼할 수 없다고 말하고 있었어요. 하지만 테리를 만나기 전까지는 정확히 그것이 무엇인지 몰랐어요."

"테리는 내가 만났던 여자 중에서 유일하게 통제할 수 없는 여자에요. 그녀는 강하고 자신감 있는 여성이죠. 비록 오래전부터 그녀와 알고 지냈지만, 절대 그녀에게 끌리지 않았던 이유는 그녀가 약하지 않기 때문이었어요. 내가 통제하고 지배하도록 결코 내버려 둘 여성이 아니라는 걸 나 역시 알고 있었던 거죠. 난 늘 내가 통제할 수 없는 것을 두려워했어요."

"난 늘 상처받는 것을 두려워했어요. 그래서 나보다 우월하지 않다고 판단되는 여성들을 선택했고요. 하지만 낸시와 사귀면서 누군가를 통제하고 지배하게 되면 그 관계는 오래 가지 못하고 결국 행복할 수 없다는 걸 깨닫게 되었어요. 처음으로 누군가를 사랑하는 것에 대해 완전히 확신하고 있다는 걸 느끼게 되었죠. 사실 더 이상 통제하고 지배하지 않기 때문에 두렵기도 해요. 하지만 난 사랑에 빠졌고 그 자체가 더 중요한 거죠."

당신 파트너가 당신의 사랑을 전혀 받지 못하는 것보다는 당신에게 약간의 사랑을 받는 것이 차라리 낫다는 식으로 스스로를 속이지 마세요. 당신이 진정으로 속해 있지 않은 관계에 머물기 위해 이런 식으로 변명하지 말기 바랍니다.

> **해결책** 관계에서 당신이 주고 있는 것보다 더 많이 받고 있는지 스스로에게 솔직해지기 바랍니다.

## { 관계 유형 03 }
## 상대방의 가능성을 사랑하고 있다

"브레드가 절 좋아하는 걸 알아요. 다만 자신의 감정을 드러내는 것을 힘들어할 뿐이죠. 제 생각엔 저랑 몇 달 더 사귀면 제가 정말로 좋아하고 있다는 걸 믿게 될거고, 결국 자신의 마음도 열어 보일 겁니다."

"샐리의 감정 기복이 심한 것은 정말 힘들죠. 하지만 지금까지 어느 누구도 샐리 안에 겁먹은 소녀가 들어 있다는 것을 이해하려고 한 사람이 없었어요. 전 다만 제가 그녀를 충분히 사랑해 주고 지지해 준다면 그녀가 자신의 우울감에서 벗어날 거라 생각해요."

이런 이야기들이 고통스러울 정도로 친숙하게 느껴진다면, 당신은 이미 누군가의 가능성을 사랑하는 것이 어떤 느낌인지를 알고 있는 것입니다. **당신은 현재의 그 사람을 사랑하는 것이 아니라 당신이 희망하는, 즉 장차 될 수 있는 상대방의 모습을 사랑하는 것입니다.** 몇 년 전까지만 해도 이것은 제가 가장 좋아하는 유형의 관계였지만, 저를 좌절시키고 상처를 주는 관계였습니다. 저는 상대방이 원하든 그렇지 않든 훌륭한 가능성을 지닌 남자들을 발견하고 그러한 가능성을 개발하도록 도와주곤 했습니다. 사실 이것은 관계가 아니라 하나의 프로젝트였죠! 제가 그들을 존경하지 않았다는 것이 놀라운 일일까요? 얼마 되지 않아 그런 관계에서 빠져 나오는 제 모습을 발견한 것이 놀라운 일이었을까요? 저에게 적합한 사람이었기 때문에 파트너로 선택한 것이 아닙니다. 그들에게 투자 가치가 있다고 판단했기 때문에 선택했던 것입니다.

이런 관계는 중독성이 매우 강합니다. 왜냐하면 당신은 일어났으면 하고 희망하는 것에 붙잡혀 있는데 그것으로부터 벗어나기란 쉽지 않기 때문입니다. 어쨌든, 당신은 언제쯤 상대방에게서 그런 기적적인 변화가 일어나게 될지 결코 알 수 없습니다. 이것은 도박과 별반 다르지 않습니다.


당신 파트너의 가능성을 사랑하고 있나요?

당신이 세 번째 관계 유형에 빠져 있다는 것을 알려 주는 증상들은 다음과 같습니다.

※ 상대방이 건전하고 착실하게 살려면 약간의 시간이 더 필요하다고 스스로에게 말한다.
※ 지금까지 어느 누구도 당신 파트너를 진정으로 사랑한 사람이 없었다고 스스로에게 말하고, 당신만이 그를 변화시킬 수 있다고 생각한다.
※ 다른 사람들은 당신 파트너를 오해하고 평가절하하고 있으며 당신만이 그 사람의 진정한 모습을 알고 있다고 생각한다.

- ✻ 당신 파트너가 지니고 있는 문제 또는 당신과의 관계에서 보이는 문제에 대해 파트너를 위해 변명을 한다.
- ✻ 상대방을 포기할 수 없다고 생각한다. 만일 당신이 그 사람을 포기하게 되면 자신이 무가치하다고 느끼는 파트너의 생각을 입증시켜 주는 것이 되고, 그렇게 되면 결국 그 사람은 변할 수 없기 때문이다.
- ✻ 상대방이 당신을 신뢰하는 것보다 당신이 훨씬 더 상대방을 신뢰한다.
- ✻ 당신은 당신이 받아야 할 사랑을 그 사람에게 받고 있지 않다는 것을 안다. 하지만 '그 사람도 노력하고 있어.' 라고 스스로에게 말하면서 고통스러워한다.

### 왜 파트너의 가능성과 사랑에 빠지는가

이러한 유형의 관계에 빠지는 이유는 다음과 같습니다.

- ✻ 당신에게 통제하고 싶은 욕구가 있습니다_ 누군가를 개선시키기 위해 관계를 맺는다면, 당신은 상대방보다 우월하다고 느낄 것이고 상대방에 대해 지배와 우세함을 느끼게 됩니다. 당신이 상대방을 통제하는 식으로 행동하지 않는다 하더라도, 현재 당신 파트너가 보이는 모습만으로는 충분치 않다는 생각 때문에 당신은 통제하는 위치에 있게 됩니다. 어렸을 때 주변 사람이나 상황에 의해 통제받고 있다고 느꼈다면, '넌 현재 모습만으론 충분치 않

아. 약간의 개선이 필요해.'라는 생각이 드는 사람을 관계 속으로 끌어들이는 것인지도 모릅니다.

✽ **상대방이 무엇을 해야 하는지, 어떻게 변해야 하는지에 관심을 기울이기 때문에 당신 자신의 삶과 꿈을 회피하게 됩니다_** 다른 사람이 어떻게 변하는가에만 관심을 기울이다 보면, 당신 자신의 취약점을 직면하고 개선시키는 데 사용할 수 있는 시간은 많지 않을 겁니다. 상대방의 가능성을 사랑하는 것은 당신 자신의 과제들을 미루기 위한 매우 효과적인 방법입니다.

✽ **어렸을 때 당신이 원하는 것을 얻을 수 없다고 결론지었을 겁니다_** 어렸을 때 버림받았거나 사랑받지 못했다면, 당신은 사랑하는 사람들로부터 원하는 것을 얻을 수 없다고 무의식적으로 결론 내렸을지도 모릅니다. 따라서 당신이 원하는 것을 주지 못하는 사람들, 즉 현재의 모습으로는 결코 충분치 않은 사람들을 무의식적으로 찾게 되는 것입니다. 이것이 바로 개선시키고 고쳐 보려 했던 파트너를 계속해서 찾았던 당신의 동기입니다. 하지만 제 경험으로는 제가 택했던 남자들은 결코 제가 원한 만큼 개선되지 않았습니다. 제 어린 시절의 경험, 즉 아버지가 변해서 내 옆에 있어 줄 것을 희망하고 그렇게 되지 않았을 때 실망했던 과거의 기억을 재현하고 있었을 뿐입니다.

물론 어느 관계에서건 파트너가 어떤 모습으로 성장하고 나아지기를 꿈꾸고 희망합니다. 중요한 것은 미래를 위해 사는 것이 아니라 파트너의 현재 모습에 만족하느냐입니다.

누군가와 건강한 관계를 맺는다는 것은
그 사람의 현재 모습이 어떤가에 상관없이 사랑하는 것이 아니라,
또는 그 사람의 미래가 어떨 것이라는 희망 때문에 사귀는 것이 아니라,
현재 어떤 모습이기 때문에 사랑한다는 것을 의미합니다.

만일 당신이 상대방의 가능성과 사랑에 빠져 있다면 결국 다음과 같은 느낌들을 갖게 될 것입니다.

* 당신이 기대했던 대로 되지 않았을 경우 그 사람에게 화가 날 것이다.
* 당신은 연인이 아니라 마치 부모처럼 행동하기 때문에 상대방에게 성적으로 흥분을 느끼지 못할 것이다.
* 그 관계에 너무 많은 시간을 허비했기 때문에 결국 독하고 모진 마음이 들게 된다.
* 당신이 원하던 식으로 상대방이 변하고 나아지지 않았기 때문에 마음에 상처를 입고 우울하게 될 것이다.

**해결책** 누군가와 관계를 시작할 때, 그 사람의 현재 모습을 사랑하고 존경하고 즐길 수 있는지 확인해 보기 바랍니다. 그 사람이 어떻게 성장하고 나아질 것인지를 고려해 보는 것은 괜찮습니다. 그러나 상대방의 현재 모습이 당신에게 충분해야만 합니다. '만일 그 사람과 행복해지기 위해서 상대방을 변화시키기를 기대하고 있다면, 당신은 사랑을 하고 있는 것이 아니라 도박을 하고 있는 것입니다.'

## { 관계 유형 04 상대방을 구원하려는 임무를 수행하고 있다 }

✵ 당신은 원하는 것 이상으로 자주 상대방에 대해 안쓰러운 마음을 느낍니까?
✵ 파트너가 제대로 된 삶을 살 수 있도록 도와줘야 한다고 책임감을 느낍니까?
✵ 상대방과 헤어졌을 때 그 사람이 정서적으로 무너질 것이 두렵습니까?

위의 질문 중 어느 하나에라도 '예' 라고 답했다면, 당신은 '구원중독자' 일지 모릅니다. **구원중독자들은 자신과 어울린다고 생각되는 파트너보다는 자신이 도와주어야 한다고 느껴지는 파트너와 관계를 맺게 됩니다.** 당신은 상처받고 여리고 사랑받지 못할 것처럼 보이는 사람을 찾게 되고, 저항할 수 없을 만큼 그 사람에게 끌리고 좋아하게 됩니다. 상대방은 당신에게 무척 고마워하고, 당신은 자신을 아주 고귀하게 느낍니다. 당신은 건강하고 균형 잡힌 애정관계를 맺기보다는 마치 구원 임무를 수행하는 관계에 빠지게 됩니다. 한 번 이런 관계에 빠지게 되면 정말 벗어나기 어렵습니다.

당신은 관계에서 구원 임무를 수행하고 있습니까?
다음에 해당된다면 그렇습니다.

✱ 나는 심각한 정서적, 신체적 혹은 재정적 문제를 지니고 있는 사람과 사귀고 있다.

✱ 내 파트너는 자주 혼란스러워하거나 당황스러워하거나 무기력하거나 희생을 당한 것처럼 느끼고, 나는 달래거나 안심시키거나 격려한다.

✱ 나는 종종 파트너에게 부모 역할을 하는데, 충고를 하고 잠재적인 문제에 대해 경고를 하며 내 충고가 받아들여지지 않을 때 좌절한다.

✱ 내 파트너는 과거에 심하게 상처를 입었는데 내가 그것을 보상해 줘야 한다고 느낀다.

✱ 내 파트너가 나를 지지해 준다거나 나에게 힘이 되는 경우는 매우 드물다.

✱ 나는 파트너가 화나지 않도록 아주 조심한다. 결국 내가 원하는 것을 요구하지 않으며, 나를 힘들게 하는 것들에 대해서도 파트너에게 대놓고 이야기하는 것을 피한다.

✱ 내 친구였다면 참지 않았을 행동도 내 파트너의 경우에는 참는다.

✱ 친구나 가족들이 왜 그 사람과 사귀냐고 물으면, 난 마치 그 사람들이 내 파트너를 비난하고 있다고 느낀다. 나는 마치 아이를 대하듯 그 사람을 보호하려고 한다.

✱ 어느 누구도 나만큼 그 사람을 이해하고 사랑하지 못할 것처럼 느껴진다. 그래서 난 그 사람을 떠날 수 없다.

✱ 만일 내가 이 관계를 끝내면 내 파트너는 누군가를 찾을 것이고, 그러면 결국 그 사람은 사랑받지 못하고 혼자가 될 것이라고 내

심 걱정한다.

앞에 제시된 것 중 단지 몇 개라도 해당되는 것이 있다면, 당신은 정서적 구원 임무를 수행하는 성향을 지니고 있습니다. 이런 관계 유형은 상대방의 가능성을 사랑하는 세 번째 유형과 비슷합니다. 왜냐하면 시간이 지나면서 상대방이 개선되고 변할 것을 희망하기 때문입니다. 세 번째 관계 유형처럼, 이런 관계에서는 보상이 지연되기 때문에 마치 중독된 것처럼 사로잡히기 쉽습니다. 즉, 상대방이 언제 좋아질지 모르는 상황에서 당신의 노력을 통해 상대방이 변하는 모습을 지켜보고 싶기 때문에 계속 관계에 머무르는 것입니다.

또한 이런 관계는 끝내기가 무척 힘듭니다. 마치 그 사람을 버리고 상처 주는 것처럼 느껴지기 때문입니다. 처음 관계를 시작할 때 영향을 미쳤던 바로 그 죄책감 때문에 끝내야 한다는 것을 깨달은 이후에도 오랫동안 관계가 이어집니다.

## 왜 정서적 구원 임무를 수행하는가

※ 어린 시절에 끝내지 못한 정서적 과제를 마무리짓고 있는 것입니다_ 어린 시절에 끝내지 못한 정서적 과업을 쌓아 두었다가 어른이 된 후에 행동으로 표출한다는 이야기를 2장에서 한 적이 있습니다. 만일 당신이 항상 당신의 도움을 필요로 하는 사람을 만난다면, 당신은 엄마나 아빠 또는 다른 가족 구성원을 구하려고 시도하고 있는지도 모릅니다. 자라면서 부모 중 한 명 혹은 형제 중

누군가가 무시당하고 사랑받지 못하고 잘못 취급받는 것을 목격했다면, 당신은 성인이 된 후에 도움을 필요로 하는 파트너를 보면서 옛 기억을 떠올리게 됩니다. 따라서 당신 가족에게 주지 못했던 사랑과 지지를 그 사람에게 주려고 애쓰는 것입니다.

* **당신 자신이 중요한 사람이며 우월하다는 것을 느끼고 싶은 것입니다_** 삶이 엉망인 사람을 만나면, 당신은 자동적으로 자신이 더 낫고 더 현명하고 삶이 제대로 된 사람처럼 느끼게 됩니다. 관계에서 영웅처럼 행동함으로써 부적절하고 무기력하다는 당신 자신의 느낌을 회피하게 됩니다.

* **당신에게 통제하고 싶은 욕구가 있습니다_** 만일 파트너를 구원하는 임무를 수행하고 있다면, 당신은 파트너와의 관계에서 심리적으로 우위에 있게 됩니다. 때때로 우리는 '도와주는' 행위가 관계를 맺는 데 매우 통제적인 방법일 수 있다는 점을 잊어버리곤 합니다.

> 상대방을 구원하는 임무를 수행하고 있는 사람은
> 연민을 사랑으로 잘못 이해하고 있는 것이다.

### 어떻게 마고가 남편을 구원했나

세미나에서 마고를 처음 만나 그녀의 이야기를 들었을 때 안쓰러운 마음이 들었습니다. "저는 알코올중독자임을 극구 부인하는 사람과 결혼했어요. 그 사람은 직장을 다닐 수도 없어서, 지난 몇 년 동안 제가 가족을 부양했죠. 게다가 버릇처럼 화를 내서 이제는 어떻게 해야 할지 모르겠어요."

저는 마고가 무엇을 해야 하는지 알고 있었습니다. 그래서 즉석에서 남편을 떠나라고 말했습니다. "당신 말이 맞아요. 하지만 제가 남편을 떠나면 남편은 자신이 별 볼일 없는 사람이기 때문에 제가 떠나는 거라고 생각할 거에요." "마고, 생각해 봐요. 남편은 당신에게 충분히 좋은 사람이 아니에요." "하지만 그 사람도 노력하고 있거든요. 정말로 노력하고 있어요." 마고가 옅은 미소를 지으면서 대답했습니다.

그 후 몇 달간 마고와 상담을 하면서 상황은 더 나빠졌습니다. 남편은 마고가 월세를 내기 위해 저축해 놓은 돈을 비싼 스테레오를 사는 데 써버렸습니다. 마고가 떠나겠다고 위협을 하면 남편은 그들의 문제에 대해서만 이야기하려고 했고, 그리고는 화를 냈습니다. 마침내 마고는 용기를 내서 남편에게 떠날 것을 요구했고, 결국 남편은 떠났습니다. 저는 '엉망인 남편을 돌보지 않게 된 이상 마고의 삶이 좀 더 생기를 띠게 되겠지.' 라고 생각했습니다.

이 일련의 과정을 통해 마고는 엄청난 힘을 얻었고 스스로의 삶을 살 수 있게 되었습니다. 이제 그녀는 이전보다 훨씬 더 좋아 보였고 실제 그렇게 느끼는 것 같았습니다. 그래서 어느 날 마고가 전화로 남편이 다시 들어오게 되었다고 말했을 때 저는 심한 충격을 받았습니다. "무슨 일이 있었죠? 저는 당신이 남편이 스스로를 돌보고 자신의 인생에 대해 책임질 수 있도록 기회를 주었다고 생각했는데요." 마고는 머뭇거리다가 남편이 지난 한 달 동안 친구 집에서 머물렀는데, 이제는 그것도 여의치 않아 갈 곳이 없다고 말했습니다.

마고의 남편은 다시 그녀의 집으로 들어왔고, 며칠 되지 않아 마고는 열정적이고 기운이 넘쳐 보였습니다. 저는 마고에 대해 깊이 생각을 해 봤고, 무슨 일이 일어나고 있는지 알게 되었습니다. 마고는 통제광이었던 것입니다. 사랑받지 못하고 스스로가 부적격이라고 느끼며 거절당할까 봐 두려워해 심리적인 안전을 확보하기 위해 타인을 통제하는 방법을 사용했던 것입니다. 그녀는 만성적으로 누군가로부터 구원을 받아야만 하는 남자와 살아야 했습니다. 그렇게 함으로써 자신이 능력 있고 지휘권을 갖고 있으며 우월하다고 느낄 수 있었기 때문입니다. 그녀 남편이 그녀를 이용하고 있는 것만큼, 마고 역시 남편을 이용하고 있었던 것입니다.

누군가를 구원하는 일에 집착하는 많은 사람들처럼, 마고 역시 그녀 자신의 아픔과 두려움을 회피하기 위해 자신의 남편을 회복시키느라 늘 바빴습니다. 그녀가 이런 상황을 벗어날 수 있는 유일한 방법은 그녀 내부에 있는 공허함을 직면할 수 있는 용기를 찾는 것입니다.

> **해결책** 만일 당신이 큰 문제를 갖고 있는 사람에게 끌린다면 동정을 사랑으로 착각하고 있는 것은 아닌지 스스로에게 질문해 보기 바랍니다. 기억해야 할 중요한 단어는 '존경'입니다. 당신은 상대방을 사랑해야 할 뿐만 아니라 존경해야 하고, 현재 그 사람의 모습을 자랑스러워해야 합니다. 시간을 갖고 당신의 욕구가 무엇인지 살펴보기 바랍니다.

## 관계 유형 05
## 상대방을 역할모델로서 존경한다

☀ 감독과 사랑에 빠진 젊은 여배우
☀ 교수와 사랑에 빠진 대학원생

- ✻ 영업과장과 사랑에 빠진 신참내기 사원
- ✻ 유명한 변호사와 사랑에 빠진 변호사 보조원

이런 사람들은 똑같은 실수를 저지르고 있습니다. 이들은 자신의 파트너를 모시고 살고 있는 것입니다. 이런 관계는 평등한 관계가 아닙니다. 파트너의 높은 지위 때문에 관계가 시작되기 전에 이미 힘의 불균형이 존재하게 됩니다.

만일 당신이 역할모델과 사랑에 빠졌다면 정상적인 관계를 맺기가 어렵습니다. 당신은 동등한 것처럼 행동할 수 있습니다. 동등한 것처럼 말할 수도 있습니다. 하지만 당신 파트너에게 높은 지위를 부여했다면 그런 관계에서 권한이나 힘을 느끼기는 매우 힘들 것입니다.

### 파트너를 떠받든 적이 있습니까?

다음에 제시된 것들이 일어났다면 그런 적이 있는 것입니다.

- ✻ 상대방이 나보다 머리가 좋다고 생각한다.
- ✻ 그 사람이 한 말을 자주 인용한다. '그 사람이 ~라 말했어.'
- ✻ 상대방이 나보다 더 많이 안다고 생각하기 때문에 그 사람의 생각, 신념 등에 이의를 제기하지 않는다.
- ✻ 평소와는 달리 내가 누구와 사귄다는 사실을 다른 사람들에게 알려서 그들에게 좋은 인상을 주려고 한다.
- ✻ 내가 내 파트너만큼 성취할 수 있거나 훌륭해질 수 없다고 생각한다.
- ✻ 나는 종종 내가 옳다고 여기기 때문이 아니라 내가 꼭 해야 한다

고 그 사람이 생각하기 때문에 어떤 일을 하는 경우가 있다.

*  나는 종종 "그 사람과 함께 있는 건 내겐 정말 행운이야."라고 말하는데, 그것은 내가 그 사람을 사랑해서가 아니라 그 사람이 나를 선택한 것이 일종의 실수라고 생각하기 때문이다.

*  그 사람처럼 되기 위해서라면 뭐든 할 것 같다.

여기서 제가 강조하려는 것은 두 사람 사이에 존재하는 지위 차이 때문에 관계가 잘못되는 것이 아니라는 겁니다. 대신 두 사람의 태도가 중요합니다. 한 사람은 상대방을 역할모델로 존경하고, 다른 한 사람은 기꺼이 그런 대접을 받으려 할 때 문제가 발생하는 것입니다. 서로가 스스로 자의식을 유지한다면, 한 사람이 머리가 더 좋고 더 성공한 것은 문제가 되지 않습니다.

## 왜 역할모델과 사랑에 빠지는가

*  **엄마나 아빠와 사랑에 빠지는 것입니다_** 부모에게서 원하던 사랑과 관심을 받지 못했다면, 당신은 성장한 후에 어렸을 때 받지 못했던 보호와 사랑의 느낌을 얻기 위해 권위 있는 사람을 파트너로 선택할지 모릅니다. 정반대의 경우도 가능합니다. 만일 당신이 부모에게서 많은 사랑을 받았고 지나칠 정도로 정서적으로 부모와 얽혀 있다면, 특히 부모에 의해 통제받는 느낌마저 들었다면, 부모/아이의 역할로부터 벗어나는 것이 힘들었을지 모릅니다. 따라서 당신을 덜 유능하게 취급하고 아이처럼 대하는 힘 있는 사람을 당신에게로 이끕니다.

✽ **당신은 정서적으로 혹은 영적으로 공허합니다_** 우리는 3장에서 정서적으로 공허할 때 처할 수 있는 관계상의 위험에 대해 살펴보았습니다. 당신은 자의식이 약할 때 강한 자의식을 가진 사람에게 끌리게 되어 있습니다.

> **해결책** 만일 당신이 상대방을 떠받들면서 사귀고 있다는 생각이 든다면 그 사람이 그 위치에서 내려오기를 기대하지는 마세요. 그런 지위를 부여한 것은 당신 자신이기 때문입니다. 당신 자신의 의견을 존중하지 않고, 당신이 원하는 것을 요구하지 않고, 당신 자신을 충분히 사랑하지 않았기 때문에 발생한 일입니다. 관계가 제대로 서기 위해서는 상대방을 사랑하고 존경하는 만큼 당신 스스로를 사랑하고 존경해야 합니다. 이럴 경우에만 당신 파트너 역시 멘토로서의 역할을 포기하게 될 겁니다.

## { 관계 유형 06 }
## 외적인 이유 때문에 상대방에게 홀딱 빠져 있다

✽ "그건 그 사람의 푸른 눈이었어요. 마치 제 영혼을 깊숙이 파고드는 것 같았죠. 그래서 그 사람을 가져야겠다고 느꼈어요."

✽ "처음 샘의 기타연주를 들었을 때 마치 그가 제 마음을 알고 있는 것 같았어요. 그리고 그날 밤 관계가 시작됐죠. 전 늘 음악가와 사랑에 빠지는 걸 꿈꿔 왔어요."

✽ "진저의 머릿결은 예술이었어요. 아주 길고 비단결 같았죠. 그녀와 함께 있으면 제가 진짜 남자가 되는 느낌이었어요. 그게 제가

그녀와 사랑에 빠지게 된 이유죠."
* "제니퍼가 춤추는 모습을 보면서 제 영혼의 동반자라면 저렇게 추겠구나 싶었어요. 우아하면서도 아주 섹시했거든요. 그날 파티에서 그녀를 본 순간, 전 우리가 서로를 위한 사람인 걸 알았어요."
* "전 늘 항공기 승무원에 대해 환상 같은 걸 가지고 있었어요. 그래서 크리스틴을 만났을 때 마치 우리가 함께하는 것이 운명인 것처럼 느껴졌어요."

머릿결, 눈, 춤추는 모습, 음악적 재능! 이런 것들이 관계를 시작하게 하는 이유입니까? 물론 답은 '아니요'입니다. 하지만 많은 사람들이 상대방의 진짜 성격과는 별로 관계가 없는 외적인 특성 때문에 상대방에게 매료됩니다. 이런 관계는 오래 가지 못합니다. 결국 당신 여자친구의 머릿결을 쳐다보면서, 혹은 당신 남자친구가 기타를 연주하는 모습을 지켜보면서 몇 시간이나 보낼 수 있겠습니까? 하지만 저는 하룻밤, 일주일, 심지어 몇 달 동안 이런 유형의 관계를 맺으면서 결국에는 스스로를 속였다는 것을 깨닫는 사람들을 많이 만났습니다. 그렇게 되면 진정으로 원하지 않는 사람에게 갇혀 있다가 나중에 이런 사실을 그 사람에게 이야기해야 하는 썩 기분 내키지 않는 상황에 빠지게 되는 거죠. 다음과 같은 말을 어리석게 들리지 않게끔 상대에게 말할 수 있을까요?

"진저, 당신은 정말 예뻐. 하지만 사실 난 당신의 머릿결에 반했었어. 그러나 그것만으론 앞으로 40년 동안 당신을 좋아할 수는 없을 것 같아."

### 곡예사의 주문

제 이야기를 하나 하죠. 아마 재미있을 겁니다.

저는 1974년에 샌프란시스코 인근에 있는 밀 벨리라는 곳에서 살고 있었는데 막 학사학위를 마쳤을 때였습니다. 23세 청춘이었던 저는 예술적이고 심리적인 실험들로 가득한 그 도시에서 지내는 것에 매우 흥분하고 있었습니다. 일 년 중 열렸던 행사들 가운데 제가 가장 좋아했던 행사는 르네상스 박람회였는데, 행사 기간 동안에는 한 숲이 엘리자베스 시대의 마을로 변형되었고, 모든 사람들이 전통 의상을 입고 거리를 돌아다녔습니다. 제가 곡예사의 마력에 빠진 건 그 박람회가 열리고 있던 어느 날이었습니다.

그때 저는 작은 숲속을 거닐고 있었는데, 공과 횃불을 던지고 받는 묘기를 부리던 한 남자 주위에 사람들이 몰려 있었습니다. 저는 관중들을 즐겁게 하면서 웃고 춤추는 그 남자의 관능적인 모습에 넋을 읽고 하염없이 그를 바라보며 서 있었습니다. 길고 검은 머리, 귀걸이를 한 귀. 저는 사랑에 빠졌던 겁니다.

그날 저는 그가 보여 줬던 마술에 매료되어 온종일 그 사람을 쫓아다니며 시간을 보냈습니다. 그날 저녁 박람회를 떠나면서 그 사람이 누구인지 알아내야겠다고 결심했습니다. 저는 박람회에서 일하는 제 친구들에게 그 사람을 소개시켜 달라고 애원하다시피 했고, 다음날 소개를 받았습니다. 저는 마치 구름 위를 걷고 있는 것 같았습니다. 우리는 그날 오후를 같이 보냈고 그 다음날 다시 만나기로 약속했습니다.

그해 여름과 가을, 저는 그 사람을 쫓아다니는 열렬한 팬이 되어 있었습니다. 그가 가는 곳이면 어디든 따라갔던 거죠. 저는 이렇게 놀라운 예술가와, 이렇게 감수성이 강한 영혼의 소유자와 함께 있다는 것이 믿겨지지 않았습니다.

**주문은 어떻게 깨어졌나**

그 사람과의 관계를 성취하기 위해 제가 취했던 비참했던 시도들에 대해 속속들이 이야기하지는 않겠습니다. 다만 한 가지 말할 수 있는 건 그와 하룻밤을 보낸 후 제가 아주 빠르게 현실로 돌아왔다는 것입니다. 집으로 돌아오는 길에 저는 분노와 실망으로 눈물을 흘렸습니다. 빛나는 갑옷을 입은 제 기사가, 감수성이 강한 제 시인이 어떻게 그렇게 차갑고 배려심이 없을 수 있을까요? 저는 그 답을 마음속에 갖고 있었습니다. 저는 그를 사랑했던 것이 아니라 그가 보여 준 곡예를 사랑했던 것입니다. 그가 보여 준 한 가지 특징만 가지고, 그런 사람이라면 다른 좋은 특징들 또한 지니고 있을 거라 착각했던 것입니다. 그는 제가 상상했던 그런 사람이 전혀 아니었습니다. 제가 걸었던 주문에 저 자신이 빠졌던 것입니다.

만일 당신이 상대방의 어떤 특징에 홀딱 반했다고 생각한다면 스스로에게 다음과 같은 질문을 해 보기 바랍니다. 이 사람에게 매력적인 머릿결이나 감미로운 목소리가 없어도, 또는 이 사람이 야구선수나 비행기 승무원이 아니어도 여전히 이 사람과의 관계를 지속할 수는 있을 것인가? 스스로에게 솔직해지기 바랍니다. 나중에 상처받고 실망하는 것을 미연에 방지할 수 있을 겁니다.

{ 관계 유형 07 }
# 상대방과 부분적으로만 어울린다

지금까지 당신은 찰떡궁합처럼 서로 잘 맞는다고 생각되는 한 가지 면을 제외하면 비슷한 것이 전혀 없는 사람을 사귄 적이 있습니까? 이런 관계는 속기 쉽습니다. 특히, 서로 잘 맞는 부분이 당신에게 매우 중요한 부분이어서 단지 서로를 강력하게 이어 주는 것에 불과한데도 그것을 사랑이라고 착각할 때 매우 속기 쉽습니다.

몇 가지 예를 들어 보겠습니다.

* **사이클 동아리에서 파트너를 만났습니다_** 사이클을 무척 좋아하는 당신은 동아리에서 만난 상대방과 이러한 취미를 공유할 수 있다는 것에 매우 고무되었습니다. 주말이면 사이클을 탑니다. 하지만 두 달 동안 사이클을 타고 성관계를 맺으면서 느낀 것은 사이클 이외에는 둘 사이에 공통점이 별로 없다는 것이었습니다. 이 점이 관계를 불안정하게 만드는 요인이었습니다.

* **당신과 당신 파트너는 직장에서 프로젝트를 같이 수행하게 되었습니다.** 오랜 시간 프로젝트를 같이하면서 마치 그 사람과 사랑에 빠진 것 같았습니다_ 4개월 동안 열정적인 사랑을 나누었고, 프로젝트에 대한 생각들을 이야기하면서 대부분의 시간을 보냈습니다. 그런데 프로젝트가 끝나고 몇 주가 지났을 때, 서로가 불편해지기 시작합니다. 서로를 이어 주고 있던 것이 사라졌고, 일 이외에는 공유하는 가치나 신념이 없다는 사실을 깨달았던 것입니다.

✽ 어느 여름, 휴양지에서 어떤 사람을 만났습니다_ 그 사람과 보냈던 휴양지에서의 한 달은 그야말로 파티의 연속이었습니다. 아침에는 자전거로 여행하고 저녁에는 야외에서 바비큐파티를 열었습니다. 이전에는 이처럼 누군가와 편안하고 여유로운 시간을 보낸 적이 없었기 때문에, 휴가가 끝나고 다시 도시로 돌아간다 하더라도 관계가 지속될 것을 의심하지 않았습니다. 하지만 잘못된 추측이었습니다. 휴가에서 돌아온 그 다음 주는 불행이었습니다. 의견이 맞는 것이 전혀 없었고, 서로의 신경을 건드리는 일만 계속되었습니다. 결국 일주일 만에 헤어졌습니다. 돌이켜 보면 휴양지에서는 그 사람이 스트레스를 받은 것을 본 적이 없었습니다. 일상으로 돌아와 그 사람이 스트레스를 받으면 어떻게 행동하는지를 보았을 때, 그 사람은 더 이상 지난 여름 당신이 보았던 그 사람이 아니라는 것을 깨달았던 것입니다.

다음과 같은 경우에 이런 유형의 관계에 빠질 가능성이 높습니다.

✽ 평상시와는 다른 상황에서 파트너를 만나는 경우(엘리베이터에 갇히는 것, 물리치료 등)

✽ 보통 때와는 다른 상황에 함께 처하는 경우(특별 프로젝트를 함께 수행하는 것, 세미나에 같이 참석하는 것 등)

✽ 여느 때와는 다른 환경에서 파트너를 만나는 경우(휴가, 여행 등)

부분적으로 어울리는 현상을 이해하기 위해 어떤 위대한 심리학적 이론이 필요한 것은 아닙니다. 유유상종이라는 말이 있습니다. 당신이 중요하게 생각하는 점을 지니고 있는 사람에게 끌리는 것은 비록 그러한 유대가 한 주 또는 한 달밖에 지속되지 않는다 하더라도 아주 자연스러운 일입니다. 종종 이런 공통점이 지속적이고 만족스러운 관계로 발전시키는 데 기초가 될 수 있습니다. 방금 전 이야기했던 사이클 동아리의 연인들의 경우에도 서로에 대해 관심을 잃지 않을 수도 있습니다. 그들이 사이클뿐 아니라 다른 많은 부분에서 공통점이 있다는 것을 발견할 수도 있으니까요. 스키 여행이나 바닷가에서 만난 사람과의 로맨스가 단순히 휴가 중 착각했던 순간적인 일탈이 아닐 수도 있습니다. 당신이 찾고 있었던 모든 특징들을 상대방이 지니고 있을 수도 있으니까요.

하지만 서로가 잘 어울린다고 생각되는 부분에만 지나치게 매료되어 관계의 나머지 부분에는 주의를 기울이지 않는다면 위험합니다. 이럴 경우 당신은 보통 때라면 사귀지 않았을 사람과 관계를 맺게 되고, 결국 관계가 순조롭게 진행되지 않아 실망하게 될 것입니다.

### 실패로 끝난 프랑스에서의 환상

지금쯤 당신은 관계에서 저지르는 실수들에 대해 제가 이렇게 많이 알고 있는 이유가, 대부분의 실수들을 제가 직접 범했기 때문임을 알았을 겁니다. 부분적으로만 어울리는 관계와 관련해서 다른 예를 들어 보겠습니다.

1975년 저는 여전히 밀 벨리에 살고 있었는데, 프랑스의 아보리아즈에서 열린 6주간의 명상수업에 등록했습니다. 저는 그곳에서 백여 명의 남녀와 함께 하루에 8~10시간씩 신경계를 순화시키고 의식을 확장하기 위한 명상, 요가, 숨쉬기 훈련 등을 하면서 시간을 보냈습니다.

그때 저는 여름 내내 명상대학으로 사용되었던 호텔에서 머무르고 있었는데, 그곳은 젊은 프랑스인 장 피에르라는 남자가 경영하는 호텔이었습니다. 명상수업이 시작되고 3주 정도가 지났을 무렵, 저는 처음으로 장 피에르를 알아보았습니다. 그는 잘생기고 친절하고 지프를 몰았으며, 무엇보다 중요한 건 그가 프랑스인이라는 것이었습니다. 제가 늘 꿈꾸어 오던 프랑스 남자와의 사랑을 위해 어떤 증거가 더 필요했을까요?

장 피에르는 약간의 영어를 구사했고 제가 프랑스어를 능숙하게 구사했기 때문에 다소 제한적이기 했지만 의사소통하는 데는 큰 무리가 없었습니다. 사실 그의 지프를 타고 산속을 드라이브하거나 말 그대로 프렌치 키스를 하면서 대부분의 시간을 함께 지냈기 때문에 의사소통이 중요한 것은 아니었습니다. 우리는 멋진 3주를 함께 보냈고, 제가 미국으로 돌아갈 때가 되었을 때 함께 무척 슬퍼했습니다. 장 피에르는 되는 대로 빨리 미국으로 나를 보러 오겠다고 약속했고, 저는 그 시간을 기다리기가 힘들 정도로 그에게 빠져 있었습니다.

그러나 저는 공항에서의 일을 잊지 못합니다. 승객들이 빠져 나오는 것을 지켜보던 중, 산에서 입고 있었던 녹색 레인코트를 입고 있는 그를 발견했습니다. 손을 흔들며 내 쪽으로 다가오는 그를 보면서 '내가 지금까지 본 가장 우스꽝스러운 코트군.' 이라고 생각했습니다. 7천 마일을 날아온 그가 저에게 다가와 키스를 했을 때, 저는 모든 것이 제 계획대로 되지 않을 거라는 허탈감에 휩싸였습니다.

제 아파트에 가까워질수록 저는 점점 더 전전긍긍했습니다. 소파에 앉아 차를 마시면서 이런 생각이 제 머리를 스쳐 갔습니다. 장 피에르는 여기에 있지만, 프랑스는 여기에 없다. 산도, 지프도, 프랑스 가게도, 프랑스 문화도 없다. 장 피에르로부터 그가 살고 있던 환경을 제거했을 때 갑자기 그에 대한 관심이 사라진 것입니다. 저는 그에 대해 아는 것이 거의 없었습니다. 저는 그와 사랑에 빠졌던 것이 아니라 프랑스와 사랑에 빠졌던 것입니다. 저는 이런 제 반응에 소름이 돋았지만, 아무리 노력해도 프랑스에서 가졌던 그 느낌으로 돌아갈 수는 없었습니다. 크루아상 빵과 함께 그 느낌들을 프랑스에 두고 왔던 것입니다.

불쌍한 장 피에르! 저는 그에게 제 기분을 설명하려고 노력했지만 잘 하지 못했음이 분명합니다. 몇 년 후 저 자신에 대해 진지하게 연구하기 시작하면서, 전 그와의 관계가 부분적으로만 어울리는 관계의 완벽한 예였다는 사실을 깨닫게 되었습니다. 장 피에르는 정말로 좋은 사람이었지만, 제가 상상하던 그런 사람은 아니었습니다. 그때 제가 가졌던 마술 같은 느낌들은 그 사람으로부터 왔던 것이 아니라 우리의 만남을 둘러싸고 있던 상황에서 왔던 것입니다.

> **해결책** 만일 당신이 앞의 이야기와 같은 상황에서 누군가를 만났다면, 그 관계에서 한 발 물러나서 다음과 같은 질문들을 스스로에게 해 보기 바랍니다.
> '부분적으로 잘 맞는 것 이외에 나는 이 사람을 얼마나 잘 알고 있는가?' '내가 파트너에게 요구하고 또 필요로 하는 것은 무엇인가? 이 사람은 그러한 것들을 만족시키는가?' '만일 나와 내 파트너가 부분적으로 잘 맞는 것을 더 이상 공유하지 않게 된다면 어떤 문제들이 발생할 수 있는가?'
> 시간을 두고 이런 질문들에 답을 하다 보면 상처 입을 가능성이 그만큼 줄어들 것이고, 무심코 당신 파트너에게 상처 입힐 가능성 역시 줄어들 것입니다.

당신이 원하는 것은 단지 한여름의 로맨스라구요? 만일 이것이 당신의 목표라면 충분히 즐기기 바랍니다. 하지만 조심하세요. 그리고 기억하세요. 지속되는 사랑만큼 매력적이고 흥분되는 것이 없다는 사실을요.

## { 관계 유형 08
## 반항하기 위해 파트너를 선택한다 }

한 가지 연습을 해 보죠. 당신 부모님 또는 가족들이 원하는 배우자의 특징을 적어 보세요. 그런 다음 현재 당신이 사귀고 있는 사람의 특징을 방금 작성한 특징 옆에 적어 보시기 바랍니다. 이 두 개가 서로 정 반대라면, 당신은 부모나 가족에게 반항하기 위해 관계를 맺고 있는 것입니다.

이런 관계 유형은 다른 유형만큼 흔하지는 않지만, 당신 인생에 엄청난 드라마를 만들 수 있습니다. 제가 이야기하려고 하는 것과 관련해서 몇 가지 예를 들어 보겠습니다.

* 당신 부모는 보수적인 백인인데, 당신은 지금까지 세 명의 흑인 남자친구가 있었다.
* 당신 부모는 유태인이고 자식들에게 반드시 유태인 여자와 결혼해야 한다고 주장하는데, 당신은 가톨릭 교회를 다니는 여자들만 사귄다.
* 당신 부모는 늘 돈과 명예가 중요하다고 강조하는데, 당신이 사

권 사람들은 무일푼에 이 세상의 주류와는 반대되는 사람들이다.
* 당신 부모는 집에서 질서와 규칙을 강조하지만, 당신이 사귀는 여성들은 전혀 단정치 못하다.
* 당신 아버지는 가문의 혈통이 가장 중요하다고 믿으며 당신을 키웠는데, 당신은 계속해서 아이를 원치 않거나 가질 수 없는 여성들과 사랑에 빠진다.
* 당신 아버지는 군대에서 근무하는데, 당신이 사귀는 남자친구들은 평화운동가나 환경운동가들이다.
* 당신은 엄격한 종교 집안에서 자랐는데, 당신이 사귀는 사람들은 거칠고 비도덕적이고 불경스럽다.

지금쯤이면 그림이 그려질 겁니다. 어떤 사람들은 파트너를 선택할 때 자신에게 옳을지를 기초로 선택하는 것이 아니라, 그 사람이 자신의 가족이나 집안에 옳지 않을 사람이냐에 기초해서 선택합니다. 특히, 다음과 같은 경우 더 그럴 겁니다.

* 당신은 부모에 대해 분노 또는 쓴 마음을 지니고 있거나 어렸을 때 매우 통제받은 경험이 있습니다.
* 당신은 '받아들여질 수 없는' 타입의 사람들을 계속해서 파트너로 선택하는 경향이 있습니다.
* 관계를 끊으면 결국 당신 부모가 옳았다는 것을 인정하는 꼴이 되니까 헤어지기보다는 별로 만족스럽지 못한 관계에 계속 머물러 있습니다.

서로 다른 배경을 가진 사람들의 관계가 잘 될 수 없다고 이야기하려는 것이 아닙니다(이런 상황에서 생길 수 있는 문제들에 대해서는 7장 '융화의 시한폭탄'에서 자세히 이야기할 겁니다). 그러나 당신 자신에게도 만족스럽지 않고 당신 가족 또한 당황스럽게 하는 파트너를 선택하는 패턴이 당신에게 있다면, 당신은 아마도 반항하고 있는 것인지 모릅니다.

**브렌다는 부모에게 복수하기 위해 어떻게 남자들을 이용했나**

브렌다의 이야기는 이런 관계유형을 보여 주는 전형적인 예라 할 수 있습니다. 브렌다는 33세 역사학자로서 보수적인 유태인 집안에서 태어났습니다. 그녀는 어렸을 때부터 좋은 집안의 유태인 남자와 결혼해야 한다는 말을 들으면서 자랐습니다. 아버지는 매우 엄격하고 구식을 고집하는 사람이었죠. 비록 아버지에게 인정받지 못하는 것을 두려워했지만, 브렌다는 부모님을 사랑했고 고등학생이 될 때까지 변변한 데이트를 한 번도 하지 못했습니다.

대학에 진학하기 위해 브렌다가 뉴욕을 떠나게 되면서 모든 것이 변했습니다. 그녀는 갑자기 남자들에게 관심을 갖게 되었고, 2개월 만에 흑인 법대생과 첫 번째 성관계를 가졌습니다. 브렌다는 부모님께 그 사람에 대해 말하지 못했고, 그와의 관계가 끝났을 때 안도의 숨을 쉬었습니다. 하지만 그녀의 안도감은 오래 가지 않았습니다. 3주 후에 동아리 파티에서 한 흑인 남자를 만나게 되었고 그날 밤을 그와 함께 보냈습니다.

브렌다는 대학 4년 동안 서너 명의 흑인 남자들과 사귀었는데, 모두 유태인이 아니었으며 어느 누구도 부모님께 알리지 않았습니다. 졸업 후 그녀는 대학원 진학을 위해 뉴욕으로 돌아왔고, 그곳에서 미술사를 전공하는 에드워드를 만났습니다. 이번에는 꽤 진지한 관계였기 때문에 두 사람은 동거에 들어갔습니다. 부모님을 속이면서 관계를 유지하기 위해 2년 동안 노력했지만, 결국 포기하고 전화통화 중 이러한 사실을 발설하게 되었습니다. 부모님은 예상한 대로 반응했고, 3개월 동안 브렌다에게 말조차 걸지 않았습니다. 마침내 다시 연락을 했을 때, 부모님은 '그 사람의 이름이 무엇인지'에 대해 이야기하는 것조차 거부했습니다.

1년 후 브렌다는 에드워드와 헤어졌습니다. 그녀는 일에 전념했고, 뉴욕에 있는 가장 좋은 박물관에서 일을 하게 되었습니다. 친구들은 그녀에게 남자를 소개시켜 주려 했습니다. 어떤 때는 유태인이었고 어떤 때는 그렇지 않았지만, 브렌다는 몇 번 데이트를 하고 난 후 이내 상대방에 대해 흥미를 잃었습니다. 직장동료들이 브렌다의 서른한 번째 생일을 기념해서 파티를 열어 주었는데, 그곳에서 침례교인이자 흑인이면서 기혼자인 미술사 교수 로버트를 만났습니다.

저는 제가 주최했던 세미나에서 브렌다를 만났습니다. 그녀는 제가 쓴 책들을 읽었고 도움을 필요로 하고 있었습니다. 그녀는 여전히 로버트를 사랑하고 있었지만, 그는 여전히 아내와 이혼하지 않은 상태였습니다. 브렌다는 그에 관한 이야기를 담은 편지를 부모님께 보냈는데, 부모님은 전혀 들은 바 없다는 식으로 반응했습니다. "전 너무 혼란스러워요. 제가 어떤 패턴에 꽉 막혀 있다는 걸 알지만 그게 뭔지 도무지 이해할 수 없어요."

저는 브렌다에게 앞서 언급했던 목록을 작성해 보라고 요청했습니다.

| 부모님이 나한테서 원하는 것 | 내가 택한 사람 |
|---|---|
| _ 백인 | _ 흑인 |
| _ 유태인 | _ 가톨릭교인, 침례교인, 다른 기독교인 |
| _ 미혼 | _ 관계에 전념하지 못하는 사람이나 기혼자 |
| _ 성공한 사람 | _ 때때로 성공한 사람 |

"명백하지 않나요?" "맞네요." 브렌다는 쓴웃음을 지었습니다.

"이런 식으로 생각한 적이 없었어요. 하지만 솔직히 부모님을 화나게 하고 걱정 끼치게 하는 걸 내심 좋아했다는 것은 인정해야겠네요. 하지만 전 그 사람을 사랑해요. 그런데 제가 왜 부모님에게 상처를 주려고 하는 거죠?"

"부모님께 상처를 입히려는 것이 아니라 자신을 부모님으로부터 독립한 나름대로 독특한 사람으로 규정하려고 노력하는 것입니다. 반항하는 것 역시 꼭 의식적으로 결심해서 하는 것은 아니에요. 당신 자신도 원하는 일이지만 그것이 부모님의 기대를 따르는 것처럼 여겨지면, 당신은 무의식적으로 힘겨루기에 들어갑니다. 무의식적으로 그분들에게 반항함으로써 당신의 자율성과 독립을 선언하고 있는 거죠. 하지만 건강하지 않은 방식으로 행동한 겁니다."

> **해결책** 만일 부모님께 반항하기 위해 파트너를 선택하는 패턴이 당신에게 있는 것으로 의심된다면, 부모님의 기대에 부응하려는 것으로부터 자유로워지고 싶은 당신의 욕구를 조절할 수 있어야 합니다. 일단 반항하려는 욕구에서 자유로워지면 그 사람이 흑인이든, 백인이든, 유태인이든 사랑에 빠질 수 있을 겁니

다. 충동 때문이 아니라 스스로의 선택에 의해 사랑을 하게 될 것입니다. 전문적인 상담을 받아 보세요. 상담을 통해 당신의 애정생활을 관통하고 있는 어린 시절의 경험과 기억들을 이해하고, 거기서 벗어날 수 있도록 도움을 얻기 바랍니다.

## 관계 유형 09
### 전에 사귄 사람에 대한 반작용으로 새로운 파트너를 선택한다

제 생각엔 모든 사람들이 한 번쯤 이런 실수를 범했을 거라 생각합니다. 사귀던 사람과 헤어지면 그 사람과 다른 사람이 아닌 완전히 정반대의 사람을 선택하는 것입니다. 이러한 예로 다음과 같은 경우를 들 수 있습니다.

- 전남편은 재미없고 행동이 늘 뻔했는데, 새로운 남자친구는 거칠고 책임감이 없다.
- 이전 남자친구는 야망이 없고 직업적으로도 활력이 없었지만, 새로운 남자친구는 당신보다 돈을 더 좋아하는 일벌레다.
- 이전 여자친구는 요구하는 것이 많고 매달리고 지나치게 의존적이었지만, 새로운 여자친구는 마음을 터놓는 것조차 힘들어하고 늘 당신으로 하여금 그녀의 마음을 추측하게 한다.
- 전 부인은 충실하고 사랑스럽지만 얌전을 빼고 성적인 것에 대해 불편해했는데, 새로운 여자친구는 노골적이고 호색적인 섹스광이다.

이렇게 한 극단에서 다른 한 극단으로 그네를 타듯 옮겨가는 것은 우리의 무의식적인 마음과 의사소통하는 일종의 원시적인 방법입니다. 이것은 마치 당신의 뇌에다가 이렇게 말하는 것과 같습니다. '이봐, 그 사람과 보냈던 시간이 비참하지 않았어? 그 사람 돈도 못 벌고 열심히 일도 안 했어. 겁쟁이 같으니라고! 다신 그런 일 겪지 않을 거야.' 당신은 마치 충실한 종처럼 이런 정보를 받아들이고 다음과 같이 재프로그래밍합니다.

'이전에 사귄 사람은 돈도 없고 박력도 없고 적극적이지도 못했어. 앞으로 사귈 사람은 돈도 있어야 하고 박력도 있어야 하고 적극적이어야 해. 재프로그래밍 완수!'

그런 다음 당신은 성공하고 물질을 숭배하고 하루에 12시간씩 일을 하는 매우 적극적인 사람에게 끌리게 됩니다. 잠시나마 천국에 사는 것 같습니다. "새 남자친구는 정말 대단해."라고 당신 친구들에게 자랑합니다. "이전 남자친구와는 완전 딴판이야." 그러나 어느 날 당신은 새 남자친구가 지나치게 공격적이고, 지나치게 물질에 집착하며, 지나치게 일에 중독되어 있고, 결국 당신이 행복하지 않다는 것을 깨닫습니다. 이때가 바로 관계를 청산하고 개나 한 마리 키우고 싶다는 생각이 들 때입니다.

이전 관계에서 부족했던 점을 새로운 관계에서 구하는 것이 잘못은 아닙니다. 새로운 파트너를 선택할 때 가장 중요하게 고려하는 점이 이전 파트너에게서 가장 불만족스러웠던 것이라는 사실은 어쩌면 자연스러운 일입니다. 하지만 없었던 특징만을 찾는다면 실수를 범하게 됩니다.

### 상냥함에서 저속함으로: 마빈의 이야기

46세 영업사원인 마빈의 이야기는 이런 관계 유형의 전형적인 예입니다. 마빈은 고등학교를 졸업할 즈음 첫 번째 아내인 셜리를 만났습니다. 그때 마빈은 열여덟이었고, 셜리는 열일곱이었습니다. "제 가족은 셜리를 좋아했어요. 그녀는 완벽한 아내감이었죠. 상냥하고 사랑과 교양이 넘쳤어요. 저는 여자를 사귀어 본 경험이 별로 많지 않아서, 솔직히 셜리가 저를 그렇게 좋아해 주는 것에 우쭐하기까지 했어요. 2년 후 우리는 결혼했고, 결혼식 날 저는 제가 위대한 선택을 했다는 것을 확신했어요. 그런데 신혼여행을 갔을 때 문제가 시작되었지요. 셜리는 처녀였고 섹스하는 걸 별로 좋아하지 않았어요. 저도 성에 관해서는 그녀보다 나을 것이 없어서 시간이 흐르고 자꾸 하다 보면 셜리가 나아질거라 생각했어요. 하지만 그렇지 않았어요. 저와 섹스하는 걸 거부한다는 것은 아니에요. 과연 셜리가 거부한 적이 있었나 싶어요. 그녀는 헌신적인 아내이자 훌륭한 엄마지만, 애인으로서는 전혀 저를 만족시키지 못했습니다. 언젠가 셜리가 앞으로 우리가 섹스를 하지 않게 되더라도 그걸 그리워하지는 않을 거라고 말하더군요."

"그렇게 15년을 살았고 아이도 셋을 낳았지만, 저는 더 이상 견딜 수가 없었어요. 저는 몇 년 동안 다른 여자들에 대해 상상했어요. 바람을 피운 적은 없었지만 그럴 뻔한 적은 몇 번 있었어요. 마흔 번째 생일이 지났을 때 무언가가 저를 후려쳤고 짐을 싸서 떠났습니다. 물론 슬펐죠. 하지만 다시 숨을 쉬는 것 같은 느낌이었어요."

"4일 후 어느 술집에 갔는데, 그곳에서 달라를 만났어요. 그녀에게서 눈을 뗄 수가 없었습니다. 제가 본 가장 섹시한 여자였어요. 우리는 몇 시간 동안 이야기를 나누고 춤을 추었어요. 그녀가 자기 집으로 가자고 했어요. 우리는 밤새 섹스를 했고, 저는 마치 죽어서 천국에 간 듯한 느낌이었어요."

"저는 이 세상에서 가장 행복한 남자였습니다. 셜리와 아이들에게는 미안했지만 정말 너무 좋은 시간을 보냈어요. 달라는 거칠었어요. 아침, 점심, 저녁으로 저를 원했어요. 그러던 어느 날, 달라는 제가 원하는 것이 무엇이냐고 묻더군요. 저는 그녀가 농담하고 있다고 생각해서 그녀를 붙잡고 한 번 추측해 보라고 말했죠. 그랬더니 그녀가 결혼하고 싶다고 말하더군요. 저는 솔직히 그렇게 생각해 본 적은 없었지만 말이 된다고 생각했어요. 우리는 행복했고 즐거운 시간을 보내고 있었으니까요. 그 밖에 또 뭐가 있겠어요? 그 다음 주말 우리는 라스베이거스로 날아가서 결혼했습니다."

"그 후로 모든 것이 명백해지기 시작했어요. 제 딸들을 저녁식사에 초대해서 달라를 만나게 한 그 저녁부터 시작되었죠. 달라는 제가 보기에는 조금 도발적이라 생각되는 옷을 골라 입었어요. "당신이 늘 이 옷을 좋아했잖아."라고 그녀가 소리치더군요. 그래요, 맞는 말이에요. 하지만 그때 저는 제 딸들의 눈으로 그녀를 보고 있었기 때문에 갑자기 그녀가 값싼 매춘부처럼 보이더군요. 마치 꿈에서 깨어난 것 같은 느낌이었어요. 놀기 좋아하고 재미를 추구하는 그녀의 성격이 저를 짜증나게 했고, 왠지 그녀가 천하고 불경스러워 보였어요. 믿거나 말거나 저는 그녀를 셜리와 비교하기 시작했습니다. 그때 제가 문제에 빠져 있다는 것을 알게 되었고, 두 달 후 달라를 떠났습니다."

"그 후로 저는 혼자 살았어요. 지금 너무 혼란스러워요. 제가 무엇을 원하는지 모르겠어요. 심지어 설리를 떠난 것이 잘못된 결정이었나 싶어요."

마빈은 성적이지 않은 어머니 타입의 설리에서 매춘부 같은 나쁜 여자 타입의 달라로 옮겨갔던 것입니다. 그는 설리에게서 얻지 못했던 것을 구하는 데 너무 몰두해 있었기 때문에 그것만 찾았지 그 밖의 다른 것들은 보지 못했던 거죠. 마빈의 문제를 치유하기 위해서는 그가 진정으로 원하는 것이 무엇인지를 깨달으면서 균형 있게 그것들을 제공할 수 있는 파트너를 찾아야 했습니다.

> **해결책**  이제 막 만족스럽지 못하고 좌절을 경험한 관계를 끝냈다면, 헤어진 사람과 정반대의 성격을 소유한 파트너를 고르는 것을 특히 조심하세요. 당신이 원하는 모든 특성들을 지니고 있는 사람을 찾아서 균형 있는 관계를 맺기 바랍니다.

### { 관계 유형 10
### 당신 파트너는 소유할 수 없는 사람이다 }

제가 이 관계 유형을 맨 마지막에 둔 이유는 여러 면에서 관계로 정의할 수가 없기 때문입니다.

당신 파트너에게 요구할 첫 번째 필수조건은 온전히 그를 당신 것으로 소유할 수 있어야 한다는 것입니다. 여러분 중에 '소유할 수 있다는 것'이 무엇을 의미하는지 모르는 척하는 사람이 있다면 그것의 정의를 말해 보겠습니다.

※ 자유롭게 당신과 관계를 맺을 수 있다.

※ 다른 누구와도 관계를 맺고 있지 않다.

※ 결혼하지 않았다.

※ 약혼하지 않았다.

※ 고정된 데이트 상대가 없다.

※ 다른 사람과 자지 않는다.

※ 혼자다.

※ 독신이다.

※ 당신 거다.

반면, 다음은 소유할 수 있다는 것의 정의가 아닙니다.

※ 함께 지내지만, 곧 헤어질 것이다.

※ 함께 지내지만, 진정으로 사랑하는 것은 아니다.

※ 함께 지내지만, 더 이상 섹스를 하지 않는다.

※ 함께 지내지만, 단지 아이들 때문에 살고 있다.

※ 함께 지내고 헤어지지는 않겠지만, 당신이 주변에 계속 있어 주기를 원한다.

※ 누군가와 헤어진 지 얼마 안 됐고, 다시 그 사람에게로 돌아갈지도 모른다.

결혼한 사람이나 이미 다른 사람과 관계를 맺고 있는 사람들을 멀리하세요!

상황이 어떻든 이유가 무엇이든 상관없습니다. 결과는 같을 것입니다. 결국 마음에 상처를 입을 테니까요.

다음과 같은 경우 소유할 수 없는 사람을 선택할 가능성이 많습니다.

* 어렸을 때 부모에게서 버림받았다고 느꼈다. 소유할 수 없는 사람을 선택함으로써 이런 패턴을 성인이 된 이후에도 반복하게 되는 것입니다.

* 자존감이 낮다. 당신이 제대로 기능하지 못하는 가정에서 자라나 아주 낮은 자존감을 지니게 되었다면, 당신만을 위한 파트너를 가질 만큼 당신이 가치가 없다고 느끼기 때문에 상대방이 누구든 가질 수 있다면 취하려고 할 것입니다.

* 친밀해지는 것을 두려워한다. 소유할 수 없는 파트너와 관계를 맺는 것은 친밀한 관계를 회피하는 좋은 방법입니다. 어렸을 때 성적으로 또는 신체적으로 학대를 당해 자신의 고유한 경계가 침범당했다면, 혹은 다시는 상처를 입을 만큼 누구와도 가까워지지 않을 거라 결심했다면, 당신을 고통으로부터 보호하기 위한 무의식적인 방편으로서 진정으로 소유할 수 없는 파트너를 선택하게 되고 그 관계가 편하다고 느낄지 모릅니다.

> **해결책** 몹시 끌리는 사람을 만났는데 그 사람이 이미 결혼했거나 다른 사람을 사귀고 있다고 해서 당신이 절대로 그 사람과 함께할 수 없다는 것을 의미하는 것은 아닙니다. 이 경우 다음과 같이 말해야 합니다.
> "당신을 정말 좋아해요. 하지만 저에게 규칙이 있어요. 현재 다른 누군가를 사귀고 있는 사람과는 절대 관계를 맺지 않는다는 것이죠. 만일 당신이 그 관계를 청산하게 된다면 저에게 알려 주세요." 그리고 만일 당신이 이미 결혼했거나 다른 사람과 사귀고 있는 사람과 관계를 맺고 있다면 용기를 내서 다음과 같이 말하기 바랍니다. "당신을 무지 사랑해요. 하지만 지금 우리가 하고 있는 일은 어느 누구를 위해서도 건강하지 못해요. 더군다나 이런 식의 취급을 받기엔 제가 저 자신을

> 너무 사랑해요. 더 이상 당신을 만날 수 없을 것 같네요. 당신이 그 사람과 헤어지게 된다면 저에게 알려 주세요."

이미 다른 사람과 관계를 맺고 있는 사람을 사귀게 된다면,
그것은 다른 사람을 사랑하다 남은 찌꺼기 사랑을
받아들이는 것과 마찬가지다.

잊지 마세요. 당신은 이런 종류의 사랑보다 더 가치 있는 사랑을 할 자격이 있습니다.

지금까지 기술한 10가지 유형의 관계를 읽고 어떤 종류의 관계가 남아 있겠냐고 질문할 수도 있을 겁니다. 당신이 그 사람을 딱하게 여겨서가 아니라, 그 사람이 당신을 돌봐 주기를 원해서가 아니라, 혹은 그 사람의 가능성을 사랑해서가 아니라, 그 사람이 당신의 정서적인 욕구들을 충족시켜 주고 있기 때문에 그 사람을 사랑하는 건강하고 사랑으로 가득한 관계들이 분명 존재합니다. 당신이 옳은 사람을 사귀고 있는지를 구별할 수 있는 방법에 대해서는 8~12장에 걸쳐 자세히 다룰 것입니다. 그렇게 되면 정말로 건강한 관계를 만들어 갈 수 있을 것입니다.

## 06 S·t·o·r·y
# 치명적 결함

만일 당신이 올바른 파트너를 사귀고 있는지 확인하기 위해 위대한 교훈을 얻고 싶다면 대형 마트에 가서 과일과 야채를 고르는 사람들을 잘 지켜보기 바랍니다. 한 여성이 바나나를 이리저리 주의 깊게 살펴보고 있습니다. 우선 색깔을 보고, 너무 익은 것은 아닌지 확인하고, 너무 푸른빛이 나지는 않는지도 살펴봅니다. 그런 후에 어디 상처가 난 곳은 없는지 앞뒤로 확인합니다. 마지막으로 바나나 꾸러미를 손에 들고 다른 것들과 비교해서 적당한 양의 바나나를 골랐는지 확인합니다. 그런 후에야 바나나를 바구니에 담습니다.

이 손님은 흠이 있는 농산물을 사지 않으려고 충분히 시간을 들여 바나나를 사고 있습니다. 그녀는 가장 좋은 물건을 원하고 있고, 그래서 더 좋은 물건을 사기 위해 결함을 발견하도록 스스로를 훈련시켰던 것입니다.

이 장에서는 결함에 관한 것들을 다루게 될 겁니다. 물론 과일이나 야채에 있는 그런 종류의 결함이 아니라 사랑의 대상을 고를 때 발견하게 될 결함을 말합니다. 저는 이런 종류의 결함을 '치명적 결함(fatal flaws)"이라 부르는데, 이는 관계를 힘들게 하는 것에서부터 악몽처럼 느껴지게 만드는 특성들을 말합니다.

그러나 사랑하는 사람이 하나 혹은 그 이상의 특성을 지니고 있다고 하더라도 그 사람과 관계를 맺을 수 없다는 것을 의미하지는 않습니다. 다만 이런 인격상의 결함으로 인해 관계를 오래 지속시키는 데 악영향을 미칠 수도 있다는 말입니다.

우리 중 어느 누구도 완벽한 사람은 없으며, 우리 모두 애정생활에 영향을 미칠 수 있는 결함들을 지니고 있습니다. 하지만 이런 특성 중 어떤 것들은 다른 것들에 비해 훨씬 더 위험하고 파괴적인데, 이 장에서는 바로 이런 결함들에 관해 이야기하려 합니다.

**경계해야 할 파트너의 치명적 결함**

1. 중독  2. 분노
3. 피해의식  4. 통제광
5. 성기능 장애  6. 성숙하지 못함
7. 정서적 부재
8. 이전 관계로부터 회복되지 않음
9. (현재까지 영향을 미치는) 어린 시절에 겪은 정서적 피해

### { 치명적 결함 01 }
# 중독

스스로를 속이지 마세요. 중독 문제가 있는 파트너와 사귀는 것은 마치 불을 가지고 장난치는 것과 같습니다. 당신은 아마도 곧 그 불에 데일 겁니다. 너무 강하게 시작했나요? 글쎄요, 저는 지난 수년 동안 중독의 문제가 있는 사람을 사랑했던 사람들한테서 끔찍한 이야기를 들었습니다. 마음에 큰 상처를 입고 가정마저 파괴된 사람들을 지켜보았습니다. 저는 이렇게 말하고 싶습니다. "제가 그렇게 말했잖습니까? 불에다가 손을 넣으면 데일 거라고요. 움직이는 차 앞으로 걸어가면 치일 겁니다. 만일 당신이 알코올중독자나 마약중독자를 사랑하게 된다면 상처를 입을 겁니다. 피할 수 없는 일이죠." 이 문제에 대해 정중하고 상냥하게 이야기할 수 있는 방법은 없습니다. 비록 당신이 중독자라고 하더라도 제가 이런 식으로 말하는 것에 대해 사과하고 싶지는 않습니다. 당신은 들어야 합니다. 왜냐하면 당신은 지금 당신이 사랑하는 사람들에게 상처를 주고 있기 때문입니다.

### 어떻게 중독이 관계를 해치는가

중독성 있는 물질이 야기하는 생리적인 해로움에 대해서는 잘 기록되어 있지만, 정서적 해로움 또한 이해해야 합니다. 그 첫 번째 문제는 이렇습니다.

중독의 문제가 있는 사람을 사랑할 때,
당신은 삼각관계에 놓여 있는 것이다.
당신, 파트너 그리고 파트너가 중독되어 있는 것

만일 파트너가 중독자라면, 그 사람은 당신 이외의 다른 것과 사랑에 빠져 있는 것입니다. 사실 그 사람은 바람을 피우고 있는 것입니다. 그 사람이 중독되어 있는 그것이 바로 당신의 연적인 것입니다. 그것이 그 사람의 시간, 관심 그리고 정신을 당신에게서 빼앗아 갈 것입니다. 그리하여 당신이 다른 여자 또는 남자를 싫어하는 만큼 중독물을 싫어하게 될 것입니다.

두 번째 문제는 중독자를 사랑하는 것이 노예를 사랑하는 것을 의미한다는 것입니다. 당신 파트너는 자신의 주인이 되어 버린 마약, 술, 섹스, 도박 등의 노예가 되어 버렸습니다. 우리가 중독될 수 있는 것에는 도박, 쇼핑, 카페인, 담배 등 수십 가지가 있습니다. 이런 것들 역시 중독된 사람들에게 영향을 미치지만, 마약이나 술만큼 관계에 치명적인 영향을 미치지는 않습니다. 따라서 이 두 가지에 초점을 맞춰 이야기를 하겠습니다.

중독자를 사랑하는 것은
자유롭지 못한 사람을 사랑하는 것이다.

중독자에게 자신이 노예라는 사실을 인정하게 만드는 것은 매우 어렵습니다. 왜냐하면 그 사람은 자신의 주인인 그 행동이나 물질에 의해 지배를 받고 있기 때문입니다. 그리고 그는 자신의 무력감을 부인함으로써 이것을 덮어 버립니다. 그 자신이 무엇인가에 중독되어 있다는 것을 인정하는 것은 자신이 무기력하다는 것을 인정하는 것으로 스스로에게 놀랍고 부끄러운 경험입니다. 중독이 그토록 끔찍한 것은 바로 이러한 이유 때문입니다.

중독이 관계에 미치는 세 번째 부정적인 영향은 중독으로 인해 당신 파트너가 당신과 친밀해지기 힘들다는 겁니다. 중독성이 있는 물질은 인간의 느끼는 능력을 마비시킵니다. 이것이 바로 사람들이 술을 마시고 마리화나를 피우는 이유입니다. 실제로 현재 느끼고 있는 기분을 좋아하지 않고, 다만 더 좋은 기분을 느끼고 싶어 합니다. 더 좋은 기분이라는 것은 바로 아무것도 느끼지 않는 것을 말합니다. 술이나 마약에 취해 기분이 고양되면 자신의 안팎에서 무슨 일이 벌어지고 있는지는 안중에 없습니다. 이렇듯 습관화된 정서적 마비로 인해 당신이 바라는 만큼 그 사람은 느끼기가 힘듭니다.

중독성이 있는 물질은
온전하게 느끼는 능력을 앗아간다.

## 술과 사랑에 빠진 사람을 사랑하기

알코올중독자들은 단순히 종이백에 술을 숨기고 비틀거리며 거리를 배회하는 사람들이 아닙니다. 너무나 술에 취해서 계속해서 술을 마셨을 것 같은 사람들도 아닙니다. 알코올중독자들은 제대로 기능하기 위해 알코올이 필요한 사람들이고, 그들에게 알코올은 일관된 삶의 한 부분입니다. 알코올중독자는 하루 종일 술을 마실 수도 있습니다. 하지만 매일 밤 일과 후에 몇 잔의 술을 들이키는 사람 역시 알코올 중독자입니다. 낮에 술을 마시지 않는다고 해서 당신이 알코올중독자가 아니라고 말할 수는 없습니다. 또한 당신이 독한 술을 마시지 않는다고 해서 알코올중독자가 아니라고도 말할 수 없습니다. 포도주든 맥주든 마찬가지입니다.

그리고 주말 알코올중독자들이 있는데, 그들의 행동이 사회적으로 용인되기 때문에 가장 위험한 집단입니다. 주중에는 술을 마시지 않지만, 주말이면 밖에 나가 술을 마시는 것이 그들이 주로 하는 행동입니다. 즉, 데이트를 하거나 파티에 가면 으레 몇 잔의 술을 마시는 여성, TV로 스포츠경기를 관람하면서 친구들과 맥주 몇 병을 마시는 남성, 매주 토요일 밤 섹스를 하기 전에 와인 또는 샴페인 한 병을 마시는 커플 역시 알코올중독의 위험에 노출된 사람들입니다.

주말에 맥주 한 캔을 마신다고 알코올중독자가 되는 것은 아닙니다. 하지만 일과 후 매일 밤 몇 캔의 맥주를 마신다면 그렇습니다. 일주일에 한두 번 정도 한 잔의 와인을 마신다고 알코올중독자가 되는 것은 아닙니다. 그러나 매일 저녁 몇 잔의 와인을 마신다면 그렇습니다.

누군가를 알코올중독자로 인지하는 것과 관련된 문제 중 하나는 우리가 약물남용이 정상인 사회, 심지어 멋으로 여겨지는 사회, 특히 통제된 음주문화가 용인되는 사회에 살고 있다는 것입니다. 저는 매번 비행기를 탈 때마다 항공기 승무원이 탄산음료와 함께 술을 승객들에게 제공하는 것을 지켜보면서 마음이 씁쓸해집니다. 지난주 토요일에 남자친구와 함께 TV로 중계되는 미식축구 경기를 지켜봤는데 수십 번의 맥주 광고가 방영되는 것을 보았습니다. 처음에는 그것이 맥주 광고인지도 몰랐습니다. 바닷가, 산, 국립공원 그리고 잘생긴 젊은 이들이 육상경기를 하는 것을 봤을 뿐입니다. 그런 후 맥주를 보여 주더군요. 그렇다면 우리가 친구 집을 방문할 때 무엇을 들고 갈까요? 한 병의 와인이나 샴페인이겠죠. 심지어 우리는 친구들이 법적으로 술을 마실 수 있는 연령이 되면 그것을 축하합니다. 마치 그들이 뭔가 대단한 것을 이룬 것처럼 말이죠.

"아, 그게 뭐 크게 잘못된 것은 아니잖습니까?"라고 누가 저에게 되물을지도 모르겠습니다만 저는 동의하지 않습니다. 저는 매년 파트너의 음주 문제 때문에 관계가 파괴된 사람들에게서 수없이 많은 편지와 전화를 받습니다. 술을 마시는 대부분의 사람들은 자신의 문제를 완전히 부인하기 때문에 그들에게 문제가 있다는 것을 생각조차 하지 못합니다. 바로 이것이 가장 무서운 점입니다.

만일 당신이 술을 마시는 사람을 사랑한다면 다음과 같은 가능성에 대비해야 합니다.

* 일관되지 못하고 예측 불가능한 행동
* 갑자기 화를 내거나 난폭하게 행동함
* 계속해서 우울해함
* 무책임
* 정서적으로 무감각함
* 정서적 부재

- ✱ 성적인 욕구가 부족하고 성기능 장애를 보임
- ✱ 말다툼과 싸움
- ✱ 자주 기분이 좋지 않음
- ✱ 관계에 기복이 많음

## 게일이 치룬 음주와의 전쟁

32세의 게일이 제 토크쇼에 전화를 걸어 36세 데니와의 관계에 대해 조언을 구했습니다. "바버라, 도와주세요. 어떻게 해야 할지 모르겠어요. 데니를 많이 사랑하지만, 그 사람과의 관계가 너무 고통스럽고 전 지금 덫에 걸린 것 같아요." 게일은 데니를 처음 만났을 때를 설명했습니다. "그 사람은 재미있고 따뜻하고 예민했어요. 그래서 전 바로 이 사람이구나 싶었어요. 우리는 곧바로 사랑에 빠졌죠. 우리가 얼마나 공통점이 많은지 믿을 수가 없었어요. 사귀기 시작한 후 6개월 동안은 모든 것이 다 좋아 보였죠. 데니는 그렇게 많이 술을 마시지도 않았어요. 마셔도 주로 주말에만 마셨고 큰 문제가 아니라 생각했죠. 하지만 어느 순간 갑자기 데니가 주중 저녁에 함께 있을 때 술을 더 많이 마시기 시작했고, 짜증을 많이 냈으며, 이내 우리는 다투기 시작했어요. 저는 모든 것을 시도해 봤어요. 집을 나가서 걷기도 해 보고, 데니를 설득해 보기도 했으며, 그 사람에게 동의를 해 주기도 하고, 싸우기도 했어요. 하지만 결국 데니가 화를 내고 떠나요. 그리고는 다음날 전화를 해서 사과하고, 직장에서 스트레스 받는 일이 있었다거나 카드 빚 때문에 걱정이 돼서 그랬다고 말하죠. 이럴 땐 데니가 너무 다정하게 굴어서 결국 제가 용서합니다. 하지만 벌써 몇 달 동안 이런 일이 계속되어 왔어요. 전 더 이상 그 사람의 언어적 학대를 견뎌낼 수 없을 것 같아요."

"게일, 데니가 알코올중독자라는 것을 알고 있나요?"

"글쎄요, 전 그렇게 말하지는 않을 것 같아요. 그렇게 많이 취하지는 않거든요." 그녀는 마음 약하게 대답했습니다.

"게일, 잘 들어보세요. 데니는 알코올중독자입니다. 만일 그가 술을 끊지 않는다면, 계속 이런 식으로 행동할 겁니다. 게일, 당신이 무엇을 하든 달라지지 않을 겁니다. 당신이 문제가 아닙니다. 그 사람의 음주가 문제예요."

게일은 울기 시작했습니다. "술을 덜 마시라고 말했지만 자기한테 이래라저래라 참견하지 말라고 하더군요. 그게 문제가 아니라고 했어요."

"게일, 바로 그것이 부인이라는 것입니다. 만일 그를 사랑한다면 그 사람에게 도움을 받으라고 말해야 합니다. 그가 그렇게 하지 않는다면, 그리고 당신이 당신 자신을 사랑한다면 데니를 떠나야 합니다."

게일 때문에 마음이 아파 왔습니다. 중독자를 사랑하는 다른 많은 사람들처럼 게일은 데니의 행동에 대해 책임을 느꼈고, 만일 그녀가 변한다면 데니가 술을 끊을 것이라고 믿었던 것입니다. 그들에게 남은 유일한 희망은 데니가 자신의 중독을 직면하는 데 있습니다. 가장 슬펐던 것은 처음 사귈 때 데니의 음주에 대해 변명을 하거나 구실을 찾기보다는 이 문제에 대해 좀 더 주의를 기울였다면 현재 느끼는 고통을 피할 수도 있었다는 것입니다. 더 큰 문제로 발전하기 전에 이 문제에 대해 이야기를 하지 않았기 때문에 악화되는 것을 막을 수 있는 기회를 놓쳤던 것입니다.

## 당신이 할 수 있는 일

만일 당신이 독신이라면, 누군가를 만났을 때 첫 만남부터 그 사람이 음주에 대해 어떤 가치관과 습관을 지니고 있는지 확인하세요. 그 사람의 행동을 주의 깊게 관찰하고, 당신 스스로를 속이지도 말고 그 사람을 위해 변명하지도 마세요. 상대방의 중독을 수용하기 위해 당신 자신의 신념이나 가치관을 양보하지 마세요.

만일 당신이 이미 관계를 맺고 있고 음주와 관련해서 상대방에게 문제가 있을 것으로 의심된다면, 이 부분을 읽고서 당신 파트너가 알코올중독자라고 의심되고 당신이 이 문제를 직면하는 것을 회피해 왔다고 느낀다면 지금 당장 이 문제를 다루도록 하세요. 당신 파트너에게 최후통첩을 주세요. 전문적인 도움을 받아 알코올중독을 다루지 않는다면 관계는 끝이 나게 됩니다. 이 말이 매몰차게 들릴지 모르겠지만, 어느 전문가도 인내와 이해 그리고 사랑이 술을 끊게 하지는 않는다고 말할 겁니다. 어느 누구도 술을 끊을 '준비'가 안 되어 있습니다. 절대로 '쉽지' 않습니다. '적합한' 때가 있는 것도 아닙니다. '준비가 필요하다.' '쉬울 것이다.' '지금은 때가 아니다.' 라는 말들은 모두 변명에 불과합니다. 문제를 부인하고 있는 것입니다.

이렇게 생각해 보죠. 만일 당신 파트너가 갑자기 심장마비를 일으킨다면, 당신은 그에게 도움을 구하라고 요구할 겁니다. 자신은 괜찮다고 장황하게 설득하도록 내버려 두지 않을 겁니다. 그 사람을 사랑하니까요. 글쎄요, 당신 파트너는 아픈 사람입니다. 도움이 필요한 사람이죠. 도움을 구하라고 그에게 요구할 만큼 충분히 그 사람을 사랑하세요. 만일 당신 말을 듣지 않는다면 그 사람을 떠날 만큼 당신 자신을 사랑하기 바랍니다. 그렇지 않으면 결국 문제가 악화될 것입니다.

만일 당신이 이런 과정을 겪고 있다면 알코올중독자를 가족이나 친구로 둔 사람들을 위한 모임에 가서 당신에게 필요한 도움과 지원을 얻을 수 있을 겁니다.

만일 당신이 음주 문제를 지닌 당사자라면, 이 부분을 읽고 난 후 당신 자신이 음주 문제를 가지고 있다고 인정할 준비가 되어 있다고 생각된다면 우선적으로 해야 할 일은 도움을 구하는 것입니다. 친구나 가족에게 가서 당신이 회복되기 위해서는 그들의 지원이 필요하다고 말하세요. 잊지 마세요. 고통을 직면하는 순간 치유가 시작된다는 것을!

## 불법 약물을 사용하는 사람을 사랑하는 것

지금까지 술과 관련해서 이야기했던 것들이 모두 약물에 적용됩니다. 하지만 더 심각하다고 할 수 있는데, 몇 가지 이유 때문에 그렇습니다. 약물은 불법이고 비쌉니다. 약물남용자를 사랑한다는 것은 몇 가지 문제에 더 직면해야 한다는 것을 의미합니다. 저는 코카인을 사용한 남편 때문에 모든 재산이 거덜난 한 가정을 목격했습니다. 마약을 사기 위해 남자친구의 돈을 훔치는 여성도 보았습니다. 마약을 복용하고 팔다가 경찰에 붙잡힌 남편 때문에 자신의 꿈이 산산 조각난 어떤 부인을 지켜보아야만 했습니다.

약물은 여러 면에서 알코올보다 더 위험합니다. 그 이유는 약물이 신경계에 더 강력한 영향을 미치기 때문입니다. 알코올은 24시간 내에 혈류에서 사라집니다. 하지만 혈액검사를 해 보면 약물은 3개월까지 혈류체계에 흔적이 남아 있습니다. 이 말은 약물은 복용하고 난 후 3개월이 지나도 여전히 신체 화학작용에 변화를 일으키고, 우리가 사고하고 행동하고 느끼는 능력에 영향을 미친다는 것을 의미합니다.

저는 마리화나라는 약물을 강조하고 싶습니다. 마리화나에 대해 스스로를 기만하지 말기 바랍니다. 지속적으로 사용하면 정서적으로 그리고 인지적으로 무감각해지고 열정 또한 사라집니다. 문제는 마리화나가 비교적 해롭지 않게 보인다는 겁니다. 그래서 마리화나를 사용하는 것을 찬성하는 사람들은 마리화나를 사용하는 것이 술을 마시는 것과 별반 다르지 않다고 주장합니다. 이것은 틀린 말입니다. 마리화나를 피우면 그 장기적인 효과는 미묘해도 아주 강력합니다. 기억력을 감소시킬 수 있고, 신체적인 무기력감을 야기하며, 한쪽 뇌와 다른 한쪽 뇌 사이의 의사소통을 간섭하여 결국 명료하게 사고하는 것을 방해합니다. 마리화나를 장기간에 걸쳐 사용한 사람들은 일종의 '뭐라구요? 제가 걱정된다구요?'와 같은 태도를 보이는 경향이 있습니다. 그들은 이것을 '유유자적'하는 여유로운 삶의 태도라고 부를지 모르겠지만, 자세히 들여다보면 사실은 정서적으로 무감각한 상태에 빠져 있는 것입니다.

저는 대학 시절 한 달에 몇 번 정도 마리화나를 피웠던 사람들을 이야기하려는 것이 아닙니다. 마리화나가 삶의 한 부분이 되어 버린 사람들, 즉 수년에 걸쳐 마리화나를 매일 또는 일주일에 한 번씩 피우는 사람들에 관해 이야기하고 있는 것입니다.

### 마리화나로 인해 성장이 멈추어 버린 카라의 남편

카라는 제 라디오쇼에 전화를 걸어 무너져 가고 있는 자신의 결혼 생활에 대해 조언을 구했습니다. 카라는 38세였고, 남편 닉은 39세였습니다. 닉은 게으르고 무책임한 사람이었는데, 카드 대금을 지불하는 것도 잊어버리고, 일하기를 싫어하며, 직장에서 해고당하기 일쑤였고, 정서적으로도 소원하고 멀게 느껴지는 사람이었습니다. "제가 마치 닉의 엄마가 된 것 같아요. 어떤 것도 그를 믿을 수가 없어요." 카라의 이런 불평에 "남편이 왜 그렇게 행동한다고 생각하세요?"라고 제가 질문했습니다. "네, 알아요. 그 문제에 대해 직면하고 싶지 않았지만, 남편이 마리화나를 피운다는 게 문제예요. 늘상 피워요. 저희가 처음 만났던 20대엔 우리 둘 다 파티에서나 주말에 피웠어요. 저는 간호학교에 입학하면서부터 끊었지만, 그 사람은 전혀 그렇지 않았어요. 그 사람 말로는 하루를 정리하면서 마리화나를 피우면 긴장이 해소되고, 특히 주말엔 자신에게 특별한 선물을 준다는 의미에서 마리화나를 피운다고 하더군요. 하지만 진실은 마리화나가 그 사람을 완전히 무디게 만든다는 거예요. 그 사람이 무엇인가를 느낀다는 생각이 안 들어요. 그 사람이 기분이 좋을 때는 아주 멀리 떨어져 있는 것처럼 느껴져요. 성생활이라는 건 존재하지도 않고요. 더 이상 성관계에 신경 쓰지 않는 것 같아요. 제가 이런 문제에 관해 이야기하려고 하면, 그는 오히려 저보고 강박적이지 말고 침착하라고 말합니다. 하지만 그럴 수 없어요! 몇 년 동안 이 문제를 모른 척해 왔지만 너무 화가 나서 소리지르고 싶은 지경까지 왔어요!"

닉은 마리화나에 중독됨으로써 정서적으로 기능하지 못하게 되었고, 영구적인 무기력 상태에 빠지게 됨으로써 더 이상 성장하지 못했던 것입니다. 저는 이런 패턴을 수없이 관찰했습니다. 카라처럼 어떤 사람들은 마리화나를 지속적으로 사용하는 것이 문제의 근원이라는 것을 알고 있습니다. 하지만 어떤 사람들은 마리화나가 해롭지 않다고 믿기 때문에, 제가 이런 식으로 마리화나의 문제를 지적하게 되면 놀랍다는 표정을 짓습니다.

카라와 닉의 이야기는 행복한 결말로 끝났습니다. 몇 달 후 카라한테서 한 통의 편지가 날아왔습니다. 라디오쇼로 전화를 걸었던 그날 밤 카라는 닉과 마주 대하고는 닉이 이 문제를 직면하고 전문적인 도움을 구하지 않으면 떠나겠다고 위협했습니다. 닉은 처음에는 자신이 변하고 싶은 욕구에서라기보다는 두려움 때문에 동의했지만, 전문가의 도움으로 마리화나를 끊게 된 겁니다.

"처음에는 닉에게서 큰 변화를 느끼지 못했어요. 하지만 천천히 그가 되살아났습니다. 잠도 적게 자고, 더 열심히 일하며, 성적인 욕구가 되돌아왔어요. 닉은 자신이 얼마나 마리화나에 중독되어 있었는지를 깨닫게 되었어요. 그러자 완전히 딴 사람처럼 보였지요. 고맙습니다, 바버라 박사님."

## 사랑과 어울리지 않음

약물에 중독된 사람과 사귄 적이 없었다는 점에서 저는 운이 좋았다고 생각합니다. 하지만 제가 사귄 사람이 약물로 인해 저와 함께 있었던 시간을 진정으로 함께할 수 없었다는 것을 알고 난 후 고통을 경험한 적은 있습니다. 몇 년 전 저는 아주 강렬하고 힘들었던 관계를 끝냈는데, 제가 원하고 가치있게 여기는 방식으로 저를 사랑해 주지 않았다는 것이 부분적인 이유였습니다. 헤어지고 몇 달이 지나서 우리는 어느 레스토랑에서 만나 그동안 둘 사이에 무슨 일이 있었는지 이야기할 기회가 있었습니다. 테이블 건너편에 앉아서 파스타를 먹고 있던 저는 그의 말을 듣고 완전히 충격에 휩싸였습니다. "바버라, 우리가 함께 지낼 때 내가 마약을 했어." 어떻게 그럴 수 있죠? 전 이 남자와 함께 살았습니다. 그 사람은 제가 약물을 복용하는 것에 대해 어떻게 생각하는지 알고 있었습니다. 제가 알지 못한 채 어떻게 그 사람이 마약을 복용할 수 있었던 거죠?

이야기는 우리가 함께 휴가를 떠났던 때로 이어졌는데, 그 사람은 그곳에서도 마리화나를 사서 피웠다고 했습니다. 그리고 어떤 때는 3일 연속 집에서 마리화나를 피웠다고 했습니다. "당신은 늘 뭔가가 잘못되었다는 걸 알고 있었어."라고 그가 고백했습니다. "당신은 왠지 내가 멀리 떨어져 있다고 나무라곤 했거든. 나는 마리화나를 피울 때마다 당신에게 싸움을 걸었고, 내 성적 욕구는 사라지곤 했지." 갑자기 모든 것이 이해가 되었습니다. 우리가 바닷가 휴양지로 여행 갔을 때에도 그 사람의 기분은 말이 아니었고, 갑자기 기분이 바뀌어 뚜렷한 이유 없이 싸움을 걸어서 힘들었던 기억이 납니다. 제가 너무 자주 느꼈던 기분이었는데, 그 사람이 왜 그렇게 행동했는지 이유를 듣고 나니 답답함이 풀리는 것 같았습니다.

돌이켜 보면 화가 납니다. 제가 사랑했던 사람이 저도 모르게 자신의 의식을 바꾸기로 마음먹었다는 것이 화가 납니다. 저는 그 사람보고 더 느껴 보라고 요구하고 있었는데, 그는 오히려 아무것도 느끼지 않으려고 약물을 사용했다는 것이 화가 납니다. 그가 마리화나에 취해 제가 닿을 수 없는 곳에 있다는 것을 상상도 못한 채, 그 사람의 변덕스러움과 무책임 그리고 그 성질머리를 이해하려고 노력했다는 것이 화가 납니다.

당신 자신을 속이지 마세요. 약물과 사랑은 어울리지 않습니다. 약물을 사용하면 타인과의 친밀한 관계를 유지할 수 있는 능력이 상실됩니다. 당신이 누군가와 친해지기 위해 약물에 의존하는 것은 바로 당신 자신을 속이는 것입니다.

### 처방 약물에 중독된 사람을 사랑하는 것

몇 년 전 저는 결혼생활에 어려움을 겪고 있던 고든이라는 남성과 상담을 하고 있었습니다. "해리엇은 엉망이에요. 늘 행동이 이상합니다. 어떤 스트레스도 견디지 못하는 것 같거든요. 아주 사소한 일에도 폭발해요. 앞으로 이런 일이 계속된다면 제가 그녀를 떠나야 하지 않나 생각합니다."

잠시 생각한 후 전 이렇게 말했습니다. "고든, 해리엇에 대해 가장 큰 불만이 뭡니까?"

"글쎄요. 제 생각엔 그녀가 늘 복용하는 그 빌어먹을 알약입니다."

"무슨 알약이죠?" 저는 해리엇을 알고 있었지만 그녀가 약을 복용하고 있었다는 것은 몰랐습니다.

"모르겠어요. 진통제, 신경안정제, 온통 수북하게 쌓여 있어요."

전 충격에 휩싸인 채 한동안 말없이 앉아 있었습니다. 해리엇이 알약 중독자라니! 믿기 어려웠지만, 그것이 고든이 묘사했던 모든 증상들을 설명해 줬습니다. 나는 고든에게 부인을 직면하고 즉시 전문적인 도움을 요청하라고 말했습니다.

며칠이 지나 해리엇에게 전화가 왔습니다. "바버라, 어제 의사를 만났어요. 전 지금 3주 동안 진행되는 해독 프로그램에 가입했구요. 당신이 옳았어요. 처방 약물에 중독되어 있으면서도 그걸 몰랐던 거죠. 전 지난 몇 년 동안 너무나 많은 약들을 복용했어요. 각성제, 진정제, 진통제, 신경안정제 등등. 저한테 그런 것들이 필요하다고 저 스스로에게 말하곤 했죠. 고든이 당신을 만나고 집에 왔을 때 당신이 무척 미웠어요. 제가 어떻게 살아왔는지 다른 사람이 알고 있다는 게 너무나 당황스러웠거든요. 힘들겠지만 제 결혼생활을 지키기 위해 이겨낼 겁니다."

그 후 해리엇은 아주 힘든 3주를 보냈습니다. 알약을 얻기 위해 모든 종류의 감정들이 한꺼번에 올라왔고, 몸속에 쌓여 있던 독소들이 제거되면서 그녀의 몸은 엄청난 순화과정을 거치게 되었습니다. 한 달 후 그녀를 보았을 때 그녀인지 알아보지 못했습니다. 그녀는 10년이나 젊어 보였죠. "마치 오랜 미몽에서 깨어난 것 같아요."라고 그녀가 말했습니다. 2년이 지난 후에도 해리엇은 여전히 아름다웠고 약물을 사용하지 않았으며 고든과의 행복한 결혼생활을 유지하고 있습니다.

우리는 약물을 강요하는 사회에서 살고 있습니다. 두통, 복통, 소화불량, 변비, 불면증, 피로감을 해결하기 위한 알약들을 우리 주변에서 쉽게 찾을 수 있습니다. 따라서 수백만의 남녀들이 처방 약물에 중독되어 있으면서도 그 사실을 모르고 있습니다.

알약을 자주 복용하는 사람을 만나게 되면 질문을 해 보고 그 사람이 '합법적인 약물에 중독된 사람' 인지 확인해 보기 바랍니다. 만일 처방 약물을 남용하는 것으로 의심되는 사람과 사귀고 있다면, 즉시 전문적인 도움을 구하라고 주장하세요. 물론 그 약물을 처방한 의사에게는 도움을 청하지 말고요. 만일 당신 자신이 캡슐이나 알약의 노예가 되어 있다면 진정 당신에게 필요한 것이 무엇인지 의사를 만나 물어보고 무엇 때문에 중독되었는지를 확인해 보세요.

## 파트너가 중독자라면 어떻게 할 것인가

어떤 사람이 중독의 노예가 되었다는 사실을 알면서도 그 사람과 사귄다는 것은 매우 힘든 일입니다. 하지만 이 말이 중독의 문제를 지닌 사람들은 사랑받을 가치도 없다는 것을 뜻하지는 않습니다. 다만 이런 문제를 지닌 사람들은 치유되어야 하고 또 중독으로부터 벗어나야 할 뿐만 아니라 그 기저의 고통을 이해해야 한다는 것을 의미합니다. 이런 치유와 이해 과정을 거친 후에라야 누군가와 건강한 관계를 맺을 수 있는 능력이 생기게 됩니다.

제가 전하고 싶은 것은 당신이 누군가를 찾고 있다면 여전히 무언가에 중독된 사람이나 이제 막 치유과정에 들어간 사람과는 사귀지 말라는 것입니다. 그 사람은 자신의 에너지 100% 쏟아부어 치유되어야 합니다. 그 사람은 당신이 지금 당장 필요로 하는 것을 당신에게 줄 수 없습니다.

만일 당신 자신이 중독의 문제를 지닌 당사자라면 당신에게 필요한 도움을 얻을 만큼 당신 자신을 충분히 사랑하기 바랍니다. 그래야 곧 온전해질 수 있고 당신에게 합당한 관계를 맺을 수 있을 겁니다.

만일 당신이 이미 중독의 문제를 지닌 사람과 사귀고 있다면, 그리고 이 장에서 이야기하고 있는 내용이 그러한 문제를 직면하도록 당신을 돕고 있다면 다음과 같은 것들을 제안하고 싶습니다.

1. 중독자와는 더 이상 살 수 없다고 당신 파트너에게 말하세요.
2. 지금 당장 전문적인 도움을 구할 경우에만 그 사람 곁에 머무르겠다고 말하세요.
3. 지금 당장 전문적인 도움을 구하지 않는다면 그 사람을 떠나서 다시는 돌아오지 않을 거라 말하세요.
4. 당신이 이야기한 것을 고수하세요. 만일 그 사람이 즉각적으로 도움을 구하지 않는다면 두 번 다시 기회를 주지 말고 떠나세요.
5. 치료 프로그램에 가입하지도 않고 또다시 중독의 문제를 보이거나 행동과 태도에 뚜렷한 변화가 없다면 돌아가지 마세요.

## { 치명적 결함 02 }
## 분노

* "제 파트너는 늘 화를 내요. 전 매일 공포 속에서 살고 있어요."
* "아주 사소한 것에도 화를 내서 집에서도 늘 조심해야 합니다."
* "그녀는 화내기 전까지는 멋지고 따뜻한 사람이지만, 화가 나면 미쳐 날뛰는 개처럼 소리를 지르죠."

화내는 사람과 사는 것은 마치 시한폭탄을 옆에 두고 사는 것과 같습니다. 당신은 그 사람이 언제 폭발할지 모르기 때문에 늘 긴장과 공포 속에서 살게 됩니다. 분노를 폭발하는 사람을 사랑할 때, 당신은 그 사람의 분노에 의해 통제당한다고 느낍니다. 또한 경계를 늦출 수 없기 때문에 진정으로 안식을 취할 수도 없습니다.

분노는 테러리스트입니다. 그것에 당하는 사람들을 인질로 삼습니다. 만일 당신 파트너가 분노와 관련해서 문제가 있다면 당신의 행동을 상황에 맞게 고치게 되고, 결국 파트너를 화나지 않게 하기 위해 당신 자신을 수정하게 됩니다.

저는 지금 정상적이고 건강한 분노 표현을 이야기하는 것이 아닙니다. 당신 파트너가 보통 때보다 1시간이나 늦게 집에 들어오면서 전화도 하지 않았다면, 당신이 화가 났다는 것을 전하기 위해 목소리를 높일 겁니다. 부재중 당신에게 걸려 온 중요한 전화 내용을 아내가 당신에게 전하지 않았다면, 당신은 분명 짜증난 목소리로 아내에게 소리를 지를 겁니다. 아이가 매니큐어 병을 카펫에 엎질렀다면, 당신은 아이를 꾸짖을 겁니다.

이와 달리 치명적 결함이라고 말할 수 있는 분노는 비정상적이고 부적절한 것입니다.

### 당신 파트너는 분노중독자(rageaholic)인가요?

파트너가 분노에 관한 심각한 문제를 지니고 있는지 알 수 있게 해주는 몇 가지 경고 신호들이 있습니다.

- 당신 파트너는 사소한 일도 자신이 원하는 방식대로 되지 않으면 매우 화를 내고 주변 사람들에게 이를 표출한다.
- 그에게 동의하지 않으면 소리를 지르거나, 욕설을 퍼붓거나, 위협을 하거나 또는 다른 과도한 반응을 보인다.
- 당신 파트너는 참을성이 없어서 서비스를 기다려야 하거나, 막히는 길을 운전하거나, 통화를 기다려야 하거나, 뭔가를 설명하는 당신에게 귀 기울일 때 극도로 짜증을 낸다.
- 당신 파트너는 아주 간단한 일을 해 달라고 부탁해도 방어적이고 반항적이 된다.
- 그의 행동이 당신에게 어떤 영향을 미치는지 피드백을 주면, 당신 파트너는 그것을 공격이라고 해석하고 악의적으로 보복한다.
- 당신 파트너는 문을 쾅 닫거나, 전화를 확 끊어 버리거나, 방을 어지럽히거나, 집을 떠나거나, 밤에 소파에서 자는 식으로 자신의 분노를 드러낸다.
- 당신 파트너는 사랑스럽고 따뜻한 분위기에서 일순간 화난 분위

기로 변할 수 있다.
- *그가 원하는 것을 당신이 하지 않을 때, 또는 당신이 실수했다고 느낄 때, 당신 파트너는 곧바로 당신에게 소리지르거나 당신을 맹렬히 비난한다.
- *당신 파트너는 종종 많은 사람들이 모인 장소(식당, 쇼핑몰, 친구 집 등)에서 목소리를 높이거나 화를 내곤 한다.
- *당신 파트너는 물건을 던지거나, 또는 당신이나 아이들을 밀거나 때리는 등의 행동으로 자신의 분노를 표현한다.

분노와 관련된 문제는 가장 알아내기 쉬운 치명적 결함 중 하나입니다. 어느 누구도 하룻밤 만에 분노중독자가 되지는 않습니다. 당신은 관계 초기에 위와 같은 경고 신호들을 발견했을 겁니다. 아마도 그 신호는 불꽃과도 같아서 곧 화염이 일 것을 예상할 수 있습니다. 당신이 기억해야 할 가장 중요한 점은 당신 파트너에게 분노와 관련된 문제가 있음을 알려 주는 경고 신호들을 절대 무시하지 말라는 것입니다. 당신의 직감을 믿고, 위협받도록 당신 자신을 내버려 두지 마세요.

위의 경고 신호 중 '두세 개'가 당신 파트너에게 해당된다면 당장 문제를 직면하고 파트너에게 도움을 받으라고 요구하기 바랍니다.

위의 경고 신호 중 '많은 것'들이 당신 파트너에게 해당된다면, 당신은 매우 역기능적인 관계에 놓여 있습니다. 당신 파트너에게 즉시 학대적인 행동을 중단하라는 최후통첩을 보내야 합니다. 그렇지 않다면 그와 헤어지기 바랍니다. 당신이 그 관계에서 희생자의 역할을 해 왔다는 사실을 직면하고, 당신 자신을 위해서도 상담을 받을 필요가 있습니다.

앞의 경고 신호 중 '대부분'이 당신 파트너에게 해당된다면 지금 당장 그 관계에서 벗어나세요! 비록 당신 파트너가 도움을 구하려 한다 하더라도 자신의 분노를 해결하기 위해서는 상당한 시간이 걸릴 겁니다. 하루라도 더 이상 당신이 그런 부당한 대우를 받아서는 안 됩니다. 우선 당신 자신을 챙기고, 자존감을 회복하기 위해 전문가와 상담하세요.

### 내 파트너는 왜 그렇게 화가 난 거죠

사람들이 분노중독자가 되는 데는 여러 이유가 있습니다.

* 그들은 어렸을 때 신체적으로, 언어적으로 또는 성적으로 학대받으면서 내면에 분노를 쌓아 왔습니다. 어른이 되어서야 안전하다고 느끼고 마침내 그것을 밖으로 표출하는 것입니다.
* 그들은 어렸을 때 부모의 이혼이나 부모의 부재 또는 죽음으로 인해 사랑받지 못했다고 느꼈거나 버려졌다고 느꼈습니다. 그래서 그들을 사랑하는 사람(앞으로 '떠날 사람')이 나타나면 어린 시절의 분노를 표현하는 것입니다.
* 그들은 어렸을 때 무기력하다고 느꼈습니다. 그들에게는 그들이 구원할 수 없었던 알코올중독자 부모가 있었습니다. 그들은 한 부모가 다른 부모를 학대하는 것을 무기력하게 바라보아야 했습니다. 그들의 감정은 표현하도록 허락되지 않았습니다. 그들은

어른이 된 후 자신의 분노로 다른 사람을 통제함으로써 어렸을 때의 무력감을 보상하고 있는 것입니다.

앞에서 많은 사람들이 어린 시절에 자신의 감정에 대해 말하는 것이 허용되지 않았다는 것을 이야기했습니다. 만일 어떤 아이가 제가 언급했던 상황들을 경험한다면 극심한 슬픔을 느끼는 것은 당연합니다. 당시 그 아이가 이런 슬픔을 느낄 수 없었다면 수년이 지나서 분노와 화로 나타날 것입니다.

 어린 시절부터 억압된 슬픔은 성인기에 분노로 나타난다.

이것이 바로 분노를 '통제' 하려고 시도하는 것이 유용하지 않은 이유입니다. 비록 분노를 받아들일 수는 없지만, 분노중독자가 경험했던 깊은 상처와 슬픔이 분노라는 증상으로 나타나는 것입니다. 원인을 이해하지 않고 분노를 다루는 것은 임시적이고 위험한 해결책입니다. 전통적인 대화나 심리치료는 만성적인 분노로 고통받는 사람에게는 적합하지 않은 도움입니다. 사이코드라마(심리극)와 같은 경험적인 정서 작업이나, 펀칭백을 치거나 베개에 대고 소리를 지르는 등의 신체적인 분출, 또는 내면의 아이(inner-child) 작업 등은 분노를 슬픔으로 변형시켜 마침내 치유로 이끌도록 도움을 주는 필수적인 요소가 될 겁니다.

저는 라디오쇼를 진행하면서 "제 파트너는 왜 그렇게 화를 내는 거죠?" "제 남편은 왜 저를 때리는 건가요?" "왜 제 아내는 통제력을 잃고 주체할 수 없이 화를 내는 겁니까?"와 같은 질문들을 매일 들었습니다. 전 늘 같은 식으로 청취자에게 대답했습니다.

"당신은 잘못된 질문을 하고 있습니다. '난 왜 이런 행동을 참고 있는 건가요?'가 올바른 질문입니다. 그리고 나서 스스로에게 '난 이것에 대해 무엇을 할 것인가?'라고 질문해 보세요."

다음과 같은 경우라면 당신 파트너의 분노를 이해해 보려고 노력하는 것이 괜찮습니다.

1. 당신 파트너는 자신의 분노를 치유하는 데 진지하게 도움을 얻기로 다짐했다.
2. 그리고 도움을 얻기 위해 행동을 취했다.
3. 그리고 눈에 띄게 의미 있는 진전을 보여 왔다.

그러나 종종 분노중독자를 파트너로 둔 사람들은 부당한 취급을 당하는 것과 관련해서 자신들의 감정을 다루는 것보다는 화를 내는 상대방을 도와주는 일에 더 초점을 맞추고 있습니다.

## 당신은 왜 화난 파트너에게 마음이 끌리는가

어느 누구도 의식적으로 난폭한 성질을 지닌 사람을 찾지는 않습니다. 2장에서 논의했던 것처럼, 당신은 무의식적인 정서적 프로그램으로 인해 화난 사람을 선택하게 됩니다.

※ 어린 시절 당신 부모는 화를 잘 냈고, 따라서 당신 마음속에는 화라는 것과 사랑이라는 것이 서로 밀접하게 연관되어 있습니다. 만일 당신이 분노중독자 밑에서 자랐고 방금 제가 열거한 증상들이 익숙하

게 들린다면, 화를 내는 것이 당신 가정에서는 '정상'이었기 때문에 분노행동에 대해 극도로 높은 참을성을 가지고 있을지도 모릅니다. 당신의 정서적 프로그램은 '나를 사랑하는 사람은 나에게 화를 낸다.'라고 말할지도 모릅니다. 그래서 당신은 소리를 지르거나 통제력을 잃는 파트너를 만나는 겁니다. 당신이 비록 그 사람의 행동을 좋아하지 않는다 하더라도 그 사람에게 큰 문제가 있다고는 생각하지 않습니다. 슬프게도 어렸을 때 신체적으로 또는 언어적으로 학대받은 사람은 종종 성장해서 매 맞는 배우자가 됩니다. 또한 매질하는 배우자가 되기도 하는데, 이 문제에 관해서는 나중에 다시 이야기하겠습니다.

* **당신은 자존감이 매우 낮아서 학대적인 파트너에게는 쉬운 '희생자' 입니다_** 만일 당신이 자존감이 낮고 무기력한 가운데 살고 있다면, 당신은 분노중독자에게는 완벽한 파트너입니다. 왜냐하면 당신은 쉽게 두려워하고 당황하기 때문이죠.

* **당신 자신의 분노를 표현하는 것을 힘들어합니다_** 저는 사람들이 자신의 성격 중 균형 잡히지 않은 부분을 채우기 위해 무의식적으로 정반대의 사람에게 매력을 느낀다는 것을 믿습니다. 정서적으로 닫혀 있는 사람은 정기적으로 울음을 터뜨리는 감정적인 여성에게 매력을 느낄지도 모릅니다. 분노 또는 부정적인 감정을 잘 표현하지 못하는 여성은 지나치게 화를 내는 남성에게 매력을 느낄 수 있습니다. 게다가 『항상 사랑하는 법』이라는 책에서 제가 설명했던 것처럼 당신이 억누르고 있는 감정을 당신 파트너가 표현하고 있을지도 모릅니다. 당신이 분노를 억압하거나

부인할 때 당신 파트너는 그것을 찾아내고, 당신이 지닌 분노의 감정은 그 사람의 축적된 분노를 증대시킵니다.

## 클로디아에게서 온 편지

한 라디오 청취자가 보낸 편지를 여러분과 공유하는 것이 이 치명적 결함을 요약하는 좋은 방법이라고 생각해서 여기에 소개합니다.

바버라 박사님께,
　제 이야기를 하겠습니다. 전 스물여덟 살이고, 네 살과 한 살 반 된 두 아이가 있습니다. 앞으로 말씀 드릴 제 상황 때문에 저는 현재 정부로부터 재정적 지원을 받고 있습니다. 전 저 자신과 아이들을 돌보기 위해 두 명의 친구 집에서 가정부로 일하고 있습니다. 만약 과거에 박사님께서 제가 결국 이렇게 살 거라고 말씀하셨다면, 그때 전 박사님이 미쳤다고 생각했을 겁니다.
　제 어린 시절은 매우 외로웠습니다. 어머니는 제가 네 살 때 돌아가셨고, 아버지는 일 년 후 재혼을 하셨어요. 새엄마는 처음부터 저에게 화를 냈고, 두 분이 저를 무시할 때를 제외하고는 새엄마의 언어적 학대는 계속되었습니다. 전 매우 방황했고 절망적이었어요.
　전 고등학교 때 잠깐 연애를 해 본 적이 있지만 자신감이 별로 없었어요. 스무 살에 일을 하면서 파트타임으로 학교에 다닐 때 행크를 만났습니다. 그 사람은 저보다 몇 살 더 많았는데, 진심으로 저에게 관심을 보였던 첫 번째 남자였습니다. 우리는 연애를 하기 시작했고, 행크는 정말 저를 많이 돌봐 주는 듯했어요. 전 그와 함께 보낼 여생을 상상하기 시작했고 더 자주 만났습니다.
　행크의 다른 면을 보게 된 첫날밤을 잊을 수가 없네요. 영화를 보고 집으로 돌아오는데 행크가 길을 잃었어요. 그래서 전 그에게 건망증이 있다고 놀렸죠. 그때 행크가 갑자기 브레이크를 밟더니 차에서 내려 저를 차 밖으로 끌어냈어요. "앞으론 이런 식으로 날 고치려 들지마. 내 말 듣고 있어?" 전 너무 놀라서 무슨 말을 해야 할지, 무엇을 해야 할지 몰랐어요. 우리는 차로 돌아왔고, 저는 집으로 오는 내내 울었습니다.

다음날 행크는 저에게 전화를 해서 사과를 했어요. 전날 밤 많이 피곤했고 까칠해져 있어서 '화를 냈다.'고 하더군요. 그는 매우 다정했고, 반면에 전 너무 어리석었기 때문에 전날 밤 일은 모두 잊어버렸죠. 몇 주가 지나 그가 다시 분노로 폭발할 때까지는 괜찮았어요. 전 그때 사랑에 깊이 빠져 있었기 때문에 그 사람이 단지 '불같은 성격'의 소유자라고만 생각했습니다. 전 이런 식으로 식당에서의 감정 폭발, 밤 늦게 잠자리에 들기 전에 소리 지르며 다투는 것, 그가 즐겼던 차 안에서의 싸움 등에 익숙해져 갔습니다. 전 그의 이런 면이 너무 싫었기 때문에 그 사람 기분을 상하게 할 일은 어떤 것도 하지 않으려고 노력했어요.

행크가 저보고 결혼하자고 했을 때, 전 그 사람이 화내는 문제에 대해선 생각지도 못했어요. 전 누군가가 제 남편이 되고 싶어 한다는 사실에 너무 행복했죠! 몇 달 후 결혼식 전날 밤 엄청나게 싸웠어요. 행크가 저를 아파트 벽에 밀어붙이고, 그가 절 위해 희생하고 있는데 제가 전혀 고마워하지 않는다면서 10분 동안 제 얼굴에 대고 소리를 질렀어요. 전 그때까지도 그 사람의 문제를 모르고 있었던 거죠!

일 년 후 첫딸을 낳았을 무렵부터 전 미몽에서 깨어나기 시작했어요. 저한테 화를 퍼부어대는 것과는 별개로, 딸한테 그러는 것을 보고 무서워졌죠. 그 처참한 일들을 자세히 이야기해서 박사님을 지루하게 만들고 싶지는 않지만, 상황은 점점 더 안 좋아졌습니다. 전 매일 아침 행크가 일하러 나가기만을 기다렸어요. 그래야 여덟 시간만이라도 편안한 시간을 가질 수 있으니까요. 그 사람 차가 들어오는 소리를 들으면 제 위장이 꼬이는 것만 같았어요. 그러나 여러 번 박사님의 프로그램을 들으면서도 제 마음 한구석에서는 행크에 관한 진실을 직면하기보다는 부인하려고 했고 오히려 저 스스로에게 문제가 있다고 비난했어요. 이 문제를 더 어렵게 만든 것은 행크가 화내지 않을 때는 정말 멋진 사람이라는 점이었어요.

8개월 전에 제 딸이 아빠가 죽어서 우리 모두 행복해졌으면 좋겠다고 기도했다고 말했어요. 그날 밤 전 행크가 떠났으면 좋겠다고 말했는데, 그는 완전히 이성을 잃었지요. 전 애들을 데리고 이웃집으로 도망을 갔고 변호사를 구할 때까지 그 집에서 머물렀죠. 그는 집을 떠나는 것도, 저에게 돈을 주는 것도 거부했어요. 제가 엄마로서 자격이 없다고 주장했어요. 우리는 지금도 법적으로 싸우고 있습니다.

초기에 모든 경고 신호들을 무시했기 때문에 전 지금 정부보조금을 받으면서 가정부 일을 하고 있고, 아이들이 밤에 잠자리에 드는 걸 두려워하고 있습니다. 제가 스물여덟 살인데도 쉰여덟 살처럼 느껴지네요. 주의를 기울이지 않았기 때문에 지금 그 대가를 치르고 있는 겁니다.

박사님께서 제가 성공할 가망이 없다고 생각하지 않으셨으면 합니다. 계모로부터 시작된 분노와 학대의 사슬을 저 자신이 끊었다는 사실이 기분 좋거든요. 다시 시작할 기회를 가졌다는 것이 기분 좋습니다. 그리고 저와 제 아이들에게 어느 누구도 다시는 이런 식으로 대하도록 허락하지 않을 거라는 것을 알기 때문에 기분이 좋습니다.

— 클로디아

## 치명적 결함 03
## 피해의식

피해의식은 삶 속에서 일어나는 사건들에 대해 몇몇 사람들이 취하는 태도로서 자신의 문제에 대해 다른 사람을 비난하는 것입니다. 자신의 파트너가 이전 관계에 대해 불평하는 것을 싫어하는 사람은 없기 때문에 피해의식을 지닌 사람을 알아보는 것은 종종 어려운 일입니다. 예를 들어, 당신이 한 남자를 만났는데 가끔 이전 여자친구에 관해 끔찍한 이야기를 한다면, 당신은 내심 그가 이전 여자친구를 그리워하고 있지 않고 그녀와 비교해서 당신을 나쁘게 여기지 않는다는 생각에 기분이 좋을 겁니다. 결국 당신은 그녀가 얼마나 멋진 여자였는지 듣고 싶지 않은 것입니다. 그러나 파트너가 자신의 처지에 대해 남을 비난하고 문제에 대한 자신의 책임을 인정하지 않는 습관을 지니고 있다면 조심하세요. 당신이 바로 다음번 비난의 대상이 될 테니까요.

피해의식을 지닌 사람들이 어려운 이유는 그들이 과거에 사랑받지 못했다거나 이해받지 못한 것을 불평한다 하더라도, 현재 당신이 보여주는 사랑과 지지를 받아들이는 것 또한 힘들어할 것이기 때문입니다. 한편으로 피해자는 고통을 즐깁니다. 그들은 고통을 물고 늘어짐으로써 자신에게 상처를 줬던 사람에 대해 파워를 지니고 있다고 착각합니다. 따라서 피해의식을 지닌 사람을 사랑할 때 당신은 다음과 같이 느끼게 됩니다.

❋ 당신이 아무리 많이 준다 하더라도 충분하지 않습니다.
❋ 당신이 아무리 많이 위로하려고 노력해도 그들의 기분은 좋아지지 않습니다.

**피해자와 사랑에 빠졌나요?**

여기 피해의식을 가진 사람들이 보이는 공통적인 특징들이 있습니다. 얼마나 많은 것들이 당신 파트너(혹은 당신 자신)에게 해당되는지 살펴보세요.

1. 내 파트너는 좀처럼 나 또는 다른 사람들에게 직접적으로 화를 내지 않는다. 대신 상황에 대해 불평하거나 트집을 잡는다.
2. 내 파트너가 속상해하는 점을 도와주기 위해 내가 제안을 하거나 뭔가 해 주려고 할 때, 그 사람은 항상 왜 내 아이디어가 쓸모가 없는지 그 이유를 찾으려 하며 '쓸데없는 생각'이라는 태도를 보인다.

3. 내 파트너는 무엇 때문에 힘든지 직접 나에게 말하지 않고 다만 절망적인 모습으로 다니면서 나에게 그 사람에 관한 정보를 찾아내게 한다.

4. 심지어 내가 그 사람을 사랑해 주거나 위로하려고 할 때도 난 그것이 도움이 되지 않을 것이라고 느끼며, 마치 그 사람은 전혀 위로할 수 없는 사람인 것처럼 생각되어 내가 그 사람의 불행에 아무런 영향을 미치지 못한다고 느끼게 한다.

5. 내 파트너는 항상 자신의 삶 속에서 속상해할 뭔가를 찾으려고 노력하는 것처럼 보인다. 기분 나쁜 사건 없이 며칠이나 몇 주가 지나가는 일은 거의 없다.

6. 내 파트너는 종종 스스로를 가엾다고 느끼며, 왜 그런 불쾌한 일들이 자신에게 일어나는지 이해하지 못한다.

7. 내 파트너는 결정하는 것을 힘들어하며, 행동으로 옮기는 것보다는 일어날지도 모를 일에 대해 불평하는 것에 더 많은 시간을 보낸다.

8. 여전히 내 파트너는 자신의 불행과 현재 모습에 대해 과거의 사람들(부모, 예전에 사귄 사람들, 친구들)을 비난한다.

9. 내 파트너는 종종 불행의 원인인 상황의 덫에 빠졌다고 느끼며, 빠져 나갈 길이 없다고 생각한다.

10. 내 파트너는 종종 다른 사람들의 성공과 행복을 질투하며, 자주 자신을 다른 사람들과 비교하여 비통해하거나 우울해한다.

앞의 진술문 중 '한두 개'가 당신 파트너에게 해당된다면, 약간의 피해자적 성향이 당신 파트너에게 있기 때문에 반드시 두 사람이 상의해야 합니다. 당신이 이와 같은 특징들을 무시한다면, 결국 당신은 매우 화가 날 겁니다.

만일 '세 개에서 다섯 개 정도'의 진술문이 해당된다면, 당신 파트너는 피해의식과 관련해서 심각한 문제를 지니고 있습니다. 당신 자신이 '구원자' 역할을 하는 것을 즐기고 있는 것은 아닌지, 아니면 당신의 노력이 별 효과가 없다는 것을 느끼기 위해 일부러 상황을 그렇게 만들고 있는 것은 아닌지 확인해 보기 바랍니다. 당신 파트너가 전문적인 도움을 구하거나, 내면의 피해의식과 직면하기 전까지 그 관계는 동등하고 건강할 수 없습니다.

만일 '여섯 개 이상'의 진술문이 해당된다면, 당신은 지독한 피해의식을 지닌 사람과 사랑에 빠진 것입니다. 이 문제에 대해 파트너와 상의하려는 당신의 노력에 행운이 있기를 바랍니다. 그 사람은 분명 공격을 당했다고 느끼고 속상해하며, 자신을 이해해 주거나 사랑해 주지 않는다고 당신을 비난할 겁니다. 다시 말해, 그는 마치 피해자가 하듯이 이 문제를 다루려고 할 겁니다. 이것은 건강한 관계가 아닙니다. 비록 당신이 아직은 통제당한다고 느끼지도 않고 화나지도 않고 감정적으로 닫히지 않았다 하더라도 곧 그렇게 될 것입니다. 당신 파트너는 지금 당장 도움이 필요하며, 당신 또한 그렇습니다.

피해의식으로 인해 나타나는 증상들은 다음과 같습니다.

❊ 피해의식을 지닌 사람들은 삶 속에서 일어나는 사건이나 상황에 대해 자신의 책임을 인정하지 않습니다_ 그들은 스스로를 딱하게 여기

고, 불평하며, 먹고, 자고, 우울해합니다. 상황을 개선하기 위해 행동을 취하는 것을 제외하고는 무슨 일이든 합니다. 기분이 나아지거나 문제를 해결하기 위해서 무엇을 해야 할지 그 사람에게 제안해 보세요. 그러면 당신은 왜 그것들이 효과가 없을지에 대한 수없이 많은 이유들을 듣게 될 것입니다. 어떤 사람은 당신이 그 사람을 구원해서 자신의 문제를 대신 해결해 줄 것을 기대할 수도 있습니다. 어떤 사람은 동정 이외에는 어떤 것도 기대하지 않습니다. 왜냐하면 그들이 알고 있는 관심받는 유일한 방법은 자신을 딱하게 여기도록 만드는 것이기 때문입니다. 그래서 당연히 책임감과 자율성은 그다지 실용적이지 못합니다. 그들이 도움을 필요치 않는데 누가 그들에게 관심을 기울이겠습니까?

> 피해자들은 변화를 가져오기 위해 뭔가를 하기보다는 무엇이 잘못되었는지 불평하는 데 시간을 보낸다.

 **피해자들은 자신의 문제에 대해 다른 사람을 비난하는 것에 능숙합니다**_ 피해자의 관점에서는 늘 누군가의 잘못 때문에 일이 그렇게 진행되는 것입니다. 피해자는 현재 자신이 행복하지 않고 인생에서 성취하지 못한 것이 부모, 이전 배우자, 자녀, 친구, 건강, 경제 상황 때문이라고 비난합니다. 어떤 피해자들은 공공연하게 비난하면서 자신이 느끼는 분노를 솔직하게 표현합니다. 반면에 어떤 피해자들은 은밀하게 비난하는데, 어떤 부정적인 것도 표현하지 않으면서 단지 자신의 삶을 개선하는 것에 대해 책임을 지려고 하지 않습니다. 만일 당신이 이런 논리가 전혀 이해되지 않는다고 그 사람에게 말하면 그는 자신을 이해하지 못한다고 비난할 겁니다.

* **피해자들은 인생을 자신에게 불리한 상황으로 여깁니다_** 피해자들은 '세상은 나와 반대로 간다.'고 생각합니다. 그들은 타인들이 자신을 비참하게 만들고, 자신의 기회를 망치며, 자신의 행복을 방해하고, 자신을 실망시키기 위해 존재한다고 생각합니다. 어린 시절에는 이것이 사실이었습니다. 하지만 성인이 되어서도 관계에 이런 생각을 투사할 경우, 피해자들은 불가피하게 자신의 실패에 다른 사람들을 짜맞추게 됩니다. 어떤 피해자들은 자신을 피해자로 만들 수 있는 부적절한 배우자를 선택하기까지 합니다. 피해자들은 종종 다른 피해자들을 친구로 두는데, 피해자만이 피해자를 이해할 수 있기 때문입니다.

* **피해자들은 자신의 분노를 은밀히 표현합니다_** 피해자들은 좀처럼 직접적으로 자신의 분노를 표현하지 않습니다. 당신에 대한 적대감을 당신에게 직접 표현함으로써 당신의 연민을 잃기보다는 속상해하고 상처받은 것처럼 보여서 당신으로 하여금 죄책감을 느끼게 합니다. 당신에게 화를 내고 적개심을 표현하지는 않지만, 간접적으로 자신의 적개심을 전달합니다. 이런 식으로 자신이 화가 나지 않았다는 인상을 유지하려고 합니다.

예를 들어, 자신의 생일을 좀 더 특별하게 축하해 주지 않았다며 파트너에게 화가 난 여성이 있습니다. 그녀는 "우린 좀 다르게 자란 것 같아. 어떤 집은 아이들에게 다른 사람의 감정을 항상 신경 쓰라고 가르치지만, 어떤 집은 그렇지 않은 것 같아."라고 말합니다. 그녀의 남자친구가 자신을 무신경하다고 말했다며 그녀를 비난하자, "자기야, 난 자기가 무신경하다고 말하지 않았어. 내가 그랬어? 난 단지 사람들이 어떻게 다른지를 말하고 있었을 뿐이야."라고 대답합니다. 하지만 "내 생일에 달랑 생일 카드 한 장 주는 것에 화가 났어. 그래서 난 당신에게 특별하지 않은 사람이구나라고 느꼈어."라고 말하는 것이 훨씬 더 솔직한 표현이었을 겁니다.

* 피해자들은 자신이 무기력하고 힘이 없다고 생각합니다_ 그들은 부정적으로 생각하는 것에 전문가입니다. 그들에게서 "난 할 수 없어." "그렇지 않을 거야." "난 절대 그렇지 않을 거야."라는 말을 종종 들었을 겁니다. 그들은 행동을 취할 만큼 충분히 자신을 신뢰하지 않기 때문에 자주 일을 미룹니다. 그들이 당신에게 의지하는 것처럼 보이는데, 결국 그들이 당신에게 원하는 것은 지지나 지원이 아닌 '구원'이라는 것을 깨닫게 됩니다. 피해의식을 지닌 성인들은 어렸을 때 성적으로, 신체적으로 또는 정서적으로 학대를 당했을지 모릅니다. 그 당시 경험했던 무기력 때문에 스스로에게 다음과 같은 다짐을 하게 됩니다. '난 무기력해. 다른 사람들은 나를 지배하는 파워를 가지고 있어.'

* 피해자들은 패턴의 원인이나 출처를 찾으려고 시도하지 않기 때문에 관계와 삶 속에서 부정적 패턴을 반복합니다_ 문제에 부딪히면 강한 사람들은 '왜 이런 일이 일어나지? 어떻게 하면 바꿀 수 있을까?'라고 생각합니다. 하지만 피해자들은 '왜 나에게 이런 일이 일어

나지?'라고 질문합니다. 피해자들은 위기가 어떻게 발생했고 다음 번에 발생하지 않게 하려면 무엇을 해야 하는지 이해하려고 하기보다는 위기에서 겪게 되는 피해에만 초점을 맞추기 때문에 실수로부터 배울 수 있는 기회를 잃어버리게 됩니다.

### 당신이 피해자와 사랑을 하고 있다면 해야 할 일

우리 모두는 내면에 은밀한 피해의식을 가지고 있습니다. 그러나 이런 패턴이 한 사람의 성격을 지배할 때, 이것은 우리의 정신건강과 관계에 독이 됩니다. 만일 당신이 이런 치명적 결함을 가진 사람과 관계를 맺게 된다면, 상대방을 불편하게 만들지라도 반드시 이 문제에 대해 상대방을 직면해야 합니다. 앞서 다뤘던 다른 치명적 결함들처럼, 피해의식은 헌신과 인내를 통해 성공적으로 극복될 수 있습니다. 그러나 당신 자신을 속이지 마세요. 당신이 이런 패턴을 무시한다고 해도 그것이 사라지지 않습니다. 피해자와 관계를 맺은 사람들은 시간이 흐를수록 그들에 대한 연민이 냉담함으로 바뀐다는 것을 깨닫게 됩니다.

## { 치명적 결함 04 }
## 통제광

❋ 당신 파트너는 늘 자기 식대로 해야 하나요? 그렇지 않으면 화를 냅니까?

* '잘못된 방식'으로 일을 처리해서 당신 파트너를 불쾌하게 만들지는 않을까 두렵습니까?
* 당신 파트너가 늘 당신을 비난하고 판단하고 일일이 점검하는 것처럼 느껴지나요?

위의 질문 중 하나에라도 '예'라고 답했다면, 당신은 통제광을 사랑하고 있을 가능성이 높습니다. 네 번째 결함을 이렇게 부르는 이유는 지난 몇 년 동안 상담을 받으러 온 내담자나 친구들이 통제하는 것에 중독된 사람을 묘사하면서 이 용어를 사용하는 것을 자주 들었기 때문입니다. 통제광은 사실상 희생자의 반대말입니다. 희생자는 결정을 내리는 것을 회피하는 반면, 통제광은 모든 결정을 자신이 내려야만 합니다. 희생자는 다른 사람들에게 도움과 구원을 요청하지만, 통제광은 자신이 해결할 수 있다고 믿기 때문에 절대 도움을 요청하지 않습니다. 희생자는 당신이 무엇을 하라고 말해 주기를 원하지만, 통제광은 당신에게 무엇을 하라고 지시합니다.

대부분의 사람들은 자신의 삶을 통제하고 있다고 느끼기 좋아하고 통제불능의 상태에 빠지는 것을 불편해합니다. 차이점은 통제광은 자신의 삶을 통제해야만 하고 통제하고 있지 못하다는 느낌을 갖지 않기 위해 수단과 방법을 가리지 않는다는 데 있습니다. 이것은 관계에서 심각한 문제들을 야기합니다.

* 통제광은 마음을 열고 다른 사람에게 자신의 취약한 부분을 드러내 보이는 것을 힘들어합니다.
* 통제광은 자신에게 누군가가 필요하다는 것을 인정하고 싶어 하

지 않습니다.
- *통제광은 쉽게 흥분하는데, 자신의 뜻대로 안 되거나 통제하지 못하고 있다는 느낌이 들면 화를 내거나 상처를 받습니다.
- *통제광은 생활습관이나 일 그리고 일상생활에서 강박적이므로 같이 살기가 무척 어렵습니다.
- *통제광은 주변 사람들, 즉 직장동료, 친구, 자녀 그리고 당신의 선택과 습관을 통제하려고 합니다.
- *통제광은 누구에게 지시받는 것을 싫어합니다. 그러면 통제할 수 없다고 느끼니까요.
- *통제광에게 성적인 문제가 있을지 모릅니다. 잠자리에서 사정하는 데 문제가 있을 수도 있고, '성관계는 이런 식이어야 한다.' 라는 특정한 생각에 집착할 수도 있습니다. 이는 당신을 통제하려는 욕구 때문이기도 하지만, 자신에 대한 통제력을 잃는 것에 대한 저항이기도 합니다.
- *통제광은 긴장을 늦추는 법이 없습니다. 직장에서도, 주말에도, 휴가를 가서도 쉬는 법이 없습니다. 일중독일 가능성이 높습니다.
- *통제광은 참을성이 없고 화를 잘 냅니다.
- *통제광은 매우 비판적이고 독재적인 부모가 될 가능성이 높습니다. 왜냐하면 아이들은 그들 통제권 밖에 있기 때문이죠.

어렸을 때 어른들한테 통제받았다고 느꼈거나 무기력하게 느꼈던 사람들은 커서는 절대로 통제할 수 없는 상황에 처하지 않겠다고 무의식적으로 결심했을 가능성이 높습니다.

### 통제광에게 매료되는 이유는 무엇인가?

통제광을 당신의 삶으로 끌어들이는 이유는 다음과 같습니다.

* 어머니 또는 아버지가 매우 통제적이어서 통제를 사랑으로 알고 있다.
* 당신은 스스로 무기력하다고 느끼는데, 통제하는 것에 중독된 당신 파트너를 보면서 힘 있고 의지가 강한 사람으로 잘못 생각하고 있다.
* 당신은 희생자로서 당신에게 무엇을 하라고 말해 주고 당신 인생을 책임져 줄 사람을 찾고 있다.
* 전에 사귀던 사람은 수동적이고 유약하고 무기력했는데 전에 사귀었던 사람에 대한 반작용으로 지금의 파트너를 선택한 것이다.
* 당신은 어렸을 때 신체적으로, 성적으로 또는 언어적으로 학대를 당했는데, 관계를 맺을 때는 늘 파트너가 당신을 통제하고 당신은 그를 두려워한다.
* 당신 자신이 통제광이어서 당신과 비슷한 사람에게 매료당하는 것이다.

이 치명적 결함은 가장 치유하기 힘든 결함 중 하나입니다. 그 이유는 정의상 통제광은 통제할 수 없는 것을 싫어하기 때문입니다. 그리고 자신에게 문제가 있다는 것을 인정하는 것도 통제할 수 없는 것에 포함됩니다. 특히, 파트너에게서 최후통첩을 받는 것은 자신이 통제할 수 없는 일이기 때문에 매우 싫어합니다.

만일 당신이 통제광과 사랑에 빠졌다면 당신 스스로를 기만하지 말기 바랍니다. 아무런 치료를 받지 않고 그대로 방치한다면 시간이 지날수록 상황은 더 나빠지기만 할 겁니다. 당신 파트너는 자신의 문제를 인정하고 개선하기 위해 행동을 취해야만 합니다. 그렇지 않다면 그 관계를 다시 생각해야만 할 겁니다.

## { 치명적 결함 05 } 성기능 장애

- ※ "제 남편은 포르노 잡지와 성인용 영화에 중독되어 있어요. 이게 우리 관계를 망치고 있는데 어떻게 해야 하죠?"
- ※ "제 아내는 섹스에 전혀 관심이 없어요. 제가 하자고 거의 간청해야만 하죠. 이제는 바람을 피우고 싶은 생각까지 들어요. 제가 아내를 도울 방법이 없을까요?"
- ※ "제 남자친구는 늘 바람둥이었어요. 다른 여자들의 몸매에 대해 이야기하고 제 친구들에 대해서도 그래요. 며칠 전에는 직장동료인 어떤 여자와 잔 걸 알게 되었죠. 저희 관계에 희망이라는 것이 있을까요?"

저는 매일 라디오 토크쇼를 진행하면서 다섯 번째 치명적 결함인 성기능 장애를 지니고 있는 파트너를 사랑하고 있는 사람들에게서 이러한 질문을 받습니다. 당신이 무엇을 생각하고 있는지는 모르겠지만, 성기능 장애라는 것이 단순히 발기불능이나 오르가슴을 느끼지 못하는 문제만을 의미하는 것이 아닙니다. 치명적 결함에 대해 이야기하려는 이 장의 목적을 위해 성기능 장애를 성중독 및 강박관념, 성적으로 불성실함, 성수행 장애의 범주로 구분해 보았습니다.

## 성중독 및 강박관념

당신 파트너가 성중독 혹은 강박관념의 문제를 가지고 있을지도 모른다는 것을 나타내 주는 경고 신호로는 다음과 같은 것들이 있습니다.

- 그 사람은 섹스할 때 늘 어떤 형태의 환상(포르노에서 나오는 내용, 영화, 언어적 유희나 동작 등)을 포함시킨다.
- 포르노 잡지를 열심히 구독한다.
- 포르노 비디오를 빌려서 혼자 본다.
- 성적으로 흥분하기 위해 매번 당신에게 성적인 의상을 차려 입으라고 한다.
- 폰섹스를 하기 위해 상업용 전화번호에 전화를 한다.
- 혼자서 또는 친구들과 함께 여자가 나오는 술집이나 성 관련 업소에 자주 간다.
- 당신이 성적으로 적극적인데도 일주일에 몇 번씩, 심지어 매일 자위행위를 한다.
- 성적으로 흥분하기 위해 특정한 성적 환상(묶인다거나, 고통을 당해야 한다거나, 강간을 당하거나 강간을 하는 등)에 집착한다.
- 당신이 원하건 원치 않건 하루에도 몇 번씩 섹스를 해야 한다.

※ 당신에게는 창피스러운 섹스행위를 즐긴다(항문섹스 등).
※ 어린아이들에게 성적으로 매력을 느끼는데, 실제로 행동으로 옮기거나 성적인 환상을 즐긴다.

만일 위의 진술문 중 하나 또는 그 이상이 당신 파트너에게 해당된다면 더 이상 진실 뒤에 숨어 있지 마세요. 당신 파트너는 성중독의 문제를 가지고 있습니다. 이런 행동은 건강하지 않기 때문에 분명 당신과의 관계에 부정적인 영향을 미칠 겁니다.

이런 결함을 지니고 있는 사람을 알아보고 직면할 때, 당신이 부딪히게 되는 몇 가지 문제들이 있습니다.

1. 당신은 당신 파트너의 성중독을 당신에 대한 성적 관심으로 오해하고 있습니다.

특히, 관계 초기에는 상대방의 과도한 성적 관심을 섹스에 대한 강박관념으로 보기보다는 그것에 유혹되고 심지어 우쭐해지기 쉽습니다.

28세의 신디는 이 문제를 다음과 같이 묘사했습니다. "찰리는 매일 섹스를 하고 싶어 했어요. 처음엔 그게 대단하게 보였어요. 저한테 성적으로 너무 끌리는 것처럼 보였기 때문에 같이 포르노를 보자고 할 때나 제가 그 사람의 성적 환상에 맞게 행동하는 것에 대해 개의치 않았죠. 하지만 3개월 정도 지나서 그 사람에게 꼭 필요한 것이 제가 아니라 섹스, 그것도 변태적인 섹스라는 사실을 깨달았을 때 마음이 불편해지기 시작했어요."

2. 당신한테 문제가 있기 때문에 그 사람의 성 습관을 불편해하는 것처럼 몰

고 갑니다. 즉, 성적으로 문제가 있는 것이 당신이라고 느끼게 만듭니다.

저는 많은 여성들에게서 다음과 같은 질문들을 받습니다. 하루에 세 번씩 섹스를 원하는 파트너, 아내가 집에 없을 때 포르노 영화를 보는 남편, 아내와는 섹스를 원치 않으면서 샤워하면서 자위행위를 하는 남편 등을 께름직하게 여기는 것이 과연 문제인지 저에게 질문하는 여성들이 많습니다. 저는 그들에게 문제가 있는 것이 아니라 파트너에게 문제가 있다는 점을 확인시켜 줍니다. 그녀들이 내쉬는 안도의 한숨은 거의 믿을 수 없을 정도입니다. 왜냐하면 그들은 '너무 보수적이다, 지나치게 딱딱하다, 성적으로 지루하다, 근거 없는 걱정을 하고 있다'는 소리를 남편에게 들어왔기 때문입니다. 피해의식을 지녔거나 자신이 지닌 파워를 포기하는 데 익숙한 여성들은 이런 종류의 이야기를 수없이 들어왔기 때문에 자신의 감정이 어떤 것인지도 모르는 지경에까지 이릅니다.

3. 현재의 상황을 흔들고 싶지 않기 때문에 이 문제를 직면한다는 것이 당신에게는 당황스럽고 두려운 일입니다.

"여보, 내 생각엔 당신이 자위행위에 중독된 것 같아." 혹은 "자기야, 자기가 성적으로 흥분하기 위해 포르노를 봐야 한다는 사실이 나한테는 당황스러운 일이고 더 이상은 못 견딜 거 같아."라고 이야기하는 것은 쉬운 일이 아닙니다.

만일 당신이 당신 파트너의 성중독을 직면하지 않는다면,
결국 그 관계는 파괴될 것이다.

성중독을 가진 사람들이 '잘못이고' '나쁘다'는 것이 아니라 그들의 행위로 인해 관계에서의 친밀감과 안전감이 무너지게 된다는 것입니다.

- 당신 파트너는 성적으로 흥분하기 위해 당신 이외의 다른 것이 필요하기 때문에, 당신은 마치 당신 파트너가 바람을 피우는 것 같은 기분을 느끼게 됩니다.
- 당신은 당신의 신체, 성욕 그리고 당신 파트너를 만족시킬 수 있는 능력에 대해 불안해합니다.
- 섹스 도중 당신 파트너가 당신에게 완전히 몰입하지 못하기 때문에 섹스하면서도 정서적으로 멀게 느껴집니다.
- 사랑받는다는 느낌보다는 성적으로 이용당하고 착취당하는 느낌을 받습니다.
- 당신 파트너가 당신의 감정을 존중해 주지 않기 때문에 그 사람에게 화가 납니다.
- 결국 당신은 성관계를 맺을 때 흥분을 느끼지 못하게 되는데, 이는 당신에게는 섹스가 창피함과 통제당하는 느낌 그리고 부적절함을 연상시키기 때문입니다.

## 왜 포르노가 친밀함을 파괴시키는가

최근에 저는 한 TV 프로그램에 게스트로 출연했습니다. 그 프로그램의 PD가 전화를 걸어 그 쇼에 관해 이야기를 했을 때, 저는 성적 환상이나 포르노그래피에 대해 매우 강한 의견을 가지고 있다고 말했고, 그 PD는 바로 그런 이유 때문에 저를 게스트로 초청하고 싶다고 말했습니다. 녹화가 있던 날 저녁, 그곳에서 저는 성적 환상이 전혀 해롭지 않고 모든 사람들이 즐겨야 한다고 믿는 한 게스트를 만났습니다. 그 사람은 파트너와 침대에 누워 있으면서 다른 사람과 섹스하는 환상을 즐기는 것이 얼마나 '정상'인지, 그리고 아내를 집에 두고 나체쇼를 하는 술집에 가서 여자들을 보면서 성적 흥분을 느끼는 것이 얼마나 '순진한 재미'인지를 장황하게 늘어놓았습니다.

객석에 있는 사람들의 얼굴을 살펴보면서 나는 매우 흥미로운 사실을 발견했습니다. 사회자가 "자, 여러분 모두 파트너와 침대에 누워 있으면서 다른 사람과 섹스하는 상상을 하지 않습니까?"라고 말하자 이곳저곳에서 박수와 웃음이 터져 나왔습니다. 하지만 여자 관객들은 매우 불편한 표정이었지요. 저는 여자 관객들의 마음속에서 무슨 일이 일어나고 있는지 알고 있었습니다. 실제로는 당황스러운 일이었겠지만, 파트너의 성적 환상이나 포르노그래피에 대한 흥미를 전혀 개의치 않는 것처럼 보여서 자신은 성에 대해 개방적이고 '쿨'한 것처럼 보여야 할 것 같은 심리적 압박을 느끼고 있었던 것입니다.

마침내 사회자가 제 의견을 물었을 때, 저는 거침없이 다음과 같이 말했습니다. "만일 당신이 파트너와 섹스를 하면서 다른 사람과 섹스하는 상상을 한다면 당신은 바람을 피우고 있는 겁니다!" 객석에 있는 모든 여성들이 열광적으로 박수를 치기 시작했을 때 저는 놀라지 않았습니다. "잡지를 읽거나 포르노 영화를 보면서 다른 사람에 대한 성적 환상을 탐닉하는 것은 일종의 부정행위입니다. 당신은 당신 파트너 한 사람과만 성적인 관계를 맺겠다고 언약을 한 것이고, 당신의 성적 관심을 의도적으로 다른 사람에게 두는 것은 약속을 깨는 것입니다."

옆에 앉아 있던 다른 게스트는 얼굴에 쓴웃음을 지어 보였습니다. "어떻게 그렇게 노골적으로 이야기할 수 있죠? 성적인 환상을 갖는다거나 나체의 여성을 바라보는 것은 그것에 대해 구체적으로 무언가를 하지 않는 한 잘못된 것이 아닙니다. 그것은 해롭지 않아요."

"해롭지 않다고요? 지금까지 당신이 한 그 말들을 눈물을 흘리면서 저에게 전화를 거는 수천 명의 여성들에게 해 보세요. 그들은 매일 밤 혼자 잠자리에 들지만 남편들은 포르노 영화를 관람하죠. 지금 그 말을 섹스를 하는 와중에 자신의 여비서와 섹스하는 상상을 하는 남자친구를 둔 여성에게 해 보세요. 그것이 그녀를 괴롭히지 않을 거라고 말해 보세요. 지금 그 말을 자신의 전남편을 상상하지 않고서는 성적으로 흥분하지 못하는 여자친구 때문에 자신이 성적으로 부족하다고 느끼는 남성에게 해 보세요. 또한 함께 침대에 누워 있을 때 포르노 잡지를 보는 남편을 둔 여자에게 그러한 행위가 해롭지 않으니까 당황하거나 화내지 말아야 한다고 말해 보세요."

이런 제 반응으로 인해 그 게스트는 쇼 프로그램 내내 입을 굳게 다물게 되었습니다. 제가 그처럼 강하게 이야기한 이유는 올바르고 싶어서가 아니라 이 문제에 대해 어떤 열정을 느꼈기 때문이었습니다. 저는 위기에 처한 커플들의 문제를 다루면서 포르노와 섹스에 사로잡힌 파트너 때문에 관계가 파괴되고 있다는 이야기를 많은 사람들(대부분 여성)에게서 들어왔습니다. 세미나를 이끌면서 파트너의 성중독 때문에 느꼈을 창피함과 분노를 표현하면서 눈물을 흘리는 많은 여성들을 목격할 수 있었습니다. 성차별적 태도가 팽배한 사회 분위기, 특히 여성을 상업적 대상으로 여기면서 좀 더 가벼운 형태의 포르노그래피에 대해서는 관대한 태도를 보이는 시대적 상황 때문에 이런 문제가 종종 간과되고 극소화되는 경향이 있습니다.

친밀하다는 것은 두 사람이 가깝고 서로 연결되어 있다는 것을 함께 경험하는 것입니다. 정의상 성도착과 성중독은 제3의 요소, 즉 다른 사람이나 상황에 대한 생각, 그림 또는 영화와 같은 가외적인 요소들을 두 사람의 관계 속으로 불러들이기 때문에 친밀감을 파괴시킵니다. 함께 포르노를 보는 것을 즐긴다고 말하는 커플도 있지만, 저는 이것 때문에 두 사람이 더 친밀해지는지가 매우 의심스럽습니다. 그로 인해 얻을 수 있는 것은 많은 커플들이 친밀감이라고 착각하고 있는 성욕 내지는 성적 흥분일 뿐입니다.

## 당신 자신을 보호하는 법

처음 몇 번의 데이트를 통해서는 이 치명적인 결함을 발견하기가 쉽지 않습니다. 그러나 나중에 후회하지 않으려면 파트너의 성 경험, 습관, 취향 등을 가능한 한 많이 발견하는 것이 중요합니다. 각자 성적으로 어떤 것이 편하고 어떤 것을 용납할 수 없는지 명확히 정해야 합니다. 제가 말하고자 하는 것은 당신의 직감을 믿으라는 것입니다. 고민하게 만드는 것이 있다면 그에 대한 당신의 감정을 설득당하지 않도록 하세요. 이것은 어떤 것이 정상이고 그렇지 않은지에 대한 문제가 아닙니다. 바로 당신의 관계를 위해 어떤 것이 건강하고 건강하지 않은지에 관한 문제입니다.

만일 당신 파트너에게 성중독이라는 문제가 있다면 전문가의 도움을 받으라고 권하기 바랍니다. 심각한 성중독자들에게는 중독을 이해하고 그것에서 벗어나기 위해 심리상담을 받는 것이 필수적입니다. 당신 파트너가 기꺼이 이 문제를 해결하려고 노력한다면 관계에 희망이 있습니다. 그렇지 않다면 당신에게 여전히 자존감이 남아 있을 때 그 사람과 헤어지기 바랍니다.

### 성적으로 불성실함

두 번째 성적 결함은 첫 번째 결함과 관련이 있습니다. 당신 파트너가 관계의 신성함을 존중하지 않고 당신 이외의 다른 사람에게 성적인 에너지를 흘리는 것입니다. 다음과 같은 것들이 이에 해당됩니다.

- ✱ 다른 사람을 유혹함
- ✱ 다른 사람의 몸을 계속해서 주시함
- ✱ 당신 친구나 낯선 사람이 성적으로 어떻다고 당신에게 말을 함
- ✱ 당신 친구나 낯선 사람에게 성적인 말을 건넴
- ✱ 다른 사람의 몸을 부적절하게 만짐
- ✱ 실제로 성적 부정을 저지름

당신은 다음과 같은 방식으로 이러한 치명적 결함을 부인하고 있을지 모릅니다.

- ✱ '내가 지나치게 예민한 거겠지.' 라고 스스로에게 말함으로써 당신의

**자연스러운 반응을 무시합니다_** 어느 누구도 타인을 지나치게 소유하려는 것처럼 보이고 싶어 하지 않기 때문에 파트너의 행동으로 인해 불편한 감정이 들어도 상대방을 직면하기보다는 그것을 무시하려는 경향이 있습니다. 특히, 과거의 경험 때문에 자신의 느낌이나 생각을 믿지 않으려는 사람들에게는 이러한 경향이 강합니다. 심지어 당신 파트너는 당신이 질투가 많고 정서적으로 불안정하다고 말함으로써 당신의 느낌을 과소평가할지도 모릅니다.

* **파트너의 행동이 그렇게 나쁜 것은 아니라고 스스로에게 말함으로써 당신의 느낌을 합리화합니다_** '그 사람은 단지 볼 뿐이지 실제로 뭔가를 하는 것은 아냐.' '그녀가 바람을 피우지는 않아. 단지 남자들과 잘 놀 뿐이지.' 사람들은 자신의 불편한 감정을 설득하려 할 때 이런 말들을 자주 합니다. 만일 당신이 당신 파트너의 성적 불성실을 직면하는 것을 두려워한다면 그 사람의 행동 때문에 그렇게 힘든 것은 아니라고 스스로를 확신시키려 할지도 모릅니다. 만일 당신이 갈등을 싫어하고 화내는 것을 어려워하는 사람이라면 특히 그렇습니다.

* **시간이 지나면 성숙해져서 이런 행동을 하지 않을 거라고 스스로에게 말합니다_** '우리가 사귄 지 얼마 안 되었으니까 이런 식으로 행동하는 거겠지. 결혼하면 바뀔 거야.' 스스로를 속이지 마세요. 처음 사귈 때부터 존경심 없이 당신을 대했다면 나중에 갑자기 존경심을 배우지는 않을 겁니다.

이런 반응들은 위험합니다. 왜냐하면 새롱거리고 추파를 던지는 파트너가 결국은 바람을 피울 가능성이 매우 높기 때문입니다.

## 어떻게 조디는 자신의 행복을 위한다고 하면서 스스로를 속였는가

조디는 35세로 남편 네드와의 결혼생활에 위기를 겪고 있었습니다. "네드의 바람기 때문에 저희 가족과 결혼생활이 파괴되었어요. 8년 전 직장에서 네드를 만났는데, 우린 처음부터 서로 눈이 맞았죠. 네드는 아주 활달한 사람이었는데, 한 사람한테 전념하는 것을 두려워해서 오래 사귄 사람이 없다고 말했어요. 대부분의 여자들처럼 저도 '내가 고쳐 주면 될거야.' 라고 생각했고, 그와 평생을 같이해야겠다고 결심했죠. 한 가지 불만은 그에게 바람기가 있다는 것이었어요. 주변에 있는 모든 여자들을 쳐다보고, 아니 그냥 쳐다보는 게 아니라 뚫어지게 바라봤어요. 외식을 하러 레스토랑에 가면 제가 이야기하는 도중에도 갑자기 옆에 있는 여자를 뚫어지게 바라보는 거예요. 심지어 제 친구들도 자기에게 관심을 갖게 만들고, 농담하고 얼마나 예쁜지 뭐 그런 이야기를 습관처럼 하더라구요."

"그런 식으로 행동할 때마다 저는 기분이 나빴지만 이런 이야기를 꺼낼 때마다 그는 오히려 제가 정서적으로 불안한 사람이고 그 사람을 구속하려 한다고 비난했어요. 전 구속하는 여자가 되기는 싫었거든요. 제 어머니가 그런 식으로 아버지를 대했으니까요. 그래서 네드의 행동을 무시하려고 노력했어요. 돌이켜 보면, 제가 진실을 직시하고 싶지 않았나 봐요. 사귄 지 1년 반 정도 지난 후에 결혼식을 올렸는데, 네드는 결혼식에서도 제 친구들에게 추파를 던지더군요. 저는 제

손에 낀 결혼반지를 쳐다보면서 이제 그는 내 사람이라고 스스로에게 말했죠."

"결혼을 하고 난 후 네드의 행동은 더 나빠졌어요. 싸움이 잦아졌고, 저 역시 정서적으로 더 불안정해졌어요. 그때 전 임신을 했어요. 아이가 생기면 네드가 좀 더 성숙해지지 않을까 생각했는데 제 생각이 잘못된 거죠."

"작년 어느 날 네드가 친구들하고 하키게임을 구경하러 간다고 나갔는데 어떤 여자에게서 전화가 왔어요. 누구냐고 물었더니 전화를 끊더군요. 심장이 두근거리는 걸 느낄 수 있었어요. 네드가 집에 돌아왔을 때, 직접 물어봤고 그날 밤 심하게 싸웠어요. 그 사람은 제가 미쳤다고 하면서 모든 것을 부인했어요. 저는 필사적이었고, 다음번에 다시 네드가 집을 나갔을 때 아이들을 차에 태우고 그를 쫓아가 봤어요. 그 사람 차가 싸구려 모텔로 들어가는 것을 봤을 때 세상이 무너져 내리는 것 같더군요. 지금은 너무나 눈이 멀었던 저 자신을 용서하는 것이 너무 힘들어요. 처음 만났을 때 조금 더 주의를 기울였다면 이런 아픔을 겪지 않아도 됐을 테니까요."

처음 만났을 때 발견했던 네드의 치명적인 결함을 무시함으로써 조디는 스스로를 속였던 것입니다. 네드가 지닌 성격상의 결함을 무시했기 때문에 후일에 더 큰 문제를 겪었던 것이죠.

성적으로 성실하지 못한 사람들은 거의 대부분 어린 시절 부모에게 충분한 사랑과 애정을 받지 못했다고 느낍니다. 이런 사람들은 이성에게 관심을 얻으려는 탐욕에 가까운 욕구를 지니고 있고 거의 중독에 가까운 증세를 보입니다. 상담을 통해 이런 치명적 결함을 치유할 수 있지만, 그것도 그런 문제를 발견하고 다루어야만 가능한 일입니다. 이 문제를 무시한다면 절대 사라질 수 없습니다.

## 성수행 장애

제가 이 문제를 마지막에 다루는 이유는 가장 치명적이지 않기 때문입니다. 성수행 장애는 솔직한 대화를 통해 함께 노력한다면 극복할 수 있습니다. 하지만 그 첫 단계는 당신이 문제를 가지고 있다고 인정하는 것입니다. 어느 누구도 완벽하게 성생활을 하고 있지는 않지만, 어떤 문제는 심각한 수준의 긴장과 불행을 야기할 수 있습니다.

### 발기불능

많은 남성들은 인생의 어느 시점에서 자신의 성적 능력이 약해지는 것을 경험하게 됩니다. 그러나 당신이 이제 막 관계를 시작했고 처음부터 이런 문제에 부딪혔다면, 많이 당황스러워도 이 문제를 무시하지 말고 파트너와 상의하기 바랍니다.

**억압된 화와 분노_** 만일 당신 파트너가 여성, 특히 어머니나 이전 여자친구에게 표현하지 않았던 분노를 마음속에 쌓아 두고 있다면 성적으로 기능하는 것이 어려울 수 있습니다. 이건 마치 그의 성기가 '파업 중'에 있는 것과 같은 것으로 '나는 흥분하고 싶지도 않고 당신을 만족시켜 주고 싶지도 않아.'라고 말하는 것과 같습니다. 당신 파트너는 이런 무의식적 분노에 대해 전혀 인식하지 못할 수도 있지만, 제가 본 대부분의 발기불능 남자들이 이런 문제를 가지고 있었습니다. 또한 발기불능은 일종의 복수 내지는 보복일 수 있습니다. 당신에게서 심한 상처를 받았다(예: 당신이 바람을 피웠다)고 그 사람이 생각한다면 이런 현상이 나타날 수도 있습니다.

**구속당한다고 느끼거나 애처럼 취급받고 있다고 느낄 때_** 당신 파트너가 당신과의 관계에서건 이전 관계에서건 '정서적으로 무력'하게 느꼈다면, 발기하지 못함으로써 이런 무기력을 나타내는 것입니다. 당신을 자신의 엄마 위치에 놓았거나 당신이 그를 애처럼 다룬다면 어떤 남자도 자신의 엄마와 잘 수는 없겠지요. 따라서 몸이 기능하는 것을 무의식적으로 거부하는 것입니다.

**친밀해지는 것에 대한 극도의 두려움_** 우리 대부분은 친밀해지는 것을 두려워하는 것과 싸웁니다. 하지만 극단적인 경우에는 성적으로 기능하지 못할 수도 있습니다. 이것은 마치 그의 성기가 다음과 같이 말하는 것과 같습니다. '그녀에게로 휩쓸려 들어가고 싶지 않아. 누군가와 그렇게 친해지는 게 너무 두려워.'

**신체적 원인_** 정기적으로 발기불능을 경험하면 즉시 의사를 만나야 합니다. 발기불능에는 여러 신체적 원인들이 있는데, 약물 부작용이나 지나치게 지방 섭취가 많은 식생활 때문에 발생할 수 있습니다. 그러나 신체적인 이유가 발견되지 않는다면 지금까지 말한 정서적인 이유들을 조사해 봐야 할 것입니다.

## 조루

대부분의 남성들은 인생의 어느 시점에서 조루와 관련된 문제들을 경험합니다. 하지만 이 문제가 만성적이라면 두 사람 모두에게 좌절의 근원이 될 수 있습니다. 조기사정의 일반적인 이유들은 다음과 같습니다.

**부적절한 성 기술_** 남성은 신체적으로, 정신적으로 혹은 정서적으로 지나치게 긴장할 때 조기사정이 발생합니다. 잘못된 성 습관 때문에 이런 문제가 발생할 수 있는데, 예를 들어 너무 빨리 흥분하려 한다거나, 강렬한 쾌감을 느끼기 위해 엉덩이를 팽팽하게 한다거나 서둘러 오르가슴을 느끼려고 할 때 발생합니다. 너무 빨리 사정하지 않도록 성적 긴장을 완화시키는 기술들을 설명하고 있는 책들이 시중에 나와 있으니 읽어 보기 바랍니다.

**감정을 억누르고 있을 때_** 섹스를 하고 있을 때 화, 죄책감, 두려움과 같은 감정들을 억누르고 있다면, 혹은 상대방에게 말하지 않은 비밀을 간직하고 있다면 빨리 사정하는 경향이 더 심합니다. 뭔가를 억누르고 감추고 있으면 긴장하기 때문에 오랫동안 섹스를 하는 것이 힘듭니다. 종종 자신의 감정을 타인과 공유하는 것을 힘들어하는 남자들이 조루 증세를 보입니다.

**섹스에 대한 두려움이나 혐오감_** 과거에 성적으로 학대를 당했거나 섹스가 더러운 것이라고 배웠다면 서둘러 끝내려 할 겁니다. 이것은 마치 그의 성기가 '빨리 끝내 버리고 벗어나자.' 라고 말하는 것과 같습니다.

**사랑하지 않은 여성과 섹스를 한 적이 있는 경우_** 당신 파트너가 사랑하지 않은 여성과 섹스를 한 경험이 있거나 창녀와 잔 적이 있다면 시간을 갖고 여유롭게 섹스를 하는 것을 힘들어할 수 있습니다. 그의 성기는 '빨리 끝내고 떠나'는 습관이 있습니다.

**친밀해지는 것을 두려워함_** 발기불능의 이유처럼 조루 역시 상대방과 가까워지는 것을 두려워하고 있다는 것을 몸이 보여 준다고 할 수 있습니다. 금방 사정을 하게 되면 상대방과 사랑하는 데 너무 많은 시간을 보내지 않아도 되기 때문입니다.

## 오르가슴을 잘 못 느낌(여성)

이것은 제가 세미나에서 강의할 때마다 늘 화제에 오르는 주제입니다. 반 이상의 여성들이 오르가슴을 느끼는 데 어려움을 겪고 있고, 이보다 적은 수의 여성들이 전혀 오르가슴을 경험해 보지 못했다는 보고가 있습니다. '여성 불감증'의 원인은 남성의 발기불능이나 조루의 원인과 비슷합니다.

**화_** 저는 화나 분노가 억압되어 있으면 여성이 오르가슴을 느끼지 못한다고 주장합니다. 화나 분노는 기쁨과 쾌락을 느끼지 못하게 합니다. 성적으로 학대를 당했거나, 성폭행을 당했거나, 버림받았거나, 사랑받지 못했거나, 혹은 파트너가 바람을 피웠다면, 마음에 분노의 감정을 담게 되어 결국 기쁨을 느끼고 정열을 경험하는 것을 방해할 겁니다.

**구속받는 것을 두려워하고 제어할 수 없는 지경에 이르는 것을 두려워할 때_** 통제는 오르가슴과 정반대되는 현상입니다. 오르가슴은 그냥 내버려 두는 것입니다. 만일 어떤 여성이 통제와 관련해서 문제가 있거나, 파트너가 자기를 구속한다고 느끼거나, 혹은 과거에 남자에게서 피해를 입었다고 느낀다면, '통제를 잃는 것'을 힘들어할 것이고 결국 오르가슴을 경험하지 못할 것입니다. 남성의 발기불능처럼, 오르가슴을 보류하는 것은 '이봐, 당신은 나를 흥분시키지 못해. 당신은 나에게 아무런 힘을 행사할 수 없어.'라고 무의식적으로 말하고 있는 것입니다.

**식생활 문제_** 과도한 지방 섭취가 남성의 발기불능과 관련이 있는데, 이는 여성들이 오르가슴을 경험하지 못하는 것에도 동일하게 적용됩니다. 성적 흥분은 피의 흐름에 의해 야기됩니다. 그런데 지방이 많은 음식을 섭취하면 순환계의 흐름이 느려지고, 결국 성적 흥분과 오르가슴을 경험하는 것이 힘들어집니다.

## 섹스에 대한 적은 관심

네 번째 성수행 장애는 아무런 행위를 하지 않는 것입니다. 성적 욕구가 매우 낮아 보이고 섹스 없이도 잘 살 수 있다고 말하는 파트너를 만났다 하더라도, 두 사람 사이에 아무런 갈등이 생기지 않을 거라 확신하지 마세요. 섹스에 무관심한 것은 보기보다 더 복잡합니다. 섹스에 무관심한 것처럼 보일지 몰라도 보통은 섹스에 대한 혐오감을 위장하고 있습니다. 저는 파트너가 섹스하는 것을 전혀 즐거워하지 않으며, 결혼한 후에는 섹스에 대한 욕구를 완전히 잃어버려서 마치 독신처럼 결혼생활을 하고 있다는 슬픈 이야기를 너무나 많은 사람들에게서 들어왔습니다. 섹스에 대해 무관심한 이유는 앞에서 언급한 문제들, 즉 친밀해지는 것을 두려워한다거나 분노와 같은 감정들을 억압하고 있기 때문입니다. 그러나 과거에 성적 학대를 경험했거나, 근친상간이나 강간을 당했거나, 또는 다른 형태의 폭력적인 학대를 경험했으면 섹스에 대해 무관심할 가능성이 더 높습니다.

당신 파트너가 포르노에 중독되어 있거나, 다른 사람들에게 추파를 던진다거나, 성기능에 문제가 있다거나, 섹스에 관심이 없다면, 이런 결함들을 무시하고 넘어가지 마세요! 저도 이런 문제들에 대해 이야기하는 것이 즐겁지 않다는 것을 잘 알고 있습니다. 하지만 회피한다고 해서 문제들이 사라지는 것은 아닙니다. 앞서 언급한 것처럼, 성과 관련된 문제들은 전문적인 도움과 상호 간의 건강한 대화를 통해 쉽게 해결할 수 있습니다.

성적인 문제들을 회피할 경우
관계에서 치명적인 결함이 될 수 있다.

{ 치명적 결함 06 }
## 성숙하지 못함

\* "그 사람은 자기가 어디에다 물건들을 두었는지 전혀 기억하지

못해요. 늘 지갑이나 열쇠를 잃어버리고 약속도 잊어요. 어쩔 땐 솔직히 제가 그 사람 아내가 아닌 엄마라는 생각이 듭니다."

※ "제 여자친구는 남자친구를 원한다기보다는 자상한 아빠를 원하는 것 같습니다. 9개월 전부터 직장을 알아보겠다고 약속했는데 전혀 노력을 안 해요. 하는 일이라곤 쇼핑하고 TV 보고 먹는 일뿐이죠. 그녀가 어서 정신 차려서 어른처럼 행동했으면 좋겠어요."

※ "제 남자친구는 성격은 아주 다정한데 재정적인 면은 꽝이에요. 동네방네 빚을 안 진 사람이 없고, 신용 상태도 아주 안 좋아요. 은행 잔고도 늘 마이너스고 카드 대금도 제때 내는 법이 없죠. 제가 왜 이렇게 재정 상태가 나빠지도록 내버려 뒀냐고 물어보면 그냥 웃으면서 자신은 순간을 위해 살고 있다고 말합니다."

이런 말들은 여섯 번째 치명적 결함, 즉 성숙하지 못한 파트너를 둔 사람과 사랑에 빠진 사람들에게서 듣는 말입니다. 제가 언급하고 있는 사람들은 자신의 내적 아이와 건강한 관계를 유지하면서 즐겁고 쾌활하고 놀기 좋아하며 모험을 즐기는 그런 사람들이 아닙니다. 이 결함을 가지고 있는 사람들은 책임감 있고 성숙하게 행동하는 것을 거부하고 상대방으로 하여금 부모의 역할을 수행하도록 만드는 사람들입니다.

당신 파트너가 성숙한지 그렇지 않은지를 판단할 때 주의 깊게 살펴야 할 경고 신호들은 다음과 같습니다.

### 재정적 무책임

인정하고 싶지는 않지만, 저 역시 재정적으로 무책임한 남자들과 사귄 적이 있습니다. 구원자의 역할을 수행하는 사람들처럼 저 역시 그것을 치명적인 결함이라 생각하지 않았습니다. 다만 제 파트너가 '현실적인' 사람이 아닐 뿐이라고 저 스스로를 설득했습니다. 사실 아이라고 표현하는 게 더 맞을 것 같습니다. 재정적으로 무책임한 사람에게는 어렸을 때 형성한 깊은 정서적 프로그램이 존재할 가능성이 높습니다. 이것은 건강한 관계를 맺기 위해 반드시 고쳐야 하는 문제입니다.

### 당신 파트너는 재정적으로 무책임합니까?

여기 당신 파트너에게 여섯 번째 치명적 결함이 있다는 것을 알려주는 몇 가지 특별한 신호가 있습니다.

- 마이너스 통장을 가지고 있다.
- 당신 또는 다른 사람들에게 자주 돈을 빌린다.
- 제때 납부금을 지불하는 법이 없고 연체되었다는 통보를 받고 나서야 지불한다.
- 지출하는 것에 대해 미리 계획하지도 않고 저축을 하기보다는 비싼 물건(옷, 스테레오, 보석 등)을 사는 데 돈을 쓴다.
- 신용 상태가 나쁘다.
- 오랫동안 직장을 다니지 못한다.
- 있는 돈을 다 쓰고 나서야 다시 돈을 벌려고 한다.

* 자신의 경제적 어려움을 해결하기 위해 당신에게 의지한다.
* 사람들에게서 돈을 빌리고 갚지 않는다.

위에 기술한 것들이 친숙하게 느껴진다면 그냥 넘어가지 마세요. 당신 파트너의 재정적 무책임은 그 사람뿐만 아니라 당신에게도 영향을 미칩니다. 결국 당신이 그 사람을 위해 비용을 지불하게 되거나 도와줘야 한다고 책임감을 느끼기 때문입니다. 그리고 당신은 제가 저질렀던 실수, 즉 '그는 돈 문제에는 별로 적성이 없어.' 라고 스스로를 설득하려는 실수를 범하지 마세요. 진실은 당신 파트너는 어른이 되어 스스로를 책임지고 싶어 하지 않기 때문에 재정적인 부분을 게을리 한다는 것입니다. 당신 파트너의 재정적 부주의는 결국 당신에 대한 부주의로 나타날 것입니다. 그리고 그 사람의 무책임으로 인해 당신과의 관계가 건강하고 성숙한 관계로 성장하지 못할 것입니다.

### 신뢰할 수 없음

우리는 어린아이가 항상 정확하게 시간을 지키고, 모든 약속을 이행하며, 모든 규칙들을 기억하고, 하겠다고 한 모든 것을 할 것으로 기대하지 않습니다. 인내심이 있는 부모라면 누구나 자신의 아이가 책임이라는 것이 무엇인지를 배우고 있고, 서너 살경에 그러한 개념이 서서히 생긴다는 것을 알고 있습니다. 하지만 성인이 된 이후에는 상대방이 신뢰할 수 있을 것이라는 기대를 하는 것이 당연합니다. 그러므로 상대방이 그렇지 않다면 당신은 아직 어른으로 자라지 않은 사람과 사랑에 빠진 것입니다.

신뢰롭지 못하다는 것은 다음과 같은 것을 의미합니다.

* 당신 파트너는 늘 당신에게 약속을 하고 어긴다.
* 당신 파트너는 자주 데이트나 행사에 늦는다.
* 당신 파트너는 당신이 말했던 중요한 사실들을 잊어버린다.
* 당신 파트너는 당신을 위한 일(저녁식사를 위해 주문한 음식을 찾아오거나 음식점 예약을 하는 일)을 하기로 동의하지만 자주 잊어버린다.
* 당신 파트너는 가능한 한 오래 일을 미루고 안 한다.
* 이전에 당신을 실망시켰던 적이 많아서 그를 신뢰하기가 망설여진다.

신뢰할 수 없는 사람과 사귈 때 당신은 마치 그 사람의 부모처럼 행동하게 됩니다. 정작 그 사람이 기억해야 할 것들을 당신이 일러 줘야 하고, 그가 해야 할 일들을 당신이 대신하게 되고, 당신 친구나 가족에게 그 사람이 왜 신뢰롭지 않은지를 변명해야만 합니다. 당신에게는 파트너에 대한 신뢰감이나 존경심이 많지 않기 때문에 결국 화나 분노의 감정이 쌓이게 될 것입니다.

### 의욕 부족

* 당신 파트너에겐 삶의 방향이나 목적이 있어 보입니까?
* 당신 파트너는 어떤 일을 할 만큼 의욕이 생기도록 어떤 일이 일어나기를 기다리고 있습니까?
* 당신 파트너는 미래를 계획하는 것을 힘들어합니까?

✳︎ 당신 파트너는 어떤 결정을 내리는 것을 미루는 편입니까?
✳︎ 당신 파트너는 서른 살이 넘어서도 여전히 자신이 무엇을 하고 싶은지 찾고 있습니까?
✳︎ 당신 파트너는 스스로 직면하고 싶어 하지 않는 심각한 문제를 가지고 있습니까?
✳︎ 당신 파트너는 누군가가 자기에게 좋은 기회를 주기를 기다리고 있습니까?

위의 질문 중 하나라도 '예' 라고 대답했다면, 당신은 자신의 삶의 질에 대해 책임을 지지 않으면서 마치 아이처럼 누군가가 자신을 위해 그것을 알아봐 주고 대신해 주기를 기다리고 있는 사람과 관계를 맺고 있는 것입니다. 우리는 모두 우리가 어떻게 살고 있는지 검토해 보고 현재의 모습을 지속시켜야 하는지 질문하는 인생의 단계를 거칩니다. 하지만 이 단계가 몇 년 동안이나 계속된다면 그것은 단계가 아니라 성숙하지 못한 마음 상태를 나타내는 것입니다.

## 왜 사람들은 성장하는 것에 저항하는가

만일 당신이 성숙하지 못한 사람과 사귀고 있다면, 당신은 매우 복잡한 사람과 사랑에 빠진 것입니다. 책임지는 것에 저항하는 것은 단순히 포르노 잡지를 읽는 것처럼 무시해도 좋을 나쁜 습관이 아닙니다. 그것은 오히려 어린 시절을 강탈당했다고 느끼게 만든 주변 상황들에 대한 당신 파트너의 무의식적 반응입니다. 당신의 파트너는 다음과 같은 경우에 이런 치명적 결함을 보입니다.

※ **너무 빨리 자랐다_** 때때로 아이들은 비극적인 사건들로 인해 너무 빨리 어른의 역할을 맡게 됩니다. 어머니가 돌아가셔서 장녀가 어머니의 역할을 맞게 된다거나, 아버지가 가족을 버려서 장남이 어머니를 책임져야 한다거나, 알코올중독자 부모를 둔 자녀가 형제를 위해 부모의 역할을 하는 것이 바로 이런 경우에 해당됩니다. 이런 사람들은 자라면서 자신의 어린 시절이 박탈당했다는 것을 무의식적으로 노여워하고, 커서는 책임감 있는 성인으로 행동하는 것에 저항합니다. 이것은 마치 '나는 아주 어렸을 때부터 성숙해야 했어. 이제 그런 것들에 신물이 나. 이젠 놀고 싶어.'라고 말하는 것과 같습니다.

※ **어렸을 때 구속당한다고 느꼈다_** 만일 당신 파트너가 매우 엄한 가정에서 자랐다면 그 사람은 규칙을 무시함으로써 반항하려 할 겁니다. 예를 들어, 어떻게 행동해야 하는지 늘 훈계를 듣고 '애'처럼 행동하면 벌을 받았던 아이는 커서 제때 납부금을 내지 않고 약속을 잊어버리는 반항적인 어른이 될 가능성이 높습니다.

구속하는 부모에 대한 화나 적개심을 마음에 담고 있는 사람들은 종종 모든 권위와 규칙, 순서, 법제도에 저항하는 성인으로 성장한다.

※ **어렸을 때 관심을 받지 못하고 방치되었다_** 어렸을 때 충분한 관심과 보살핌을 받지 못한 사람들은 성인이 된 이후에 무책임하고

아이와 같은 행동을 하는 경우가 있습니다. 이것은 마치 '저를 좀 돌봐 주세요.' 라고 무의식적으로 말하는 것과 같습니다. 만일 당신이 항상 그에게 무엇을 하라고 일러 주고, 잃어버린 열쇠를 찾아주며, 어떤 일을 잘하라고 의욕을 불어넣어 줘야 한다면, 당신은 그가 어렸을 때 전혀 경험하지 못했던 방식으로 그 사람에게 부모 역할을 하고 있는 것입니다.

## 부모 노릇을 하면 관계에서 열정이 사라진다

아무리 도움을 주고 있다고 당신 자신에게 말한다 하더라도, 파트너를 위해 부모 노릇을 하는 것은 건강하지 못한 관계를 만드는 것입니다. 당신은 결국 다음과 같은 감정들을 경험하게 될 겁니다.

- 화
- 이용당했다는 느낌
- 조종당했다는 느낌
- 파트너에 대한 존경심이 사라짐
- 성적으로 흥미를 잃음

제가 저술한 책 『여자가 반드시 알아야 할 남자의 비밀(*Secrets About Men Every Women Should Know*)』에서 말했던 것처럼, 매번 지갑을 찾아줘야 하고 무책임한 여섯 살처럼 행동하는 파트너에게 어떻게 성적으로 매력을 느낄 수 있겠습니까? 간단한 결정도 못 내리고 마치 열세 살 소녀처럼 계획 없이 돈을 낭비하는 여자에게 어떻게 매력을 느낄 수 있겠습니까? 당신 파트너가 어리게 행동하면 할수록 당신의 성생활은 더욱 나빠질 것입니다.

물론 당신이 이런 사람을 당신의 삶 속으로 끌어들였다면 관계에서 당신이 어떤 역할을 하고 있는지 주의 깊게 살펴보아야 합니다. 당신은 구원자 노릇을 하고 있는 것입니다. 당신은 상대방에 비해 우월하다고 느끼게 되고, 계속해서 상대방을 도와줘야 하기 때문에 당신 자신의 삶은 회피하게 됩니다. 이런 역할을 수행하는 것을 중단하고, 상대방으로 하여금 자신의 무책임이 어떤 결과를 가져오고 있는지 직시하도록 해야 합니다.

## { 치명적 결함 07 }
## 정서적 부재

저는 일곱 번째 치명적 결함에 대해서만도 책 한 권을 쓸 수 있습니다. 이것이 무엇인지, 어떻게 발견하는지, 무엇 때문에 발생하는지 등등. 정말로 당신이 알아야 할 것은 이것입니다.

### 정서적으로 문을 닫고 있는 파트너에게서 떨어져라

이 세상에는 당신을 열렬히 사랑하고 싶어 하고, 또 당신의 사랑을 받고 싶어 하는 사람들이 수없이 많습니다. 왜 마음의 문을 여는 것을 힘들어하는 사람을 선택합니까? 왜 그 사람의 마음을 열기 위해 당신의 시간을 낭비합니까?

물론 다양한 정도의 정서적 폐쇄성이 존재합니다. 우리 모두에게는 감정의 벽이 있어서 다른 사람에게 보여 주기 두려워하는 부분을 감추게 됩니다. 따라서 건강한 관계의 목적 중 하나는 점점 더 마음을 열고 서로를 믿는 것입니다. 그러나 어떤 사람들은 너무나 정서적으로 닫혀 있기 때문에 타인과 관계를 맺을 준비가 안 되어 있습니다. 이런 사람들은 사랑을 주고받기 전에 심각한 치료가 필요합니다.

저는 이미 정서적 손상 때문에 나타나는 증상들에 관해 많은 이야기를 했습니다. 하지만 누가 정서적으로 닫혀 있는 사람인지를 구분할 때 주의 깊게 살펴야 할 경고 신호들을 정리해 보면 다음과 같습니다.

1. 감정을 드러내지 않는다.

"존이 안으로는 무척 예민한 사람이란 거 잘 압니다. 그러나 그것은 과거에 상처를 많이 받아서 감정을 드러내 보이는 걸 힘들어할 뿐이죠."

자신이 어떻게 느끼는지 드러내 보이지 않는 사람과 관계를 맺는 것이 무슨 의미가 있을까요? 그냥 혼자 지내면 안 되나요? 정의상 관계는 두 사람 사이에 일어나는 상호작용을 의미하는 것이지, 한 사람은 상호작용을 하려고 노력하지만 다른 사람은 아무것도 하지 않는 것을 말하는 것이 아닙니다. 만일 파트너가 자신의 감정을 당신과 공유할 수 없다면 그 관계는 피상적이고 좌절스러울 것입니다. 당신은 인간 병따개가 되어 항상 당신 파트너가 마음의 문을 열도록 노력할 겁니다. 이것은 당신이 해야 할 일이 아니라 그 사람이 해야 할 일입니다. 당연히 당신은 당신 파트너가 기본적인 감정, 예를 들어 행복, 슬픔, 실망, 흥분, 욕망, 사랑과 같은 감정들을 보여 줄 수 있기를 기대해야 합니다. 만일 그럴 수 없다면 그 사람은 어느 누구와도 관계를 맺을 준비가 되어 있지 않은 것입니다.

잊지 마세요, '단지 감정적이지 않은 사람'이라는 것은 존재하지 않는다는 것을. 우리 모두는 어렸을 때 정서적이었습니다. 자신의 감정을 표현하지 못하는 아이를 본 적이 있습니까? 어린 시절 정서적 손상을 입어서 감정을 느끼고 드러내는 능력을 잃어버린 사람들이 있을 뿐입니다.

2. 자신의 감정을 말할 수 없거나 말하지 않는다.

"로렌스가 절 사랑하는 거 알아요. 단지 그 사람이 자신의 감정을 이야기하는 그런 사람이 아닐 뿐이죠."

다시 한 번 말하겠습니다. 관계의 목적은 단순히 누군가와 함께 지내는 데 있지 않습니다. 바로 다른 사람과 관계를 맺는 데 있습니다. 즉, 서로의 감정과 생각, 깨달음을 공유하는 데 있습니다. 이를 위해서는 이야기를 해야 합니다. "제 남편은 자신이 어떻게 느끼는지 말하지 못합니다."라는 말을 듣는 것처럼 저를 슬프게 하는 일도 없습니다. 이런 말을 들을 때면 저는 "그렇다면 왜 관계를 맺고 있는 척합니까? 같은 집에 살고 있을지 몰라도 당신은 관계를 맺고 있는 것이 아닙니다."라고 말하고 싶어집니다.

만일 당신이 자신의 감정을 말하지 않는 사람과
결혼생활을 하고 있다면
당신은 관계를 맺고 있는 것이 아니다.

많은 사람들에게서 자신의 감정을 이야기하는 것은 어려운 일입니다. 어렸을 때 감정을 표현하지 말도록 배운 사람들은 특히 그렇습니다. 그러나 자신을 표현하는 법을 배우는 노력조차 거부하거나 전혀 대화를 하지 않으려는 사람을 파트너로 두었다면 그 관계는 끔찍할 것입니다. 어떻게 하는지 그 방법을 배우려고 한다면 정말로 관계에서 효과를 낼 수 있는 부분이 대화입니다. 책을 읽거나, 워크숍에 가거나, 수업을 듣거나, 혹은 부부상담을 받는 이 모든 것이 대화하는 법을 배울 수 있는 효과적인 방법들입니다. 하지만 두 당사자가 이 문제를 가지고 함께 노력해야 합니다.

3. 마음의 문을 열지 않거나 믿지 않는다.

"앤디는 저를 잃고 싶지 않다고 말하지만 정서적으로 저를 받아들이는 것은 거부해요."

제가 앞에서 말했던 것처럼, 어떤 사람들은 정서적으로 너무나 닫혀 있기 때문에 건강한 관계를 맺을 수 없습니다. 그들은 마음을 열고 싶지만 그 방법을 모를 수도 있고, 기꺼이 자신의 정서적 갑옷을 벗어버리기 전에 집중적인 치유과정이 필요할 수도 있습니다. 지속적인 관계를 위해서는 좋은 의도라는 것이 그렇게 중요하지 않습니다. 중요한 것은 자신을 보호하고 있는 벽을 기꺼이 무너뜨리고자 하는 사람을 만나는 것입니다. 그렇지 않다면 당신은 감정의 줄다리기, 즉 당신은 파트너가 마음의 문을 열도록 몰아붙이고, 반대로 당신 파트너는 당신을 밀어내려 할 것입니다.

만일 위의 내용 중 친숙하게 느껴지는 것이 있다면, 5장의 앞부분으로 돌아가서 다시 한 번 읽어 보기 바랍니다. 저는 거기에서 '왜 내가 사랑하는 만큼 나를 사랑하지 않는 사람과 사귀는가?'에 관해 이야기했습니다. 왜 당신이 정서적으로 폐쇄적인 사람을 사귀는지를 이해하기 위해서는 먼저 당신 자신의 정서적 패턴을 이해해야만 합니다.

### 치명적 결함 08
## 이전 관계로부터 회복되지 않음

우리 모두는 이전 관계에서 해결하지 못하고 남은 정서적인 짐들을 새로운 관계로 가져옵니다. 그러나 종종 이러한 미해결 과제들이 우리를 압도하기 때문에 애정관계에 치명적일 수 있습니다. 만일 당신이 아직 과거 관계에서 회복되지 않은 누군가를 만나고 있다면, 당신은 비탄과 실망을 향해 가고 있는 것입니다. 구체적으로 주의를 기울여야 할 사항들은 다음과 같습니다.

1. 이전 파트너에 대해 여전히 화나 분노의 감정을 지니고 있다.

제가 항상 미혼자들에게 첫 데이트에서 상대방에게 물어보라고 조언하는 것 중 하나는 "이전에 사귀던 사람에 대해 어떤 느낌이 드세요?" 입니다. 자신의 전 부인이 음란하다거나 이전 여자친구가 바람을 피운 더러운 여자라고 심하게 비난하는 사람일 경우, 저라면 두 번째 데이트를 하기 전에 심각하게 고민할 겁니다. 앞에서 이야기한 것처럼, 상대는 해결되지 않은 분노와 비난을 결국 당신에게 쏟아부을 겁니다. 그 사람은 건강한 관계를 맺을 만큼 충분히 이전 관계에서 회복되지 않았을지도 모릅니다. 그 사람은 시간을 두고 과거에 일어났던 일들을 평가해 봐야 하며, 자신이 책임을 느껴야 할 부분이 무엇인지 깨달아야 합니다.

과거에 대한 분노를 더 많이 간직할수록
그만큼 현재를 사랑할 수 있는 능력은 줄어든다.

이 결함은 영구적으로 치명적인 것은 아닙니다. 시간이 흐르고 또 좋은 상담을 받는다면 이러한 문제를 극복할 수 있습니다. 이 문제를 해결하려고 노력하면서 동시에 관계를 맺는 것이 가능하기는 하지만 무척 힘들 겁니다. 그리고 예상보다 치유 기간이 길어지면 당신 마음 속에 화가 자리 잡게 될 겁니다.

2. 이전 사람에 대해 여전히 죄책감과 책임감을 느끼고 있다.

✻ 당신 파트너는 여전히 전에 사귀던 사람과 연락을 주고받으면서 그건 단지 이전 사람이 걱정되기 때문이라고 말하던가요?

✻ 당신 파트너는 계속해서 전에 사귀던 사람에 관해 이야기하고 그 사람 걱정을 하고 있습니다. 이로 인해 현재 당신과의 관계가 방해받고 있나요?

✱ 당신 파트너와 이전 사람 간에 어떤 것이 적절하고 적절하지 않은 행동인지 적절한 경계가 세워지지 않았다고 느끼나요?

✱ 당신 파트너가 이전에 사귀던 사람과 재결합할 의사가 없다는 것을 분명히 밝히지 않고 애매한 태도를 보인다고 느낍니까?

✱ 당신 파트너는 당신과의 관계를 속이거나 거짓말을 하면서까지 전에 사귀던 사람에게 상처 주지 않도록 노력하고 있습니까?

위의 질문 중 어느 하나에라도 '예'라고 답했다면, 당신은 여전히 예전 사람을 떠나 보내지 않은 사람과 관계를 맺고 있는 것입니다. 예전 사람과 헤어진 지 몇 주 또는 몇 달밖에 안 지나서 여전히 변화에 적응하고 있는 와중에 당신과 가까워졌다면 어느 정도 수용할 수 있습니다. 이렇게 예외적인 상황이라 할지라도 이런 행동은 길어야 한두 달 이상 지속되어서는 안 됩니다. 하지만 당신 파트너가 이전 사람과 헤어진 후 오랜 시간이 흘렀고, 위에 제시된 경고 신호들이 여전히 존재한다면 분명 문제가 있습니다.

당신 파트너가 옛 파트너에게 죄책감을 느끼거나 안타까워한다면 그 사람은 새로운 관계에 온전히 전념할 수 없습니다. 비록 전에 사귀던 사람과 직접적으로 연락은 하지 않더라도 관계 가운데 세 사람이 관여하는 삼각관계를 형성하게 됩니다. 만일 이런 설명과 딱 맞아떨어지는 사람을 만났다면 옛 사람에 대한 감정을 해결하고 난 후에 당신에게 연락하라고 말하세요. 그렇지 않으면 당신은 그 사람의 옛 사람과 경쟁관계에 놓이게 될 겁니다. 기억과 경쟁하는 것은 불가능한 일입니다. 특히, 동정을 불러일으키는 기억과 경쟁하기란 더더욱 어려운 일이죠.

3. 이전 관계에서 받은 상처와 학대 때문에 여전히 마음에 충격을 지니고 있다.
   * 당신 파트너는 정서적으로 약해 보이나요?
   * 당신 파트너는 당신을 믿는 것을 두려워합니까?
   * 당신 파트너는 이전 파트너가 얼마나 끔찍한 상처를 주었는지 말하면서 자주 우나요?
   * 당신이 어떤 말을 하건 어떤 행동을 하건 당신 파트너를 행복하게 해 주지 못할 것처럼 느껴집니까?

앞의 질문들이 친숙하게 느껴진다면 조심하기 바랍니다. 아마도 당신은 누군가를 사랑하기에는 충분히 치유되지 않은 사람과 함께 있는 것일지도 모릅니다.

구원자들이여 조심하라! 만일 당신이 구원자의 역할에 잘 빠지는 사람이라면 이제 막 고통스러운 관계에서 벗어난 사람의 상처 입은 마음을 고쳐 주려는 치유자처럼 행동하려고 할 것입니다. 5장으로 돌아가서 관계를 맺는 잘못된 이유 중 하나인 '구원의 임무'를 다시 읽어 보기 바랍니다. 상처를 입은 사람이 있다면 그 사람에게 스스로 치유할 수 있는 시간을 주세요. 만일 당신이 너무 일찍 이런 관계에 발을 들여놓는다면 시작하는 순간부터 부정적인 패턴을 반복하는 것입니다.

5장에서 정서적으로 부재한 사람들과 관계를 맺는 것에 대해 언급했던 것들을 기억해 보세요. 그것은 당신이 친밀한 관계를 맺는 것을 회피하는 한 방편일 수도 있고, 사랑을 주고받을 수 없는 사람을 선택함으로써 당신 자신에게서 사랑을 앗아가는 방법일 수도 있습니다. 당신이 늘 과거를 흘려 보내지 못하는 파트너를 찾고 있다면 관계에 몰입하는 것에 대한 당신의 두려움에 대해 전문적인 도움을 받아 보기 바랍니다.

{ 치명적 결함 09
(현재까지 영향을 미치는)
어린 시절에 겪은 정서적 피해 }

우리 모두는 어린 시절에 해결되지 않았던 정서적인 문제를 성인이 된 이후 맺게 되는 관계로 가져옵니다. 우리는 많은 부분은 우리의 과거에 의해 형성됩니다. 만일 당신이 어린 시절의 정서적인 문제를 지니고 있지 않은 사람과 만나기를 원한다면 행운을 빕니다. 우리 모두는 그렇습니다. 하지만 치명적인 결함을 찾을 때, 다음과 같은 세 가지 질문을 스스로에게 물어보아야 합니다.

1. 내 잠재적 파트너는 어린 시절에 얼마나 심한 정서적 손상을 입었나?
2. 내 파트너는 어린 시절에 입은 정서적 손상이 자신의 대인관계 능력에 어떤 영향을 미치는지 알고 있는가?
3. 내 파트너는 정서적 손상을 치유하기 위해 스스로 노력하고 있는가?(독서, 심리치료, 세미나에 참여하는 등의 노력을 통해)

위의 질문들에 답해 봄으로써 당신 파트너의 과거가 '치명적' 인지를 판단할 수 있을 겁니다. 비교적 행복한 어린 시절을 보냈지만 어머니 때문에 완전히 버릇없게 자란 사람을 만날 수도 있습니다. 하지만 당신 파트너는 이러한 자신의 패턴을 지각하지 못하고, 따라서 늘 자신의 방식을 고집하여 결국 좋은 관계를 맺을 수 없는 지경까지 이르게 됩니다. 반면에 어렸을 때 성적인 학대와 폭행을 당한 사람을 만났지만, 그 사람은 이러한 자신의 정서적인 상처를 완전히 인식하고 치유하려고 노력하고 있기 때문에 훌륭한 관계를 맺을 수 있습니다.

당신 파트너가 자신의 정서적 프로그램을
기꺼이 직시하려 하고
그것을 치유하기 위해 행동으로 옮기려 한다면,
치명적 결함들의 영향은 상당히 줄어들 것이다.

이 장에서 언급한 모든 치명적 결함들은 어린 시절에 겪은 고통스러운 사건 때문에 나타나는 증상들일 수 있습니다. 어린 시절에 경험했던 상대방의 정신적 외상(trauma)의 이력을 찾아낸다면 그 사람을 더욱더 잘 이해할 수 있을 것입니다. 혹은 그 상처가 너무 심각해서 아직까지 충분히 회복되지 않았다면, 당신은 그 사람과의 고통스럽고 실망스러운 관계에 빠지는 것을 피할 수 있을 겁니다. 어린 시절의 정서적 손상을 다음과 같이 분류해 보았습니다.

1. 성적 학대와 그로 인한 마음의 상처
2. 신체적·언어적 학대
3. 부모에게서 버림받음: 이혼, 죽음, 입양, 자살, 정서적 거리감
4. 섭식장애

5. 술이나 마약에 중독된 부모

6. 종교적 광신

현재 지니고 있는 중독의 문제나 다른 치명적 결함보다도 과거에 입은 정서적 손상을 찾아내기가 더 힘들지도 모릅니다. 범주마다 몇 가지 질문들을 포함시켰습니다. 심각한 정서적 손상이 존재하는지 판단하기 위해서는 이러한 질문들에 대한 답이 무엇인지 아는 것이 중요합니다. 만난 지 몇 달 만에 이 질문들에 대한 답을 모두 찾아내라고 제안하는 것은 절대 아닙니다. 또한 당신 파트너에 대해 심리적 진단을 내리라고 충고하는 것도 아닙니다. 당신은 심리치료사도 아니고 그럴 자격도 없기 때문입니다. 그러나 관계를 시작한 첫 몇 주 안에, 그리고 성관계를 맺기 전에 당신이 도대체 어떤 사람을 만나고 있는지 대략적으로라도 아는 것이 중요합니다.

기억할 것: 당신 스스로에 대해서도 이런 질문들을 해 보라.
당신 자신의 성격에 대한 통찰을 얻게 될 것이다.

## 성적 학대와 그로 인한 마음의 상처

1. 당신 파트너는 어린 시절에 경험한 성적 학대와 괴롭힘을 기억하고 있습니까? 그것이 가족, 친구, 성직자, 교사 또는 낯선 사람에 의한 것이었나요? 당신 파트너는 회복되어 왔거나 치료를 받은 적이 있나요? 가족 구성원들에게 말했거나 가해자와 직면한 적이 있나요?

2. 당신 파트너에겐 성적으로 학대당한 다른 가족 구성원이 있나요? 그 사람들은 회복되었나요?

3. 당신 파트너는 자위행위 또는 성관계를 하다가 들켜서 처벌을 받은 적이 있나요?

4. 당신 파트너는 성과 관련해서 어떤 태도와 가치를 배웠나요?

5. 당신 파트너는 자신의 부모가 부적절한 성행위(바람을 피움, 여러 명의 섹스 파트너를 둠, 매춘행위)를 한 것을 알고 있었나요?

6. 당신 파트너는 강간을 당한 적이 있나요? 그런 심리적 상처를 치유하기 위해 개인상담을 받은 적이 있나요?

### 발생 가능한 문제

**성중독 혹은 성기능 장애_** 성 학대를 당한 피해자들은 종종 자신의 성욕에 지나치게 사로잡혀 있거나, 또는 그것을 혐오해서 성욕을 잃고 성적으로 장애를 일으킵니다. 저는 지난 수년 동안 섹스를 싫어하는 자신의 부인이 알고 봤더니 어렸을 때 성적으로 괴롭힘을 당했지만 한 번도 어떤 형태의 도움도 받은 적이 없다는 사실을 알게 된, 그래서 좌절했던 수많은 남편들을 만났습니다. 만일 당신이 성적으로 학대를 당한 적이 있지만 그로 인한 무력감과 분노의 감정을 다루기 위해 전문적인 상담을 받은 적이 없다면 정상적인 성생활과 애정생활을 하는 것은 매우 어렵습니다. 그러므로 회복을 위한 전문적인 작업이 필수적입니다.

비록 신체적인 학대가 없었다 하더라도 주변에서 부적절한 성적 행동들이 일어나는 것을 목격하면서 자랐다면 비슷한 문제들이 나타날 수 있습니다.

**친밀해지기 어려움_** 성 학대를 경험한 피해자들은 정서적인 경계를 설정하는 것을 힘들어합니다. 아무런 경계 없이 너무나 수동적으로 되거나, 아니면 경계가 너무 엄격해서 매우 방어적이고 닫혀 있습니다. 종종 성적으로 피해를 입은 사람들은 당신을 정서적으로 받아들이지 않을 수도 있습니다.

어렸을 때 종교, 부모의 엄격한 훈육, 성행위에 가담했다가 잡혀서 처벌받은 경험 등의 이유로 성에 대해 창피한 감정을 갖도록 교육받은 사람들 역시 정서적·성적으로 자신을 개방하는 것을 힘들어합니다.

**체중 문제** 저는 체중이 많이 나가는 분들에게는 혹시 어렸을 때 학대를 받은 적이 있냐고 묻습니다. 그러면 3분의 2가 넘는 사람들이 '예'라고 답합니다. 학대를 경험한 사람들은 무의식적으로 상처 입은 내적 자아 주변에 물리적인 방패를 세움으로써 자신을 보호하려고 하는데, 그것이 결국 더 큰 상처로부터 스스로를 격리시킵니다.

**상식을 벗어난 성행위** 이 문제에 대해서는 이 장의 마지막 부분에서 더 자세히 다룰 것입니다. 어린 시절 성적 학대를 경험한 사람들은 종종 포르노그래피나 성적 환상 또는 난잡한 성관계를 맺음으로써 성과 관련된 자신의 혼란스러움을 밖으로 드러냅니다.

## 신체적·언어적 학대

1. 당신 파트너 또는 그 가족 중에 어렸을 때 신체적으로 맞았거나 구타를 당한 사람이 있습니까? 그런 학대가 얼마나 자주 그리고 얼마나 심각하게 일어났습니까?

2. 당신 파트너는 다른 방식으로 육체적인 공포를 경험한 적이 있습니까?(지하실에 갇혀 있었다거나, 하루 종일 굶었다거나, 뜨거운 물에 손을 억지로 데였다거나 등등)

3. 당신 파트너는 싸움과 고함, 욕설 등으로 분노를 표현하는 가정에서 자랐습니까?

4. 당신 파트너는 부모를 무서워하거나 증오합니까?

5. 당신 파트너는 언어적으로 학대를 당했나요?(착하지 않다고 듣거

나, 지속적으로 비난을 받거나 창피를 당하거나, 아니면 자신이 한 일 중에 잘한 것은 아무것도 없다고 느꼈나요?)

6. 당신 파트너는 지켜야 할 행동 규칙이 지나치게 많은 가정에서 자랐나요? 이런 규칙 중 어느 것이라도 어기면 심하게 비난받거나, 거부당하거나, 처벌받을 것이라고 느꼈나요?

7. 당신 파트너는 부모 중 한 명이 다른 한 명에게 언어적 폭력을 가하는 것을 목격했습니까?

8. 당신 파트너는 성인이 된 후 맺은 관계에서 다른 사람을 때린 적이 있나요?

### 발생 가능한 문제들

**쌓인 화나 분노를 밖으로 표출함**_ 신체적으로 혹은 언어적으로 학대를 당하면서 성장한 아이들은 보통 엄청난 분노를 내면에 간직하고 있습니다. 만일 전문적인 도움을 받지 않는다면, 이러한 아이들은 마치 그들의 부모가 그랬던 것처럼 불쑥불쑥 화를 냄으로써 내재된 분노를 밖으로 표출하게 됩니다. 그리하여 이런 과정에서 결국 당신을 괴롭게 만들 것입니다. 이런 행동에는 지나치게 비판적이거나, 즐겁게 해 주기가 힘들거나, 변덕스럽거나, 혹은 실제로 당신이나 아이들을 신체적으로 학대하는 것 등이 포함됩니다.

**중독(약물중독)**_ 신체적인 학대를 경험한 사람들이 자신의 분노를 억누르기로 결심했다면, 그들은 억누른 감정에 대해 무감각해지기 위해 중독에 빠질 가능성이 높습니다.

**통제하려 함**_ 어렸을 때 누군가에게 통제를 받은 사람은 어른이 된 후에는 관계에서 상대방을 통제하려고 할지 모릅니다.

**갈등이나 문제를 다루는 능력이 부족함**_ 엄청난 분노와 감정의 소용돌이로 가득한 가정에서 자란 아이들은 성장한 후에 갈등에 대해 심한 반감을 보입니다. 성인이 되어 맺는 관계에서 문제에 관해 이야기하는 것을 싫어하고, 모든 가능한 수단을 동원해서 갈등을 피하려 하며, 무엇 때문에 힘든지 당신에게 말하는 것을 꺼려 합니다.

**극적인 사건들에 중독됨**_ 극적인 사건들로 점철된 가정에서 자란 아이들은 자라서 사랑과 극적인 사건들을 연관시킵니다. 만일 당신 파트너가 무질서하고 예측 불가능한 환경에서 살았다면, 그 사람은 살아가면서 무의식적으로 극적인 사건들을 만듭니다. 그것은 가정이라는 것이 으레 그런 식으로 되어야 한다고 생각하기 때문입니다.

## 부모에게서 버림받음: 이혼, 죽음, 입양, 자살, 정서적 거리감

1. 당신 파트너의 부모님은 이혼하셨습니까? 그 후로 당신 파트너는 양쪽 부모님과 계속 연락하고 있습니까? 부모님의 이혼은 서로 합의하에 우호적으로 이루어진 이혼이었나요, 아니면 불쾌하고 힘든 이혼이었나요?

2. 당신 파트너의 부모님은 자녀양육권 문제로 싸웠나요?

3. 당신 파트너의 부모님은 이혼 후 상대방을 험담하거나, 당신 파트너를 중간에 세워 상대방을 속이거나 조종했나요?

4. 당신 파트너의 부모님은 재혼했나요? 당신 파트너와 양부모님과의 관계는 어땠나요?

5. 당신 파트너의 부모님은 당신 파트너가 어렸을 때 돌아가셨나요? 어떤 이유로 돌아가셨나요?(질병, 갑작스러운 죽음, 자살 등)

6. 당신 파트너는 입양되었나요? 자신의 생부 또는 생모에 대해 아는 것이 있나요?

7. 당신 파트너의 부모님은 정서적으로 차갑고 먼 사람들이었나요? 당신 파트너는 어렸을 때 '사랑한다'는 말을 부모님에게서 들어 본 적이 있나요? 당신 파트너의 부모님은 사랑과 애정을 밖으로 드러내 보이는 것을 힘들어했나요?

### 발생 가능한 문제들

**관계 몰입에 대한 두려움_** 어렸을 때 부모님이 이혼했거나, 가족 중 누군가가 사망했거나, 혹은 주변 사람들의 사랑이 부족해서 버림받았다고 느꼈다면 정서적으로 관계에 몰입하는 것을 힘들어합니다. 정서적으로 관계에 몰입하지 않는 것은 또다시 버림받지 않으려고 무의식적으로 자신을 보호하는 한 가지 방법입니다(관계 몰입에 대해서는 11장 '전념하기: 그 관계가 옳은 것일 때 전념하고 지키며, 옳지 못할 때 떠나 보내기'에서 자세히 다룰 겁니다.).

**섣불리 관계에 몰입함_** 이 점에 관해서는 이미 이 책의 앞부분에서 이야기한 적이 있습니다. 어린 시절 정상적인 가정을 갖지 못했다고 느끼는 사람들은 종종 어른이 되어서 서둘러 관계를 맺고 몰입하는데, 과거에 갖지 못했던 것을 만들어 가고 싶어 합니다.

**불안, 소유욕 및 불신_** 어렸을 때 버림받고 거절당했다고 느끼는 사람일수록 불안, 소유욕, 질투, 불신 같은 문제들이 많습니다. 이런 경우 그 사람을 진정으로 사랑한다는 것도, 절대 바람 피우지 않을 거라는 것도, 어떤 식으로든 배신하지 않을 거라는 것도 그에게 확신시켜 주는 것이 힘들 겁니다.

**건강한 관계에 대한 상이 없음_** 부모의 결혼생활이 순탄치 않은 가정에서 자란 아이는 순탄하게 지속되는 관계가 어떤 모습인지에 대한 건강한 역할 모델이 없습니다. 자신의 부모가 서로에게 애정과 관심을 보이는 모습을 보지 못했다면 성인이 된 후에는 어떻게 사랑하고 어떻게 관심을 보여야 할지 힘들어할 겁니다.

## 섭식장애

1. 당신 파트너는 어렸을 때 체중에 문제가 있었습니까? 너무 말랐거나 뚱뚱했나요? 체중 때문에 놀림을 당했나요? 음식이 보상으로 주어졌거나 혹은 벌로써 제지당한 적이 있나요?
2. 당신 파트너는 섭식장애(거식증, 폭식증)를 겪어 본 적이 있습니까? 그로 인해 전문적인 치료를 받은 적이 있나요?
3. 당신 파트너는 감정을 숨기기 위해 음식을 사용하나요? 조절할 수 없을 만큼 달거나 짠 음식에 중독되어 있나요?

### 발생 가능한 문제들

**억압된 분노_** 섭식장애는 종종 안전하게 표현할 수 없는 화나 분노 같은 감정들을 포장하고 있는 경우가 많습니다. 이런 사람들은 언제 폭발할지 모르는 시한폭탄과 같습니다.

**자존감의 문제_** 음식과 관련된 문제를 지니고 있는 사람들은 어린 시절에 경험한 사건들 때문에 자존감이 낮은 경우가 많습니다. 더욱이 섭식과 관련된 문제들은 낮은 자존감을 더욱 낮게 만들어서 악순환이 되풀이됩니다.

**통제의 문제_** 당신 파트너는 통제광일지도 모릅니다. 섭식은 통제나 힘과 관련이 있습니다. 특히, 거식증과 폭식증은 통제하는 것에 중독된 것입니다.

**숨겨진 성학대_** 앞서 말한 것처럼, 섭식과 관련된 문제는 어린 시절에 경험한 성적 학대의 문제를 감추고 있을지도 모릅니다.

## 술이나 약물에 중독된 부모

1. 당신 파트너의 부모는 지나치게 술을 마셨거나 약물을 복용했습니까? 당신 파트너는 부모가 취한 모습이나 약물 복용 후의 흥분한 모습을 봤습니까? 당신 파트너의 부모는 술이나 약물을 복용하고 아이들을 괴롭히고 학대했나요? 술이나 약물을 복용하지 않은 맨 정신인 때가 있었나요?
2. 중독 때문에 경제적, 법률적 또는 결혼생활에 문제가 발생했나요?
3. 당신 파트너는 이런 부모의 중독 문제를 부인하고 있나요? 어렸을 땐 부인했나요?
4. 당신 파트너는 부모나 다른 가족 구성원을 돌봐야 한다고 책임감을 느꼈나요?
5. 당신 파트너는 이런 부모님 문제 때문에 자신이 원하는 관심과 보살핌을 받지 못했다고 느꼈나요?

### 발생 가능한 문제들

**공동의존_** 부모가 중독자인 아이들의 경우 공동의존적인(codependent) 행동을 보이는 것이 가장 큰 문제입니다. 많은 사람들이 이 문제에 대해 이야기했지만, 간단히 말하면 공동의존적인 사람은 어린 시절에 경험한 충격적인 사건으로 인해 자신의 현실보다는 다른 사람의 현실을 더 중요하게 여기도록 학습되었습니다. 다음과 같은 경우에 해당된다면 당신 파트너에게 공동의존적인 성향이 있다고 말할 수 있습니다.

1. 다른 사람들과 경계를 세우는 것을 힘들어한다(예: '아니요'라고 말하지 못한다.).
2. 자신이 무엇을 원하는지 잘 모르고, 원하는 것이 있어도 요구하는 것을 힘들

어하고, 자신보다는 다른 사람의 욕구에 대해 더 신경을 기울인다.
3. 자신의 직감, 생각, 감정을 믿지 못하고, 종종 타인에게 주도권을 넘긴다.
4. 자신에 대해 만족하기 위해 다른 사람에게 의존한다.

**중독적인 행동을 보이는 경향_** 중독자를 부모로 둔 아이들은 부모가 술이나 약물, 음식 등을 사용해서 무감각해지는 것을 보았기 때문에 자신의 감정에 대처하지 않는 법을 배우게 됩니다. 불편한 감정에 대해 무감각해지기 위해 약물이나 술에 중독될 가능성이 높습니다.

**의사소통의 어려움_** 중독자를 부모로 둔 아이들은 종종 가정에서 자신의 생각을 표현하도록 허락되지 않는데, 이런 아이들은 자라서 자신의 감정을 잘 표현하지 못하거나 자신의 문제에 대해 이야기하는 것을 힘들어합니다.

**잘 믿지 못함_** 중독자를 부모로 둔 아이들은 안전하고 안정된 환경에서 자라지 못했기 때문에 당신과 당신이 보여 주는 사랑을 잘 믿지 못하고 정서적으로 당신을 받아들이는 것을 힘들어합니다.

## 종교적 광신

1. 당신 파트너는 지나치게 엄격한 종교적 가치 때문에 믿음에 대해 의심을 허용하지 않은 집안에서 자랐습니까?

2. 당신 파트너는 어렸을 때 자신이 '사악하고' '나쁘고' '죄인'이기 때문에 순종하지 않으면 지옥에 간다는 소리를 들으면서 자랐나요? 그리고 어렸을 때 신을 무서워했나요?

3. 당신 파트너의 부모는 신앙적으로 독실한 사람들이었지만, 차갑고 애정을 보이는 데는 인색하고 신체적으로 또는 언어적으로 폭력을 행사했나요?

4. 당신 파트너는 자라면서 섹스는 더럽고 죄스러운 것이라고 배웠나요?

5. 당신 파트너의 가정에서는 '불경스러운' 생각이라든지 화, 상처, 실망감과 같은 감정들을 표현하는 것이 금지되었나요?

**발생 가능한 문제들**

**성기능 장애 또는 성적 강박관념_** 어렸을 때 섹스를 악하고 죄스러운 것이라고 배웠다면, 성인이 되어서는 섹스를 더러운 것이라 생각하거나 성관계 자체를 혐오하게 됩니다.

**결여된 감정표현 능력_** 만일 당신 파트너가 자라면서 '불경스러운' 감정들을 느끼거나 표현하도록 허용되지 않았다면, 성인이 되어서는 가장 사랑스러운 감정들까지도 자각하고 말로 표현하는 것을 힘들어하게 됩니다.

**낮은 자존감_** 만일 어떤 아이가 신은 자신을 나쁘게 생각한다는 말을 들었다면, 성인이 되어서는 있는 그대로의 자신의 모습을 받아들이고 사랑하는 것을 힘들어합니다.

## 어떤 것이 정상이고 어떤 것이 그렇지 않은가

제가 지금까지 제시한 결함들을 읽고 많은 것을 배웠기를 바랍니다. 이러한 패턴들을 이야기한 것은 결함이 있는 사람과는 사귀지 말라고 당신을 겁주기 위함이 아닙니다. 우리 모두에게는 해결하지 못한 정서적인 문제들이 있습니다. 제 의도는 당신 자신뿐만 아니라 당신 파트너의 정서적인 배경을 이해함으로써 과연 그 사람과의 관계에서 무엇을 예상할 수 있는지를 미리 알게 하는 데 있습니다.

따라서 이혼한 부모를 둔 그 누군가를 만났다 하더라도 "미안해요. 당신은 치명적인 결함을 지니고 있어요. 당신과 사귈 수가 없겠네요."라고 말해서는 안 됩니다. 그렇지만 그의 인생에 대해 그와 이야기해야 합니다. 만일 그 사람이 사귄 지 2~3개월 지난 후에 자신의 감정을 표현하는 것을 힘들어한다거나 관계에 전념하는 것을 힘들어한다면 더 깊은 관계로 들어서기 전에 좀 더 주의를 기울이세요.

앞에서 제시했던 세 가지 질문을 기억하나요?

1. 내 잠재적 파트너는 어린 시절에 얼마나 심각한 정서적 손상을 입었나?
2. 내 파트너는 어린 시절에 입은 정서적 손상이 자신의 대인관계 능력에 어떤 영향을 미치는지 알고 있나?
3. 내 파트너는 정서적 손상을 치유하기 위해 스스로 노력하고 있는가?(독서, 심리치료, 세미나에 참여하는 등의 노력을 통해)

요점은 이렇습니다. '정상적인 사람' 또는 '일상적인 문제'라는 것은 존재하지 않습니다. 우리 중 누구도 정상인 사람은 없습니다. 다만 모두 독특할 뿐입니다. 우리의 독특성과 그 기원을 이해하는 것이 정서적인 자유로 이끄는 열쇠입니다. 가장 큰 고통을 통해 가장 강력한 교훈을 얻을 수 있고, 상호노력을 통해 관계 속 당사자들은 과거의 정서적인 짐들을 오히려 정서적인 주춧돌로 변화시킬 수 있는데, 이는 사랑스럽고 치유적인 관계를 위한 기초를 만드는 데 도움이 됩니다.

치명적 결함에 관한 내용을 다 집필한 후에 그 내용을 보고 싶어 했던 제 독신 친구에게 주었습니다. 다음날 그 친구가 전화 메시지를 남겨 놓았는데, 가급적 당장 저와 이야기를 하고 싶다는 내용이었습니다. 전화를 걸자 그 친구는 "바버라, 네가 준 것을 읽느라 밤을 꼬박 샜어. 읽으면서 좀 더 일찍 이런 내용을 읽었으면 좋겠다 생각했어. 그런데 지금 걱정거리가 하나 있어. 지난주에 이 사람을 만났는데 결혼에 한 번 실패한 사람이야. 지금은 자신의 감정을 좀 더 많이 표현하려고 노력한다는데 그게 치명적인 결함을 가지고 있다는 의미야? 그에게 더 이상 만나지 않겠다고 말해야 하나?"

그 사람과 계속 데이트를 해도 된다는 제 말에 그녀는 많이 안도하는 것 같았습니다. 하지만 그 친구의 말을 듣는 순간, 이 장의 마지막 부분에 뭔가를 덧붙여야 할 필요를 느꼈습니다. 따라서 처음에 치명적인 결함에 관한 이야기를 시작하면서 했던 말을 반복해야겠습니다.

사랑하는 사람이 한 가지 혹은 그 이상의 결함을 가지고 있다 하더라도 그 사람이 관계를 맺을 능력이 없다는 것을 의미하는 것은 아닙니다. 다만 성격상의 결함이 관계를 오래 지속시키는 데 치명적일 수 있는 문제들을 야기할 수도 있다는 것을 의미합니다.

인간은 엄청난 변화를 이룰 수 있습니다. 그러나 우리의 결함을 직시하는 것을 거부하거나 자신을 치유하는 그 흥분되는 도전으로부터 도망칠 때 그 결함들은 치명적입니다.

## 07 S·t·o·r·y
# 융화의 시한폭탄

이탈리아의 북부 도시 베로나에는 옛날부터 원수로 지낸 두 집안이 있었네.
묵은 원한은 새로운 폭력을 일으키고, 선량한 피가 선량한 손을 더럽혔네.

두 집안에서 태어난 한 쌍의 불행한 연인들이 자신들의 목숨을 취했네.
이 불행하고 불쌍한 사랑의 전복으로 인해
그들의 죽음과 함께 부모들의 분쟁 또한 묻히게 되었네.
— 셰익스피어의 『로미오와 줄리엣』의 서문 중에서

1960년대 말, 이탈리아의 유명한 영화제작자인 프랑코 제페렐리는 역사상 가장 유명했던 불행한 연인을 〈로미오와 줄리엣〉이라는 영화로 재현했습니다. 저는 적어도 그 영화를 10번 이상 보았고, 순진한 두 연인이 견뎌야 했던 비극적인 사랑을 지켜보면서 매번 눈물을 흘렸습니다. 물론 수백만 명의 관람객들이 그랬던 것처럼, 저 역시 400년 전 셰익스피어가 창조해 낸 불행으로 끝난 이 운명적인 사랑에 감동받았습니다.

비극적인 관계는 예술적 환상으로는 훌륭한 오락거리가 될 수 있습니다. 하지만 그것이 우리에게 현실로 나타난다면 마음에 상처를 입을 것이 분명합니다. 슬프게도 너무나 많은 사람들이 제가 '융화의 시한폭탄(Comparibility time bomb)'이라고 부르는 것 때문에 실패할 수밖에 없는 애정관계를 맺게 됩니다.

융화의 시한폭탄은 치명적 결함이나 정서적 프로그램과는 달리,
당신의 내적 세계와는 별로 관계가 없고,
외부 세계에 존재하는 장애물과 관련이 있다.
이러한 장애물로 인해 특정 파트너와 관계를
오래 유지하는 것이 어렵다.

이런 연유로 융화의 시한폭탄에 변화를 가져오기가 불가능한 반면, 정서적 프로그램이나 치명적인 결함들은 노력을 통해 해결할 수 있습니다. 예를 들어, 당신이 감정을 표현하는 것을 힘들어하는 사람을 만났다면 분명 그 관계에서 문제가 발생할 겁니다. 그러나 이런 문제는 당신 파트너가 전문적인 상담을 받거나 대화를 통해 해결할 수가 있습니다. 반면에 당신 파트너는 독실한 기독교 신자인데 당신은 불교 신자라면 문제는 좀 더 심각해질 겁니다. 이 경우는 나쁜 습관이나 건강하지 못한 정서적 패턴들을 대할 때와 같은 방식으로 상황을 변화시키거나 개선할 수 없습니다. 타협하거나 조정할 수는 있겠지만 상황 자체는 늘 그대로 남아 있게 됩니다.

1장에서 말했던 사랑에 대한 신화를 기억하나요? 그중 하나가 '진정한 사랑은 모든 것을 극복한다.'였는데, 사랑 하나만으로는 충분치 않다는 것이 현실이었습니다. 서로 사랑하지만 융화의 시한폭탄을 맞은 커플만큼 이러한 진실이 슬프도록 극명하게 드러나는 경우도 없

습니다. 그들의 열정적인 사랑에도 불구하고 어쩔 수 없는 상황 때문에 그들은 로미오와 줄리엣 같은 불행한 연인이 되어 버립니다. 사랑만으로는 이런 장애들을 극복하고 관계를 지속시킬 수가 없습니다.

관계를 파괴시킬 수 있는 일곱 가지 융화의 시한폭탄

1. 심각한 나이 차이   2. 서로 다른 종교적 배경
3. 서로 다른 사회적, 도덕적, 교육적 배경
4. 독한 시댁/처가 식구   5. 독한 전 배우자
6. 독한 의붓자식들   7. 장거리 관계

제가 이런 어려움들을 융화의 시한폭탄이라고 부르는 이유는 보통 이런 문제들은 관계 초기보다는 일정 시간이 흐른 뒤에 발생하기 때문입니다. 시한폭탄을 가지고 있는 사람을 처음 만났을 때는 사랑에 빠지기에도 바쁜 나머지 두 사람에게 불편한 문제가 무엇인지 관심을 기울이지 않습니다. "전 신경 쓰지 않아요." "그 문제가 발생하면 해결하면 되죠." "저희는 너무 사랑하기 때문에 그 문제는 중요하지 않아요." 이런 말들을 스스로에게 함으로써 해결할 수 없을 것으로 생각되는 문제들에 직면하는 것을 회피합니다. 그러나 어느 순간 무시하고 있던 현실이 당신 앞에서 폭발하여, 문제를 직시하고 다뤄야 할 상황이 도래하게 됩니다.

앞으로 전개될 융화의 시한폭탄들을 읽으면서 현재 또는 미래의 관계에서 경계해야 할 것들을 인식하고, 과거 관계가 실패하도록 영향을 미쳤던 것들을 이해하는 계기가 되었으면 합니다.

**기억해야 할 점** 지금까지 제가 강조했던 것을 잊지 마세요. 관계에서 잠재적인 문제를 발견한다 하더라도 그것이 치명적 결함이건, 융화의 시한폭탄이건, 그 관계가 결국 실패한다는 것을 의미하지는 않는다는 사실입니다. 다만 그런 문제를 무시하고 그냥 사라져 주기를 기대하기보다는 주의를 기울일 필요가 있다는 것을 의미합니다.

{ 융화의 시한폭탄 01 }
## 심각한 나이 차이

58세의 에릭과 32세의 자넬은 지난 9개월 동안 같은 문제로 싸우고 있다. 에릭은 주말을 편안하게 집에서 쉬고 싶어 하지만, 자넬은 친구 집에서 열리는 파티에 가서 춤을 추고 싶어 한다. 자넬이 다음과 같이 볼멘소리를 한다. "이전엔 당신도 밖에 나가는 걸 좋아했어요. 결혼한 후에는 내가 나가고 싶어 할 때마다 피곤하다는 둥 집에서 쉬고 싶다는 둥 변명거리를 만들어 내요."

"이미 다 했던 이야기잖아." 에릭이 쓴소리로 대답한다. "내가 생각하는 좋은 시간이란 한 방에 수많은 사람들한테 둘러싸여 도무지 내가 무엇을 생각하고 있는지도 모를 만큼 시끄러운 음악을 듣는 게 아니라고. 내 아내랑 집에 있는 게 왜 잘못된 거지?"

"뭐가 잘못된 거냐면 지루하다는 거예요." 자넬이 불평한다. "일주일 내내 일을 하고 나서 주말엔 재미있는 일을 하고 싶단 말이에요."

"글쎄, 난 일주일 내내 일을 하고 나면 조금은 평화롭고 조용한 것을 원하는데. 내가 더 이상 당신을 위해 충분히 자극적이지 못해 미안하군. 어쨌든 내가 당신에게는 너무 나이가 많은 거 같아."

"에릭, 또 시작이군요. 마치 내가 당신 딸이나 되는 것처럼 설교하지 말라구요."

*39세의 안드레아는 26세 된 남자친구 돈과 늘 같은 문제(관계에 전념하는 것에 대한 두려움)로 말다툼을 한다. "돈, 우리가 함께 지낸 지 벌써 일 년이 다 돼가. 난 우리가 좀 더 우리 문제를 심각하게 바라봐야 한다고 생각해. 하지만 내가 이 문제에 관해 이야기할 때마다 당신은 마치 반항하는 십대처럼 행동해."

"나한테 또다시 그런 나이 문제를 이야기하지 마." 돈은 화를 내며 대꾸한다. "내가 계속해서 말했잖아. 나는 어느 한곳에 매여 지금 당장 가족을 꾸릴 준비가 안 되어 있다고. 내 사업도 재정적으로 불안정하고. 그래서 시간이 더 필요해."

"글쎄, 당신이 조금 더 열심히 일을 했다면 아마도 지금쯤은 준비가 되어 있었을 거야."

"안드레아, 나보고 어떤 식으로 살라고 말하지 마. 당신은 마치 내 엄마처럼 말한다고. 내가 정한 시간에 내 식대로 일하도록 내버려둬. 알았어? 난 이제 겨우 26세이고, 단지 준비가 안 되어 있을 뿐이야. 나랑 결혼하고 싶으면 기다려."

파트너와 나이 차이가 많으면 관계에서 심각한 문제가 발생할 수 있습니다. '심각하다' 는 말은 여기서 중요합니다. 만일 당신 파트너가 당신보다 네다섯 살 어리거나 많다면 나이 차이가 그리 큰 문제는 아닙니다. 그러나 당신 파트너가 열 살 혹은 그 이상 나이가 많거나 어리다면 나이 또는 다른 성격적인 측면에서 문제가 발생할 수 있습니다.

에릭과 자넬은 서로 많이 사랑하지만 둘 사이에 26세라는 나이 차이가 존재하고, 결혼한 지 일 년도 안 돼 나이 차이 때문에 그들이 생각했던 것보다 더 많은 문제들이 발생한다는 것을 깨닫게 되었습니다. 30대 초반인 자넬은 60세에 가까운 에릭에 비해 매우 다른 사회적 관심과 욕구를 가지고 있습니다. 에릭은 결혼한 경험이 있고 이미 성인이 된 세 명의 자녀를 두고 있습니다. 에릭은 빠르게 돌아가는 그의 직업 세계에서 대부분의 삶을 아주 열심히 일하면서 보냈고, 자넬을 사귀는 동안에는 그녀가 좋아하는 사교적인 세계와 쾌락을 쫓는 시간들을 기꺼이 견뎠습니다. 하지만 또다시 결혼한 마당에는 자신의 삶의 속도를 늦추고 좀 더 단순하게 인생을 즐기고 싶어 합니다. 하지만 자넬은 전에 결혼한 적이 없고, 결혼한 부부의 사교생활이 어떠해야 한다는 자기 나름의 환상을 지니고 있습니다(다른 부부와의 저녁모임, 춤 등). 어느 누가 옳거나 틀린 것은 아닙니다. 단지 두 사람이 서로 융화될 수 없는 욕구들을 가지고 있는 것입니다. 융화의 시한폭탄을 가지고 있는 다른 커플들처럼, 자넬과 에릭은 관계 초기에 이런 문제를 전혀 인식하지 못했습니다. 그들의 관계가 좀 더 일상적으로 안정된 이후에는 과연 어떤 모습일지 정확히 알지 못했던 것입니다.

안드레아는 돈보다 열세 살이나 많은데 나이 차이가 관계에 영향을 주지 않을 거라고 고집을 부렸습니다. 물론 처음에는 그렇지 않았죠.

처음엔 흥분과 로맨스로 가득한 매우 열정적인 성관계로 시작했습니다. 어느 것도 부족한 것이 없어 보였고, 안드레아는 그만큼 사랑받은 적이 없다고 느꼈습니다. 하지만 사귄 지 6개월이 지난 후, 처음의 격정이 줄어들면서 문제가 발생하기 시작했습니다. 안드레아는 돈의 삶의 방식에 대해 참을성을 잃어 가기 시작했습니다. 그녀는 자신이 서 있는 곳까지 따라잡으라고 그에게 압력을 가하지 않을 수 없어서, 충고하고 그를 판단하며 관계에 몰입할 준비가 되어 있지 않은 그에게 점점 더 화가 나기 시작했습니다. 비록 그가 안드레아를 많이 사랑한 것은 사실이지만, 그 나이에 그녀가 원하는 것(결혼, 아이, 안정)을 제공할 수 있을 만큼 준비가 안 되어 있는 것 또한 사실입니다.

저는 연인들이 점점 더 나이를 먹어 감에 따라 나이 차이가 점점 덜 중요해진다는 사실을 발견했습니다. 예를 들어, 35세 남성과 20세 여성 사이에 존재하는 열다섯 살의 연령 차이는, 65세의 노인과 50세 여성 사이에 존재하는 동일한 연령 차이보다 더 많은 문제들을 일으킬 겁니다. 이런 나이 차이는 첫 번째 커플에게 더 많은 영향을 미칠 겁니다. 왜냐하면 성숙함이나 경험 수준에서 그들이 두 번째 커플보다 더 많은 차이가 나기 때문입니다. 대부분의 사람들은 20세부터 45세 사이에 공통된 삶의 경험들을 하는데, 이 시기를 거치면서 사람들은 좀 더 부드러워지고 원만해집니다. 40세의 여성과 55세의 남성은 20세의 여성과 35세의 남성보다 이러한 삶의 경험들을 더 많이 공유할 것입니다.

분명 제가 나이에 관해 일반화를 하고 있습니다. 물론 전혀 성숙하지 못하고 무책임한 55세의 노인도 있을 수 있고, 나이에 비해 훨씬 성숙하고 현명한 24세의 청년도 있을 수 있습니다. 그럼에도 불구하고 파트너 사이에 존재하는 심각한 연령 차이는 사소한 것으로 치부하기에는 너무나 중요한 요소입니다.

비록 당신이 다음과 같은 특성들을 다른 관계 유형에서도 발견할 수 있겠지만, 연령 차이가 많이 나는 관계에서 경계해야 할 몇 가지 잠재적인 문제들을 살펴보도록 하겠습니다.

## 관계에서 당신이 나이가 많을 경우

### 1. 파트너에 대해 조급해질 수 있다.

당신이 파트너보다 훨씬 더 나이가 많을 경우, 미숙하고 삶의 경험도 일천하고 이제 막 배우는 과정에 있는 상대방에 대해 참을성을 잃게 될 수 있습니다. 만일 당신 파트너가 20대라면 특히 그렇습니다. 어쨌든 당신은 파트너가 지금 겪고 있는 많은 것들을 이미 경험했고, 원하는 것을 요구하는 법도 터득했으며, 위기를 경험하는 순간에도 그것이 세상의 끝이 아님을 깨달았고, 범한 실수들을 올바른 방식으로 처리하는 법을 이해하고 있습니다. 따라서 상대방이 비슷한 일들을 경험하면서 휘청거리는 모습을 바라보는 것은 쉬운 일이 아닙니다. 사실 당신은 이미 다 경험해서 흔적으로밖에 남아 있지 않은 삶의 교훈들을 사랑하는 사람이 경험하고 있는 모습을 지켜보는 것은 꽤 참을 수 없는 일일지도 모릅니다.

안드레아와 돈이 그렇게 자주 싸우는 이유 중 하나는 돈이 '성장'하는 것을 지켜보는 것에 대해 안드레아가 조급해하기 때문입니다. 안드레아는 지난 10년 동안 투자자문가로 성공가도를 달려왔지만, 돈은 이제 막 작가로서 입문했을 뿐입니다. 돈을 많이 버는 것도 아니고 이제 막 자신의 작품을 파는 것을 배우고 있는 중입니다. 전문 직업인으로서 이제 막 발을 내딛은 돈으로서는 자신이 하고 있는 일에 대해 회의를 느끼는 것이 어쩌면 당연한 일일 겁니다. 하지만 이것이 안드레아를 참을 수 없게 만들고 있는데, 그녀는 돈이 관계에 전념하는 데 너무나 시간이 오래 걸리고 있다고 느끼고 있습니다. 안드레아가 잊고 있는 것은 현재 자신에게는 너무나 자연스럽게 다가오는 확신과 전문성을 돈이 개발하는 데에는 많은 시간이 소요된다는 것입니다. 이런 그녀의 조급함 때문에 돈이 자신 있게 앞으로 나아가는 것을 힘들게 하고 있습니다. 전적으로 안드레아에게 잘못이 있다거나 돈이 틀렸다는 말이 아닙니다. 단지 그들이 처해 있는 삶의 단계가 매우 다를 뿐입니다.

2. 마치 상대방의 부모가 된 것처럼 행동한다.

당신이 파트너보다 10년, 20년 혹은 30년 이상의 삶의 경험을 지니고 있다면, 파트너에게 충고를 하거나 지적해서 고치려 하거나 아예 지적하지 않는 것이 거의 불가능하다고 느낄 겁니다. 어쨌든 당신은 이미 그런 것들을 경험했습니다. 어떤 것이 최선의 방법인지도 알고 있습니다. 물론 당신의 의도는 사랑에서 나온 것입니다. 단지 도와주고 싶을 뿐입니다. 그러나 이런 당신의 의도와 행동이 관계에 매우 치명적인 결과를 가져올 수 있습니다. 당신은 마치 부모처럼 행동하고 파트너를 아이처럼 다루기 시작합니다. 이 경우 당신 파트너는 당신이 그를 믿지도 존경하지도 않는다고 느끼고 마치 반항하는 십대처럼 행동하게 됩니다. 화를 내고 도망갑니다. 이러한 부모-자녀 게임은 당신의 성생활에서 빠르게 열정을 파괴할 것입니다.

만일 당신 파트너가 부모 같은 모습을 지닌 사람을 찾고 있었다면 어느덧 관계에서 그런 역할을 수행하고 있는 당신 자신을 발견하게 될 겁니다. 이런 역할에서 벗어나고 싶어 해도 당신 파트너가 계속해서 무책임하게 행동하고 지나치게 당신에게 의존한다면 거기서 벗어나기란 거의 불가능합니다. 이러한 관계는 매우 해로울 수 있습니다. 보통 나이가 많은 사람이 의기소침해지고 실망하게 되며, 나이가 어린 사람은 버림을 받았다고 느끼게 됩니다.

3. 당신이 경제적으로 훨씬 더 성공했다.

대부분 나이가 많은 파트너들이 경제적으로 더 안정되어 있기 때문에 관계에서 더 많은 힘을 갖습니다. 수입도 더 많고 재산도 더 많으며 소유하고 있는 것 또한 더 많습니다. 이렇듯 재정적으로 우월한 위치에 있기 때문에 여러 면에서 두 사람 사이에 긴장이 발생할 수 있습니다. 당신이 더 많이 주어야 하는 위치에 놓이는 것이 화가 날 수도 있는데, 여성인 경우 이런 현상은 더욱 두드러집니다. 결국 당신 돈이기 때문에 중요한 결정들은 당신이 내려야 한다고 느끼게 될 겁니다(얼마나 쓸지, 어디에서 살지, 어디에서 휴가를 보내야 할지 등). 당신 파트너는 이것이 공평하지 않다고 느낄 수 있습니다. 또한 파트너의 기준에 맞추기 위해 당신의 생활 수준을 낮추는 것이 힘들게 느껴질 수도 있습니다.

38세의 영화편집자인 레슬리는 27세의 건강훈련사 마틴을 처음 본 순간 사랑에 빠졌습니다. 관계를 시작한 지 3개월이 지날 즈음, 휴가 계획을 세우면서 문제가 발생했습니다. 레슬리는 멕시코에 있는 휴양지에서 일주일을 보내고 싶었지만, 도시를 벗어날 만큼 재정적으로 여유가 없었던 마틴은 대신 캠핑을 가자고 제안했습니다. "휴가 비용은 내가 낼게. 지난 5년 동안 멕시코에 갔었고, 지난 몇 달 동안 그곳에 가는 걸 학수고대하고 있었거든."

"그래, 당신이 비용을 지불할 거라는 거 잘 알아." 마틴이 화를 내며 대꾸했습니다. "하지만 날 정말 부끄럽게 만드네. 우리가 어디를 가야 한다면 그건 나와 당신이 비용을 반반 부담할 수 있는 곳이라야 해."

레슬리는 불평했습니다. "왜 단지 당신에게 돈이 없다는 이유로 나한테 익숙한 그런 종류의 여행을 포기해야 하지? 난 이런 여행을 가기 위해 지난 15년 동안 열심히 일했어. 단지 당신 기분에 맞추기 위해 캠핑 가서 좋은 시간을 보내는 척해야 한다는 것이 정말 어리석게 느껴져."

4. 당신이 관계에서 더 많은 힘을 가지고 있기 때문에 파트너를 통제하려는 유혹에 빠질 수 있다.

위에서 제기했던 모든 경고 신호들이 여기에 더해집니다. 파트너보다 훨씬 더 나이가 많을 경우, 당신은 파트너와 힘겨루기를 하고 파트너를 통제하려고 합니다. 당신은 돈이 더 많고 더 성공했으며 더 많은 경험들을 가지고 있기 때문에 당신의 힘을 이용해서 상대방을 통제하는 것이 매우 유혹적으로 느껴집니다.

5. 파트너와 잘 어울리는 것처럼 보이기 위해 당신의 관심과 친구 및 활동들을 희생하거나 타협하려는 유혹에 빠질 수 있다.

당신 파트너가 매우 어릴 경우, 상대방이 이해하지 못하는 당신의 관심 사항들을 포기하게 되고 더 어려 보이게 하는 취미와 습관들을 취할 수 있습니다. 저는 어느 젊은 여배우를 사귀고 있는 50대의 한 남성을 알고 있습니다. 그는 주로 클래식 음악을 듣고 TV에서 방영되는 흘러간 영화들을 즐겨 보는 사람이었습니다. 한번은 우연히 식당에서 그가 새로 사귄 여자친구와 함께 있는 것을 목격했는데 깜짝 놀랐습니다. 그는 머리에서 발끝까지 가죽으로 치장을 하고 있었고, 귀 하나를 뚫었으며, 마돈나 콘서트에 가는 중이라고 말했습니다. 물론 가죽옷이나 록콘서트가 30대 이상의 사람들에게는 어울리지 않는다고 말하는 것이 아닙니다. 다만 애인과의 연령 차이를 극복하기 위해 너무나 노력하고 있는 그의 모습이 조금은 우스꽝스럽게 보였다는 겁니다.

만일 당신이 당신보다 훨씬 더 나이가 어린 사람과 사귀고 있는데 융화의 첫 번째 시한폭탄을 피하고 싶다면 스스로에게 다음과 같은 질문들을 해 보기 바랍니다.

* 나는 내 파트너를 존경하는가?
* 나는 내 파트너를 자랑스럽게 여기는가?
* 나는 내 파트너를 신뢰하는가?
* 나는 내 파트너로부터 무엇을 배우고 있나?


## 당신이 더 어릴 경우

1. 당신은 파트너를 떠받들고 살면서 당신의 파워를 포기할지도 모른다.

만일 당신 파트너가 당신보다 훨씬 더 나이가 많다면, 그 사람은 아마도 당신보다 더 성공했고 더 경험이 많고 경제적으로도 더 안정되어 있을 겁니다. 이럴 경우 무의식적으로 상대방이 당신보다 더 나은 것처럼 여겨지고, 그 사람을 있는 그대로 보기보다는 이상적으로 바라보게 될 것입니다. 만일 당신 파트너가 당신보다 나이가 많아서 당신 자신이 덜 중요하게 느껴진다면 당신이 지니고 있는 파워를 포기하는 것입니다. 당신 자신을 믿기보다는 그 사람의 충고를 받아들이고, 과연 그 사람이 옳은지 의심하기보다는 그 사람의 비난을 맹목적으로 믿게 됩니다. 상대방을 맹종함으로써 당신 자신의 욕구와 느낌은 합당하지 않은 것처럼 느껴집니다. 당신은 스스로에게 다음과 같이 말합니다.

* '돈을 내는 건 그 사람이니까 그 사람 식대로 해야겠지.'
* '그 사람은 자신이 무엇을 하는지 잘 알아. 어쨌든 그 사람은 성공했으니까.'
* '그 사람이 나이가 더 많으니까 이 일에 대해서는 나보다 더 많이 알겠지.'

비록 당신 파트너가 이런 역할을 원치 않는다 하더라도 두 사람 사이에 존재하는 나이 차이 때문에 당신은 이런 패턴에 빠지고 싶은 유혹을 느낄 수 있습니다. 그리고 당신 파트너가 더 나이가 많고 더 현명한 역할을 즐긴다면 그래서 마침내 당신을 통제하기 위해 이런 역할을 이용한다면 조심하세요. 이런 관계는 결코 건강하지 않습니다.

2. 당신은 파트너를 마치 부모와 같은 위치에 올려놓을지 모른다.

관계에서 상대적으로 경험이 적고 세상에서 덜 성공한 사람이라는 것은 파트너와의 관계에서 부모/자녀의 역동을 재창조하려는 유혹에 빠질 수 있다는 것을 의미합니다. 항상 상대방에게 조언을 구하고, 도움을 주는 그 사람에게 의지하며, 재정적으로 의지하고, 당신에게 이로운 방향으로 그 사람의 인맥을 이용하며, 그 사람에게 대신 결정해 달라고 요구한다면, 본질적으로 당신은 아이처럼 행동하고 있는 것이며 상대방에게 아버지의 권위를 부여하는 것입니다(만일 당신이 젊은 남자라면, 어머니의 권위를 부여하는 것입니다.). 이것은 당신이 진정으로 성장하는 것을 방해하는 것이며, 모든 종류의 정서적 프로그램이 작동되는 길을 터놓는 것입니다.

당신 파트너가 당신을 통제하지 않는다 하더라도 그 사람이 훨씬 더 나이가 많다는 이유만으로도 당신은 통제당하고 위협받는다고 느낄 수 있습니다. 이럴 경우 당신은 반항적이 되고 위축되어 물러서게 되며 따라서 상대방을 힘들게 할 수 있습니다. 아마도 당신은 과거에 이런 식으로 부모와 관계를 맺었을지도 모릅니다. 또는 성장하면서 용기가 없어서 표현하지 못했던 분노를 이제야 밖으로 표출하고 있는 것인지도 모릅니다.

3. 파트너와 잘 어울리는 것처럼 보이기 위해 당신의 관심과 친구 및 활동들을 희생하거나 타협하려는 유혹에 빠질 수 있다.

만일 당신이 훨씬 더 나이가 많은 사람과 관계를 맺고 있다면 스스로에게 다음과 같은 질문들을 던져 보기 바랍니다.

* 내 파트너는 나를 존경하는가?
* 내 파트너는 나를 동등한 사람으로 대하는가?
* 나는 내 파트너와 동등한 사람처럼 느끼는가?

## 언제 이런 관계가 잘 될 수 있나

나이 차이가 많이 나더라도 지금까지 이야기했던 패턴에 빠지지 않는다면 두 사람의 관계가 잘 될 수 있습니다.

두 사람이 공유하는 것이 많으면 많을수록, 관계에서 두 사람이 노력하면 노력할수록 이런 관계가 살아남을 가능성은 그만큼 더 커집니다.

만일 현재 겪고 있는 문제들을 성장할 수 있는 기회로 이용한다면 나이 차이는 두 사람 모두에게 훌륭한 교사로 기능할 것입니다.

안드레아와 돈을 기억하나요? 열세 살의 나이 차이에도 불구하고 두 사람 관계는 결국 순조롭게 진행되고 있습니다. 안드레아는 돈이 그녀의 계획대로 살아가 주기를 원함으로써 그를 통제하려 했다는 것과 돈이 스스로의 꿈대로 살아갈 기회를 주어야 한다는 점을 깨달았습니다. 반면, 돈은 관계에서 자신이 감당해야 할 책임을 회피함으로써 안드레아를 질리게 하고 있음을 깨닫게 되었습니다. 그들은 서로에게 한 번 더 기회를 주기로 약속했고, 6개월 만에 그들의 관계는 급속도로 변했습니다. 돈이 하는 일이 잘 풀려 나가고, 안드레아가 돈을 궁지에 몰아넣는 일이 사라짐으로써 돈은 그녀가 원하는 것 이상을 줄 수 있었습니다. 그리고 안드레아는 돈이 책임감 있고 관계에 전념할 만큼 신뢰할 수 있다는 것을 알게 되었습니다. 돈은 안드레아에게서 전념과 헌신을 배웠고, 안드레아는 돈에게서 신뢰와 통제하는 것을 버리는 것을 배웠습니다.

## 언제 이런 관계가 잘 될 수 없나

　나이 차이와 관련된 융화의 시한폭탄을 극복하지 못하는 커플도 있습니다. 스물여섯 살의 나이 차이를 가지고 있던 에릭과 자넬의 관계는 결국 잘 되지 않았는데, 나이로 인해 서로 어울리지 않는 부분들이 너무나 많았기 때문입니다. 함께 지낼수록 그들은 더욱더 불행해졌습니다. 에릭은 자넬을 사랑했지만 그녀에게 육체적으로 너무나 매료되었기 때문에 그녀가 어떤 식의 삶을 원하는지 스스로에게 물어보지 않았다는 것을 깨달았습니다. 일단 성적인 매력의 강도가 누그러들면서, 에릭은 자넬이 자신의 인생과 잘 어울리지 않는다는 것을 발견하게 되었습니다. 그녀는 결혼 전과 같은 수준의 사교활동을 유지하기를 원했지만, 그는 좀 더 여유로운 삶을 원했습니다. 에릭은 자넬의 친구들을 좋아하지 않았고, 그녀 역시 그의 친구들을 좋아하지 않았습니다. 설상가상으로 에릭은 성장한 자녀들과 매우 가까워서 그들과 함께 시간을 보내는 것을 즐겼습니다. 그러나 자넬은 에릭에게 사랑하는 가족이 있다는 사실에 좀처럼 익숙해지지 않았습니다. 결혼생활에 대한 그녀의 기대는 보수적인 편이어서, 비록 노력을 했지만 에릭에게 그녀 이전의 인생이 존재한다는 사실을 좀처럼 받아들일 수 없었습니다. 둘은 서로에 대한 불만이 쌓여 가면서 더 자주 싸우게 되었고 결국 헤어졌습니다.

　파트너 사이에 존재하는 나이 차이는 성장을 위한 놀라운 영감을 제공할 수 있으며, 서로를 이해하고 사랑하는 능력을 증대시킬 수 있습니다. 반대로 지속적인 긴장과 불행의 원인이 될 수도 있어 결국 함께 지내는 것이 불가능해집니다.

## { 융화의 시한폭탄 02 } 서로 다른 종교적 배경

라디오 토크쇼를 진행하면서 듣게 되는 가장 가슴 아픈 사연은 관계에서 직면하는 종교적 갈등 때문에 조언을 구하는 사람들의 사연입니다. 가톨릭 신자를 약혼녀로 둔 유태인 남자, 무신론자와 사랑에 빠진 독실한 기독교인, 몰몬교를 믿는 남자친구를 둔 유일신교도 등등. 이렇게 많은 커플들이 서로 다른 종교를 가지고 있다는 것이 가장 힘들고 치명적인 융화의 시한폭탄 중 하나라는 사실을 어렵게 깨닫고 있습니다. 적어도 나이 차이와 그와 관련된 특성들은 시간이 지나면 변할 수도 있습니다. 그러나 대부분의 사람들에게 종교적 선호는 변하기 힘듭니다. 많은 경우 이 문제 때문에 상처를 입은 사람들에게 제가 해 줄 수 있는 것이라곤 기대어 울 수 있도록 제 어깨를 빌려 주는 것뿐입니다.

이 두 번째 융화의 시한폭탄은 종종 불시에 우리를 습격하는데, 그 이유는 대부분의 사람들이 관계 초기에 종교적 신념이나 가치에 관해 이야기하지 않기 때문입니다. 우리는 누군가와 데이트를 하기 위해 종교적 신념을 공유할 필요는 없습니다. 영화를 보면서 즐거운 시간을 보내기 위해 신에 대한 상대방의 감정을 알 필요는 없습니다. 비록 종교가 다르다는 것을 알아도 그런 것은 옆으로 제쳐두고, 대신 서로가 공유하는 부분에 초점을 맞추고 싶어 합니다. 불행하게도 관계가 성숙해지고 심각해짐에 따라 서로가 지닌 문제들을 깨닫기 시작하는데, 그 즈음엔 서로에 대한 감정이 너무 강렬해져서 헤어지는 것이 불가피하다는 사실을 안다 해도 헤어지는 것이 매우 어렵게 됩니다.

서로 다른 종교적 배경 때문에 발생하는 갈등 몇 가지를 예로 들어 보겠습니다. 모든 융화의 시한폭탄처럼, 차이가 클수록 폭발이 더 심하다는 것을 기억하기 바랍니다.

### 관습과(종교적인) 휴일

이것은 보통 종교적 차이로 인해 불편을 느끼기 시작하는 첫 번째 영역입니다. 성탄절이 돌아오거나 유월절이 다가오기 전까지는 모든 것이 순조롭게 진행됩니다. 하지만 지금까지 무시하고 있었던 문제들이 부상하게 됩니다. 휴일이나 종교적 행사들은 우리의 영적인 믿음과 관련해서 많은 것들을 반영합니다. 따라서 그리 대단하지 않다고 스스로에게 말해 왔던 차이점들이 두드러지게 나타나게 되는 것입니다.

29세의 베스와 31세의 존은 융화의 위기를 겪고 있는 커플입니다. 지난 8개월 동안 베스와 존은 진지하고 서로에게만 전념하는 관계를 지속해 왔습니다. 서로를 많이 사랑하지만 한 가지 문제가 있습니다. 베스는 유태인이고 존은 개신교도입니다. 두 사람 중 어느 누구도 자신이 종교적으로 독실하다고 생각하지는 않지만, 두 사람 모두 각자의 생활에서 종교적 신념이 제공하는 관습과 가르침을 향유하고 있었습니다. 이전에 서로의 종교적 배경에 관해 이야기한 적이 있었지만, 이러한 차이점이 그들 관계에 어떤 영향을 미칠 것인지는 구체적으로 이야기하지 않았습니다. 그러던 차에 첫 번째 휴일이 다가오고 있었습니다.

베스는 자주 존의 아파트에서 밤을 보냈고, 주말 내내 그의 집에서 머무르기도 했습니다. 비록 지금 당장 존의 집으로 이사할 계획은 없었지만, 그녀는 존의 집을 자신의 두 번째 집으로 여기고 있었습니다. 성탄절이 3주 앞으로 다가온 어느 날, 존은 일을 마친 베스를 마중 나갔고, 성탄절에 쓸 나무를 고르는 것을 도와달라고 베스에게 부탁했습니다. 존은 크리스마스트리를 보러 다니는 내내 그리고 집으로 돌아오는 차 안에서 베스가 이상하리만큼 조용하다는 것을 알아챘습니다. 거실에 트리를 설치한 후, 존은 베스에게 무슨 일이 있냐고 물어보았습니다. "당신에게 이렇게 말하는 것이 이상하게 들리겠지만, 집에 트리를 설치하는 게 편치 않아요. 우리 부모님은 순수하게 유대교를 지키는 것에 대해 매우 강한 생각을 가지고 있어요. 난 그것에 대해 별로 신경 쓰지 않는다고 생각했는데, 신경이 쓰이네요."

존은 베스에게 어떻게 말해야 할지 몰랐습니다. "당신이 어떤 기분인지 이해할 수 있어. 하지만 난 항상 크리스마스트리를 장식했거든. 크리스마스는 내가 가장 좋아하는 기념일이고 성탄절과 관련된 모든 것을 좋아해. 당신을 불편하게 만드는 것이 정말 싫지만, 그렇다고 내가 믿는 것을 포기할 수는 없어."

"어떤 것을 포기하라고 당신에게 요구하는 게 아니에요." 베스가 방어적으로 대답했습니다. "난 단지 성탄절에 이 집에 머무르는 게 맞는 건지 잘 모르겠다는 거예요. 크리스마스트리가 내 얼굴을 뚫어지게 바라보고 있는 상황에서 어떻게 내가 메노라(유대교의 제식 때 쓰는 아홉 가지 촛대-역자 주)에 불을 밝힐 수 있겠어요?"

베스와 존은 종교 휴일과 관련된 전통 이외의 다른 것들에 대해서도 논쟁을 벌였습니다. 즉, 종교적 신념과 관련해서 그들에게 중요한 차이점들이 존재한다는 것을 직면하고 있었던 것입니다. 만일 종교적 신념과 관련된 관습이나 태도 때문에 두 사람 사이에 갈등이 발생하고, 그런 갈등이 두 사람의 행복을 방해한다면 그들의 관계는 끝날 수밖에 없을 겁니다.

### 아이들

만일 당신과 당신 파트너 사이에 종교적으로 양립할 수 없는 문제가 숨어 있는지 알아보고 싶다면 자녀들에게 어떤 종교적 또는 영적 믿음을 물려주고 싶은지 물어보세요. 그런 다음 상대방에게 당신이 원하는 것을 말하고, 두 사람 사이에 불꽃이 튀기는 것을 지켜보세요. 아이들을 양육하는 문제만큼 우리 자신의 믿음과 가치관을 솔직하게 드러내 보이는 것도 없습니다. 자신이 매우 자유분방하고 종교적으로도 독실하지 않다고 말하는 사람들 중에는 아이들을 양육하는 문제만큼은 갑자기 보수적이 되어 아이들을 주일학교에 보내는 사람들이 있습니다. 불행하게도 이런 패턴은 사랑에 빠진 커플에게 엄청난 고통을 야기할 수 있습니다. 결혼, 임신, 자녀 양육과 관련된 문제들을 이야기하다 보면 그들이 매우 다른 종교적 견해를 가지고 있다는 점을 발견하게 됩니다.

## 만일 당신이 이런 상황에 처해 있다면 무엇을 해야 하는가

만일 당신과 당신 파트너가 매우 다른 종교적 배경을 가지고 있다면 다음에 제시된 몇 가지 사항들을 고려해 보기 바랍니다.

1. 관계 초기에 당신의 느낌에 대해 솔직해진다.

종교적 신념이나 영적 믿음을 고수하면 당신 파트너와 멀어질 거라고 생각될 때에는 스스로 자신의 종교적 확신 또는 영적 믿음을 경시할 가능성이 매우 높습니다. 솔직해지지 않으려는 유혹에 굴복하지 마세요. 당신에게 강한 종교적 신념이 있다면, 두 사람이 더 가까워지고 관계가 더 심각해질 때까지 기다리지 말고 관계 초기에 이러한 점을 파트너와 공유하기 바랍니다. 오래 기다리면 기다릴수록 나중에 서로 어울리지 않는다는 사실을 깨닫는 것이 더 고통스러울 것입니다.

2. 미래에 대해 이야기하는 것을 피하지 않는다.

어떻게 아이들을 양육하고 싶은지, 종교적 휴일을 어떻게 보내고 싶은지, 신앙적인 문제를 어떻게 삶 가운데 통합하고 싶은지를 관계 초기에 파트너와 이야기하기 바랍니다. 이런 주제로 이야기하면 파트너에게 부담을 준다거나 결혼하자고 제안하는 인상을 심어 줄 수 있다는 등의 변명을 하지 마세요. 인생을 함께 보내자고 약속하지 않고서도, 과연 두 사람이 융화의 시한폭탄 위에 앉아 있는지를 발견하는 데 도움이 되는 철학적인 생각들을 교환할 수 있습니다. 만일 당신 스스로가 이 문제에 관해 확신이 없다면 시간을 두고 당신 자신의 종교적, 영적 신념에 대해 탐색해 보기 바랍니다. 너무 늦게 될 때까지 기다리지 마세요.

3. 관계를 지속해야 할지 심각하게 고민한다면 성직자 또는 비슷한 상황에 있는 다른 커플들에게 조언을 구한다.

종교가 다른 사람과 관계를 지속하는 문제를 혼자서 감당하지 마세요. 비슷한 상황에 있는 다른 커플들도 있고 충고와 조언을 해 줄 수 있는 성직자 또한 있습니다. 그들에게 도움을 청해 보세요.

## 언제 이런 관계가 잘 되는가

두 사람의 종교적 신념이 유연할수록 이 융화의 시한폭탄을 피할 가능성은 더 높습니다. 비록 종교적 차이가 극단적으로 크지 않다 하더라도, 관계가 지속되기 위해서는 많은 타협과 헌신이 요구됩니다.

당신은 신과 강한 유대관계를 맺고 있지만 특정 종교 집단과의 연계는 강하지 않을 수도 있습니다. 주일 예배는 잘 참석하지 않으면서도 교리보다는 사랑의 가치를 더 강조하고 종교적 신념을 느슨하게 해석하는 데 더 마음이 끌릴 수도 있습니다. 혹은 당신 자녀를 특정한 종교적 신념 속에서 양육하는 것에 대해 별로 신경 쓰지 않을 수도 있습니다. 당신은 다만 자녀들이 절대자를 이해하고 그와의 관계를 경험하기를 원할지도 모릅니다.

이런 경우에는 신에 대한 서로의 믿음을 인정하고 상대방의 종교적 전통을 공유하는 것이 편하게 느껴질 수도 있습니다. 당신의 신념을 엄격하게 고집하지 않는다면 다른 종교적 신념을 가진 사람과 관계를 지속하는 것이 꽤 가능성 높은 일입니다.

## 언제 이런 관계가 잘 될 수 없나

종교적 신념이 강할수록 이 시한폭탄을 피하는 것이 어렵습니다. 종교가 다르다는 이유로 사랑하는 사람을 떠나는 것은 쉽지 않습니다. 하지만 오래 기다리면 기다릴수록 더 힘들어집니다. 제가 아는 어떤 여성은 신을 믿지만 특정 종교를 따르지는 않는데, 한 가지만 제외하고는 모든 면에서 그녀가 원하는 것을 갖춘 멋진 남성과 사랑에 빠졌습니다. (그 남성은 기독교로 개종한 사람이었습니다.) 그녀는 3개월 동안 데이트를 했죠. 비록 그 남성이 그녀에게 자신의 믿음을 강요하지는 않았지만, 그가 얼마나 종교적으로 강한 믿음을 가지고 있는지는 알 수 있었습니다. 서로의 미래에 대해 이야기한 적은 없었지만, 언젠가는 그런 이야기를 꺼내게 될 것이라는 것을 알고 있었습니다. 그래서 그녀는 그가 원하는 삶의 방식을 포용할 의향이 없음을 그에게 이야기할 수밖에 없었습니다. 더 이상 그를 만나지 않기로 결심했습니다. 이런 결정을 내리는 것이 그녀에게는 힘든 일이었지만, 6개월 혹은 1년을 더 기다린 후에 이야기를 꺼냈다면 훨씬 더 힘든 일이었을 겁니다.

이 시한폭탄이 당신 앞에서 터질 때까지 기다리지 말라.
관계가 심각해지기 전에 이 문제에 직면하라.

맞지 않는 사람
피하기

## { 융화의 시한폭탄 03 }
## 서로 다른 사회적, 도덕적, 교육적 배경

1990년에 가장 인기 있었던 영화 중에 〈귀여운 여인〉이 있었는데, 매춘부 역을 한 줄리아 로버츠가 백만장자 역인 리처드 기어와 사랑에 빠지고 결국 결혼에 이른다는 줄거리였습니다. 관객들은 영화의 4분의 3이 지날 때까지 두 인물이 지닌 배경이 극단적으로 다르다는 것을 지켜보았습니다. 남자 주인공은 좋은 교육을 받고 좋은 집안에서 태어났고 매우 지적이어서 오페라에서 와인에 이르기까지 모든 것에 전문가였습니다. 반면, 줄리아 로버츠가 맡은 인물은 고등학교도 졸업하지 못하고 도시의 초라한 지역 출신으로서 '월스트리트 저널' 한 권 읽어 보지 못한 여인이었습니다. 영화가 거의 끝나갈 무렵 두 사람은 그들의 관계가 불가능한 것이라 결정하지만, 영화의 마지막 장면에서는 서로가 상대방 없이는 살아갈 수 없음을 깨닫게 되고 놀랍도록 낭만적인 장면으로 재결합하게 됩니다.

물론 〈귀여운 여인〉이 서로 다른 배경을 지닌 연인들을 묘사한 첫 번째 작품은 아닙니다. 브로드웨이 뮤지컬 〈웨스트 사이드 스토리〉에서 '우리를 위한 곳'이라는 노래를 부르면서 사랑한다면 피부색은 전혀 문제가 되지 않을 시절을 꿈꾸는 토니와 마리아를 어찌 잊을 수 있을까요? 영화 〈마이 페어 레이디〉에서 런던의 빈민촌에서 꽃을 파는 여인과 사랑에 빠진 헨리 히긴스 교수를 또 어찌 잊을 수 있을까요? 우리가 모든 차이를 극복하고 사랑에 성공하는 이런 가상의 연인들을 보고 즐거워하는 이유는 그만큼 일상생활에서는 서로 다른 사회적, 교육적 배경이 아주 고통스러운 융화의 시한폭탄이 될 수 있기 때문입니다.

세상의 많은 나라에서는 이런 문제가 존재하지 않습니다. 왜냐하면 다른 계급에 속한 사람과 결혼하는 것이 인정되지 않기 때문입니다. 그러나 미국처럼 다양한 사람들이 함께 사는 나라, 특히 대도시에서는 경제적으로, 사회적으로, 인종적으로 다른 사람들을 일상생활에서 접하게 됩니다. 그들이 어떤 식으로 자랐고 그들의 조상이 누구이든 간에 모든 사람들을 수용한다는 믿음을 원칙으로 삼을수록 우리 자신 또는 우리 자녀가 배경이 '다른' 누군가와 사랑에 빠질 때 이러한 믿음이 도전을 받게 됩니다.

건강한 관계는 어느 정도 상대방과 공유하는 공통점에 그 기반을 둡니다. 비슷한 관심, 신념, 취향, 지향점 등등. 이런 공통점은 함께 사는 것을 편안하게 만듭니다. 당신과 당신 파트너가 모든 것에 의견이 같아야 한다거나 똑같은 경험을 했어야 한다는 것이 아닙니다. 하지만 너무나 많은 것이 다르면 극심한 긴장이 발생하고, 결국 조화로운 관계를 형성하는 것이 거의 불가능해집니다.

이 시한폭탄은 실제로 누군가와 함께 살아 보기 전까지는 감지하기가 매우 어렵습니다. 상대방의 습관이나 생활방식이 당신에게 익숙하지 않기 때문입니다. 이 문제가 실제보다 더 쉽게 들리는 것은 많은 사람들이 이런 민감한 문제에 대해 솔직하게 이야기하는 것을 꺼려하기 때문입니다. 예를 들어, '내 파트너가 교육을 덜 받았고 지저분한 습관을 지니고 있다는 것이 당황스러워.' '난 여자친구를 사랑하지만 혼혈인 자녀를 갖는다는 생각을 하면 사실 혼란스러워.'라고 스스로 인정하는 것이 쉽지 않습니다. "넌 충분히 세련되지 못해. 그래서 내 친구들한테 소개시키기가 좀 그래." "네 가족만 생각하면 내가 가진 것들에 대해 열등감을 느껴. 네 가족이 날 인정해 줄지 모르겠어."라고 상대방에게 이야기하는 것은 더욱 힘든 일입니다.

저는 완벽한 세상에서는 이런 차이들을 초월해서 사랑하는 것이 가능하다고 믿습니다. 당신이 꼭 알아야 할 것은 이것입니다. 당신이 선호하는 상대방의 배경이 있을 것으로 의심된다면, 비록 그런 것들을 스스로 인정할 수 없다 하더라도 부인하지는 마세요. 저는 이런 배경적인 차이가 문제가 되는데도 절대로 문제가 되어서는 안 된다고 스스로에게 말하다가 결국 문제에 봉착하는 커플들을 많이 봐 왔습니다.

상대방에게서 불편하게 느껴지는 것을 수용하려고 노력하다 보면,
당신의 진짜 감정이 수면 위로 떠오를 때
결국엔 그 사람에게 더 많은 상처를 주게 된다.

여느 때처럼 차이가 극단적일수록 문제가 될 가능성은 그만큼 크다는 사실을 상기시키고 싶습니다. 그리고 차이점들이 무엇이냐에 따라 어떤 경우에는 작은 차이가 큰 문제를 일으킬 수도 있고, 반대로 어떤 경우에는 주요한 차이가 수용될 수도 있습니다.

## 다른 배경 때문에 발생할 수 있는 문제

1. 공통점이 많지 않을 수 있다.

46세 내과의사인 올리비아는 '알코올중독자를 위한 익명의 모임'에서 48세의 정원사인 테드를 만났습니다. 두 사람은 회복기에 있었는데 서로 첫눈에 반했습니다. "정원사와 데이트를 한다며?" 병원에서 같이 일하는 올리비아의 동료들이 묻곤 했습니다. 이에 그녀는 "무슨 말을 하고 싶은 건데?"라며 웃어넘겼고, 그들의 관계가 얼마나 건강하며 행복한지 친구들에게 이야기하곤 했습니다. 하지만 그녀 마음속에서는 서로가 지닌 차이점들이 떠오르고 있었습니다. 올리비아는 예술적인 활동에 심취해 있었는데, 사귀는 친구들도 그랬고, 콘서트나 연극 그리고 창조적인 추구와 관련된 활동에 몰입해 있었습니다. 그러나 테드는 정반대의 인물이었습니다. 그는 대학 근처도 가 본 일이 없었고, 지금까지 계속 노동일을 해 왔습니다. "지난 20년 동안 청바지 이외에는 입어 본 적이 없는 것 같은데."라며 테드가 자랑스레 말했습니다. 이것이 바로 올리비아가 테드를 좋아하는 이유입니다. 지금까지 그녀가 만났던 위선에 찬 남자들과는 다르다는 거죠.

첫 몇 달 동안 두 사람은 아주 잘 지냈습니다. 오로지 상대방하고만 시간을 보냈습니다. 그러던 중 올리비아가 병원 자선바자회에 같이 가자고 테드에게 제안하면서 문제가 시작되었습니다.

"턱시도를 입지 않는다면 가지." 테드가 주장했습니다. "단지 하룻밤인데." 올리비아가 애원했습니다. "내 친구들이 좋아할 거야. 당신에 대해 많이 이야기했거든." 테드는 마지못해 초대에 응했습니다.

악몽 같은 밤이었습니다. 테드는 올리비아의 친구들과 그들이 하는 이야기가 지겨웠고, 저녁 시간 내내 거의 한마디도 하지 않았습니다. 올리비아는 마음이 둘로 갈라지는 것을 느꼈습니다. 한편으로는 자신이 그토록 노력을 기울여 온 바자회를 즐기고 싶었고, 다른 한편으론 테드를 편안하게 해 주고 싶은 마음이 있었습니다. 그날 저녁 올리비아는 결국 울음을 터트리고 말았습니다.

그날 이후로 두 사람의 문제는 더 심각해졌습니다. 테드는 볼링장에서 열린 파티에서 친구들에게 올리비아를 소개시켰는데, 테드가 자선바자회에서 느꼈던 것처럼 올리비아 역시 자신에게는 어울리지 않는 곳이라 느꼈습니다. 그녀는 이렇게 말했습니다. "당신 친구들은 따뜻하고 좋은 사람들이야. 하지만 그들과 무슨 이야기를 해야 할지 잘 몰라서 힘들었어." 올리비아는 그날 밤 잠자리에 들면서 더 이상 진실을 외면할 수 없다고 생각했습니다. 테드와는 절대로 잘 안 될 거라는 것을. 그들은 서로 너무나 달랐습니다. 그녀는 자신이 사랑했던 따뜻한 테드를 떠올렸고, 결코 이루어질 수 없는 그들의 관계와 자신의 사랑이 둘 사이에 놓인 간격을 이어 줄 만큼 크지 않다는 사실에 눈물을 흘렸습니다.

어떤 커플들은 그들이 지닌 차이점을 관계에 득이 되게 사용합니다. 서로에게서 배우고, 각자는 더 원만해져 갑니다. 그러나 그 차이가 너무 크면 갈등이 발생하고 서로 멀어지게 됩니다.

2. 매우 다른 가치를 지니고 있을지 모른다.

우리 각자는 부모의 양육방식, 민족적 배경, 교육 배경 및 삶의 경험을 통해 자신만의 고유한 가치체계를 만들어 갑니다. 서로의 배경이 극단적으로 다를 경우 가치 또한 다를 수 있습니다.

비슷한 가치를 지닌 커플은
조화롭고 행복한 관계를 만들어 갈 가능성이 높다.

당신의 가치는 다음과 같은 성격적인 측면들을 결정합니다.

- 다른 사람들을 대하는 방식
- 자신을 대하는 방식
- 돈을 사용하는 방식
- 자녀를 양육하는 방식
- 어떤 종류의 목표를 세우고 그것을 달성하기 위해 행동하는 방식
- 정치적 견해
- 불행한 사람들에 대한 태도
- 건강에 대한 태도 및 습관

당신의 가치는 매일 살아가는 방식에 영향을 줍니다. 당신과 당신 파트너의 가치가 매우 다를 때는 지속적으로 심각한 수준의 긴장을 경험하게 됩니다. 이것은 관계를 싸움터로 변화시킵니다.

36세의 마크와 29세의 줄리아나는 이제 막 결혼한 신혼부부로 관계에 도움을 얻고자 저를 찾아왔습니다. 마크가 다음과 같이 불평을 털어놓았습니다. "저희가 하는 일이라고는 돈 문제로 싸우는 일뿐이에요. 줄리아나는 마치 우리가 정부에서 생활보조를 받으면서 살아가

는 것처럼 행동해요. 전 정말 제가 버는 돈에 대해서 어떻게 사용하라는 식의 이야기를 듣는 것이 진저리가 나요."

줄리아나가 눈물을 머금고는 이렇게 주장했습니다. "아니, 당신이 그렇게 돈을 함부로 쓰지 않았다면 우리가 그렇게까지 싸울 필요는 없었어. 내가 말하고 싶은 건 미래에 대비해서 돈을 저축하라는 거야. 하지만 당신은 원하는 것은 무엇이든 해 버리는 데 너무 익숙해서 이 문제에 대해선 이야기하는 것조차 불가능해. 나 역시 좋은 아내라면 누구라도 할 일인데 그것에 대해 비난받는 것이 지겨워."

두 사람의 배경에 대해 좀 더 말한다면, 왜 이 시한폭탄이 마크와 줄리아나에게 터졌는지 이해할 수 있을 겁니다. 마크의 가족은 매우 부유했습니다. 마크의 아버지는 옷가게 체인점들을 소유하고 있는 자수성가한 사업가로 어렸을 때 누리지 못했던 모든 것들을 자신의 자녀들에게 베풀어 주는 것에 대해 자부심을 느끼고 있었습니다. 마크는 매년 크리스마스에는 콜로라도에서 스키를 즐겼고, 여름에는 유럽으로 바캉스를 떠났습니다. 그는 매우 비싼 사립대학을 졸업하고 아버지 일을 돕기 위해 고향으로 돌아왔습니다. 그는 자신이 재정적으로 무분별하다고 생각하지 않았습니다. 다만 자신의 주변에 있는 좋은 것들을 누리고 싶을 뿐이라고 생각했습니다.

줄리아나의 과거는 매우 달랐습니다. 그녀는 홀어머니 아래서 성장한 네 자녀 중 장녀였습니다. 그녀의 아버지는 그녀가 어렸을 때 집을 떠났고, 간헐적으로 돈을 부쳐 왔습니다. 줄리아나의 가정에는 사랑이 가득했지만 그 외에는 가진 것이 많지 않았습니다. 그녀의 어머니는 아이들을 키우기 위해 두 직장에서 일을 했고, 줄리아나는 어느 정도 나이가 들면서부터 가계를 돕기 위해 방과 후에 일을 해야 했습니다. '절약'은 그녀가 살아오면서 체득해야만 했던 삶의 지혜였던 것입니다. 돈이라는 것은 열심히 일을 해야 얻을 수 있는 것이었고 실제적인 것들, 예를 들어 음식, 월세, 병원 비용 같은 것들에 지불해야 하는 것이었습니다.

줄리아나를 처음 만났을 때, 마크는 그녀의 현실적인 면에 끌렸습니다. "그녀는 돈 많은 남자들을 사냥하는 다른 여자들과는 달랐어요." 그는 줄리아나가 어떻게 자랐는지 알았지만, 왜 그녀가 자신을 위해 새 옷을 사지 않는지, 특별한 때 그녀에게 비싼 보석을 사 주었을 때 왜 그녀가 화를 내는지는 이해할 수 없었습니다. "저는 1주년 기념일을 위해 팔찌를 고르느라 몇 주 동안 시간을 쏟아부었어요. 그런데 그녀가 팔찌통을 열면서 한다는 말이 '마크, 이런 것에 그렇게 많은 돈을 쓰지 말았어야 해. 내가 이 팔찌를 차는 것이 옳지 않다고 생각해.'라는 겁니다."

줄리아나는 자신의 머리를 저었습니다. "이 사람은 비싼 것을 살 때는 저에게 묻지도 않아요. 전 완전히 제외된 거죠. 마치 저한테 뭔가를 숨기고 있는 기분이 들어요."

## 언제 이런 관계가 잘 될 수 있나

두 사람이 서로 다른 가치에 대해 기꺼이 타협하고 공동의 장을 찾으려고 노력한다면 이 시한폭탄은 충분히 극복될 수 있습니다. 마크와 줄리아나는 어울리지 않는 부분들을 해결할 만큼 공유하고 있는 부분이 많은 커플이었습니다. 그들에게는 타협하는 것이 희생하는 것이 아니라 서로의 욕구를 향상시키는 것을 의미했기 때문에 관계를 구할 수 있었습니다.

줄리아나가 지닌 가치들은 정서적 프로그램에 의해 형성된 것이지 단순히 선호가 아니었습니다. 단지 필요에 의해 어렸을 때부터 경제적으로 신중해졌던 것입니다. 상담이 진행되면서 줄리아나는 자신이 여전히 '빈곤의식'에 따라 행동하고 있으며, 마크가 그들을 경제적으로 곤란한 지경에 빠뜨리지 않으면서도 돈을 소비할 수 있다는 것을 증명할 기회를 주지 않았다는 것을 깨닫게 되었습니다. 한편, 마크는 자신이 여전히 독신인 것처럼 돈을 쓰고 있고, 비싼 것을 살 때 줄리아나와 상의하지 않으며, 결정을 내릴 때 그녀를 포함시키지 않는다는 것을 깨닫게 되었습니다. 그는 줄리아나의 감정에 대해 보다 더 민감해지겠다고 약속했고, 줄리아나는 마크를 좀 더 신뢰하겠다고 약속했습니다. 그들은 함께 상담을 받으면서 새롭고 좀 더 건강한 가치들을 형성해 갔고, 그 과정에서 두 사람이 이전보다 더 가까워졌습니다.

**주의** 당신의 일부분인 가치들을 타협하라고 제안하는 것은 절대 아닙니다. 관계에서의 평화를 유지하기 위해 당신이 믿고 있는 것들을 희생한다면 결국 좋지 않은 일이 일어날 뿐입니다. 예를 들어, 당신은 건강에 관심이 많은 반면에 당신 파트너는 패스트푸드를 먹고 흡연을 하는 이런 생활 패턴을 바꾸는 것에 관심이 없다면, 그 사람처럼 되기 위해 당신의 몸을 학대해서는 안 됩니다. 당신의 가치를 재검토하는 것은 늘 좋은 것이고, 변화의 여지를 발견했다면 그 또한 좋은 것입니다. 그러나 이런 경우에도 당신 파트너를 기쁘게 하기 위해서 또는 관계를 유지하기 위해서가 아니라 당신 자신을 위해서 하기 바랍니다.

## 언제 이런 관계가 잘 될 수 없나

어떤 커플들은 그들의 사고방식과 자라난 배경이 너무나 달라서 조화롭게 사는 것이 불가능합니다. 셸리와 알리가 이 경우에 해당됩니다. 셸리는 달콤한 목소리를 소유한 아칸소 주 시골 출신의 미녀인데 텍사스로 이사 온 후 잘생기고 성공한 페르시아인 알리를 만났습니다. 알리는 셸리가 꿈꿔 왔던 모든 것을 갖춘 남자였습니다. 매력적이고, 좋은 교육을 받았으며, 매우 공손한 남자였습니다. 알리는 열정적으로 셸리에게 구애를 했고, 선물과 신나는 여행을 쏟아부었습니다. 그가 청혼을 했을 때 셸리는 날아갈 듯이 기뻤습니다.

하지만 결혼한 그 순간부터 모든 것이 바뀌었습니다. 생각했던 것보다 알리는 훨씬 더 보수적이었고, 많은 것들을 요구했으며, 셸리가 전일제로 일하면서 가사 역시 전담하기를 기대했습니다. 그런데 그녀가 알리의 가족 전통을 알게 되면서부터 불편해지기 시작했습니다. 여자와 남자를 다른 방에 분리시키는 알리의 가족을 일주일에도 서너 번 보기 시작했던 것입니다.

셸리는 도대체 알리에게 무슨 일이 있어났는지 이해할 수 없었지만, 사실 알리는 그렇게 변한 것이 없었습니다. 결혼을 해서 함께 살고 있으니까 결혼과 가정에 대한 그의 가치가 나타나기 시작한 것이었고, 그녀는 단지 그들의 배경이 얼마나 다른지 깨닫지 못했던 것입니다. 그녀는 이 점에 대해 알리와 이야기하고 싶었지만 심한 말다툼으로 이어졌고, 자신이 가장이니까 그의 욕구가 더 중요하다는 알리의 이야기를 들어야 했습니다.

셸리는 커져 가는 마음속의 불편한 감정을 무시하려 했지만 이 과정에서 점점 더 불행해져 갔습니다. 셸리는 결혼생활을 구하고 싶은 절박한 심정으로 혼자서 상담자를 찾아갔습니다. 몇 번 상담을 받고 난 후, 셸리는 그녀와 알리가 매우 다른 가치체계를 가지고 있다는 뼈아픈 진실을 직면하고 알리의 문화적 배경에 대해 좀 더 이해하게 되었습니다. "저는 계속 알리를 비난하면서 그 사람이 나쁜 사람이라고 생각했어요. 알리는 단지 원래 자신의 모습대로 행동했을 뿐인데 말이죠. 이것이 그가 살아가는 방식이에요. 이게 그 사람 가족의 방식이기도 하고요. 그 문화에서 여자는 매우 다른 역할을 해야 하고 그게 틀린 건 아니죠. 다만 제가 자란 방식과 다를 뿐이죠. 결혼하기 전에는 너무나 사랑에 빠져 있어서 이런 문제들에 대해 그와 이야기할 시간이 없었어요."

셸리는 알리가 변하지 않을 뿐 아니라 변하고 싶어 하지도 않는다는 사실에 익숙해져야 했습니다. 그에겐 자신이 원하는 방식대로 살 권리가 있습니다. 단지 그것이 셸리가 원하는 삶의 방식이 아닐 뿐이죠.

가슴 아프지만 셸리는 알리에게서 중요한 교훈을 배웠습니다. 관계 초기에 파트너가 될 사람이 어떤 가치를 지니고 있는지 좀 더 알아야 할 필요가 있다는 것을.

## 융화의 시한폭탄 04
# 독한 시댁/처가 식구

※ "제 시어머니 때문에 미치겠어요. 제 남편한테 하루에도 열두 번씩 전화를 해서는 제 흉을 봐요."

※ "저희가 처음 만났을 때 처갓집 식구들은 제가 부족하다고 반대를 했죠. 그 후로 절 인정하지 않아요. 제 아내도 이런 처갓집 식구들에 맞서지 않았는데, 지금은 아내의 그런 모습에 화가 납니다. 어떻게 해야 하죠?"

※ "왜 제 남편은 시어머니를 두둔하는 걸 그만두지 않는 걸까요? 전등을 갈아야 한다고 전화가 와도, 두통이 있다고 해도 시어머니 집으로 달려간다니까요. 늘 어머니 때문에 싸워요. 해결할 방법이 없는 것 같아요."

이렇듯 융화의 네 번째 시한폭탄인 독한 시댁/처가 식구 때문에 좌절감을 경험해 본 사람들에게서 수없이 많은 전화와 편지를 받습니다. 이런 문제에 익숙하지 않은 사람들은 이 말을 듣고 웃을지도 모릅니다. 그러나 이 문제로 도움을 청하는 많은 사람들에게는 관계를 파괴시키는 처가/시댁 식구들이 있다는 사실이 전혀 즐겁지 않습니다.

이 문제에 관해 더 자세히 이야기하기 전에 다음 사항들을 강조하고 싶습니다.

> 만일 당신 파트너가 부모에게 자신의 입장을 밝혔거나,
> 자신의 감정을 알렸거나, 혹은 부모의 어떤 행동들을 받아들일 건지
> 뚜렷한 경계를 설정했다면, 당신의 처가/시댁 식구들이
> 못되게 굴더라도 전혀 문제가 없을 것이다.

당신은 처가/시댁 식구를 좋아하지 않을 수도 있습니다. 그러나 만일 당신 배우자가 처가/시댁 식구들의 파괴적인 행동들을 용인하지 않는다면 배우자와의 관계는 위험에 빠지지 않을 겁니다. 그러나 배우자 부모의 행동이나 태도가 배우자와의 관계에 부정적인 영향을 미친다는 것을 인정하지 않거나 이를 직면하는 것을 거부한다면 융화의 시한폭탄을 경험하게 될 겁니다.

독한 시댁/처가 식구들은 어울림의 시한폭탄으로서 시간상 나중에 터진다는 특징이 있습니다.

✽ 가족의 일원이 되기 전까지는 그들에 대해 많이 알지 못할 수 있는데, 그땐 너무 늦습니다_ 당신 파트너가 자신의 부모에 대해 부인하거나 이 문제를 회피하려고 한다면 개인적으로 그들을 알아가기 전까지는 처가/시댁 식구들에 대해 매우 다른 이미지를 가져왔을 겁니다.

✽ 결혼하기 전까지는 당신이 위협적인 존재가 아니었을지도 모릅니다_ 제가 알고 있는 이성 친구의 어머니는 결혼할 생각이 있다고 말하기 전까지는 그의 여자친구들에 대해 아주 잘해 주다가, 결혼 이야기가 오가면 갑자기 태도가 돌변해서 장차 신부가 될 사람

을 너무나 힘들게 해서 관계를 그만두게끔 합니다. 비록 이 정도는 아니더라도 당신의 처가/시댁 식구는 결혼할 때까지 기다려서 사악한 본래 모습을 드러낼 것입니다.

* 당신이 임신하거나 아이를 낳기 전까지는 이러한 문제를 본격적으로 경험하지 않을 수도 있습니다_ 어떤 여성들은 아이를 낳고 난 후에 시댁 식구들이 자신의 삶을 심하게 간섭하고 그들이 모든 종류의 긴장을 야기한다고 이야기합니다.

당신에게 독한 처가/시댁 식구가 있습니까?

당신에게 독한 처가/시댁 식구가 있는지를 판가름하는 짧은 퀴즈를 내 보겠습니다.

* 진술문이 거의 항상 당신에게 해당되면 2점을 주세요.
* 진술문이 자주 당신에게 해당되면 1점을 주세요.
* 진술문이 좀처럼 또는 전혀 당신에게 해당되지 않으면 0점을 주세요.

> **주의** 만일 당신 부모가 당신 배우자에게 독한 처가/시댁 식구일 것으로 의심된다면, 배우자가 할 것 같은 식으로 문제에 답을 하거나 직접 이 퀴즈를 풀어 보라고 요청하기 바랍니다.

1. 나는 가끔 내 배우자를 그의 어머니/아버지와 공유하고 있는 듯한 느낌이 든다.
2. 내 시어머니(장인 등)는 누구보다도 자주 우리 집에 전화를 한다.

3. 나와 내 파트너는 일주일에 적어도 한 번은 그 사람 부모 때문에 언쟁을 벌인다.
4. 나는 시댁(친정) 식구들을 방문하거나 그들이 방문하는 것이 두렵다.
5. 그쪽 사람들과 함께 있을 때 나와 내 파트너는 거의 늘 싸운다.
6. 내가 그쪽 사람들에게 인정받고 있다고 느낀 적이 한 번도 없다.
7. 내가 하는 어떤 일도 그쪽 사람들에겐 충분히 만족스럽지 않을 거라 생각한다.
8. 나는 가끔 그쪽 사람들이 죽으면 내 인생이 얼마나 쉬워질까 상상한다.
9. 내 배우자가 자신의 부모님에 대해 분명한 입장을 취하는 것 같지 않다.
10. 내가 그쪽 사람들에 대해 이야기하려고 할 때마다 그 사람은 방어적이 되거나 오히려 내 문제라고 말한다.

이제 각 항목들의 점수들을 합산해 보세요.

### 0~4점 | 지금 당장은 안전합니다.
보통 사람들이 가지고 있는 문제들을 가지고 있네요. 점수가 높게 나온 영역을 해결하려고 노력하기 바랍니다.

### 5~9점 | 시댁/처가 식구들이 생활에 많은 긴장을 야기하고 있습니다.
당신 파트너는 이 문제 때문에 당신이 얼마나 힘든지 알고 있나요? 지금 당장은 견딜 수 있어도 시간이 지남에 따라 더 나빠질 겁니다. 당신이 원하는 것을 요구하고 행동을 취하기 바랍니다.

### 10~14점 | 경고!
이 문제가 상당히 진행된 경우입니다. 나머지 인생을 이런 식으로 살고 싶은가요? 당신 파트너가 자신의 부모에 대해 분명하고 강한 입장을 취하든지 당신이 떠나든지 해야 합니다.

### 15~20점 | 비상사태

아직까지 살아남아서 이 글을 읽고 있다는 것이 다만 놀라울 따름입니다. 시댁/처가 식구들의 장례식을 상상하는 것을 중단하고 현실을 직면하세요. 당신 파트너는 당신과 결혼한 것이 아니라 자신의 부모와 결혼한 것입니다. 이 글을 읽고 나서 책을 덮고 지금 당장 파트너와 이야기하세요. 그가 당신 이야기에 귀 기울이지 않는다면 변호사에게 전화를 거세요.

## 독한 시댁/처가 식구들 때문에 발생하는 몇 가지 문제들

독한 시댁/처가 식구들은 당신과 배우자 두 사람만의 공간을 존중하지 않을 뿐더러, 그들과 당신 배우자 사이에 뚜렷한 경계가 있다는 것도 존중하지 않습니다. 다음과 같은 방식으로 문제가 드러나게 됩니다.

1. 그들은 '시간과 에너지의 흡혈귀'로 돌변할 것이다.

독한 시댁/처가 식구들은 당신의 인생이 그들을 위해 존재한다고 생각합니다. 그들은 그럴듯하지 않은 이유를 대면서 끊임없이 당신 집에 전화를 겁니다. 만일 당신이 그들과 이야기할 시간이 없다고 말하면 기분 상해합니다.

"댄의 어머니는 하루에도 몇 번씩 그 사람 사무실로 전화를 해요. 집에도 네다섯 번씩 전화를 하는데 어떤 때는 저녁 10시가 넘어서 전화할 때도 있어요." 수지가 불평을 했습니다. "할 이야기도 없으면서 전화해요. 제가 바쁘다고 말하거나 애들을 재워야 한다고 말하면 풀이 죽은 것처럼 말하고, 다음날 댄의 사무실에 전화를 걸어서 이렇게 시작하지요. '네 아내가 나한테 별로 기분이 안 좋은 거 같더라.' 수지가 아니라 '네 아내' 죠. 그러면 댄은 집에 와서 '어머니에게 좀 더 잘 대해 주라는 강의'를 시작합니다. 이젠 전화받는 것조차 두려워요."

독한 시댁/처가 식구들은 당신이 끊임없이 그들을 보고 있어야 한다고 주장함으로써 당신의 시간을 고갈시킵니다. 물론 병석에 있거나 연세가 많은 부모들은 자녀에게 많은 시간과 에너지를 요구합니다. 그러나 독한 시댁/처가 식구들은 아직도 자신의 손아귀에서 자녀를 놓지 못하는 사람들이기 때문에 자녀의 자율적인 삶을 존중하지 않습니다.

2. 당신의 삶을 간섭하려고 시도한다.

독한 시댁/처가 식구들을 알아보는 방법이 있습니다. 그들은 어떻게 자녀들을 양육할지, 어떤 식으로 집을 장식할지, 어디에 돈을 투자할지, 어떤 옷을 골라 입어야 할지 등 태양 아래 있는 모든 것에 대해 요청하지도 않은 충고를 합니다. 독한 시댁/처가 식구들은 '당신 일이나 신경 쓰시죠.' 라는 문구의 의미를 이해하지 못합니다. 말싸움에 당신을 끌어들이고, 당신의 신경을 건드리며, 당신이 무례할 수밖에 없도록 몰아가고, 당신의 혈압을 끌어올립니다. 심지어 당신 사생활에 대해 사사건건 간섭하기까지 합니다.

3. 당신 그리고 당신과 배우자의 관계를 인정하지 않을 수도 있다.

독한 시댁/처가 식구들이 제일 즐기는 취미생활은 마치 당신이 존재하지 않는 것처럼 또는 당신을 먼지처럼 취급하면서 그들에게서 자녀를 뺏어간 당신을 처벌하는 것입니다. 그들은 다음과 같은 방식으로 행동합니다.

- 편지나 엽서를 보낼 때 당신 배우자에게만 보내는 것처럼 주소와 이름을 기재한다.
- 당신과는 이야기를 하지 않으면서 당신 배우자를 바꾸라고 요구한다.
- 당신 집을 방문했을 때는 마치 당신을 하녀처럼 대하면서 그들의 시중을 들 것을 요구한다.
- 당신 이름을 잊어버리거나 당신을 부르면서 당신 배우자의 전처 또는 옛 애인의 이름을 부른다.
- 당신이 그 자리에 있음에도 불구하고 마치 제3자처럼 당신에 관해 이야기한다. "네 처가 좀 더 자주 집에 있어서 음식을 한다면 네가 그렇게 마르지 않았을 텐데."
- 당신 배우자에게는 아양을 떨고 아첨을 하지만 당신은 완전히 무시한다.
- 마치 아이들이 당신 배우자 그리고 배우자 쪽 가족에게만 속한 것처럼 대한다.
- 가족 행사에 당신 배우자만 초대한다.
- 당신 배우자 또는 아이들 앞에서 당신을 비난한다.

겉으로 보기에는 의도적이지 않은 식으로 이런 행동을 하더라도, 즉 단순히 실수를 저지른 것처럼 행동한다 하더라도 결과는 마찬가지입니다. 결국 당신은 거절당했다고 느낍니다. 종종 그들은 그들의 자녀가 당신을 배우자로 택했다는 것을 인정하지 않는다는 것을 이런 식으로 표현합니다. 자녀가 사랑하는 사람을 받아들일 수가 없기 때문에 이런 식으로 행동하는 것입니다. 아마도 그들은 자신의 자녀를 '의사(擬似) 배우자'로 만들어서 자신의 배우자에게서 받지 못했던 사랑을 자녀에게서 구하고 있는지도 모릅니다.

4. 그들은 당신과 당신 파트너 사이를 이간질하려고 시도할지 모른다.

당신과 배우자가 그의 부모 때문에 항상 싸우고 이로 인해 관계에 해를 입고 있다고 의심된다면, 이는 당신의 시댁/처가 식구들이 당신의 관계에 불화를 일으키고 두 사람 사이를 이간질하는 데 성공했음을 의미합니다. 그 과정은 보통 다음과 같이 진행됩니다. 우선 배우자의 부모가 당신을 화나게 하는 일을 합니다. 그러면 당신은 당연히 화나서 짜증을 내겠죠. 이때 배우자 부모는 당신 배우자한테 가서 당신이 그들을 어떻게 대했는지 불평합니다. 이에 당신 배우자는 당신한테 와서 다음과 같이 말합니다.

※ "왜 어머니와 사이좋게 지내지 못하는 거야?"
※ "내가 부탁하고 싶은 건 어머니에게 조금만 더 잘해 달라는 거야."
※ "난 끼어들고 싶지 않아. 두 사람이 해결해."
※ "이봐, 어머니는 이제 나이가 드셔서 곧 돌아가실 거야. 어머니가 하자는 대로 해 드려."

이런 이야기를 들으면 당신은 배우자에게 지지를 받지 못하고 오해받는다고 느끼게 됩니다. 그러면서 당신을 나쁜 사람으로 보도록 만든 시어머니한테 오히려 화가 납니다.

## 언제 관계가 잘 될 수 있나

만일 당신에게 독한 시댁/처가 식구들이 있고 당신 관계가 살아남기를 원한다면 한 가지 선택만이 있을 뿐입니다. 당신 배우자가 부모와 직면해서 그들 관계에 경계를 세우도록 요청하는 것입니다. 만일 당신 배우자가 이것은 당신의 문제고 자신은 끼어들고 싶지 않다고 말한다면 두 사람의 관계는 계속 멀어지게 될 겁니다.

우리가 누군가와 결혼한다는 것은 배우자를 내 인생에서 가장 중요한 사람으로 받아들이는 것을 의미합니다. 물론 이제 배우자의 가족도 내 가족이고 나에게 최우선인 사람들입니다. 그렇다고 내가 그 이외의 사람들을 무시해야 한다는 말은 아닙니다. 그건 내 시간과 에너지에 요구되는 것이 바뀐다는 것을 의미합니다. 하지만 당신 배우자가 자신의 부모가 두 사람의 행복을 방해하는 것을 허용하고 있다면, 이것은 그가 자신에게 무엇이 최우선인지를 명확히 하지 않았다는 것을 뜻합니다. 물론 당신 역시 당신의 부모가 당신 배우자에게 독한 시댁/처가 식구가 되도록 허락하고 있다면 지금까지 이야기한 내용이 당신에게도 해당됩니다.

> 자신과 배우자에게 가해지는 상처가 되고 해로운
> 부모의 행동을 묵인하는 사람들은
> 전혀 성장하지 않았을 뿐만 아니라,
> 부모에게서 자신들의 힘을 돌려받지 못한 것이다.
> 그들은 여전히 부모한테서 인정받으려는 욕구 때문에
> 통제당하고 있는 것이다.

독한 부모를 둔 자녀가 자신의 결혼생활을 구하고 싶다면 다음과 같은 이야기를 부모에게 전할 필요가 있습니다.

1. 저는 제 배우자를 인생의 반려자로 선택했습니다. 따라서 그 사람을 대할 때 존경과 예의와 따스함으로 대해 주셨으면 합니다. 저희는 부부입니다. 따라서 부모님께서 제 배우자를 비난하거나 상처를 주는 말을 하시면 저 역시 상처를 받습니다.

2. 만일 부모님께서 제 배우자를 존중해 주지 않으시면 저는 부모님을 보고 싶지 않습니다. 저희를 함께 바라보시고 사랑으로 대해 주시든가 아니면 저희를 보지 않으시기 바랍니다.

3. 제 집은 제 것이지 부모님의 것이 아닙니다. 제 집에 오실 때는 먼저 전화를 주세요. 저희가 부모님 뵙기를 원하면 저희가 말씀 드리겠습니다. 저희 집에 오시면, 저나 제 아내에게 어떤 식으로 살아라, 아이들은 어떤 방식으로 키워라, 어떻게 가구를 배치해라 등의 이야기를 하지 마세요.

4. 부모님도 저희 시간과 사생활을 존중해 주시기 바랍니다. 하루에 다섯 번씩 집으로 전화하는 것도 원치 않습니다. 물론 진짜 위급한 상황이 있을 경우엔 제가 달려갈게요.

5. 이런 제 말을 이해하시기가 어려울지 모르지만 이것이 옳은 방식입니다. 전 제 인생에서 부모님을 원합니다. 하지만 부모님께서 저희 결혼을 받아들일 수 없고 저와 제 아내의 관계를 존중해 주지 않는다면, 전 제 인생에서 부모님을 원할 수가 없을 것 같습니다.

정확히 이런 말을 이런 뉘앙스로 이야기하라고 제안하는 것은 아닙니다. 우선 당신 배우자와 진지하게 이야기하기 바랍니다. 만일 반복해서 이런 내용의 이야기를 부모님께 전했는데도 문제가 지속된다면, 당신 배우자가 자신의 부모에게 최후통첩을 전할 필요가 있습니다. 부모님께서 화를 내고 얼마동안 당신과 이야기하는 것을 거부하겠지만, 다시 돌아와서 당신이 요청한 대로 행동하실 겁니다. 물론 당신이 요구한 대로 응하고 있다는 것을 그들은 인정하지 않겠지만요.

사실 다른 대안이 없습니다. 당신 배우자(혹은 그들이 당신 부모님이라면 당신)는 좀 더 성숙해져서 자신의 입장을 취해야 합니다. 이런 일이 일어나면 분명 당신 관계에서 긍정적인 변화가 일어날 겁니다. 저는 라디오 토크쇼를 진행하면서 적어도 일주일에 한 번은 독한 시댁/처가 식구들 때문에 고생하고 있는 사람들에게 이런 조언을 합니다. 지금도 제 충고를 고마워하면서 결혼생활에 놀라운 변화가 생겼다고 말하는 청취자들에게서 편지를 받고 있습니다.

## 언제 관계가 잘 될 수 없나

만일 이 문제로 당신 배우자와 상의했지만 배우자가 자신의 부모를 직면하는 것을 계속 거부하고 있다면 배우자에게 결혼상담을 받아 볼 것을 제안하고 제3자의 의견을 들어 보도록 할 수 있습니다. 만일 그가 거부한다면 당신은 왜 그 관계에 머물러 있는지 스스로에게 물어볼 필요가 있습니다. 이 문제는 어떤 식으로든 개선되지 않을 것이고, 이미 당신도 두 사람 사이가 멀어지고 있다는 사실을 잘 알고 있습니다. 당신 배우자는 부모에 대해 매우 무거운 정서적 짐을 짊어지고 있는데, 한 번도 정서적으로 집을 떠나 본 적이 없기 때문에 다른 사람과 성숙한 관계를 맺을 준비가 안 되어 있습니다. 이보다 더 좋은 대접을 받을 자격이 당신에게 있습니다.

## 융화의 시한폭탄 05
## 독한 전 배우자

38세의 사진사인 제리는 최근에 이혼한 45세 부동산 중개업자인 허브와 데이트를 하고 있습니다. "이렇게 좋은 관계를 맺어 본 적이 없어요." 제리가 흡족해하면서 이야기했습니다. "허브는 감수성이 풍부하고 저만 생각하며 남을 잘 배려하는 사람이에요. 아마 이런 게 사랑이 아닐까 싶어요. 결혼에 대해 이야기하고 있는데, 다음 달 제 생일에 그 사람이 청혼해 주기를 내심 바라고 있어요. 그런데 한 가지 작은 문제가 있어요. 허브의 전처 말리나예요. 제 생각엔 아직 그녀가 허브를 떠날 준비가 안 된 것 같아요. 여전히 허브에게 전화를 겁니다. 어떤 때는 우리가 자고 있는 한밤중에 전화를 걸어서 울어요. 전화 없이 그 사람 아파트로 찾아온 적도 두 번이나 있었는데, 허브는 그녀가 안정이 안 돼서 그런다고 말해요. 제 바람은 허브와 제가 약혼을 하게 되면 말리나가 자신과 허브의 관계가 끝났다는 걸 깨달았으면 좋겠어요."

그들이 약혼했다는 소식을 듣게 되더라도 말리나는 좋아지지 않고 더 나빠질 겁니다. 계속 허브에게 전화를 걸 것이고, 그녀를 버린 것에 대해 허브로 하여금 죄책감을 느끼게 할 겁니다. 자녀들이 겪고 있는 문제들을 이야기하면서 허브의 조언을 구할 겁니다. 왜 그럴까요? 그 이유는 말리나가 독한 전처이기 때문입니다. 독한 시댁/처가 식구처럼, 독한 전 배우자들은 고유한 관계 영역과 그 경계를 존중하지 않습니다. 그들은 바로 이전에 이야기했던 것과 같은 행동들을 보입니다.

* 당신의 사생활을 존중하지 않습니다.
* 당신과 당신 파트너 사이를 이간질하고 죄책감을 이용합니다.
* '시간과 에너지의 흡혈귀'로 변합니다.
* 당신과 파트너의 관계를 인정하지 않습니다.

심지어 다음과 같은 행동을 보이기도 합니다.

* 당신 파트너를 벌주기 위해 더 많은 돈을 요구함으로써 재정적으로 당신 파트너를 협박할 수도 있습니다.
* 당신과 당신 파트너의 관계가 심각해짐에 따라 자녀 양육에 대해 더 많은 책임을 요구함으로써 정서적으로 당신 파트너를 위협할 수 있습니다.
* 자녀들이 당신에게 등을 돌리게 할 수 있습니다.
* 계속해서 성적으로 당신 파트너에게 접근하면서 당신과의 관계를 방해할 수 있습니다.

저는 이 중 어느 것도 당신에게 익숙하게 들리지 않기를 희망합니다. 하지만 만일 그렇다면 당신은 이미 이 시한폭탄의 영향을 고통스럽게 느끼고 있는 것입니다. 독한 전 배우자는 독한 시댁/처가 식구보다는 흔치 않습니다. 그러나 치명적이라는 점에서는 결코 덜하지 않습니다. 저는 제때 아이들 양육비를 지불하지 않는다고 화를 내는 전처나, 아이들에게 자신에 대한 나쁜 말을 했다고 화를 내는 전남편에 대해 이야기하는 것이 아닙니다. 독한 전 배우자는 결코 자신의 배우자를 떠나 보내지 않으면서 아까운 삶을 끈질기게 붙들고 있는 사람으로서 결국 당신의 관계를 파괴할 것입니다.

만일 당신 파트너에게 독한 전 배우자가 있다면, 당신은 정서적인 삼각관계에 놓인 겁니다. 전 배우자를 비난하지는 마세요. 전 배우자가 정신병을 앓고 있는 것이 아니라면 분명한 경계를 설정하지 않은 당신 파트너에게도 잘못이 있습니다. 독한 시댁/처가 식구의 자녀들에 대해 이야기했던 것들이 독한 전 배우자를 둔 사람들에게도 적용됩니다.

만일 당신 파트너가 전 배우자에게 분명한 입장을 표명하고, 자신의 감정을 전달하고, 어떤 행동을 수용할 것인가에 대해 명확히 경계를 세웠다면, 전 배우자가 아무리 독하게 행동한다 하더라도 아무런 문제가 없을 것이다.

실제로 독한 전 배우자를 둔 사람들이 이전 관계를 청산하지 못한 경우가 종종 있습니다. 정서적으로는 여전히 전 배우자와 결혼한 상태여서, 전 배우자에게 상처를 줄 수도 있는 일을 하는 것을 힘들어합니다. 반면에 당신 파트너는 전 배우자를 떠나 보냈지만, 정서적으로 혼란스럽고 불안정한 전 배우자가 당신 파트너를 다시 돌아오게 하기 위해 집착하는 경우도 종종 있습니다. 이런 경우라면 당신 파트너가 이전 배우자의 정신적인 문제를 부인하지 않고 있음을 확인하기 바랍니다. 다음과 같은 변명들은 받아들이지 마세요.

- "그녀에겐 시간이 필요해. 곧 익숙해지겠지."
- "그 사람이 드라마틱하긴 해. 하지만 당신을 해칠 만한 행동은 하지 않을 거야."
- "우리가 무시하면 우리를 괴롭히는 일을 그만둘 거야."

## 당신 파트너에게 독한 전 배우자가 있는지 알아보는 방법

만일 당신 파트너에게 독한 전 배우자가 있을 것으로 의심된다면, 독한 시댁/처가 식구를 이야기하면서 냈던 퀴즈를 다시 한 번 풀어 보기 바랍니다. 독한 시댁/처가 식구에 관한 질문 대신에 전 배우자에 대해 질문해 보세요. 4번 질문부터 7번 질문까지를 제외하면 모두 다 적용되는 질문입니다.

독한 시댁/처가 식구처럼 관계 초기에는 독한 전 배우자와 관련된 문제가 드러나지 않을 수 있습니다. 당신 파트너가 당신에 대해 진지하다는 것을 깨닫기 전까지는 전 배우자는 방해하는 행동을 하지 않을 수 있습니다. 또한 당신이 당신 파트너 집으로 이사를 오기 전까지는 문제가 얼마나 심각한지 모를 수 있습니다. 당신 파트너는 당신이 혼란스러워하는 것을 원치 않기 때문에 전 배우자가 여전히 전화를 건다거나 집으로 찾아온다는 사실을 당신에게 말하지 않을 수도 있습니다. 그러나 일단 당신이 그와 함께 살게 되면 생각했던 것 이상으로 전 배우자가 당신 파트너의 삶 깊숙이 들어와 있다는 것이 명백해집니다. 독한 전 배우자가 있을 것으로 의심되는 사람을 만나면 충분히 주의를 기울이고 많이 질문하는 것이 중요합니다.

독한 전 배우자를 둔 사람과 사랑에 빠지면 자연스럽게 다음과 같은 감정들을 느낍니다.

- *당신 파트너가 당신보다는 전 배우자의 감정을 더 신경 쓴다고 느끼기 때문에 화가 난다.
- *당신 파트너는 당신이 어떻게 느끼는지 이해하려 하기보다는 당신이 질투를 하고 있다고 비난하는데, 이 때문에 화가 난다.
- *시간이 흘러도 문제가 개선되지 않아 당황스럽다.
- *전 배우자에게 미안한 감정을 느끼는 당신 파트너에 대해 참을 수가 없다.
- *당신 파트너가 당신과 보다 친밀한 관계를 맺는 것을 피하기 위해 전 배우자를 이용하고 있다는 의심이 든다.
- *전 배우자나 아이들을 만나러 갈 때, '당신을 화나게 하지 않기 위해서' 당신을 데리고 가지 않아 화가 난다.
- *당신 파트너는 전 배우자나 아이들을 만나러 갈 때 한 번도 당신을 데리고 가지 않는데, 그 이유가 이전 배우자의 기분을 상하게 하지 않기 위해서라고 한다. 이 때문에 화가 난다.

종종 독한 전 배우자를 둔 사람들은 과거를 떠나 보내는 것을 매우 힘들어합니다. 당신 파트너의 한쪽 부모가 다른 한쪽 부모를 떠났다면, 그 또한 자신의 전 배우자를 버리는 것에 대해 죄책감을 느낄 수 있습니다. 혹은 당신 파트너가 부모 중 한 사람에게 버림을 받았다면 떠나는 것에 대해 죄책감을 느낄 수 있는데, 무의식적으로 당신과의 새로운 관계를 태만히 함으로써 전 배우자를 떠난 것에 대해 스스로에게 벌을 주고 있을지도 모릅니다.

## 언제 이런 관계가 잘 될 수 있나

만일 당신 파트너에게 독한 전 배우자가 있다면, 당신 파트너에게 전 배우자를 떠나 보내고 그 사람에 대한 책임을 포기함으로써 당신에게 전념하라고 요구해야 합니다. 당신 파트너가 분명한 경계를 설정하고 유지할 필요가 있습니다. 이런 문제가 지속되어 왔다면 어떤 식으로든 연락하지 않고 지내는 시간이 필요할 겁니다. 이런 패턴을 끊는 것은 당신에게 달려 있습니다. 독한 전 배우자가 문제를 일으킬 때까지 기다리지 마세요.

주의할 점은 당신 파트너가 이전 배우자와 독하지 않은 친구관계를 유지하고 있는데, 오히려 당신에게 질투와 같은 심각한 문제가 있다면 당신 파트너에게 최후통첩을 전하지 말라는 것입니다. 대신 당신이 가지고 있는 질투 감정에 대해 전문적인 도움을 청하거나 당신 파트너와 함께 상담을 받아 보기 바랍니다.

간혹 당신 파트너가 지금까지 자신이 어떤 행동을 했는지 깨달아야 하고, 그런 행동을 변화시켜야만 하는 경우가 있습니다. 이런 경우에는 당신이 파트너를 직면한 후에 관계가 오히려 더 가까워질 겁니다.

### 언제 이런 관계가 잘 될 수 없나

당신 파트너와 이런 문제를 상의했지만 당신 파트너가 이전 배우자를 직면하는 것을 계속 거부한다면, 상담을 통해 전문가의 의견을 들어 보라고 제안할 수 있습니다. 만일 당신 파트너가 이마저 거부한다면 당신이 왜 이런 취급을 당해야 하는지 당신 스스로에게 물어보시기 바랍니다. 그가 당신과의 관계에 몰입하기 전까지 당신은 계속 비참할 겁니다. 당신 파트너는 여전히 전 배우자와 연루되어 있기 때문에 정서적으로 당신에게 열려 있지 않습니다. 그를 떠나겠다고 말하세요. 다른 사람과의 관계가 청산되면 연락하라는 말도 잊지 말고요.

### { 융화의 시한폭탄 06 } 독한 의붓자식들

당신은 어느 파티에서 멋진 남자를 만났고 그날 저녁 서로에 대해 많은 것을 알게 되었습니다. 그 남자는 당신이 찾고 있던 모든 것을 갖추고 있는 듯 보였고, 토요일 저녁에 데이트를 하자는 그의 말에 전율이 느껴졌습니다. "그런데 제가 깜박 잊고 말하지 않은 것이 있어요. 이전 결혼에서 아이가 둘 있어요. 이번 주말에 함께 보내기로 했는데 그 아이들도 보게 될 겁니다."라고 그가 말했습니다. '좋아, 이 사람 훌륭한 아빠네. 나도 아이들을 좋아하니까. 애들을 보면 너무 좋을 것 같은데.' 라고 생각했습니다.

마침내 토요일 저녁이 되었고 그 사람의 집으로 갔습니다. 그는 나를 반갑게 맞이하고는 급히 전화를 해야 한다고 말했습니다. "애들아, 아빠의 새로운 친구가 왔는데, 아빠가 전화할 동안 이야기 좀 하고 있을래?" 갑자기 9세, 11세 된 두 남자 아이들이 울면서 방으로 들어왔고 서로 때리고 발로 차고 했습니다.

"아줌마가 아빠의 새 여자친구예요?" 큰 아이가 위아래로 훑어보며 냉소적인 목소리로 물어보았습니다.

"아니, 그냥 친구야."

"아줌마는 우리 아빠랑 섹스를 할 건가요?" 작은아이가 깔깔거리며 물어보았다.

"닥쳐, 브라이언." 큰아이가 작은아이를 때렸습니다.

"아빠, 형이 나 때려요."

"이 바보 같은 놈, 이리 와."

"아빠~."

벽난로가 있는 낭만적인 저녁 시간과 침대에서 맞이할 조용한 아침 시간에 대한 환상은 일순간에 '지옥에서 온 의붓자식들'로 바뀌어 있었습니다.

이 이야기는 융화의 여섯 번째 시한폭탄, 즉 독한 의붓자식들에 대해 어렴풋이 묘사하고 있습니다. 이 책의 독자들 중 누군가를 화나게 하기 전에 제가 말하려고 하는 것이 무엇인지 분명히 밝혀야겠습니다. 저는 아이들이 독하다고 말하는 것도 아니고, 의붓자식들이 독하다고 말하는 것도 아닙니다. 제가 말하는 것은, 어떤 의붓자식들은 양부모의 삶을 너무나도 비참하게 만들 수 있기 때문에 실제로 당신과 당신 파트너의 관계를 위협할 수 있다는 것입니다. 만일 당신이 이런 아이들을 어떻게 다루어야 할지 모른다면 당신의 삶은 순탄치 않을 겁니다.

어떻게 제가 이 문제에 대해 그토록 확신하냐구요? 왜냐하면 제가 바로 그 '지옥에서 온 의붓자식' 이었기 때문입니다. 제 의붓아버지인 댄에게 물어보세요. 비록 제가 그의 발을 물어뜯었거나 엉뚱한 질문을 해서 당황하게 만든 건 아니었지만, 그를 너무나 끔찍하게 대했기 때문에 어머니를 비참하게 만들었고 과연 열세 살짜리 개구쟁이 소녀와 함께 살고 싶은지 의심하게 만들었을 것이 분명합니다. 회고해 보면 그가 제 존재를 참을 수 있었던 건 제가 알고 있었던 것보다 더 어머니를 사랑했기 때문일 겁니다.

밉살스럽게 행동해서 제가 뭘 얻으려 했냐구요? 어느 의붓자식이라도 얻고 싶은 것이죠. 저는 그에게 겁을 줘서 쫓아 버리면 제가 온전하게 엄마를 가질 수 있고 제 부모님들이 다시 합칠 가능성이 남아 있지 않을까 생각했어요. 물론 지금은 저의 그런 고약한 계획이 뜻대로 이뤄지지 않아서 기쁘지만요. 그와 제 어머니는 그 후로 지금까지 27년간 결혼생활을 유지하고 있고, 우리는 무척 친하게 지내고 있습니다.

사실 독한 의붓자식들에게는 아픔이 많습니다. 부모 때문에 풀이 죽어 있고, 떠난 부모에게서 버림받을 수도 있으며, 또다시 상처를 입을지도 모른다는 두려움을 가지고 있습니다. 많은 경우 이런 아이들이 겪고 있는 정서적 혼란은 실제보다 평가절하되거나 부모가 경험하고 있는 드라마틱한 현실에 가려져 있습니다. 주변 사람들은 이 아이들이 낯선 사람을 환대해 줄 것을 기대하고, 잘 대해 주지 않으면 아이들에게 화를 내죠. 이처럼 폭발할 것 같은 복잡한 감정들 때문에 이 아이들은 반항적으로 행동하게 되고 결국 융화의 시한폭탄이 되는 겁니다.

그러나 문제는 아이들이 아니라 이런 상황을 다루고 싶어 하지 않는 아이들의 부모와 의붓부모입니다. 저는 죄책감을 느끼는 부모가 나쁜 부모가 된다고 생각합니다.

이혼한 것에 대해 죄책감을 느끼는 부모는
(어느 부모가 그렇지 않을까요?)
자녀들과 문제가 있을 때 모른 척 넘어가려 한다거나,
문제가 곧 사라질 것으로 기대한다거나, 혹은 문제를 너무 너그럽게
다루는 경향이 있다. 결국 자녀들에게 경계를 세우는 것이
자녀들에게는 오히려 더 심리적인 상처가 된다는 것을 알고 놀라게 된다.

이런 죄책감 때문에 자녀들을 현실적으로 바라보는 것이 쉽지 않습니다. 래리와 브라이언의 아버지 조시는 너그러운 아빠의 한 예라 할 수 있습니다. 그는 아이들을 2주에 한 번 꼴로 만나는데, 아이들과 함께 있으면 그들이 원하는 것은 뭐든 하도록 내버려 두는 경향이 있습니다. 조시는 아이들이 버릇없이 행동한다는 것을 알지만, 아이들과 사이가 더 멀어지게 될까 두려워 혼내는 것을 꺼립니다. 아이들과 함께 살고 있는 편모의 경우는 엄마가 새로운 관계를 시작하는 것을 방해하려고 아이들이 보이는 행동(침대에서 같이 자거나, 새로 사귄 남자친구에게 못되게 구는 것 등)을 내버려 두는 방식으로 자신의 죄책감을 드러내기도 합니다.

독한 의붓자식을 둔 부모가 진지한 관계에 빠지거나 재혼을 할 경우,

새로운 배우자는 이 시한폭탄을 다루어야 하고 아마도 모든 독한 의붓자식들로 인해 야기되는 다음과 같은 문제들을 경험하게 될 겁니다.

- 당신과 파트너는 아이들 때문에 말다툼을 한다.
- 당신 파트너가 아이 편만 들고 당신 편은 들지 않는다고 느낀다.
- 아이들이 두 사람 관계를 망치고 있다고 생각한다.
- 파트너가 아이들에게 너무 관대하다고 생각한다.
- 아이들 이야기를 하면 늘 당신 파트너는 방어적이 된다.

## 언제 이런 관계가 잘 될 수 있나

미국 아이들 중 절반 이상이 복합/혼성가족(이혼·재혼 등으로 혈연관계가 없는 사람들이 함께 사는 가족)에서 살고 있기 때문에, 이 가족들이 잘 생활할 수 있는 방법을 찾는 것은 필수적인 일입니다. 만일 당신이 이미 자녀를 둔 사람과 사랑에 빠졌다면 다음과 같은 몇 가지 조치들을 취할 수 있을 겁니다.

1. 당신 파트너와의 관계를 진전시키는 데 노력하는 만큼 아이들과의 관계를 진전시키는 데 노력을 기울인다.

당신의 감정을 솔직하게 이야기하고, 아이들의 감정 또한 수용하며, 문제가 있는데도 모든 것이 잘 되고 있는 것처럼 행동하지 마세요. 당신이 아이들에게 솔직할 때 아이들도 당신을 존경하고 더 많이 수용할 겁니다.

2. 관계가 발전되는 동안 모든 잠재적인 문제에 관해 당신 파트너와 상의한다.

문제를 너무 조심스럽게만 다루지 마세요. 만일 당신이 누군가와 데이트를 하고 있고, 아이들과 관련해서 거론하지 않은 문제들이 있다면 그 점에 대해 이야기하세요. 만일 당신 파트너가 이 문제에 대해 당신과 상의하기를 거부한다거나 문제가 없는 것처럼 부인한다면, 그 관계를 더 발전시켜야 하는지 곰곰이 생각해 보기 바랍니다. 함께 살게 될 때까지 기다리지도 말고, 결혼해서 그 문제를 다루게 될 때까지 기다리지도 마세요. 그때는 너무 늦어, 결국 시한폭탄이 터지게 될 겁니다.

3. 당신이 아이들을 어떻게 다룰 것이고, 아이들이 당신을 어떻게 대할지에 관해 당신 파트너와 의견일치를 본다.

아이들, 특히 의붓자녀를 다루는 데 있어서 중요한 두 가지 열쇠는 일관성과 결속입니다. 당신과 당신 파트너는 아이들을 상대로 연합전선을 펴야 합니다. 만일 아이들 생각에 당신과 파트너 사이에 틈을 만들 수 있다고 판단되면, 아이들은 가차없이 그렇게 할 겁니다. 가족모임을 열어서 지침에 대해 상의하고 불평이 있을 경우 이야기하는 시간을 가지세요.

4. 외부로부터 지원을 받는다.

당신 혼자 이런 문제를 가지고 있다고 생각하지 마세요. 당신과 비슷한 처지에 있는 다른 복합가족들이나 전문적인 상담자에게 도움을 청해 보세요. 전문가들은 복합가족의 구성원들이 조화를 이루면서 살게 될 때까지는 보통 5~7년 정도의 시간이 걸린다고 말합니다. 좀 더 버텨 보세요!

### 언제 이런 관계가 잘 될 수 없나

복합가족이 얼마나 건강한가는 이런 형태의 가족을 만든 부모가 얼마나 건강한가에 달려 있습니다. 아이들을 어떻게 양육해야 하는지 모르고 최후통첩을 줬음에도 문제를 직면하는 것을 거부하는 사람과 관계를 맺고 있다면, 저는 그런 관계는 중단하라고 제안하고 싶습니다.

### { 융화의 시한폭탄 07 } 장거리 관계

거울에 비친 당신 얼굴을 자세히 들여다본 적이 있습니까? 전에는 알지 못했던 모든 것들이 눈에 들어오기 시작합니다. 작은 흉터, 변색된 부분, 갑자기 거대하게 보이는 땀구멍 등등. 그러나 몇 걸음 뒤로 물러서면 이런 것들은 더 이상 보이지 않고 매끄러운 얼굴만 보일 겁니다. 제가 말하고 싶은 것은 멀리서 볼 때와 가까이에서 볼 때가 다르다는 것입니다. 얼굴, 그림, 심지어 사람의 관계도 그렇습니다.

이제 융화의 마지막 시한폭탄, 즉 장거리 관계까지 왔습니다. 장거리 관계가 잘못된 것은 아닙니다. 사실 행복한 결혼으로 골인한 사람들 중에는 도시와 도시를 오가는 낭만적인 사랑에서 시작하여 그 사랑을 키운 경우가 많습니다. 하지만 이런 관계에는 위험이 도사리고 있어서 몇 개월 혹은 몇 년 후에는 결국 이 시한폭탄이 터지게 됩니다.

> 장거리 사랑을 하는 사람들은
> 지속적으로 함께 시간을 보내지 않기 때문에
> 실제보다 더 관계가 좋다고 생각하기 쉽다.

장거리 관계를 낭만적이게 하는 요인들이 관계를 위험스럽게 만들기도 합니다.

- 당신과 당신 파트너 사이에 놓인 물리적 거리
- 당신 파트너를 만나는 것에 대한 환상
- 전화하는 동안 느끼는 짧고 강렬한 친밀감
- 며칠밖에 함께 지낼 수 없기 때문에 느끼는 성적인 전율
- 감정적 이별

당신은 관계를 있는 그대로 바라보기보다는 사랑으로 가득한 드라마의 연속으로 바라보기 쉽습니다.

일반적인 관계에서 두 연인의 목적은 서로가 서로를 더 사랑하고 친밀해지는 것입니다. 그러나 장거리 관계를 맺고 있는 연인들의 목적은 또다시 만나는 것에 있습니다.

이 시한폭탄은 다음과 같은 방식으로 당신에게 영향을 미칩니다.

1. 당신 파트너가 실제로 어떤 사람인지 알지 못한다.

만일 장거리 관계를 맺고 있는 애인과 함께 보낼 수 있는 시간이 단

3일이라면, 당신은 가장 좋은 모습을 보여 주려 할 겁니다. 예쁘게 보이는지 확인하고, 최대한 사랑스럽고 상냥하려고 할 겁니다. 72시간 동안 당신의 성격 특성 중 힘든 부분을 감추는 것은 쉽습니다. 그래야 당신 파트너가 당신의 좋은 모습만 보게 될 테니까요. 문제는 이럴 경우 두 사람이 결코 서로를 알지 못하게 된다는 것입니다. 당신은 당신 파트너가 스트레스를 받고 있을 때, 위기에 처해 있을 때, 피곤해서 짜증을 낼 때, 두려움에 직면했을 때, 그리고 아플 때 어떤 모습인지 알지 못합니다. 그러나 우리는 이러한 상황에서 한 사람이 지닌 성격의 많은 단면들을 엿볼 수가 있습니다. 이런 측면들은 당신이 계속해서 그 사람과 함께 있을 때라야 경험할 수 있는 것들입니다.

2. 문제를 다루지 않는다.

지난 두 달 동안 장거리 관계를 맺고 있는 사람을 보지 못했는데, 당신과 주말을 보내기 위해 비행기를 타고 왔다고 상상해 보세요. 그날 밤 저녁 식사를 하면서 당신을 화나게 하는 말을 합니다. 이제 당신은 결정을 해야 합니다. 당신을 화나게 한 것에 대해 그 사람에게 따져서 주말을 망칠 것인가 아니면 잊어버릴 것인가? 대부분의 사람들은 직면하는 것을 피합니다. 왜냐하면 말다툼을 하고 서로의 감정을 상하게 할 때쯤이면 이미 주말의 절반이 흘러가 버릴 테니까요. 이런 패턴이 가지는 문제는 문제가 있을 때 두 사람이 함께 문제를 해결하는 것을 터득하지 못하게 되고, 좀 더 깊은 수준의 대화와 융화로 발전하지 못한다는 데 있습니다. 해결되지 않은 문제와 표현되지 않은 분노는 감정의 시한폭탄처럼 마음에 남아 있으면서 폭발하기만을 기다리고 있습니다. 표면적으로는 아주 훌륭한 관계를 맺고 있는 것처럼 보이지만, 모든 건강한 관계가 경험해야 하는 과도기를 통과하도록 허용하지 않는 것입니다.

3. 두 사람의 융화에 대해 현실적이지 않은 생각을 지니고 있다.

종종 장거리 연인들은 둘 사이에 공통점이 별로 없다는 것을 알지 못합니다. 서로를 즐겁게 해 주는 데에만 너무나 바쁘기 때문이죠. 파트너와 보낼 시간이 3일밖에 안 된다면, 마치 짧은 휴가를 보내는 것처럼 당신의 모든 시간을 그와 함께 보낼 것이고, 레스토랑, 영화, 쇼를 보는 데 시간을 보내게 될 겁니다. 섹스도 많이 하고 다른 친구나 가족들은 피할 겁니다. 이것은 관계에 대해 매우 비현실적인 생각을 갖게 만듭니다. 마침내 같은 도시로 이사 오거나 함께 살기로 결정하면 서로에게 극도로 실망감을 느끼는 커플들이 많습니다. "당신 예전과 다른 거 같아."라고 불평을 합니다. 물론 이전과 다릅니다. 더 이상 하루 24시간 내내 파티를 하는 것이 아닙니다. 이제는 전면적인 관계로 돌입하게 되고 두 사람이 진정으로 서로에게 맞지 않는다면 당신의 감정과 에너지가 금방 소모되는 것을 느끼게 될 겁니다.

두 사람이 같은 도시로 이사 오게 되면 다음과 같은 것들을 경험할 가능성이 높습니다.

- ✻ 말다툼이 늘고 서로 동의하지 않는 부분들이 나타나게 된다.
- ✻ 성적 활동이 감소한다.
- ✻ 상대방에게서 짜증나는 부분들을 발견하게 된다.

만일 당신이 이런 문제들에 대해 준비가 되어 있고 기꺼이 대처해 나갈 의향이 있다면, 이 시한폭탄이 당신 관계를 파괴하지는 않을 겁니다.

## 언제 이런 관계가 잘 될 수 있나

장거리 로맨스가 건강하고 오래 지속되는 관계로 발전하기 위해서는 당사자들이 궁극적으로 같은 장소에 살아야 합니다. 이 방법만이 두 사람이 과연 잘 어울리는지를 알 수 있게 해 주고, 사랑을 유지하는 데 필요한 친밀감을 형성할 수 있게 해 줍니다. 그러나 떨어져 있는 동안에는 두 사람이 이 관계를 전일제 로맨스로 여길 때라야 가장 성공적인 장거리 관계가 됩니다.

- 함께 보내는 모든 시간을 특별하게 여기지 말고, 대신 일상적인 것들을 함께하도록 노력한다.
- 성격 중 힘든 부분을 숨기려 하지 말고 있는 그대로 보여 준다.
- 어떻게 느끼는지 각색하려고 노력하지 않고 솔직하게 표현하며, 두 사람 사이에 갈등이 발생하면 그것을 다루려고 노력한다.

만일 당신이 이런 지침을 따르면 이 시한폭탄을 피할 수 있는 확률은 그만큼 증가합니다.

## 언제 이런 관계가 잘 될 수 없나

만일 당신 파트너가 모든 일을 가볍게 취급하려 하고, 친밀감과 몰입을 피하고, 좀 더 깊은 수준의 대화와 사랑을 가꿔 나가는 데 관심이 없다면 비행기 표와 장거리 전화 요금을 아껴서 새로운 관계를 찾기 바랍니다.

## 맞지 않는 사람 피하기

독신으로 사는 제 친구가 최근 아주 좌절스럽고 고통스러운 6년 동안의 관계를 끝냈습니다. 이 책의 주제에 대해 그녀에게 이야기했을 때, 각 장을 끝내면 자기가 볼 수 있게 해 달라고 간청했습니다. "절망적이야." 그녀는 눈물을 흘리면서 제게 말했습니다. "같은 실수를 계속해서 저지를 수는 없어. 내가 무엇을 잘못해 왔는지 알아야겠어." 저는 그녀가 이 글을 읽는 첫 번째 독자가 되는 것을 허락했습니다.

어젯밤 늦게 전화벨이 울려서 받았더니 그 친구였습니다. "바버라, 잘못된 사람을 피하는 것을 이제 막 읽었는데, 얼마나 정확한지 도무지 믿을 수가 없어. 내가 지금까지 관계에서 저질렀던 모든 실수들을 다 적었더구나. 그런데 너한테 너무 화가 나." 그녀가 떨리는 목소리로 말했습니다.

"나한테 화가 난다구?" 저는 놀라서 다시 물었습니다. "왜?"

"왜 10년 전에 이 책을 쓰지 않았던 거야? 그랬다면 내가 겪었던 모든 고통을 피할 수 있었잖아." 웃으면서 그녀가 말했습니다.

그 친구만이 이와 같은 희망을 가진 것이 아닙니다. 저 역시 치명적인 결함과 융화의 시한폭탄 그리고 잘 되지 않을 10가지 유형의 관계들을 예전에 알았다면 더 좋았을 겁니다. 그랬다면 그 수많은 가슴앓

이를 겪지 않아도 됐을 테니까요. 그러나 저 자신도 서툴게 사랑을 선택했고, 사랑 때문에 상처를 입은 수많은 사람들이 회복하도록 도와주면서 이 책을 쓸 만큼 지식이 축적되었던 것입니다.

저는 소망합니다. 잘못된 사람을 피하는 이 부분을 읽으면서 왜 과거에 당신 관계가 잘 되지 않았는지를 이해하고, 현재와 미래에 맺을 관계를 평가하는 데 도움이 되는 생각할 거리들을 많이 얻기를 소망합니다. 가장 마음을 불편하게 하는 부분이 이제 끝났습니다. 지금까지는 관계를 실패로 끝나게 만드는 것들이 무엇인지 살펴보았지만, 앞으로 이어질 이 책의 나머지 부분들에서는 관계를 잘 되게 만드는 요인들에 관해 살펴볼 겁니다.

세 번째 이야기

# 누가 맞는지
# 알기

앞의 세 장은 당신에게 맞지 않는 파트너를 피하고, 관계가 잘 되는 것을 방해하는 장애물들을 보다 잘 이해하는 데 도움을 주는 내용이었습니다. 이제 파트너를 고를 때 무엇을 봐야 하고, 파트너가 당신에게 맞는 사람인지를 어떻게 알아볼 수 있는지에 대해 배울 시간입니다.

**08 S·t·o·r·y**

# 파트너에게서 찾아야 할 여섯 가지 특징

저는 강의와 세미나를 하러 전국을 자주 여행하는데, 발표할 때마다 청중에게서 질문을 받는 시간을 맨 마지막에 남겨 둡니다. 청중 중 상당수가 이미 제 책을 읽었거나 텔레비전에서 저를 본 적이 있기 때문에 저에게 개인적인 질문을 하더라도 별로 놀라지 않습니다. 제가 어느 도시에 가든, '무엇이든 바버라에게 물어보라.'라는 시간이 되면 누군가가 마이크를 잡고 다음과 같이 말합니다. "바버라 박사님, 전 지금 싱글이지만 지난 몇 년 동안 끔찍한 관계를 맺었어요. 제가 다시 상처받지 않으려면 앞으로 사귈 파트너에게서 어떤 특징들을 찾아야 하는지 말씀해 주실 수 있나요?"

이때 저는 질문한 사람에게 어떤 특징을 가진 사람들과 사귀었는지 되묻습니다. 그러면 '유머감각이 뛰어난 사람, 야외활동을 즐기는 사람, 여행을 좋아하고 좋은 음식을 즐기는 사람' 과 같은 대답을 듣습니다.

"문제는 당신한테 있습니다. 인격적인 부분을 살펴야 하는데, 성격적인 특징을 찾고 있어요."라고 제가 대답합니다.

저는 "제 파트너에게서 무엇을 찾아야 하죠?"라는 질문에 어떻게 대답해야 하는지 이해하는 데 몇 년이 걸렸습니다. 저 역시 이 책의 앞부분에서 이야기했던 대부분의 실수들, 즉 잘못된 이유로 사랑에 빠지기, 그 사람의 전체를 보기보다는 한두 가지 끌리는 것에 근거해서 파트너 선택하기, 치명적인 결함 무시하기 등과 같은 실수들을 범했기 때문입니다. 하지만 제가 융화에 대해 배운 가장 중요한 교훈은 바로 이것입니다.

> 적합한 파트너를 선택하기 위한 열쇠는
> 단순히 좋은 성격을 가진 사람을 찾는 것이 아니라
> 좋은 인격을 소유한 사람을 찾는 것이다.

우리 대부분은 처음에 성격적인 특성 때문에 상대방에게 매력을 느낍니다. 예를 들면, 유머감각, 부드러움, 자전거 타는 취미 등입니다. 이런 특징들은 유쾌한 것이기는 해도 당신을 진정으로 행복하게 만들 만큼 결정적인 것은 아닙니다. 이런 이유 때문에 인격을 찾아야 합니다. 인격은 자기 자신, 상대방 그리고 자녀들을 대하는 방식을 결정합니다. 이것은 건강한 동반자 관계를 위한 기초가 됩니다. 관계를 케이크에 비유한다면, 성격은 그 위에 놓인 장식이지만 인격은 그 재료입니다.

저는 이 장에서 상대방에게서 찾아야 할 여섯 가지 특징들을 제시할 겁니다. 이 특징들은 당신이 파트너에게서 원하는 구체적인 특징들과는 다르다는 점을 기억하세요. 오히려 이 특징들은 훌륭한 인격을 위한 기초 요소입니다. 당신이 미혼이든, 기혼이든, 아니면 그 중간이든, 이런 특징들을 알게 되면 당신 파트너가 관계를 맺을 준비가 얼마나 되어 있는지를 알게 되고, 따라서 관계가 얼마나 성공적일 것인지를 판단할 수 있을 겁니다. '내 파트너가 나를 사랑하나?'라는 질문 대신 '내 파트너는 사랑하는 능력이 얼마나 되나?'라고 질문해야 합니다. 매 섹션 말미에 상대방의 인격에 대해 많은 것을 드러내게 해 줄 질문들을 포함시켰습니다. 파트너와 사귄 지 어느 정도 되었다면 몇몇 질문들에 대해서는 이미 답을 알고 있을 겁니다. 하지만 어떤 것도 건너뛰지 마세요. 스스로 이 질문들에 관해 생각해 보는 것이 중요합니다.

> **중요** 앞으로 읽을 것들을 당신 자신에게도 적용해 보고, 스스로의 특징들을 평가해 보는 것도 잊지 마세요.

**파트너에게서 찾아야 할 여섯 가지 특징**

1. 개인적 성장에 몰두함
2. 정서적 개방성
3. 품격
4. 성숙과 책임감
5. 높은 자존감
6. 인생에 대한 긍정적 태도

{ 특징 01 }
## 개인적 성장에 몰두함

저는 이 특징이 상대방에게서 찾아야 할 가장 중요한 특징 중 하나라고 생각하기 때문에 이것을 맨 앞에 제시했습니다. 만일 당신이 개인적인 성장에 몰두하는 사람을 찾았다면, 이미 당신은 커플들이 봉착하는 많은 문제들을 피한 것입니다. 즉, 많은 관계에서 한 사람은 관계를 개선하고 싶어 하는데 다른 한 사람은 그렇지 않다거나, 한 사람은 문제에 관해 이야기하려고 하지만 다른 한 사람은 그것을 거부한다거나, 한 사람은 개선할 필요가 있는 부분을 보고 있지만 다른 한 사람은 그것을 부인하는 문제를 지니고 있습니다.

개인적 성장에 몰두한다는 것은 다음과 같은 것을 의미합니다.

✶ **당신 파트너는 가능한 한 더 좋은 사람, 더 좋은 배우자가 되기 위한 방법들을 배우는 데 몰두한다**_ 개인적인 변화에 높은 가치를 두는 사람을 사랑할 때 분명 그 관계는 훨씬 더 쉬울 겁니다. 그것이 작은 다툼이든 큰 위기이든 당신 파트너는 더 사랑이 넘치고 더 자비로워지는 법을 배우기 위해 당신과의 관계에서 모든 것을 활용하려고 할 겁니다. 배우는 것에 몰두할 때라야(물론 당신과 함께!) 그 관계가 진정으로 개인적인 성장을 위한 모험이 될 것입니다.

✶ **당신 파트너는 책, 테이프, 강연, 세미나 그리고 필요할 경우 상담을 통해 기꺼이 도움과 지도를 받으려 한다**_ 관계에서 한 사람은 개선의 필요를 인식하는데 다른 한 사람은 동참하기를 거부할 때 그 관계는 위기를 경험하게 됩니다.

> 도움이 필요한 데도 도움을 구하는 것을
> 한쪽 파트너가 거부한다면,
> 그 관계가 잘 될 수 있는 방법은 어디에도 없다.

이것은 관계 초기에 알아내야 하는 것입니다. 이 문제를 회피하지 마세요. 그러면 결국 가정에 위기가 닥쳤을 때 당신 파트너는 "난 상담을 믿지 않아."라고 말하거나 너무 고집이 세서 어떻게 하면 관계를 좋게 만들 수 있는지를 책을 통해 배우려 하지 않을 겁니다.

❋ **당신 파트너는 자신의 취약한 부분과 유년기의 프로그램을 인식하고 있고, 어떤 미해결 과제를 관계로 가지고 왔는지 알고 있다_** 관계를 파괴하는 것은 어린 시절의 프로그램이나 정서적 과제가 아니라 그런 것들을 부인하는 것입니다. 자신의 약점과 문제 영역을 완전히 모르는 사람과 사귀는 것은 위험한 일입니다. 그 사람이 그 문제에 대해 전문가가 되어야 한다고 말하는 것이 아닙니다. 하지만 적어도 왜 자신이 그런 식인지를 이해하는 것에 열려 있어야 합니다. 그리고 어느 정도의 정서적 핸디캡을 가지고 관계에 들어왔다는 것을 인정할 줄 알아야 합니다. 이런 겸손함이 관계를 전쟁터로 만드는 것을 막아 줄 수 있습니다.

❋ **당신 파트너는 개인적 성장을 위한 목표들을 가지고 있고, 당신은 시간이 지나면서 그에게서 구체적이고 긍정적인 변화들을 발견한다_** 성장하는 것에 관심이 있을 뿐 아니라 그것에 대해 뭔가를 하고 있는 사람을 찾는 것은 중요합니다. 많은 사람들은 말로만 성장한다고

하고 실제 행동으로 옮길 때면 겁쟁이가 되어 버립니다. 당신 파트너가 목표를 설정하고 그 목표를 달성함으로써 스스로를 채찍질하려는 것을 지켜볼 때 그것이 금연이든 좀 더 당신에게 조급하게 굴지 않는 것이든 또는 좀 더 자기주장을 피력하려고 노력하는 것이든 간에 당신은 당신 파트너를 존경하게 될 겁니다. 그리고 계속해서 자신을 재촉해서 성장하게 해 달라고 당신에게 조르지도 의지하지도 않을 거라 확신할 수 있을 겁니다.

**개인적 성장에 몰두하는 것과 관련해서 당신 파트너에게 물어 봐야 할 질문들**

1. 과거 십 년 동안 자신의 정서적인 부분에 대해 깨달은 점이 있다면 무엇인가? 그리고 그것이 어떻게 그를 변화시켰나?
2. 이전 관계를 통해 배운 것은 무엇이고, 현재 다르게 행동하고 있는 것은 무엇인가?
3. 자신의 가장 큰 약점은 무엇이고, 그 약점이 어디에서 비롯되었다고 생각하는가?
4. 이전에 사귀었던 사람들이 당신에 대해 가졌던 가장 큰 불만이 무엇이라고 생각하는가? 그것에 동의하는가 동의하지 않는가?
5. 관계가 위기에 빠져 있을 때 어떤 도움(책, 상담 등)을 구했나? 그것들이 도움이 되었나?
6. 향후 5년 동안 어떻게 변하고 싶은가? 어떤 부분을 없애고 싶은가? 어떤 특징들을 더 갖고 싶은가?

## 특징 02
## 정서적 개방성

친밀한 관계는 집, 침대, 화장실을 같이 쓴다고 해서 생겨나는 것이 아닙니다. 그것은 감정을 공유하는 것을 기초로 합니다. 이것이 바로 파트너에게서 찾아야 할 두 번째 특징인 정서적 개방성입니다. 이것은 당신 파트너가 다음과 같다는 것을 의미합니다.

* 감정을 지니고 있다.
* 무엇을 느끼는지 알고 있다.
* 그런 감정들을 당신과 공유한다.
* 그런 감정들을 어떻게 당신에게 표현하는지 알고 있다.

저는 불행한 관계를 맺고 있는 남녀들에게서 왜 자신의 파트너가 감정을 표현할 수 없는지 변명하는 것을 수없이 많이 들었습니다.

* "그 사람 아버지가 그를 사랑한다고 말한 적이 한 번도 없어서 그 사람 역시 저한테 말할 수가 없대요."
* "그녀는 전남편에게서 상처를 너무 많이 받아서 저를 사랑하는지에 대해 보여 주는 것을 힘들어해요."
* "그 사람은 내면에 무슨 일이 일어나는지 저에게 보여 준 적이 없어요. 제 생각엔 알코올중독자 가정에서 자라 감정을 느끼는 것을 두려워하는 것 같아요."

이런 모든 평가는 매우 정확하지만 핵심을 놓치고 있습니다.

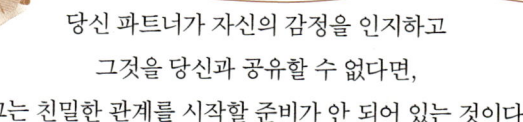

당신 파트너가 자신의 감정을 인지하고
그것을 당신과 공유할 수 없다면,
그는 친밀한 관계를 시작할 준비가 안 되어 있는 것이다.

감정적으로 닫혀 있는 사람과 함께 있는 목적이 무엇입니까? 감정을 공유할 수 없는 사람과 계속 관계를 유지하는 것은 일종의 자기 처벌입니다.

정서적 개방성을 달리 표현하면 정서적으로 너그럽다는 것을 말합니다. 우리는 어떤 사람이 돈이나 시간에 관대하다고 생각하지만, 사랑에 너그러운 사람을 찾는 것은 대단히 중요합니다. 관대함은 자유롭게, 풍족하게 그리고 제한 없이 주는 것을 의미합니다. 이것은 그가 얼마나 당신을 사랑하는지, 그가 얼마나 많이 당신을 고마워하는지를 당신에게 보여 주는 것을 의미합니다. 일 년에 한 번, 결혼기념일에, 술을 마셨을 때 또는 당신이 떠날 거라고 위협할 때를 의미하는 것이 아닙니다. 당신은 당신에게 지속적인 사랑과 고마움을 보여 줄 사람을 가질 만큼 충분히 가치 있는 사람입니다.

정서적으로 관대한 것의 반대는 감정적으로 인색한 것입니다. 마치 사랑과 감정의 양이 제한되어 있어서 마음속에서 작은 조각들을 나누어 주는 것과 같습니다. 감정적으로 인색한 사람을 사귀면 사실상 당신이 사랑을 구걸하게 됩니다. 당신은 그들에게서 감정을 끌어내려고 할 것이고, 대신 그들은 당신에게서 엄청나게 많은 사랑의 양을 기대합니다. 아마도 이런 사람들은 사랑하는 법을 배우지 못했겠지만, 이것이 당신의 문제는 아닙니다. 당신이 풀타임 교사의 직업을 원하지 않는다면 감정적으로 인색한 사람과의 관계는 피하세요!

파트너가 정서적으로 개방되어 있으면 그 사람의 내면세계로 들어갈 수 있습니다. 그 사람의 마음을 여는 열쇠를 당신에게 주는 것이죠. 이것이야말로 당신이 그 사람과 함께하기로 결정할 때 꼭 고려해야 할 것입니다. 이와 같지 않다면 절대 참지 마세요!

**정서적 개방성에 대해 당신 파트너에게 물어봐야 할 질문들**
1. 사랑하는 사람들에게 편하게 감정을 표현하는가? 지금 현재 "사랑해."라고 자주 말하는 사람이 누구인가?
2. 어떤 감정들을 이야기하는 것이 힘든가? 어떤 감정들은 쉬운가? 이것이 시간이 흐르면서 변해 왔나?
3. 공유하기 불편한 부분이 있나? 왜 그렇다고 생각하는가?
4. 마음을 열고 감정을 공유하면 나중에 어떻게 느끼는가?
5. 자신을 표현하지 못해서 관계에 문제를 만든 적이 있었나?
6. 감정적으로 개방되어 있는지 과거의 파트너들에게 물어 본다면, 그들은 무엇이라고 말할까?

{ 특징 03 }
### 품격

결혼생활의 문제로 상담한 어떤 부부를 잊을 수가 없습니다. 아내는 남편을 믿을 수가 없다고 불평했습니다. 부인이 비난하는 내용이 정확한 건지 남편에게 물었을 때, "진실을 말하는 것이 불편할 때만 거짓말을 합니다."라고 대답하면서 자신을 방어했습니다. 무서운 점은 그가 자신이 정직하지 못한 것이 아무런 문제가 되지 않는다고 심각하게 믿는다는 것이었습니다.

**정직, 품격, 신뢰는 건강한 관계를 위한 필수적인 구성 요소들입니다.** 당신 파트너가 늘 당신에게 진실하다는 것을 믿게 되면, 당신에게 심리적으로 큰 안정감을 줄 겁니다. 반면에 어떤 식으로든 당신 파트너가 늘 거짓말을 하고 있다고 두려워하며 산다면, 그런 관계에서는 마음을 놓는다는 것이 거의 불가능합니다. 당신은 긴장하고 의심하며 화가 날 것입니다. 믿을 수 없는 사람을 사랑하는 것은 장기적으로 당신의 자존감과 당신의 애정생활 전부를 황폐하게 만들 겁니다. 『항상 사랑하는 법』이라는 책에서 제가 강조한 것처럼, 서로 진실을 말하지 않으면 서로에 대한 정열은 죽고 친밀감은 파괴됩니다.

자주 진실을 왜곡하는 사람들은 '인생은 공평하지 않다.'는 태도를 가질 수 있습니다. 그리고 그들은 이익을 얻기 위해 정직하지 못한 것을 하나의 전략으로 생각합니다. 다시 말해서, 그들의 가치체계가 근본적으로 잘못되어 있다는 것입니다. 당신이 거짓말쟁이와 함께 산다면, 당신도 그를 위해 결국 덮어 두게 되고 당신도 거짓말쟁이가 된다는 것을 제 뼈저린 경험을 통해 말할 수 있습니다.

품위 있는 사람이란 다음과 같은 사람을 의미합니다.

* **자기 자신에게 정직한 사람_** 당신에게는 거짓말을 하지 않지만 스스로에게는 거짓말을 하는 사람들이 많습니다. 말하자면 정직함은

자기 자신으로부터 시작합니다. 이것은 당신이 자기기만에 익숙한 사람을 피해야 한다는 것을 의미합니다. 당신은 당신 남자친구가 정직한 사람이라고 말할 수는 있지만, 그가 술에 의존하고 있는 자신의 모습을 직시하는 것을 피하고 있다는 것을 기억하세요. 혹은 예전 여자친구와 거의 매일 이야기하는데도 헤어졌다고 주장한다는 것을 기억하세요. 그가 거짓말쟁이라서가 아니라, 그는 단지 스스로에게 정직한 것에 익숙하지 않은 것입니다.

✳ **다른 사람들에게 정직한 사람_** 당신 파트너는 '사업'이라는 명목 하에 고객이나 동료들에게 거짓말을 하나요? 당신 여자친구는 가족에게 자신의 생활을 숨기나요? 당신 파트너는 당신이 느끼기에 정직하지 못한 일을 직장에서 하고 그것을 정당화합니까? 만일 당신이 상대방의 고결함을 의심한다면, 당신은 그에 대한 존경심을 잃을 겁니다. 그리고 당신에 대한 그의 행동을 신뢰하기가 힘들어질 것입니다.

✳ **당신에게 정직한 사람_** 몇 년 동안 만나지 못했던 친구들을 만날 때마다 친구들은 제가 침착하고 평온해 보인다고 이야기합니다. 제가 이렇게 보이는데는 부분적으로 제프리를 깊이 신뢰하고 있고, 제가 그와의 관계에서 깊은 안정감을 느끼는 데 원인이 있다는 걸 잘 알고 있습니다. 늘 진실된 그 사람에게 의지할 수 있다는 것을 나에게 거듭 입증시켜 주는 사람을 사랑한다는 것은 정말로 멋진 일입니다. 파트너를 전혀 신뢰할 수 없었던 고통스러웠던 이전 관계와 비교가 됩니다. 저는 그가 밖에 있을 때 어디에 있는지, 그가 어떻게 돈을 관리하는지, 그가 하겠다고 약속했던 것을 실제로 하는지에 대해서도 전혀 알지 못했습니다.

정직한 파트너는

-당신에게 그의 삶이나 성격의 어느 부분도 숨기지 않습니다.

-그 자신을 보호하기 위해서 당신이 듣기 원하는 것만을 말하지 않을 것입니다.

-당신이 속임수를 써서 그로 하여금 진실을 인정하도록 만들지 않아도 또는 꼬치꼬치 캐묻지 않아도 당신과 진실을 공유할 것입니다.

✳게임을 하지 않는 사람_ 게임은 관계에서가 아닌 운동장에서 해야 합니다. 그러나 많은 성인들은 관계에서 정서적인 게임을 합니다. '내가 어떻게 느끼는지 당신에게 말하지 않을 거야. 당신이 알아내야지." 또는 "당신이 질투심을 느낄 만한 것들을 말할 거야. 그러면 내가 당신을 통제하고 있는 것처럼 느낄 거니까.' 와 같은 것들이 이러한 게임에 해당됩니다. 이런 게임들은 정직하지 못한 것을 늘 포함합니다. 자신이 어떻게 느끼며 무엇을 원하는지에 대해 솔직한 사람, 말과 행동이 일치하는 사람을 찾으세요.

당신 파트너가 지속적으로 당신에게 정직할 때,
자연스럽게 그를 믿게 될 것이다.

### 품격에 대해 당신 파트너에게 물어봐야 할 질문들

물론 당신 파트너가 치유될 수 없는 천하의 거짓말쟁이라면 다음 질문들에 정직하지 않게 대답할 겁니다. 하지만 당신의 직감을 믿고,

그의 행동이 믿을 만한지 지켜보세요.

1. 관계에서는 모든 것에 솔직해야 한다고 생각하나? 아니면 어떤 것들은 마음속에만 간직해야 한다고 생각하나? 예를 들면?
2. 관계에서 속거나 배신당한 적이 있는가? 언제 그랬나? 어떤 기분이 들었나?
3. 관계에서 누군가를 속이거나 배신한 적이 있는가? 언제 그랬나? 또다시 그럴 것인가?
4. 만약 있다면 관계에서 어떤 것들에 대해 거짓말을 하겠는가? 불륜? 파트너의 외모에 대한 불만족?
5. 정직하고 신뢰할 만한지 예전의 파트너들에게 물어본다면 어떤 답이 나올 것 같은가? 왜 그런가?
6. 어떤 것들이 본질적으로 잘못된 것이라고 느끼는가? 별로 개념치 않는 것들은 어떤 것들인가? (소득세를 속이는 것, 일터에서 집으로 사무용품을 가지고 오는 것, 쓰레기를 함부로 버리는 것, 주운 돈을 되돌려 주지 않는 것 등)
7. 지금 나에게 진실을 말하고 있는가? (어떤 반응을 하는지 눈을 잘 들여다보세요!)

{ 특징 04
  **성숙과 책임감** }

단순히 관계에 몰두할 준비가 안 된 사람들이 있습니다. 그들이 매우 사랑스러울 수도 있고, 심지어 정말로 당신을 사랑할 수도 있습니다. 그러나 그들이 어느 수준까지의 성숙함에 이르지 못했다면, 당신은 애인을 찾았다기보다는 마치 어린아이를 입양한 느낌이 들 겁니다.

다른 사람들을 구제하는 것을 좋아하는 사람들은 특히 이 점에 주의해야 합니다. 그렇지 않으면 결국 당신은 '난 내 파트너를 너무 사랑해. 단지 그 사람이 성숙했으면 좋겠어.' 라는 느낌을 갖게 될 겁니다.

당신 파트너가 관계를 맺을 만큼 충분히 성숙한지를 나타내는 몇 가지 신호가 있습니다.

1. <u>스스로를 잘 돌볼 수 있다.</u>

당신 파트너가 충분히 성숙한 사람이라면 다음과 같은 것을 할 수 있습니다.

※ 스스로를 부양할 만큼 충분히 돈을 번다.
※ 주거 공간을 비교적 깨끗하게 유지하는 방법을 안다.
※ 스스로 잘 먹는다.

제가 농담한다고 생각할지 모르겠지만 매우 진지하게 말하는 것입니다. 저는 자기 자신을 돌볼 수 없는 사람과 사랑에 빠졌던 사람들에게서 수없이 많은 이야기를 들었습니다. 그들은 스물한 살 먹은 젊은 이들도 아닙니다! 그들은 늘 직업이 없어서 가족이나 친구들에게 돈을 빌리거나 혼란 속에서 살고 있는 사람들이었습니다.

남자친구에 관한 충고를 듣고 싶어서 제가 진행하던 라디오쇼에 전화를 건 어떤 여성을 기억합니다. 그녀는 44세였고 남자친구는 47세였습니다. 6개월 동안 교제하면서 진심으로 그를 좋아했지만, 자신을 한 번도 아파트에 초대하지 않은 것이 의심스러웠습니다. 사귀는 동안 그가 사는 곳에 한 번도 가 본 적이 없었습니다. 어느 날 그녀가 그에게 집을 보여 달라고 말했습니다.

"바버라 박사님, 전 제 인생에서 그렇게 더러운 집은 본 적이 없어요. 바닥에는 먼지로 뒤덮인 잡지들이 10센티미터 정도 쌓여 있었어요. 여기저기 옷이 널려 있었는데, 단지 몇 개가 아니라 한가득 널려 있었어요. 마치 옷을 한 번도 치워 본 적이 없는 것처럼 보였죠. 그리고 부엌! 수십 년 동안 한 번도 청소한 적이 없는 것 같았어요. 오래된 음식이 쌓여 있었고, 물론 냄비와 그릇들도 그렇게 쌓여 있었죠. 전 속이 메스꺼워서 구역질이 났어요. 지금 제가 알고 싶은 건 이거예요. 제가 그 사람과 계속 데이트를 해야 할까요?"

전 웃음을 터뜨리지 않기 위해 꾹 참아야 했습니다. 저는 겉으로 드러난 외부세계가 우리의 내면세계를 반영한다는 것을 굳게 믿기 때문에 그녀가 묘사한 것을 통해 그 남자가 정말 엉망진창이라는 것을 확신할 수 있었습니다. 자신을 돌볼 수 있을 만큼 충분히 성숙하지 않았다는 것이 분명했습니다. 또한 그녀를 정서적으로 돌볼 수 있을지 의심스러웠습니다.

저는 세미나를 통해 젊은 사람들과 많이 일을 했는데(10대 후반, 20대 초반), 이 나이의 커플들이 결혼을 계획하거나 아이를 갖기로 결정하는 것을 보면 늘 걱정이 됩니다. 그들 중 많은 사람들은 거의 스스로를 돌볼 수 없거나, 혹은 스스로를 돌보는 법을 이제 막 배우고 있는 중이어서 배우자로서의 책임은 물론이고 가족으로서의 책임을 감당할 준비가 안 되어 있습니다.

2. 책임감이 있다.

책임감이란 할 것이라고 말한 것을 하는 것을 의미합니다. 이것은 고지서를 내는 것, 약속을 지키는 것, 제 시간에 나타나는 것, 사람들을 실망시키지 않는 것을 의미합니다. 책임감이란 당신이 책임감이 있다고 말하는 것이 아니라 책임감 있게 행동하는 것입니다. 이것은 개념이 아닙니다. 책임감은 행동입니다.

성숙하다는 것은 한편으로는 책임감 있고 신뢰할 수 있다는 것입니다. 우리는 아이들이 책임을 다룰 만큼 충분히 성숙하지 않기 때문에 아이들에게 많은 책임을 부여하지 않습니다. 만일 당신이 무책임한 파트너를 만났다면 어떤 의미에서는 성인의 몸을 가진 어린이를 만난 것입니다. 사랑스럽고 마음이 통할지는 몰라도 분명 성인으로서 관계를 맺을 준비가 안 된 것입니다.

모든 사람은 사랑받을 자격이 있지만, 모든 사람이 성인관계에 수반되는 책임을 감당할 준비가 된 것은 아닙니다. 당신 파트너가 성인일 때 사랑은 더 쉽게 진행됩니다.

3. 존중한다.

자녀들이 성숙한지 알아보는 한 가지 방법은 그들을 둘러싸고 있는 세상과 그 속에 살고 있는 사람들에 대한 존경심이 증가했는지를 알아보는 것입니다. 형의 장난감을 빼앗곤 했던 아이가 자신의 물건이 아닌 것에는 손을 대지 않는 것을 배웁니다. 간식을 먹은 후에 우유와 쿠키를 남겨 두지 않고 그것들을 냉장고에 다시 넣어서 엄마의 시간을 존중하는 법을 배웁니다. 식당에 가서 소리지르거나 징징대기보다는 그가 속한 환경을 존중하여 스스로의 행동을 조절하는 법을 배웁니다.

마찬가지로 당신 파트너가 다음의 것들을 얼마나 존중하는지 알면 그가 얼마나 성숙한지 알 수 있습니다.

- 당신의 감정
- 당신의 경계
- 당신의 시간
- 당신의 소유물
- 그의 소유물
- 환경
- 직원들, 직장상사 또는 동료들
- 다른 사람의 감정

**성숙과 책임감에 대해 당신 파트너에게 물어봐야 할 질문**

1. 대체로 약속시간을 잘 지키는가, 아니면 약속시간에 늦는가?
2. 삶의 어떤 부분에서 가장 무책임하다고 말할 수 있는가?(재정, 건강, 전화해 주는 것 등)
3. 직장에서 해고되거나 관둔 적이 있는가? 해고당했다면 그 이유는 무엇이었나?
4. 관계에서는 상대방을 돌봐 주는 사람인가 돌봄을 받는 사람인가?
5. 당신이 과거에 사귄 사람들에게 물어본다면 그들은 당신을 매우 책임감 있는 사람이라고 이야기하겠는가, 매우 무책임하다고 이야기하겠는가, 아니면 그 중간이라고 이야기하겠는가? 어떤 근거로 그렇게 이야기할 것 같은가?
6. 다른 사람의 감정에 예민하다고 생각하는가?
7. 보통 사람들에게 물건을 빌리면 돌려주는가?
8. 휴지를 함부로 버리는 것에 대해 어떻게 생각하는가?

**주의** 이런 질문 이외에도 당신 파트너가 어떻게 사는지 잘 살펴보세요. 그것은 그 사람이 어떤 사람인지를 모두 말해 줄 겁니다.

## { 특징 05 }
## 높은 자존감

아마도 전에 이에 관해 들어보았을 것입니다. 그것은 엄연한 사실입니다. 당신 파트너는 자기 자신을 사랑하는 것만큼만 당신을 사랑할 수 있습니다.

파트너를 선택할 때 범하는 가장 큰 실수 중의 하나는 나를 얼마나 사랑하고 나에게 얼마나 잘하는지에만 초점을 맞추고, 그 사람이 자기 자신을 어떻게 대하는지에 대해서는 신경을 쓰지 않는다는 것입니다. 자신이 꿈에 그리던 이상형을 만났다고 확신하던 한 남성을 알고 있습니다. "그녀는 저를 위해서라면 무엇이든 다 해 줄 겁니다. 매우 헌신적이고 애정이 넘치는 여자죠. 그녀는 제가 세상에서 가장 대단한 남자라고 느끼게 해 줍니다." 하며 자랑했습니다. 하지만 그는 그녀에게 자존감이 전혀 없다는 것을 알아차리지 못했습니다. 그녀는 그 없이 행동하는 것을 두려워했습니다. 그녀는 계속해서 자신의 외모를 못마땅하게 생각하고 자신이 뚱뚱하다고 주장했는데, 사실 그녀에게는 다식증 증세가 있었습니다. 그가 어떤 제안이라도 하면, 그녀는 그것을 비난으로 해석했습니다. 그녀는 그를 사랑했지만 자기 자신을 사랑하지 않았으며, 그녀가 그에게 쏟는 사랑은 온전한 사랑(full love)이 아닌 굶주린 사랑(hungry love)이라는 것을 그도 곧 깨달았습니다.

> 자존감이 낮은 사람은 스스로 만족하기 위해 사랑을 한다.
> 반면, 자존감이 높은 사람은
> 자기 자신에 대해 만족하기 때문에 사랑을 한다.

당신 파트너의 자존감이 더 건강할수록 당신과의 관계가 더 견고해질 것입니다. 바로 그것이 다음과 같은 자존감의 신호를 찾는 중요한 이유입니다.

* **당신 파트너는 스스로를 자랑스러워한다_** 당신 파트너가 생활하면서 자주 사과하고, 자신이 누구인지 당황스러워하며, 계속해서 스스로를 낮추려 한다면, 그는 스스로에 대해 자부심이 없는 것입니다. 당신에게는 현재 자신의 모습에 대해 그리고 미래의 자신의 모습에 대해 만족스러워하는 사람이 필요합니다. 저는 거만함이나 자기 확신처럼 보이는 잘못된 허세를 말하고 있는 것이 아닙니다. 진정한 자신감은 견실함과 내적인 힘을 줍니다. 과연 당신이 상대방의 사람 됨됨이에 대해 자랑스러워하는지 스스로에게 물어보는 것도 이를 알 수 있는 또 다른 좋은 방법입니다.

* **당신 파트너는 스스로를 혹사시키지 않고 잘 돌보고 있다_** 굉장한 수치감을 가지고 성장한 어떤 남성을 알고 있습니다. 술을 마시고, 담배를 피우며, 약물과 섹스를 남용했습니다. 그런데 어떻게 해서 로스앤젤레스에서 개최된 제 세미나에 오게 되었습니다. 2주가 지나서 그는 술을 끊었습니다. 다른 세미나에 또 왔고, 일주일 뒤에 그는 담배를 끊었습니다. 그 후 그는 네 번 더 세미나에 연

속적으로 참석을 했고, 모든 나쁜 버릇들을 중단했습니다. 수년 간의 시도 끝에 결국 해낸 것인데, 한 친구가 그에게 그 이유를 물었을 때 그는 이렇게 대답했습니다. "나 자신을 너무 사랑해서 더 이상 그런 것들을 계속할 수가 없었네."

> 당신 자신을 더 많이 사랑할수록 신체적으로나 정서적으로
> 당신 자신을 혹사시키는 것을 하기가 어려워진다.

어떤 사람이 스스로를 어떻게 느끼는지를 알려면 그가 자신을 어떻게 대하는지 관찰하면 알 수 있습니다. 즉, 그가 먹는 음식, 그가 사는 환경, 그 자신의 신체, 자동차, 소유물을 다루는 방법 등을 보면 알 수 있습니다. 이런 모든 것에서 자존감이 드러납니다. 자기 자신을 함부로 대하고 신경 쓰지 않는 사람은 결국 당신을 함부로 대하는 것에 대해서도 신경 쓰지 않을 것입니다.

※ **당신 파트너는 다른 사람들이 그를 이용하도록 허락하지 않는다**_ 제 자서전에 서명을 하고 있을 때 한 중년 여성이 저에게 불평을 했습니다. "난 겁쟁이랑 결혼했어요. 그 사람은 모든 사람들이 그를 좌지우지하도록 내버려둬요. 직장 상사는 그를 존중해 주지 않습니다. 자기 남동생이 자신을 이용하기만 하는데도 남편은 동생에게 맞서지를 않아요. 가장 안 좋은 것은, 더 이상 저를 사랑하지 않는다고 말해요!" "어떻게 그럴 수 있죠?" "남편께서는 자기 자신을 사랑하지 않습니다."

낮은 자존감의 분명한 증상은 다른 사람들이 자신을 취급하는 대로 내버려 두는 것입니다.

> 당신 자신을 더 많이 사랑할수록 다른 사람들이
> 당신을 함부로 대하도록 허용하지 않는다.

이것이 바로 피해의식을 지닌 사람들이 파트너로서 부족한 이유입니다. 비록 그들을 사랑하게 되면 당신이 필요한 존재라는 것을 느끼게 해 주지만, 그들을 파트너로 선택하는 것은 분명 잘못된 선택입니다. 다른 사람들이 그들에게 자행했다고 불평하는 그 모든 끔찍한 일들은 단지 그 사람의 낮은 자존감을 반영할 뿐입니다.

✽ **당신 파트너는 행동을 취함으로써 자신감을 표현한다_** 진정한 자존감은 행동으로 그것을 드러냅니다. 자존감은 우리를 분발시켜 기회를 잡게 하고, 꿈을 향해 나아가도록 하며, 편안하게 느끼는 영역 이상에 다다르게 합니다. 자존감이 높은 사람은 뭔가를 하고 있기 때문에 우리는 항상 그를 발견할 수 있습니다. 이와 반대되는 사람은 자존감이 낮아서 늘 미루는 사람인데, 실패하는 것을 끔찍이 두려워하기 때문에 행동하는 것을 피합니다. 자신의 목표에 대해 말만 하지 않고 뭔가를 하고 있는 파트너를 찾으세요.

**자존감에 대해 당신 파트너에게 물어봐야 할 질문**

1. 자기 자신과 인생에서 가장 자랑스럽게 생각하는 것이 무엇인가? (무엇을 말해야 할지 힘들어하는 것은 아닌지 주의해서 보세요.)

2. 과거에 견뎌야 했던 정서적인 학대 혹은 부당한 대우들로는 어떤 것들이 있었나? 왜 그것을 참았나? 지금도 그것을 참을 것인가?
3. 자신을 사랑하고 있다는 것을 보여 주기 위해 무엇을 하는가? (거품목욕, 마사지, 특별 휴가 등)
4. 가장 나쁜 건강습관 또는 생활습관은 무엇인가?
5. 당신은 아주 많이 미루는가, 많이 미루는가, 아니면 전혀 미루지 않는가?
6. 인생에서 위험을 감수하면서 했던 것은 무엇인가? 가장 최근에 있었던 위험은 무엇인가? 위험을 무릅쓰지 않으려고 회피해 온 것들이 있는가?

## { 특징 06 } 인생에 대한 긍정적 태도

"세상에는 긍정적인 사람과 부정적인 사람, 두 종류의 사람들이 있다."라는 오래된 이야기가 있습니다. 만일 당신이 이 둘 중에 한 가지 태도를 가지고 남은 인생을 살아야 한다면 어떤 것을 선택하겠습니까? 어려운 결정인가요? 불행하게도 우리는 상대방이 세상에 대해 긍정적인 시각을 가졌는지 부정적인 시각을 가졌는지 파악하지 않은 채 사랑에 빠집니다. 이것을 파악하는 것은 정말 큰 차이가 있습니다.

부정적인 사람들은
- 항상 문제에만 초점을 맞추고 해결하려고 하지 않는다.

- 항상 불평할 거리를 찾는다.
- 늘 걱정하고 두려워한다.
- 미래에 대해 냉소적이거나 회의적이다.
- 쉽게 믿지 않는다.

긍정적인 사람들은
- 항상 해결책을 찾는 데 초점을 맞춘다.
- 난관을 기회로, 역경을 교훈으로 바꾼다.
- 변화를 가져오는 자신의 능력을 믿는다.
- 상황이 늘 더 나아질 것이라고 믿는다.
- 자신의 비전을 사용해서 현실을 변화시킨다.

부정적인 사람들은 부정적인 관계를 만들어 내고, 긍정적인 사람들은 긍정적인 관계를 만들어 냅니다. 따라서 부정적인 사람과 연애를 하는 것은 오래된 칠판에 천천히 분필을 끌어당겨 쓰는 소리를 듣는 것같이 재미가 없다는 것은 놀랄 만한 일이 아닙니다.

사랑은 긍정의 힘입니다. 사랑은 긍정적인 분위기에서는 번성하지만, 부정적인 분위기에서는 쇠약해집니다. 바로 이런 이유 때문에 긍정적인 태도를 가진 사람을 찾는 것이 중요합니다. 조금만 시간을 투자하면 당신은 상대방이 긍정적인지 부정적인지를 알게 될 것입니다. 제가 열거하는 증상들을 찾아보세요.

긍정적인 사람과 함께라면 관계는 훨씬 더 쉽습니다. 갈등을 더 빨리 해결합니다. 덜 비난하고 더 협력합니다. 무엇보다도 더 많이 사랑합니다.

**인생에 대한 긍정적 태도에 관해 당신 파트너에게 물어봐야 할 질문**

1. 사람들이 본질적으로 선하다고 생각하는가, 아니면 나쁘다고 생각하는가?
2. 갑자기 많은 일들이 한꺼번에 잘못될 때 당신은 어떻게 반응하는가? 무슨 생각을 하는가? 최근에 겪었던 일을 이야기해 보세요.
3. 살면서 고통에 관해 배웠던 가장 소중한 교훈은 무엇인가?
4. 몇 문장으로 인생철학을 요약한다면 그것은 무엇인가? 성장하면서 달라졌는가?
5. 세상이 왜 이런 식인지 자녀들에게 설명해야 한다면 뭐라고 말할 것인가?
6. 일이 결국 잘 될 것이라고 믿는가? '예' 든 '아니요' 든 그 이유를 설명하세요.

새로운 파트너와 이러한 질문에 관해 이야기를 나누다 보면 그 사람의 성격이 드러날 것이고, 결국 남은 인생을 그와 함께 보내고 싶은지 판단할 수 있을 겁니다. 만일 오래 사귄 사람과 이런 이야기를 나누다 보면 놀랄 수도 있습니다. 파트너에 대해 알지 못했던 점들을 알게 될 것이고, 그러면 두 사람 사이에 문제가 되는 영역들에 대해 좀 더 초점을 맞출 수 있을 겁니다.

이 장을 다 읽었지만 당신 자신에 대한 질문들에는 답을 하지 않았다면 당신 자신의 개인적 성장을 위한 멋진 기회를 회피한 것입니다! 이번에는 당신 자신의 인격을 평가하는 것에 집중하면서 이 장을 다시 읽어 보기 바랍니다.

## 09 S·t·o·r·y
# 성적 공명: 무엇이 당신을 흥분시키고 무엇이 그렇지 않은가

※ 지금 누군가와 사귀고 있지만, 간혹 다른 사람과 성적으로 더 좋지 않았을까 궁금해 본 적이 있습니까?

※ 당신은 미혼이고 성적으로 끌리는 사람을 찾았는데, 그 사람은 당신에게 그다지 맞지 않는 사람인가요?

※ 성적인 교감이 전혀 느껴지지 않는다는 사실만 제외한다면 훌륭한 배우자가 될 것 같은 사람을 알고 있나요?

※ 당신 파트너가 당신에게 충분히 끌리지 않거나, 반대로 당신이 그 사람에게 충분히 매력을 느끼지 못한다고 걱정해 본 적이 있습니까?

우리가 섹스를 알기 전까지는 인생이 훨씬 더 단순했습니다. 당신이 일곱 살 또는 여덟 살이었을 때를 기억해 보세요. 이성 친구가 있었나요? 자전거를 타거나 놀이를 하면서 함께 어울려 노는 것이 아주 쉬웠습니다. 어른들이 손을 잡고 결혼한다는 것은 알고 있었지만 당신에게는 전혀 흥미로운 일이 아니었습니다. 징그러워 보이기까지 했습니다. "난 절대 남자애랑 키스 안 할 거야!"라며 친구들에게 맹세했고, "난 절대 여자애들 근처에서 바보처럼 행동하지 않을 거야."라고 친구들에게 약속했습니다.

그리고 나서 열 살과 열세 살 사이에 모든 청소년들을 황폐하게 만드는 전염병에 걸렸습니다. 바로 호르몬이죠! 갑자기 이성이, 특히 어떤 사람이 당신에게 매우 달라 보였습니다. 만일 당신이 소녀라면 더 이상 모든 남자애들이 같지가 않았습니다. 그중 몇 명은 아주 잘생겨 보였습니다. 학교 복도에서 그들을 보면 뭔가 이상한 느낌이 들었습니다. 그들 가까이에 서 있으면 심장이 빠르게 뛰기 시작했습니다. 어떤 특별한 남자애를 단지 생각만 해도 온몸에 소름이 끼쳤습니다. 그때는 그것을 잘 몰랐지만 처음으로 성적인 공명(sexual chemistry)을 경험하고 있었던 것입니다.

성적인 공명을 경험하면 친구로 생각했던 남자애가 당신을 녹여 버리는 누군가로 변하게 됩니다. 1년 전에는 생각해 보지도 않았던 한 여자애가 환상 속의 스타가 되어 매일 밤 잠을 설치게 만듭니다. 그리고 당신이 알고 있는 사람들이 두 부류로 뚜렷하게 나누어집니다. 당신이 매력을 느끼는 사람들과 그렇지 않은 사람들로 말입니다.

## 성적 공명이란 무엇인가

처음 누군가에 홀려 본 이후로 많은 시간이 지났지만, 성적으로 매력을 느낀다는 것은 그때나 지금이나 신비로운 과정입니다. 우선 그것을 정의하기가 어렵습니다. 그것을 느끼거나 느끼지 않을 뿐입니다. 혹시 이런 경험이 있었나요? 당신 친구가 당신에게 어울릴 것 같은 아주 멋진 남자가 있는데, 여자들이 원하는 모든 것을 갖추고 있다고 말했습니다. 그래서 그 사람을 만나는 것이 매우 흥분되었는데, 막상 만나고 보니 '전혀 느낌이 없다.' 고 생각했던 경험 말입니다. 혹은 당신과 전혀 공통점이 없고, 전혀 존경할 만한 사람도 아니며, 같이 인생을 보내고 싶지도 않은 사람인데 아주 강렬하게 끌렸던 적이 있었나요? 이 점이 성적인 매력을 이해하는 것이 매우 힘든 이유입니다. 잘못된 상황에서는 너무 많이 느끼는 반면, 옳은 상황인데도 충분히 느끼지 못할 때가 종종 있습니다.

관계가 진행되면서 성적인 공명은 자연스럽게 오르락내리락합니다. 관계가 더 가까워지면 성적인 교감은 더 커질 수 있습니다. 두 사람 사이에 감정적인 벽이 생기면 성적인 공명은 줄어들 수 있습니다.

성적인 교감은 관계를 우정과 구별할 수 있는 형태로
당신과 당신 파트너 사이에 존재해야 한다.

결국 당신이 친구들한테 느끼는 것과 파트너한테 느끼는 것 사이에 무슨 차이점이 있을까요? 무엇이 당신 파트너를 가장 친한 친구 이상으로 만드는 걸까요? 그 답은 바로 두 사람 사이에 존재하는 성적이고 에로틱한 결합에 있습니다. 그것은 성관계를 맺지 않은 사람과는 느끼기 어려운 매우 원초적이고 육체적인 방식으로 두 사람을 묶어 줍니다.

성적인 공명을 정의하는 한 가지 방법은 일종의 공명으로 정의하는 것입니다. 당신과 당신의 파트너는 함께 공명합니다. 사전에서는 공명을 '영향을 받고 있는 신체의 진동수와 거의 같은 진동수의 주기적인 힘이 적용되어 발생하는 강력한 신체적 진동'으로 정의하고 있습니다.

비록 이 용어가 소리의 특징을 묘사하는 데 자주 쓰이지만, 소리가 진동을 만들어 내는 원리는 사람에게도 적용될 수 있습니다. 간단하게 말해서, 특정한 진동수를 가진 무언가가 비슷한 진동수를 가진 '신체(이 경우에는 사람)'와 접촉했을 때 둘 사이에 발생되는 강력한 진동을 공명이라고 부릅니다. 우리는 이런 공명을 다양한 방식으로 경험합니다. 그중 하나가 성적으로 끌리는 것입니다. 확실히 그것은 강력한 진동처럼 느껴집니다! 그리고 그것이 바로 성적인 에너지인 것입니다.

## 왜 당신은 어떤 사람에게는 흥분이 되고 어떤 사람에게는 그렇지 않은가

두 사람 사이에 공명이 존재할 때 성적 공명이 일어난다면 처음 만났을 때 무엇 때문에 그것이 생기는 걸까요? 과학자와 사회학자들이 이런 신비롭고 눈에 보이지 않는 영역을 연구하기 시작한 것은 얼마 되지 않습니다. 당신이 냉소주의자건 쉽게 믿는 사람이건 간에 그것을 인식하지 못하면서 '진동'을 경험했을 겁니다. 처음 만난 사람이 뭔가를 말하려고 입을 열기도 전에 그 사람이 너무 좋다거나 너무 싫다고 느껴 본 적이 분명 있을 겁니다. 당신은 그 사람의 에너지를 포착하는 것입니다. 만일 상대방이 사랑, 연민, 용서로 가득한 사람이고 당신 또한 그렇다면 아마도 당신은 '좋은 진동'을 느낄 것입니다. 상대방 내면에는 분노, 비통과 같은 부정적인 것들이 많지만 당신은 그렇지 않다면 아마도 당신은 '나쁜 진동'을 느낄 것입니다. 그러나 당신 내면에 같은 종류의 감정을 가지고 있다면 당신은 공명할 것입니다.

어떤 사람들의 '진동'이 왜 당신을 흥분시키는지 이해하기 위해 소리의 비유로 되돌아가 보죠. 소리 역시 진동이지만 소리는 우리가 실제로 들을 수 있는 겉으로 드러나는 현상입니다. 모든 음악은 각각 다른 빈도로 진동합니다. 예를 들어, 클래식 음악은 헤비메탈 음악과는 다른 종류의 진동을 만들어 냅니다. 또는 폭발적인 베토벤의 심포니는 록음악보다도 더 강렬한 진동의 효과를 낼 수 있습니다. 이렇게 다른 종류의 음악을 들으면 몸 또한 다르게 느끼는데, 각각의 음악은 신경체계에 매우 다른 영향을 미칩니다. 당신은 당신의 신경체계가 공명하는 소리(혹은 음악)를 듣는 것입니다. 소리가 특정한 에너지를 발산하는 것처럼 사람들도 그렇습니다. 우리 각자는 몇 개의 다른 범주의 에너지 또는 진동을 가지고 있습니다.

✸ 당신의 신체적 진동은 음식, 담배, 약물 또는 알코올, 운동 혹은 섹스를 가지고 당신 몸에 하는 모든 것의 총합이다. 신체적 진동

은 강력한 정신적 또는 정서적 진동에 의해 영향을 받을 수 있다.
* 당신의 정신적인 진동은 당신의 모든 생각, 판단, 신념의 총합이다.
* 당신의 정서적인 진동은 정서적 프로그램을 포함한 과거와 현재 느낌들의 총합이다.
* 당신의 영적인 진동은 당신 자신과 주변 세계에 대한 평화로움, 영적인 철학의 총합이면서 다른 모든 진동들을 결합한 것을 반영한다.

당신은 진동 에너지가 비슷한 사람에게 공명(흥분)한다.

따라서 당신이 누군가에게 성적으로 끌릴 때는 아마도 두 사람 사이에 하나 또는 그 이상의 영역에서(신체적, 정신적, 정서적 혹은 영적으로) 진동이 매우 비슷하다는 것을 의미합니다. 그렇다고 반드시 두 사람이 잘 융화될 수 있다는 것을 의미하지는 않습니다.

육체적으로 끌린다는 것과 융화할 수 있다는 것은 다르다.

육체적으로 끌리는 것은 조화로운 관계를 위해 필요한 요소이긴 하지만 그것만으로는 충분치 않습니다. 서로 온전히 융화를 이루기 위해서는 정신적으로 정서적으로 그리고 영적으로 매력을 느껴야 합니다(10장 '융화: 당신에게 맞는 사람 찾기'를 보세요.). 그렇지 않으면 관계는 단순히 성적인 공명에 근거한 눈먼 욕정의 한 예에 불과합니다.

## 즉각적 매력 vs. 점진적 매력

적합한 파트너를 찾으면서 범하게 되는 가장 큰 실수 중 하나는 너무 서둘러서 상대방을 판단하는 것입니다. 당신이 누군가를 만났는데 즉각적으로 끌리지 않는다고 해서 그 사람을 더 잘 알았을 때에도 매력을 느끼지 못한다는 것을 의미하지는 않습니다. 서로의 생각과 감정을 나누다 보면 강렬한 정신적·정서적 공명을 느낄 수 있고, 이러한 공명이 성적인 공명을 불러일으킬 수 있습니다. 누군가에게 매력을 느낀다는 것은 그 사람의 외모뿐 아니라 그 사람이 어떤 사람이며 그 사람과 함께 있을 때 어떤 느낌인지에 영향을 받습니다. 이런 이유 때문에 점진적으로 느끼는 매력이 '첫눈에 반하는 욕정' 보다는 더 진정성이 있을 수 있습니다. 당신은 전인적인(whole) 사람에게 끌리는 것입니다.

저는 1장에서 즉각적으로 매력을 느끼는 사람을 찾는 제 나쁜 습관 때문에 하마터면 제 인생에서 가장 멋진 제프리와의 관계를 놓칠 뻔한 이야기를 했습니다. 제프리와는 2년 동안 알고 지냈지만, 그에게 끌린다고 생각해 본 적이 없었습니다. 그 사람의 외모와는 상관없습니다. 왜냐하면 아주 잘생겼으니까요. 그 사람은 과거에 제가 사귀었던 남자들과 아주 다른 유형이었기 때문에 그와 사랑에 빠질 수 있다는 가능성조차 생각해 보지 않았습니다. 그 사람의 내면세계가 어떠한가를 발견하고 강렬한 정서적, 정신적, 영적 공명을 발전시키면서 성적으로 끌린다는 느낌들이 생겨나기 시작했습니다.

돌이켜 보면 제가 왜 제프리에게 격렬하게 끌리지 않았는지 믿겨지지가 않습니다. 왜냐하면 지금은 그렇게 느끼니까요. 우리 각자의 에너지가 함께 어우러져서 만들어 내는 멋진 화음을 인식하고 이해하기 전에 충분한 공명을 만들 시간이 필요했던 것입니다. 관계가 꽃을 피울 기회를 갖기도 전에 판단하는 대신, 관계를 발전시킬 시간을 가졌다는 것에 진심으로 감사합니다.

가장 친한 친구와 사랑에 빠지는 것은 인생에서 가장 만족스러운 정서적 경험일 수 있습니다. 연구 결과에 따르면 남녀관계로 발전하기 전에 친구였던 사람들은 더 성공적이고 만족스러운 결혼생활을 합니다. 제 경험에 비추어 봐도 관계가 성장할 수 있는 기반이 되는 의사소통과 융화의 초석들이 견고하게 형성되기 때문에 이런 관계가 잘 될 수 있습니다. 만일 당신이 공명과 매력에만 기초해서 누군가를 사귄다면, 어느 날 잠에서 깨어났을 때 당신은 심지어 그 사람을 좋아하지도 않는다는 것을 발견할 수도 있습니다.

만일 당신이 '첫눈에 반하는 사랑'의 습관을 깨려고 노력하고 있다면 새로운 관계에서 좀 더 참을성을 갖고 진정한 매력이 드러날 수 있도록 기회를 주어야만 합니다. 그러나 이 점을 기억하기 바랍니다! 성적인 공명이 발전할 수 있도록 시간을 주라는 것이 어느 날 잠에서 깼을 때 갑자기 기적적으로 당신 파트너에게 매력을 느낄 것이라는 희망을 몇 달 혹은 몇 년 동안 간직한 채 열정 없는 관계에 계속 머무르라는 것을 의미하는 것은 아닙니다. 비록 두 사람이 5년 또는 10년 동안 친구로 알고 지내다가 갑자기 서로 사랑에 빠져 있었다는 것을 깨닫는 경우가 있기는 하지만, 더 흔한 경우는 진실을 직면하기가 두렵기 때문에 만족스럽지 못한 관계에 오래 머물러 있는 것입니다.

## 매력이 느껴지지 않는 사람을 사랑할 때

제가 흔히 듣는 가장 고통스러운 질문 중 하나는 애정관계에서 공명의 중요성에 관련된 것입니다.

"제가 정말 매력을 느끼지 않는 사람과 지속적으로 관계를 맺을 수 있을까요?"

보통 이런 질문을 하는 사람들은 달라졌으면 하고 바라는 관계에 있는 경우가 많습니다. 파트너에게 사랑을 느끼지만 성적으로는 끌리지 않습니다. 그렇다고 파트너와 헤어지고 싶은 것도 아닙니다. 그래서 성적 공명이 부족한 것을 합리화하려 하고 '괜찮다'고 생각합니다.

이런 질문에 대한 제 솔직한 반응은 다음과 같습니다. "아니요, 저는 끌리지 않는 사람과 건강하고 지속적이며 낭만적인 관계를 갖는다는 것이 불가능하다고 생각합니다." 적어도 성적인 부분을 삶의 한 부분으로 포함시키고 싶은 사람들에게는 불가능한 일입니다.

만일 두 사람이 나이가 많아서 더 이상 성에 관심이 없는 경우라면 두 사람이 행복하게 살아가기 위한 기초로서 강한 우정 이상의 것이 필요치 않을 겁니다. 하지만 나이가 70세 혹은 그 이상 된 분들이 왕성하고 만족스러운 성생활을 즐기지 못할 이유 또한 없습니다. 따라서 이 예를 들고 싶지는 않습니다. 게다가 매력을 느끼지 못하는 사랑에 관해 저에게 질문하는 사람들은 대부분 20대, 30대, 40대의 남녀들입니다.

당신이 성적으로 끌리지 않는 파트너를 사귀는 데는 다음과 같은 몇 가지 이유가 있습니다.

1. 진정으로 친밀해지는 것을 회피하고 있다.

성적 결합은 커플을 매우 특별한 방식으로 결속시켜 줍니다. 당신이 여자라면 당신 몸 안에 누군가를 들이는 것보다, 또는 당신이 남자라면 다른 누군가의 몸 안으로 당신 자신의 한 부분을 넣는 것보다 더 친밀한 행위는 없습니다. 성관계를 맺을 때 당신과 당신 파트너 사이에는 어마어마한 친밀감이 형성됩니다. 그러나 매력을 느끼지 않는 사람과 사귀면서 성관계를 피하고 있는 것은 사실은 무의식적으로 친밀해지는 것을 피하고 있는 것일지도 모릅니다. 성관계를 갖지 않음으로써 상처 입기 쉬운 상태로 빠지는 것을 막고 있는 것입니다. 공명을 느끼지 못하는 파트너를 선택하는 경향이 당신에게 있다면 더더욱 이것이 사실입니다.

2. 성관계를 피하고 있다.

어떤 사람들은 끌리지 않는 사람을 선택함으로써 친밀해지는 것을 피할 뿐 아니라 성관계 자체를 피합니다. 만일 당신이 어떤 식으로든 성희롱이나 학대를 경험했다면, 강간당한 적이 있다면, 예전 파트너들에 의해 성적으로 통제당했다면, 부정적인 성적 프로그램을 가지고 자랐다면, 의식적으로 당신은 성적으로 흥분을 느끼지 못하는 사람과 사랑에 빠질 수 있습니다. 이런 식으로 성관계를 피하는 것입니다. 그러나 당신은 자신에게 이와 같은 성적인 문제가 있다는 것을 모를 수도 있습니다. 오히려 계속해서 성적으로 매력을 느끼지 못하는 사람을 사귄다는 사실을 슬퍼할 수도 있습니다. 만일 성적 공명이 부족하다는 문제가 반복적으로 나타난다면 당신의 성적인 부분을 치유할 필요가 있습니다.

3. 통제하는 위치에 서고 싶은 겁니다.

당신이 누군가에게 성적으로 매력을 느낀다면 어떤 면에서는 그 사람에게 당신에 대한 통제권을 넘겨 주는 것입니다. 이것은 마치 '난 당신에게 강하게 끌려서 당신 앞에서는 통제력을 잃고 싶게 만들어요.' 라고 말하는 것과 같습니다. 모든 상황을 통제하려고 하는 사람, 또는 누군가에게 통제당하는 것을 두려워하는 사람들은 자신이 '안전' 한 것을 유지하기 위해 성적으로 전혀 매력을 느끼지 못하는 사람을 파트너로 선택할 수 있습니다. 성적으로 상대방에게 강하게 끌리지 않기 때문에 일정한 정서적 거리를 유지할 수 있고, 관계에서 당신이 더 많은 힘을 지니고 있다는 환상을 갖게 되는 것입니다.

## 어떻게 우리는 성적 불만족을 덮어두는가

세미나에서 고통스러운 표정으로 저에게 다가와 성적으로 남편에게 매력을 느끼는 것이 중요하냐고 질문했던 한 여성을 잊을 수가 없습니다. 그것은 매우 중요한 것이라고 생각한다고 말하자 놀라운 일이 벌어졌습니다. 제 앞에서 표정이 바뀌면서, 그녀는 경직된 미소를 지으며 저를 쳐다보았습니다. 그러고는 "글쎄요, 난 섹스가 과대평가된 것 같네요. 단지 성적인 것 말고도 누군가를 심오하게 사랑하는 방법은 많으니까요." 라고 큰 소리로 말했습니다. 저는 그녀가 걸어나가는 것을 보면서 슬픈 생각이 들었습니다. 그녀가 6년 동안 남편과 섹스를 하지 않았다는 사실을 그녀의 가장 친한 친구에게 들었을 때는 더욱 슬퍼졌습니다. 다른 많은 사람들처럼, 그녀는 성적으로 행복하지 않았던 것입니다. 합리화와 변명으로 그 사실을 덮어 두었던 것이지요.

**성적인 변명 체크리스트**

다음은 파트너에게 성적으로 매력을 느끼지 않고 이런 상황을 다루고 싶어 하지 않는 사람들에게서 공통적으로 듣는 변명입니다. 이 중 당신과 관련된 것이 얼마나 많은지 살펴보세요.

1. 우리는 다른 부부들과 크게 다르지 않습니다.

   ＊ "대부분의 부부들은 나이를 먹어감에 따라 결국 성관계를 갖는 횟수가 점점 줄어듭니다. 그러니까 지금 우리 부부가 그렇게 성적으로 왕성하지 않다 하더라도 큰 문제가 아니라고 생각해요. 제 말은 신혼이 영원토록 계속되지 않는다는 거죠. 맞죠?"

   우리가 만족스럽지 않은 것을 정당화하기 위한 한 가지 방법은 만족스럽지 않은 다른 사람들을 찾아서 그것을 우리가 이상하지 않다는 증거로 사용하는 것입니다. 이런 변명은 마치 '많은 사람들이 암에 걸린다. 따라서 내가 암에 걸리는 게 전혀 문제가 아니다.'라고 스스로에게 말하는 것만큼이나 우스꽝스러운 것입니다.

2. 그 사람은 정말 좋은 사람인데 섹스가 무슨 상관입니까?

   ＊ "예전 남자친구에게 매우 끌렸지만, 그 관계는 정말 악몽이었어

요. 항상 거짓말을 했고 저를 매우 불안하게 만들었어요. 하지만 새 남자친구는 정반대예요. 아주 다정하고 예의바르며 정말로 제 감정을 배려해 줘요. 마침내 좋은 사람을 찾은 느낌입니다. 제가 그 사람에게 성적으로 끌리지 않는다 해도 우리 관계의 좋은 점들이 그걸 메워 줄 겁니다."

이 여성은 양 극단을 오가고 있습니다. 과거엔 '맹목적인 욕정'을 기초로 관계를 선택했지만, 그것이 잘 되지 않자 정반대의 방침을 택해서 끌리지 않는 사람을 선택하고 이로 인해 자신이 행복해질 거라고 가정하고 있는 것입니다. 그녀가 보지 못하고 있는 것은 이전 관계가 고통으로 끝났던 이유가 성적인 매력 때문이 아니라 상대방과 다른 부분에서 융화가 부족했기 때문이라는 사실입니다.

3. 제가 섹스를 원치 않는다는 것이 아니라 단지 우리에게 그럴 시간이 없다는 거예요.

✽ "케빈과 제가 처음 만났을 때는 우리 모두 공부하느라 너무 바빴고, 그래서 우리는 섹스하면서 보낼 시간이 없었어요. 결혼 후에는 제가 짐을 싸고 새로운 도시로 이사하는 것을 책임졌기 때문에 거기에 많은 에너지를 썼죠. 그러고 나서 제가 곧 임신을 했고, 많이 아팠으며, 아이를 낳고 나서는 정말 섹스하고 싶은 기분이 아니었어요. 케빈을 사랑하지만, 우리가 섹스를 하려고 하면 늘 뭔가가 방해하는 것 같았어요."

이 여성은 남편에게 매력을 느끼지 못하는 것이 문제가 아니라, 시간이 부족한 것이 문제라고 확신하고 있습니다. 좀처럼 하지 않는 섹스를 어쩌다 하게 되었을 때 과연 그것을 즐기는지 그녀에게 물어본다면 그렇지 않다고 인정할 수밖에 없을 겁니다. 진짜 문제를 덮어 두기 위해 일과 자녀들을 변명으로 삼고 있는 겁니다. 그녀는 남편에게 매력을 느끼지 못합니다. 섹스할 시간이 없는 것처럼 보이는 커플들은 사실 자신의 관계에 성적인 문제가 있다는 것을 회피하고 있는 것입니다.

4. 전 섹스에 그다지 관심이 없는데요!

✻ "단지 최근에 섹스를 하고 싶지가 않았어요. 그뿐이에요. 제가 10킬로그램이나 살이 쪘고, 일 때문에 스트레스를 많이 받아서 섹스하고 싶은 마음이 전혀 안 들었어요. 그래서 남편과 제가 지금 성관계를 하지 않는다는 것이 크게 신경 쓰이지 않네요. 사실 섹스하지 않는 게 더 좋습니다."

이것은 가장 순수한 형태의 부인(denial)입니다. 당신에게는 섹스가 중요하지 않고, 따라서 파트너에게 성적으로 끌릴 필요가 없다고 생각하는 겁니다. 진실은 이 여성에게 깊은 성적인 문제들이 있는데, 남편과 섹스 없는 관계를 유지하면서 이 문제를 회피하고 있다는 것입니다.

5. 제 아내는 정말로 좋은 아내이자 엄마이고 가족을 잘 부양하는 사람입니다.

✻ "제 아내는 아이들에게는 사랑스러운 엄마이고, 저한테도 든든한 지원자입니다. 이보다 더 좋은 것을 바랄 수는 없을 것 같습니다. 물론 제 아내에게 성적으로 매력을 느끼지 않는다는 사실을 인정합니다. 하지만 이대로 살아갈 수 있다고 생각해요."

✻ "그 사람과 저는 가장 좋은 친구 같아요. 그는 너무나 좋은 지원자

이고 제가 멋진 생활을 할 수 있게 해 주죠. 우리의 성생활은 거의 존재하지 않아요. 그렇다고 성적으로 끌리는 사람을 찾기 위해 이 모든 것을 포기해야 한다면 저는 아마도 미쳐 버릴 거예요."

이 두 사람은 그들 자신에게 정직하지 못할 뿐더러 배우자마저도 속이고 있습니다. 만족하지 않은 상태에서 세상 사람들에게 '좋게 보이는' 결혼생활에 안주하고 있는 겁니다. 자신의 문제를 다루려고 하기보다는 그 문제를 생각하지 말자고 스스로를 설득하고 있는 것입니다. 이 남성과 여성은 외도를 할 만큼 무르익은 상황에 놓여 있습니다.

앞에 제시한 변명들이 익숙하게 들린다면, 지금이 바로 스스로에게 거짓말하는 것을 멈추고 이 문제에 관심을 가져야 할 때입니다.

## 상대방에게 느끼는 성적 매력이 부족하다는 사실을 무시하면 관계가 어떻게 파괴되는가

두 사람 사이에 성적 공명이 부족하다는 사실을 무시하는 것은 또 다른 융화의 시한폭탄을 갖고 있는 것입니다. 그것은 결국 두 사람에게 엄청난 고통을 안겨 줄 겁니다.

* 당신은 어느 누구와도 결합할 수 없는 방식으로 당신 파트너와 결합할 수 있는데 그 기회를 놓칠 겁니다.
* 계속해서 상대방을 거절함으로써 상대방에게 상처를 주게 될 겁니다.
* 당신이 성적으로 외도할 가능성이 많습니다.

이 중 세 번째 위험이 가장 파괴적입니다. 파트너에게 성적으로 매력을 느끼지 않는다는 사실을 무시하면서 이 문제가 그다지 중요한 문제가 아니라고 스스로를 위로하다가, 6개월, 5년 혹은 20년 후에 다른 누군가에게 성적으로 강하게 끌리는 사람들을 많이 봐왔습니다. 심지어는 복잡한 애정행각에 빠지는 사람들도 보았습니다.

> 만일 당신이 끌리지 않는 사람과 관계를 유지하고 있다면,
> 이는 결국 바람을 피우게 되는 상황을 스스로 만들고 있는 것이다.

다음은 이와 같은 문제를 가지고 있는 어느 부부의 이야기입니다.

### 칼로스가 어떻게 처제와 자게 되었나

칼로스와 그의 아내 웬디는 그들의 황폐한 결혼을 구해 보고자 제 세미나에 참석했습니다. 웬디는 자신을 속인 칼로스를 용서하고 싶지만, 상황 때문에 그렇게 할 수 있을지 모르겠다고 말했습니다. 전 그녀에게 그 이유가 무엇인지 물었고 그녀는 "내 남편은 단순히 외도를 한 게 아니라 내 여동생과 외도를 했어요."라고 말했습니다.

다음날 아침 칼로스는 제게 와서 다음과 같이 말했습니다. "인정하기가 부끄럽지만 웬디가 하는 말이 모두 사실입니다. 처제인 스테이시랑 6주간 외도를 했어요. 저 역시 이해할 수가 없습니다. 제가 어떻게 그런 끔찍한 일을 할 수 있었을까요?"

저는 그에게 이해할 수 없는 부분이 무엇인지 깊이 탐색해 보라고 권했습니다. 다음날 다시 찾아온 칼로스의 눈에 눈물이 고인 것을 보

고 뭔가 획기적인 진전이 있었다는 것을 알 수 있었습니다.

"이제 좀 알 것 같아요. 인정하고 싶지 않았지만, 사실 전 웬디에게 성적으로 매력을 느껴 본 적이 한 번도 없었어요. 좋은 친구에 더 가깝죠. 그녀는 저한테 돈이 얼마나 있다거나, 제가 그녀에게 해 줄 수 있는 것이 얼마 만큼이어서가 아니라 제 모습 그대로 사랑해 준 첫 번째 여자였어요. 제가 사귀었던 다른 여자들과는 달리, 제가 수도관 수리공이라는 것도, 그럴듯한 직업을 갖지 않은 것도 신경쓰지 않았어요. 한 여자에게 온전히 받아들여진다는 느낌이 너무 좋았기 때문에 우리의 성생활에 대해서는 그렇게 신경 쓰지 않았던 것 같아요. 제가 웬디를 많이 사랑했다고 생각했지만 이제 와서 돌이켜 보면 전 처음부터 그녀와 성관계를 갖는 것을 피했어요. 그때는 나이가 들어가니까 성적인 욕구가 감소하는 것이 아닐까 생각했는데, 욕구가 사라지지는 않았어요. 더욱이 그녀에 대해 느끼는 신체적인 매력은 전혀 나아지질 않았죠."

"부인이 그것에 대해 의심하지 않았었나요?" 저는 칼로스에게 물었습니다.

"솔직히 전 그녀가 처음에는 안심했던 것으로 생각해요. 웬디는 성경험이 많지 않았고, 따라서 제가 성적인 것에 관심이 부족한 것이 오히려 그녀에게 부담을 덜 주었죠. 결혼해서 몇 년이 지나면서 그녀가 그것에 대해 질문하기 시작했고, 전 일이나 다른 것들로 변명했어요. 사실 전 성에 대해 관심이 아주 많았지만 웬디에 대해서는 그렇지 않았어요."

"처제인 스테이시가 캘리포니아로 이사를 왔고 한 달 동안 우리와 함께 지냈는데, 우리 둘 사이에 강한 에너지가 느껴졌어요. 박사님,

전 도망치고 싶었어요. 왜냐하면 웬디에게 느꼈어야 할 모든 매력을 스테이시한테서 느꼈거든요. 스테이시가 이사를 가면서 상황이 나아졌지만, 작년에 웬디가 출장차 집에 없을 때 스테이시에게 집에 와서 제 저녁상을 차려 주라고 부탁했지요. 전 스테이시와 단 둘이 있을 때 어떤 일이 벌어질지 저 자신을 믿을 수가 없어서 괜찮다고 말했지만 웬디가 고집을 피웠어요. 마치 전 불이 붙은 마른 장작 같았어요. 자연스럽게 둘 사이에 불이 붙었어요. 그 일이 있고 난 후 둘 다 두려워졌고 다시는 그러지 않기로 맹세했죠. 하지만 그 열정이 너무 강렬했어요. 아내를 배신한 것이 정말 잘못한 일이라는 건 알지만 좋은 성생활을 원하는 것이 잘못인가요? 노력을 해 왔지만 전 더 이상 그런 열정 없이는 살 수 없을 것 같아요."

칼로스가 옳았습니다. 그의 외도는 가족 전체에게 엄청나게 파괴적인 영향을 미쳤지만 한 가지 긍정적인 결과를 낳았습니다. 칼로스는 더 이상 부인하지 않았습니다. 그는 자신의 외도로 말미암아 그렇게 오랫동안 스스로에게 비밀로 간직해 온 성적인 좌절에 직면한 것입니다. 그와 웬디는 함께 치유할 시간을 많이 가졌지만, 결국 이혼하기로 합의했습니다. 성적인 융화가 없었기 때문에 관계가 더 이상 좋아질 수 없었던 것입니다.

### 당신은 성적 공명을 만들어 낼 수 없다

처음부터 파트너에게 성적으로 끌리지 않았다면 시간이 지나도 그런 감정이 생기지 않을 가능성이 높다.

커플에게 말하기 가장 힘든 것 중 하나는 그 관계에 충분한 융화가 존재하지 않는다고 이야기하는 것입니다. 그들은 종종 어떤 기적 같은 일이 일어나서 그들의 관계가 끝났다는 사실을 직면하지 않게 되기를 희망하면서 저를 찾아옵니다(당신의 관계가 지속될 수 있을지 아닐지를 아는 방법에 대해서는 나중에 이야기하겠습니다.).

만일 당신과 당신 파트너가 한때 성적으로 서로에게 매우 끌린 적이 있었지만 시간이 지나면서 그런 열정이 사라졌다면 정서적 치유를 통해 그 열정을 되살릴 수 있습니다. 이것이 바로 제가 세미나를 통해 사람들을 도와주는 부분이기 때문에 잘 압니다. 그렇지만 당신이 전혀 성적인 공명을 느껴 본 적이 없고 같이 지냈어도 여전히 느낄 수가 없다면 아마도 앞으로도 느끼지 못할 겁니다. (주의할 점은 당신이 한 번도 다른 사람에게 성적으로 끌린 적이 없다면 당신은 자신에게 성적인 문제가 있는지 의심해 봐야 한다는 것입니다. 전문적인 도움을 통해 당신은 자신을 치유해 가면서 천천히 파트너에 대한 성적인 느낌들을 발견할 수 있을 겁니다.)

만일 제가 사람들이 서로에게 끌리는 공식을 알고 있다면, 저는 아마 억만장자가 될 겁니다. 사람들은 성적 공명을 만들어 내는 특효약이 있다면 어떤 것도 지불할 수 있을 테니까요. 제가 저술한 책, 세미나, 테이프를 통해서 성적인 매력을 잃어버린 커플을 도울 수 있다고 확신하지만, 전혀 느껴 본 적이 없는 커플은 도울 수가 없습니다. 이것이 바로 누군가와 진지하게 교제하기 전에 두 사람 사이에 성적 공명이 존재하는지를 확인해야 하는 이유입니다.

## 당신 파트너에게 성적 공명이 충분히 느껴지는지 어떻게 알 수 있나

다음에 제시된 퀴즈는 당신이 당신 파트너에게 성적으로 얼마나 매력을 느끼는지 판단할 수 있게 도와줍니다. 이 퀴즈는 당신의 성생활이 얼마나 만족스러운지를 평가하지는 않습니다. 왜냐하면 당신 파트너의 성적인 매력에 대해 당신이 어떻게 느끼는지를 측정할 뿐, 애인으로서의 그의 능력이나 성관계를 맺는 횟수를 측정하는 것이 아니기 때문입니다.

❋ 이 퀴즈를 당신의 현재 파트너에게 적용해서 사용할 수 있습니다.
❋ 이 퀴즈를 당신의 예전 파트너들에게 적용해서 사용할 수 있습니다(과거에 그들에 대해 어떻게 느꼈는지를 기초로).
❋ 당신 파트너에게 당신과 함께 이 퀴즈를 풀어 보라고 권해 보세요.

이 주제에 대해 솔직해지는 것이 두렵다는 것을 잘 알고 있습니다. 하지만 피하지 마세요. 당신이 관계에 대해 더 많이 이해할수록 상처받지 않을 가능성은 그만큼 높아집니다. 그러니까 솔직하게 답하세요.

### 당신의 성적 공명 지수는?

각각의 문장을 읽고 그것이 당신의 느낌을 얼마나 정확하게 묘사하는지 스스로에게 질문해 보세요.

거의 항상 느낀다면 ─────────── 4점

자주 느낀다면 ——————————— 3점
가끔 느낀다면 ——————————— 2점
이따금씩 느낀다면 —————————— 1점
좀처럼 느끼지 않거나 전혀 느끼지 않는다면 —— 0점

1. 난 내 파트너가 옷 입는 방식을 좋아한다.
2. 난 내 파트너가 벗은 모습을 좋아한다.
3. 난 내 파트너의 피부 감촉을 좋아한다.
4. 난 내 파트너의 냄새를 좋아한다.
5. 난 내 파트너에게서 느껴지는 맛을 좋아한다.
6. 난 내 파트너가 날 안아 주는 방식을 좋아한다.
7. 난 내 파트너가 키스하는 방식을 좋아한다.
8. 난 내 파트너가 성관계를 하지 않을 때 날 만지는 방식을 좋아한다.
9. 난 내 파트너가 나와 성관계를 가질 때 날 만지는 방식을 좋아한다.
10. 난 내 파트너와 성관계를 맺는 것을 매우 기다리고 있다.
11. 내 파트너와 성관계를 갖는 것을 생각하면 신체적으로 흥분한다.
12. 내 파트너가 몸을 나에게 갖다 대면 나는 성적으로 흥분한다.
13. 잠시 동안 파트너와 성관계를 갖지 않으면 그것이 그립다.
14. 내 파트너가 자신의 몸을 움직이는 모습을 좋아한다.
15. 난 내 파트너가 섹시하다고 생각한다.

이제 각 항목에 대한 점수를 합해 보세요.

### 50~60점 | 당신 파트너는 당신을 성적으로 매우 흥분시킵니다!

당신은 당신 파트너에게 성적으로 매우 끌리며, 당신을 흥분시키기 위해 그 사람이 많은 것을 하지 않아도 됩니다. 관계에서 다른 부분이 융화될 수 있는지 확인해 보세요. 성적 공명이 너무 강하기 때문에 균형이 잘 잡히지 않는다면 당신은 눈먼 욕정의 희생자가 될 수 있습니다. 좀 더 낮은 점수를 받은 문제들에 관심을 갖고 파트너와 의논해 보세요.

**36~49점** | 당신은 기본적으로 파트너에게 매력을 느끼지만, 성적으로 상대방과 즐길 수 있는 능력을 방해하는 다른 문제들이 있습니다.

공명에는 문제가 없습니다. 많은 공명이 존재합니다. 하지만 당신에게 정서적인 분노가 내재되어 있어서 성적으로 가까워지는 것에 영향을 미치고 있을지도 모릅니다. 혹은 당신 파트너의 성적인 테크닉에 완전히 만족하지 못하는 것일 수도 있고, 당신에게 성적인 문제들이 있어서 완전히 관계를 즐기는 것을 방해하고 있는 것일 수도 있습니다. 이러한 문제들에 대해 생각해 보고, 문제가 되는 부분들을 당신 파트너와 솔직하게 이야기해 보세요.

**21~35점** | 인정하고 싶지 않겠지만, 당신은 당신 파트너에게 성적으로 매력을 느끼지 않습니다.

과거에도 전혀 끌리지 않았을 수도 있고, 두 사람 사이의 어떤 문제들로 인해 완전히 흥미를 잃어버렸을 수도 있습니다. 왜 이 관계에 머물러 있는지 스스로에게 물어보세요. 그것이 편한가요? 더 잘할 수 없을까 봐 두려운가요? 당신은 당신 파트너나 자녀들을 보호하고 있습니까? 당신은 이 사람과 성적으로 행복하지 않습니다. 전문가에게 도움을 청해서 잃어버린 정열을 찾을 수 있도록 노력하거나 그 관계에서 빠져나오세요.

**0~20점** | 당신은 파트너에게 완전히 흥미를 잃었습니다!

도대체 그 사람과 무엇을 하고 있는 겁니까? 당신은 육체적으로 혐오감을 느끼거나 아무것도 느끼지 못하면서 시간을 허비하고 있습니다. 가능한 한 당신 파트너를 피하고 있는 중입니다. 당신은 자존감이 너무나 낮아서 이런 식의 대접을 받아야 한다고 생각하고 있을 수도 있고, 과거에 입은 심리적인 상처로 인해 성적으로 심각한 문제를 가지고 있을 수도 있습니다. 당신은 지금보다 더 행복할 자격이 있습니다. 스스로에게 거짓말하는 것을 멈추고 이 관계를 끝내세요.

이 퀴즈가 당신의 전반적인 융화를 테스트하는 것이 아니라는 점을 기억하세요. 단지 당신 파트너에게 성적으로 얼마나 매력을 느끼는지 알아보는 것입니다. 그러므로 이 테스트에서 매우 높은 점수를 받았다 하더라도(50~60점) 전반적으로 관계가 좋지 않을 수 있습니다.

이 테스트에서 중간 정도의 점수를 받았다 하더라도(36~49점), 성적으로 그리고 정서적으로 몇 가지 문제들을 가지고 있지만 여전히 튼튼한 관계를 맺을 수 있습니다.

이 테스트에서 매우 낮은 점수(0~35점)를 받았다면, 이 장에서 제시한 내용들을 신중하게 생각해 보세요. 아마도 당신은 파트너에게 충분히 끌리지 않아서 성적으로나 낭만적으로 만족스럽지 못한 관계를 맺고 있을지 모릅니다. 더 이상 기다리는 것을 중단하고 당신의 욕구에 집중하세요. 사랑은 이런 식으로 느끼는 것이 아닙니다.

## 당신과 당신 파트너가 성적으로 융화될 수 없을 때

제가 성적 공명이 성적 융화와 같지 않다고 설명한 것을 기억하세요? 상대방에게 성적인 공명을 많이 느끼지만 상대방과 성적으로 융화되지 못할 수 있습니다. 성적으로 융화되기 힘든 상황은 다음과 같습니다.

성적으로 융화될 수 없는 이유

1. 당신과 당신 파트너는 신체적으로 잘 맞지 않는다.
2. 당신과 당신 파트너는 성적인 요구 빈도가 다르다.
3. 당신과 당신 파트너는 성적 스타일이 다르다.
4. 당신 혹은 당신 파트너는 성적으로 중독되어 있거나 기능하지 못한다.

1. 당신과 당신 파트너는 신체적으로 잘 맞지 않는다.

한 번도 이런 일이 당신에게 일어난 적이 없었다면 그냥 재미있게 들릴 겁니다. 하지만 이런 일이 당신에게 일어났다면 웃을 일이 아닐 겁니다. 어떤 사람의 신체는 다른 사람들보다 더 잘 맞을 수 있고, 어떤 사람의 신체는 전혀 맞지 않을 수 있습니다. 전 두 사람이 신체적으로 융화하기 어려워서 관계가 잘 진행되지 않는다고 불평하는 남녀들에게서 가슴 아픈 편지를 자주 받습니다. 여자들은 남자의 성기가 너무 커서 질 안에 넣기가 편치 않다거나, 너무 작아서 삽입 시 아무것도 느낄 수 없다고 고백합니다. 남자들은 여자의 질이 너무 작아서 참을 수 없이 고통스럽다거나, 질이 너무 커서 삽입할 때 길을 잃은 것 같은 느낌이 든다고 말합니다. 이렇게 잘 맞지 않는 연인들은 결국 신체적으로 융화하기 어렵기 때문에 섹스를 두려워하고 관계에서 엄청난 긴장을 느끼게 됩니다.

만일 신체적 차이가 극단적으로 심각하지 않다면 커플은 문제를 경감시키기 위해 서로의 성행위를 조절하려고 노력할 수 있습니다. 그러나 신체적 차이가 극단적이라면 성적인 만족을 느끼는 것은 힘들어질 것입니다.

이런 상황은 결혼한 후에 성관계를 맺겠다고 결정한 커플에게 더 복잡한 문제가 됩니다. 최근 한 여성이 저에게 슬픈 이야기를 했습니다. 그녀는 남편과 결혼한 지 32년이 되었는데 거의 섹스를 하지 못했다고 합니다. 그녀는 결혼하기 전까지 처녀로 남기로 결정했는데, 결혼 첫날 밤 남편의 성기가 너무 크다는 것을 발견하게 되었고, 성관계를 맺는 것이 끔찍할 정도의 고통과 상처를 주었습니다. 여러 의사들을 만나 봤지만 어느 누구도 이 부부에게 닥친 당황스러운 난관을 해결해 주지 못했습니다. 그녀가 남편과의 성관계를 거부했기 때문에 결국 결혼한 지 5년이 되었을 때 남편은 외도를 하기 시작했습니다. 그녀는 이 사실을 알았지만 상황 때문에 참을 수밖에 없었습니다. 이 부부는 30년 동안 성적으로 융화되지 않은 채로 살다가 마침내 이혼하기로 결정했습니다.

"전 가톨릭 신자입니다. 기다리라고 배웠죠." 눈에 눈물이 고인 채로 그녀가 청중에게 말했습니다. "하지만 제가 저지른 똑같은 실수를 범하시면 안 됩니다. 결혼하기 전에 당신과 당신 파트너가 신체적으로 잘 맞는지 확인해야 합니다."

미혼인 사람들이 성적으로 어떤 결정을 내려야 한다고 말할 수는 없지만, 이 불행한 여성처럼 저 역시 서로가 성적으로 어떤지 전혀 알지 못한 채 결혼하는 사람들을 보면 걱정이 됩니다. 결혼 전까지 동정을 지킬 계획이라면 적어도 첫날 밤 성적 장애물을 피하기 위해서라도 당신 파트너와 신체적 융화에 관해 솔직하게 의논하기 바랍니다.

2. 당신과 당신 파트너는 성적인 요구 빈도가 다르다.

- "난 일주일에 여러 번 성관계를 갖고 싶어요. 하지만 아내는 한 달에 몇 번 성관계를 원할 뿐입니다. 이 문제로 늘 다투고 관계가 나빠지고 있어요. 어떻게 해야 하죠?"
- "제 남자친구는 적어도 하루에 한 번 섹스하길 원하고, 주말에는 하루에도 몇 번씩 하고 싶어 해요. 우리가 처음 만났을 때는 저한테 성적으로 흥분했다는 생각이 들어서 기분이 좋았는데 이제는 섹스가 두려워요. 싫을 정도예요. 우리를 도와주실 수 있나요?"

✱ "제 남편은 몇 달 동안 성관계를 하지 않고서도 지낼 수 있지만, 전 계속 성적으로 흥분된 상태로 지냅니다. 제가 늘 그것을 원하는 것은 아니지만 자주 했으면 좋겠어요. 섹스에 대해 남편과 이야기를 하면 그 사람은 섹스가 그다지 중요하지 않다고 말합니다. 하지만 저한테는 중요하거든요. 단지 우리가 잘 맞지 않는 건가요?"

이런 커플들에게는 한 가지 공통점이 있습니다. 그것은 성관계를 요구하는 빈도에 차이가 있기 때문에 성적인 융화가 위협받고 있는 것입니다. 누구의 성적인 리듬은 옳고 누구의 성적인 리듬은 잘못되었다는 것이 아닙니다. 다만 두 사람 사이에 갈등이 생길 만큼 두 사람이 다르다는 것입니다.

어떤 두 사람도 정확하게 같지 않은 것처럼, 성적 접촉에 대한 욕망이 두 사람 간에 늘 일치하지 않는 것은 당연한 일입니다. 당신이 하고 싶은 밤에는 그가 일에 지쳐 있을 수 있고, 그가 발기한 아침에는 당신이 다리에 쥐가 나서 깰 수 있습니다. 당신과 파트너가 성적으로 어긋나는 이런 순간들은 장기간의 관계에서는 정상적인 부분입니다. 그러나 두 사람의 성적 리듬이 너무나 달라서 서로가 어긋나는 일이 거의 매번 일어난다면 문제가 발생합니다.

좋은 소식은 많은 경우 당신과 당신 파트너가 전문적인 도움과 솔직한 대화를 통해 이 위기를 극복할 수 있다는 것입니다. 아마도 매일 섹스를 원하는 남자는 아내와 성관계를 하기 위해서가 아니라 긴장을 해소하기 위한 방편으로 섹스를 이용하고 있는 것일 수 있습니다. 일상생활에서 운동이나 명상과 같은 다른 방법을 통해 스트레스를 줄이거나, 갈등을 회피하기보다는 직접 다루면서 지속적으로 섹스하고 싶은 욕구를 상쇄할 수 있을 것입니다. 한 달에 두 번만 섹스를 하고 싶어 하는 여성은 파트너와 친밀해지는 것을 피하고 있는 것일 수도 있습니다. 아마도 그가 성관계를 맺는 방식을 그녀가 좋아하지 않을 수도 있고, 섹스에 관심을 잃어버리게 만든 성과 관련된 과거의 문제가 있을지도 모릅니다. 또는 자신의 신체와 성에 대해 좋지 않은 생각을 지니고 있어서 그 부분에 대해 무감각해졌을 수도 있습니다.

섹스를 원하건, 원치 않건 다 이유가 있습니다. 상대방과 함께 그 이유를 탐색해 보고 당신의 느낌을 공유한다면, 두 사람 모두를 행복하게 할 수 있는 성관계 횟수의 공통 분모를 찾을 수 있을 겁니다. 그러나 당신 파트너가 '이것은 내 방식이다.' 라고 고집하면서 타협이나 대화에 전혀 관심을 보이지 않는다면, 성관계 횟수로 인한 갈등 때문에 두 사람이 서로 융화될 수 없다는 사실을 직면해야만 합니다.

3. 당신과 당신 파트너는 성적 스타일이 다르다.

우리 각자는 성격의 많은 측면을 반영하는 성적 스타일을 지니고 있습니다. 당신은 매우 낭만적이거나, 매우 급하거나, 모든 걸 자기식대로 해야만 하는 사람이거나, 아주 예민한 사람일지도 모릅니다.

### 당신의 성적 스타일이 반영하는 것
- 당신의 과거 성경험
- 당신이 성에 대해 지닌 정서적 프로그램

- 당신의 신체에 대한 편안함 또는 불편함의 수준
- 당신의 자신감 수준
- 당신의 정서적 개방성 또는 두려움의 수준
- 당신의 친밀감에 대한 태도
- 당신이 얼마나 사랑하고 즐길 자격이 있다고 생각하는지
- 당신이 성에 대해 얼마나 많이 아는지 또는 모르는지

또한 한 사람의 성적 스타일은 그 사람이 감정적으로, 정신적으로 그리고 영적으로 변화함에 따라 변할 수 있고 또 변합니다.

> 당신의 성적 스타일이 당신 파트너의 성적 스타일과
> 비슷할수록 성적으로 더 융화될 수 있다.
> 반대로 당신의 성적 스타일이 파트너와 많이 다를수록
> 성적으로 융화될 가능성이 낮다.

다른 사람의 성적 스타일을 어떻게 알 수 있을까요? 이것을 아는 유일한 방법은 그 사람과 성관계를 갖는 것입니다. 성관계를 갖게 되면 모든 것을 알게 될 겁니다! 그것을 좋아하거나 싫어하거나, 혹은 어떤 부분은 좋아하고 어떤 부분은 그렇지 않을 것입니다. 그리고 당신 파트너도 당신의 성적 스타일에 대해 그 나름의 의견을 갖게 될 것입니다.

- 좋은 관계에서는 당신과 당신 파트너가 각자의 가장 좋은 부분을 통합해서 성적 스타일을 만들어 냅니다_ 예를 들어, 앨런이 빅토리아를 만났을 때 그의 성적 스타일은 그녀의 것과는 매우 달랐습니다. 그녀는 매우 정서적으로 사랑을 하는 사람이었고, 앨런은 좀 더

육체적으로 사랑을 하는 사람이었습니다. 그들 자신에 대해 그리고 상대방에 대해 더 많이 알게 됨으로써 앨런은 침대에서 좀 더 많이 개방하기 시작했고 더 많은 감정을 느끼도록 자신을 허용했습니다. 빅토리아는 좀 더 관능적이고 왕성하게 욕정을 즐길 수 있도록 스스로를 허용하기 시작했습니다. 관계가 무르익어 가면서 그들의 성적 스타일은 더욱더 조화를 이루게 되었습니다.

\* **좋지 않은 관계에서는 한쪽이 다른 한쪽을 만족시키기 위해, 혹은 갈등을 피하기 위해 자신의 성적 스타일을 희생하거나 수정합니다.** 처음 찰리를 보았을 때, 수잔나는 그에게 매력을 느꼈지만 그의 성적 스타일이 매우 불편했습니다. 찰리는 성적인 공상, 성인용 영화, 침대에서의 역할놀이에 빠져 있었지만, 수잔나의 성적 스타일은 보다 친밀함과 사랑에 기초를 두고 있었습니다. 수잔나는 찰리를 잃고 싶지 않았기 때문에 그가 침대에서 원하는 모든 것을 해 주었지만, 시간이 흐르면서 점점 더 화가 나기 시작했고 결국 섹스를 하고 싶지 않게 되었습니다. 찰리는 좌절했고 결국 그녀를 떠났습니다. 그 관계가 건강하지 못했기 때문에 실제로 그가 떠난 것은 그녀에게는 좋은 일이었습니다.

당신의 성적 스타일과 파트너의 스타일이 충돌하기 시작한다면 관계의 나머지 부분을 살펴보세요. 그러면 비슷한 갈등들을 발견할 수 있을 겁니다. 결국 성관계는 두 사람이 정서적으로, 지적으로 어떤 사람인지를 반영하기 때문입니다. 당신의 정서적 스타일과 지적 스타일이 당신 파트너의 그것과 융화될 수 없다면 당신의 성적 스타일도 융화될 수 없습니다(전체적인 융화에 대해서는 10장에 좀 더 나와 있으니 참고하세요.).

당신의 성적 스타일이 당신 파트너의 성적 스타일과 매우 달라서 두 사람 사이에 문제가 발생하면 어떻게 해야 할까요? 매우 다른 성적 스타일로 시작한 어떤 커플들은 스스로에 대해, 그리고 앞서 언급했던 성적 스타일에 기여하는 모든 요소들을 알려고 함께 노력합니다. 지속적인 대화와 관계를 향상시키려는 의지, 필요하다면 전문적인 도움을 통해 그들의 성생활을 향상시킵니다. 매우 다른 성적 스타일을 가진 어떤 커플들은 문제를 해결하려고 노력하지만 실패합니다. 그들은 많은 부분에서 융화될 수 없는 매우 다른 사람들입니다. 이 모든 것이 당신과 당신 파트너에게 달려 있으며, 또한 두 사람 각자에 대해 많은 것을 배울 수 있는 기회로 얼마나 기꺼이 성관계를 사용하는가에 달려 있습니다.

진실은 이렇습니다. 성적 스타일이 다른 것은 간혹 성적으로 융화되지 못하는 경우도 야기하지만, 두 사람이 하나의 팀을 이루어 점점 더 사랑하게 되고 서로에게 민감해지며 더욱더 성숙해질 수 있는 추진력이 되기도 합니다.

4. 당신 또는 당신 파트너가 성적으로 중독되었거나 기능하지 못한다.

6장에서 치명적 결함을 설명하면서 성기능 장애가 왜 관계에서 파괴적인가를 자세히 설명했습니다. 저는 성기능 장애 밑에 다음 세 가지 유형의 행동들을 포함시켰습니다.

* 성중독 및 강박관념
* 성적으로 불성실함
* 성수행 장애

당신 파트너에게 이런 문제가 있다면 아마도 성적으로 융화하지 못할 겁니다. 이 모든 것은 문제가 얼마나 심각한지, 얼마나 당신 파트너가 변하려고 노력하는지, 또는 전문적인 도움을 얻으려 하는지(만일 당신에게 이러한 문제가 있다면 당신이 얼마나 변하려고 하는지, 도움을 얻으려고 하는지)에 달려 있습니다.

당신이 누군가를 얼마나 많이 사랑하는지에 상관없이,
그 사람의 성기능 장애로 인해 초래되는 고통을
초월하는 것은 어려울 것이다.

이것을 읽는 것이 마음 아프다면, 그리고 당신의 관계에서 이것이 문제라는 것을 알고 있다면, 6장의 성기능 장애 부분을 읽었는지 확인해 보기 바랍니다.

## 성적 공명이 사라질 때

세상에서 가장 놀라게 하는 느낌 중 하나는 어느 날 아침 잠에서 깨어나 당신 파트너가 잠든 것을 바라보면서 이제는 더 이상 그가 성적으로 매력적이지 않다는 것입니다. 저는 커플들의 열정을 파괴하는 관계상의 실수들을 피하도록 도와주기 위한 목적으로 『항상 사랑하는 법』이라는 책을 저술한 바 있습니다. 종종 성적 공명은 사라지지 않았는데 다만 표현되지 않은 감정과 나쁜 습관들 밑에 묻혀 있는 경우가 있습니다. 노력과 정서적 재훈련을 통해 그 열정을 다시 발견할 수 있을 뿐 아니라 예전보다 더 많은 사랑과 친밀감을 경험할 수 있습니다.

그러나 때로는 당신과 당신 파트너가 제각각의 방향으로 나아가고 있었기 때문에 공명이 사라집니다. 우리가 성적 공명을 공명으로 정의했던 것을 기억하기 바랍니다.

당신과 당신 파트너가 매우 다른 진동 수준에서 공명하기 시작한다면 서로에게 더 이상 매력을 느끼지 못할 것이다.

이것은 매우 중요한 부분으로 반드시 이해해야 합니다. 파트너에게 더 이상 매력을 느끼지 않기 때문에 관계가 잘 안 되는 것이 아닙니다. 그것은 관계가 더 이상 잘 되지 않기 때문에 파트너에게 더 이상 매력을 느끼지 않는 것입니다. 당신과 당신 파트너가 서로 신체적으로, 감정적으로, 지적으로 또는 영적으로 공명하는 것을 멈춘다면 성적으로 공명하는 것 역시 멈출 것입니다.

저는 어제 이 장을 쓰다가 휴식을 취하려고 친구인 다이앤에게 전화를 걸어 같이 점심을 먹었습니다. 전 다이앤이 자신의 개인적인 성장에 완전히 몰입해 있는 여성이어서 많이 좋아합니다. 그녀는 지난 5년 동안 중독, 공동의존, 부인이라는 문제에 맞서며 시간을 보냈습니다. 그 과정의 한 부분으로서 최근에는 10년 동안 지속해 온 관계를 끝냈습니다. 다이앤이 제가 지금 몇 장을 쓰고 있는지 질문했을 때,

이 장을 쓰고 있다고 말했습니다.

"적절해." 그녀가 웃으며 말했습니다. "내가 결국 스펜서를 떠난 이유 중 하나는 그에게 성적으로 흥분하지 않는다는 것이었어. 이상하지? 처음엔 내가 그 사람에게 거의 미쳐 있었는데 말이야."

다이앤에게 성적인 공명에 대해 설명해 줬을 때, 갑자기 그녀의 눈이 반짝였습니다. "알았다! 난 지난 5년 동안 내 생활의 많은 부분에서 성장하고 있었어. 식습관도 바뀌었고 대화하는 방식도 변했지. 피해의식에서 벗어나 나에게 능력이 있다는 식으로 생각이 변했어. 스펜서도 노력하긴 했지만 그다지 많이 변하지 않았거든. 네 말에 따르면 우리는 서로 다른 빈도로 진동하기 시작했던 거지. 너도 알다시피 마치 우리가 갑자기 서로 다른 세상에서 사는 것처럼 느껴졌어. 여전히 그를 사랑했지만 예전처럼 그와 연결되어 있다는 느낌을 가질 수가 없었어."

"바로 그 이유 때문에 더 이상 그 사람에게 매력을 느끼지 못했던 거야. 두 사람 사이에 성적인 공명을 만들어 낼 만큼 충분한 공명이 없었던 거지."

저는 다이앤이 성적인 공명과 그녀의 관계에 대해 더 많이 이해할 수 있도록 도와주어서 기뻤습니다. 당신에게도 많은 도움이 되었으면 합니다.

섹스는 정말 우리를 위한 거울입니다. 우리의 마음, 정신 그리고 영혼의 상태를 비춰주는 거울입니다. 이러한 사실을 알게 되었을 때, 우리의 성생활은 설명할 수 없고 혼란스러운 것에서 보다 분명하고 매혹적인 것으로 변할 수 있습니다.

# 10 Story

# 융화: 당신에게 맞는 사람 찾기

마침내 우리는 이 책에서 가장 흥분되는 부분까지 왔습니다. 이 장에서는 우리가 지금까지 이야기했던 모든 것을 동원해서 어떤 사람이 당신에게 적절한지를 발견할 것입니다. 당신이 지금 관계를 찾고 있든, 관계로부터 회복되고 있든, 한 사람과 지속적인 관계를 맺고 있든 간에 저는 앞으로 제시될 훈련들을 통해 당신이 상대방에게서 무엇을 원하고 필요로 하는지에 집중하도록 도움을 줄 겁니다.

이 장에는 다음과 같은 내용들이 포함되어 있습니다.

1. 관계를 맺을 준비가 되어 있는지 아는 방법
2. 융화 목록을 작성하는 방법
3. 당신이 당신 파트너와 융화할 수 있는지를 아는 방법

저는 이 장 전체를 통해서 당신에게 무언가를 쓰고 목록을 작성하라고 요구할 겁니다. 그러니까 노트와 펜을 준비하세요. 또한 지금까지 다룬 중요한 사항들을 떠올리게 해서 당신 자신의 애정생활에 직접 적용할 수 있도록 도와줄 것입니다.

> **중요** 이 장을 시작하면서 다소 긴장을 느끼는 것은 자연스러운 일입니다. 만일 당신이 지금 누군가와 관계를 맺고 있다면, '내 파트너와 내가 융화될 수 없다는 사실을 발견하면 어쩌지? 이 장을 건너뛰는 게 좋겠다.'라고 생각할 수 있습니다. 만일 당신이 미혼이라면 앞으로 할 훈련을 통해 당신이 아직 관계를 맺을 준비가 되어 있지 않다는 사실을 발견하게 될까 봐 걱정할지도 모릅니다. 당신이 어떻게 느끼든 이 장을 피해 가지 마세요. 저를 믿으세요. 당신이 누려야 할 사랑이 넘치는 관계를 만들어 가는 데 도움이 될 겁니다.

## 1단계: 관계를 맺을 준비가 되어 있는지 아는 방법

만일 당신이 누군가와 친밀한 관계를 맺을 준비가 정서적으로 되어 있지 않다면 당신이 과연 적절한 사람을 만나고 있는지를 판단하는 것이 어려울 겁니다. 그 관계가 옳지 않게 느껴진다 하더라도, 그것은 당신이 당신 파트너와 융화할 수 없기 때문이 아니라 당신 자신에게 문제가 있기 때문입니다.

### 당신은 사랑할 준비가 되었나요?

당신이 과연 친밀한 관계를 맺을 준비가 되어 있는지 아닌지를 판별하는 데 도움이 될 몇 가지 질문들이 있습니다.

1. 난 예전 파트너를 아직 사랑하는가?

2. 난 아직 예전 파트너에 대해 화와 분노를 느끼는가?

3. 난 자주 영적으로 혹은 감정적으로 공허하다고 느끼는가?

4. 난 나라는 사람을 싫어하는가?

5. 나에겐 상대방에게 줄 만한 가치있는 게 거의 없다고 느끼는가?

6. 나에겐 대처하지 않고 내버려두고 있는 중독이 있는가?

7. 나는 너무나 외롭고 절망적이어서 누군가를 사귀지 않으면 완전히 비참하게 느끼는가?

8. 어느 누구도 나와 관계를 맺고 싶어 하지 않을 거라 생각하는가?

9. 나는 어떤 감정도 느끼는 것이 거의 불가능하다고 생각하는가?

10. 나는 다른 사람들에게 내 느낌에 대해 이야기하는 것을 꺼리는가?

위에 제시된 질문 중 어느 하나에라도 '예'라고 답했다면, 당신은 누군가와 친밀한 관계를 맺을 준비가 되어 있지 않은 것입니다. 당신이 새로운 사람에게 마음을 줄 만큼 지난 관계에서 충분히 회복되지 않았거나, 당신의 자존감이 너무 낮아서 다른 사람을 사랑할 수 없다거나, 혹은 내적으로 너무 공허하게 느껴져서 극단적으로 상대방에게 요구하는 것 이외에는 줄 것이 없습니다. 9번이나 10번 문항에 '예'라고 답했다면 누군가가 당신과 함께하기를 기대하기 전에 우선 당신 자신의 감정을 발견해야 합니다.

앞에 제시된 질문 중 몇 개에 '예'라고 답을 했고 지금 누군가와 관계를 맺고 있다면, 당신은 관계를 맺을 준비가 부족했기 때문에 발생하고 있는 문제들을 잘 알고 있을 겁니다. 당신 파트너로부터 떨어져서 당신 자신을 찾는 시간이 필요할지도 모릅니다. 또는 다른 사람들이 당신에게 다가오는 것을 막고 있는 것이 무엇이든 그것을 치유해야 합니다. 친밀해지는 것과 관련된 당신의 문제를 상대방이 해결해주기를 기대하는 것은 상대방에게는 부당한 일입니다.

우리에게는 다른 사람을 사귈 준비가 되어 있는 시기가 있고, 혼자 있을 필요가 있는 시기가 있습니다. 만일 당신이 사랑할 준비가 되어 있지 않다고 의심된다면, '관계 단식'을 진행하고, 당신 자신과의 관계를 증진시키는 일에 매진하기 바랍니다. 앞의 질문들에 '아니요'라고 대답할 수 있을 때, 당신은 사랑할 준비가 되어 있는 것입니다.

## 2단계: 융화 목록을 작성하는 방법

제가 『항상 사랑하는 법』을 썼을 때, 융화 목록(compatibility list)을 작성하는 것의 중요성을 간단히 언급한 적이 있습니다. 지난 5년 동안 이 목록을 작성한 경험이 있는 독자들에게서 수없이 많은 편지를 받았습니다. 그리고 이 장에서 당신에게 최신의 정보를 전할 수 있게 되어 기쁩니다.

현재 당신의 관계가 순조롭게 진행되고 있다면, 융화 목록을 작성함으로써 당신 파트너에게 얼마나 많이 고마워해야 하는지 다시 한 번 깨달을 수 있을 뿐 아니라 두 사람 사이에 존재할지도 모르는 문제 영역들을 찾아내는 데 도움이 될 겁니다. 만일 관계가 어려움에 처해 있다면, 융화 목록을 작성함으로써 두 사람 사이에 어떤 것이 잘 되고 있고 어떤 것이 잘 되지 않는지를 이해할 수 있고, 지금이 헤어져야 할 때인지를 판단하는 데 도움이 될 것입니다. 만일 당신이 새로운 관계를 찾고 있다면, 융화 목록은 마치 쇼핑 목록처럼 기능해서 당신에게 맞는 사람에게로 당신을 이끌 것이며 시간 낭비인 사람을 피하도록 도와줄 겁니다.

우리는 9장에서 서로에게 끌리도록 만드는 공명에 관해 이야기를 했습니다. 당신의 융화 목록은 10가지 서로 다른 삶의 영역에서 당신이 어떻게 '공명' 하는지를 명료하게 정의해 줄 겁니다. 따라서 당신이 당신의 파트너에게서 어떤 종류의 공명을 찾고 있는지를 밝혀 줄 겁니다.

첫 번째 단계는 융화 목록을 작성하는 것입니다. 이 장 뒷부분에서 당신이 작성한 목록과 제가 제시하는 융화 공식을 사용해서 당신과 당신 파트너가 얼마나 잘 맞는지를 판별하는 법을 설명하겠습니다.

융화 목록을 만드는 방법은 다음과 같습니다.

✳ 방해받지 않는 조용한 장소를 찾으세요.
✳ 다음의 10개 영역 중 당신이 상대방에게서 찾는 특성들을 적어 보세요(범주마다 몇 가지 예를 들었습니다.).

| | |
|---|---|
| **1. 신체 스타일**<br>_ 외모<br>_ 식습관<br>_ 운동 습관<br>_ 위생 | **예**<br>_ 몸매가 좋은, 짙은 모발<br>_ 건강식을 먹음/고기를 안 먹음<br>_ 규칙적으로 운동함<br>_ 마약을 하지 않음 또는 금주<br>_ 외모에 신경 씀<br>_ 옷을 좋아함 / 옷을 잘 입음<br>_ 신체를 청결하게 유지함 |
| **2. 정서적 스타일**<br>_ 사랑과 애정에 대한 태도<br>_ 그가 날 대하는 방법<br>_ 감정을 표현하는 방법 | **예**<br>_ 항상 매우 다정함<br>_ 나와 내 꿈을 지지함<br>_ 쉽게 움 |

| | |
|---|---|
| _ 관계를 대하는 방식 | _ 쉽게 감정을 표현함<br>_ 낭만적인 제스처를 취함<br>_ 이 관계에 전념함<br>_ 특별한 일에 대해 감성적임<br>_ 나에 대해 자랑스러워하고 그것을 드러냄<br>_ 믿음직하고 헌신적임 |
| **3. 대인적 스타일**<br>_ 성격 특성<br>_ 다른 사람과 상호작용하는 방법 | 예<br>_ 따뜻하고 우호적임<br>_ 매우 외향적이고 적극적임<br>_ 사람들과 어울리기를 좋아함<br>_ 유머감각이 좋음<br>_ 현실적임<br>_ 사려깊음<br>_ 친절하고 예민함<br>_ 노는 것과 가벼운 것을 좋아함<br>_ 군중 속에서 두드러짐 |
| **4. 지적인 스타일**<br>_ 교육 배경<br>_ 배움에 대한 태도<br>_ 문화에 대한 태도<br>_ 세상일에 대한 태도<br>_ 창의적인 표현 | 예<br>_ 고학력 / 대졸 이상<br>_ 창의적 태도<br>_ 문화에 관심이 있음<br>_ 세상일에 관심이 있음<br>_ 새로운 것을 배우기 좋아함<br>_ 철학적 토론을 즐김 |
| **5. 성적인 스타일**<br>_ 태도<br>_ 기술<br>_ 즐기는 능력 | 예<br>_ 성관계를 자주 하고 즐김<br>_ 매우 관능적임<br>_ 예민하고 기술이 좋음<br>_ 유혹적임<br>_ 포옹하는 것을 좋아함<br>_ 쉽게 성적으로 흥분함(장애 없음) |
| **6. 대화 스타일**<br>_ 대화하는 방법<br>_ 대화에 대한 태도 | 예<br>_ 이야기하는 것을 좋아함<br>_ 명료하게 말함 |

| | |
|---|---|
| _ 다른 형태의 표현들 | _ 글을 잘 쓰고 카드도 잘 보냄<br>_ 피드백을 잘 받음<br>_ 기꺼이 문제에 대해 논의함<br>_ 무슨 생각을 하는지 나에게 이야기함 |
| **7. 직업적 / 재정적 스타일**<br>_ 돈관계<br>_ 성공에 대한 태도<br>_ 일과 조직적으로 일하는 습관 | 예<br>_ 재정적으로 책임감 있음<br>_ 열심히 일하는 사람<br>_ 직업에서 야망이 있음<br>_ 다른 사람을 돕는 분야에 있음<br>_ 매우 잘 정리함<br>_ 자신과 다른 사람들에게 관대함<br>_ 인생에서 좋은 것을 즐김<br>_ 정직하고 도덕적임 |
| **8. 자기계발 스타일**<br>_ 자기계발에 대한 태도<br>_ 스스로를 바라보고 변화하는 능력<br>_ 관계 증진을 위해 기꺼이 노력함 | 예<br>_ 자신에 대해 배우는 것에 몰두함<br>_ 성장과 관련된 책을 읽음<br>_ 세미나에 참석함<br>_ 자신의 약점을 인식함<br>_ 성장에 대해 이야기하기를 좋아함<br>_ 구체적으로 변화함 |
| **9. 영적인 스타일**<br>_ 절대자에 대한 태도<br>_ 종교의식<br>_ 인생에 대한 철학<br>_ 도덕관 | 예<br>_ 신을 믿음<br>_ 명상과 기도를 즐김<br>_ 신비스러운 경험에 개방적임<br>_ 삶에 대한 낙관적인 태도<br>_ 불운에 대한 동정적인 태도<br>_ 모든 살아 있는 것을 존중함 |
| **10. 관심과 취미** | 예<br>_ 여행을 좋아함<br>_ 음악을 즐김<br>_ 춤추는 것을 좋아함<br>_ 개를 좋아함<br>_ 영화, 연극을 좋아함 |

당신이 좋아하는 방식으로 융화 목록을 만들 수 있습니다. 당신의 목록이 좀 더 구체적일수록 당신이 올바른 관계에 있는지 아닌지를 판별하는 데 도움이 될 겁니다. 저는 보통 목록을 작성하고 나서 하루나 이틀 정도 그것을 내려놓고 있으라고 권합니다. 그러는 동안 아마도 포함하고 싶은 다른 특징들이 기억날지도 모릅니다. 그러면 새롭게 떠오른 내용을 원래의 목록에 포함시킵니다. 철저하게 하는 한 가지 방법은 과거 관계에서 결여되어 있었기 때문에 갈등이나 문제들을 야기했던 특성들을 기억해 내고 그것들을 목록에 포함시키는 것입니다.

융화 목록을 만들면서 당신 자신에 대해 많이 알게 될 것입니다. 목록을 다 작성하고 나면 다시 한 번 읽고 스스로에게 다음과 같이 질문해 보기 바랍니다.

❋ 이런 특징 중에 내가 가지고 있다고 생각되는 특징은 무엇인가?
❋ 이런 특징 중에 내가 가졌으면 하고 바라는 특징은 무엇인가?

아마도 당신은 당신의 융화 목록이 당신의 이상적인 파트너를 묘사할 뿐 아니라 당신의 이상적인 모습 역시 묘사하고 있다는 것을 발견하고 놀랄 것입니다.

『항상 사랑하는 법』이라는 책에서 저는 미혼인 사람들에게 지갑이나 핸드백에 항상 융화 목록을 가지고 다니라고 제안했습니다. 그리고 그것을 자주 읽기를 권했습니다. 친구들과 목록을 나누어 보세요. 저는 그 목록이 특별한 사람을 당신의 인생으로 끌어당기는 자석처럼 작용할 수 있다고 믿습니다. 저는 제 충고에 따랐던 사람들에게서 목록을 작성한 후에 이상적인 파트너를 만났다는 믿기 어려운 이야기를 들었습니다.

나중에 저는 어떻게 이 목록을 융화 공식(과연 당신과 당신 파트너가 융화되는지를 판별하는 공식)과 함께 사용하는지에 관해 설명할 겁니다. 그때 재미있는 경험을 하게 될 겁니다.

## 3단계: 당신이 당신 파트너와 융화할 수 있는지를 아는 방법

이제 지금까지 읽었던 모든 것을 당신 관계에 적용시켜 볼 시간입니다. 저는 이 부분을 관계를 맺은 기간을 토대로 몇 개의 부분(0~3개월, 3~6개월, 6개월 이상)으로 나누어 봤습니다.

제가 이렇게 나눈 이유는 사귄 지 몇 주 내에 알게 되는 것들도 있지만, 몇 달이 걸려서야 알게 되는 것들도 있기 때문입니다. 당신이 누군가와 융화할 수 있는지를 결정하는 일은 반드시 단계별로 이루어져야 합니다. 사귀는 각 단계마다 당신은 관계의 다음 단계로 넘어갈 만큼 충분히 융화할 수 있는지를 결정해야 합니다.

### 1단계(0~3개월)-새로운 관계

당신이 관계를 맺을 준비가 된 것으로 판단했다고 합시다. 즉, 융화 목록을 작성했고, 관심이 가는 누군가를 만났습니다. 그렇다면 이 관계가 계속 진행할 만큼 가치가 있는지 또는 시간 낭비인지를 어떻게 알 수 있을까요?

여기 '새로운 관계 체크리스트'가 있습니다. 이것은 당신이 누군가를 계속 만나야 할지 그만 만나야 할지를 결정하는 데 도움이 될 것입니다. 어떤 질문들은 이 책의 앞 장에서 이미 나왔던 것입니다. 새로 관계를 시작하면 몇 달 내에 이 체크리스트를 작성해 봐야 합니다.

### 새로운 관계 체크리스트

1. 나는 다음과 같은 영역에서 그 사람에 대해 많은 질문을 했고 기분 좋은 대답을 들었다.

   - 과거와 현재의 가족 배경과 관계의 질 ☐
   - 과거 애정관계/헤어진 이유/얻은 교훈 ☐
   - 사랑, 헌신, 자녀에 대한 태도 ☐
   - 성적인 태도와 기호(피임 포함) ☐
   - 과거 성 경험(에이즈에 대한 논의 포함) ☐
   - 영적 혹은 종교적 철학 및 의식 ☐
   - 개인적·직업적 목표 ☐
   - 재정적인 습관, 배경 및 목표 ☐
   - 음식, 운동, 건강에 대한 태도와 행동 ☐
   - 중독에 대한 태도나 과거 경험 ☐
   - 윤리, 도덕 및 가치 ☐

물론 저는 데이트를 처음 하러 나간 자리에서 웨이터가 주문을 받고 난 후에 400개의 질문들이 담겨 있는 설문지를 꺼내라고 제안하는 것이 아닙니다. 하지만 몇 달 동안 데이트를 하면서 이러한 주제를 놓고 상대방과 대화를 하면서 그 사람을 알아가야 합니다. "당신에 대해 더 많이 알고 싶어요. 당신이 이전에 사귄 여자들과 왜 그 관계들이 잘 되지 않았는지 말해 주세요. 그러면 저도 제 연애사에 대해 말할게요."라고 이야기함으로써 이 주제를 언급하는 것은 잘못된 일이 아닙니다. 기억할 것은 만일 당신과 당신 파트너가 이런 주제에 관해 말하는 것조차 불가능하다면 두 사람은 친밀한 관계를 맺을 준비가 되어 있지 않다는 것입니다.

2. 나는 우리가 관계 초기에 저지르는 6가지 큰 실수들을 범하고 있지 않다(4장 참조).

난 충분히 많은 질문들을 하고 있다 ☐
난 성급하게 양보하지 않고 있다. ☐
난 맹목적인 욕정에 굴복하지 않고 있다. ☐
난 물질적인 유혹에 굴복하지 않고 있다. ☐
난 융화를 고려하기도 전에 관계에 몰입하지는 않는다. ☐
난 잠재적인 문제의 경고 신호를 무시하지 않는다 ☐

관계에 너무 깊이 빠지기 전에 당신이 이런 실수들을 저지르고 있는 것은 아닌지 확인해 보세요. 마침내 마음에 드는 누군가를 만난 것이 너무나 흥분돼서 이런 여섯 가지 덫에 빠지기가 쉽습니다. 우선 멈추고 심호흡을 한 번 하고, 관계가 더 진전되기 전에 점검해 보세요. 당신의 관계가 제대로 된 길을 가고 있다고 확신한다면 계속 진행하세요. 만일 확신이 서지 않는다면 1주 혹은 2주 정도 시간을 두고 상대방에 대한 느낌이 어떤지를 살펴보세요. *속도를 조금 늦춘다고 해서 상처를 주는 것은 아닙니다. 오히려, 잠재적으로 고통스러울 수 있는 관계로 더 빠져드는 것을 피하는 데 도움이 될 수 있습니다.*

### 2단계(3~6개월)-발전하는 관계

우리는 처음 누군가를 만나면 그 사람을 계속 만날 만큼 충분히 그 사람을 좋아하는지 알려고 대부분의 시간을 보냅니다. 서너 달이 지나면 아마도 그 관계가 '진지해질' 것입니다. 당신은 '사랑에 빠졌다.'고 생각합니다. 이제 공식적으로 커플이 되었습니다. 이 시점에서 당신은 의식적으로 멈추고 더 깊은 관계로 나아가는 것이 당신에게 최선의 선택인지 결정해야만 합니다.

3~6개월은 관계에서 중요한 단계로서
이 기간 동안 당신은 좀 더 감정적으로 빠져든다.
따라서 당신이 더 상처받기 쉬운 지경에 이르기 전에
올바른 결정을 하고 있는지 확신하고 싶어 한다.

이때가 바로 당신 파트너의 인격에 대해 보다 진지한 질문들을 스스로에게 던져야 할 시기입니다. 당신은 당신 파트너의 겉모습을 넘어 내면의 진정한 모습을 보기 시작했기 때문입니다. 또한 당신은 이 관계에 대해 어떻게 느끼는지에 대해 스스로에게 솔직해질 필요가 있습니다. 다음에 제시되는 체크리스트가 이러한 상황을 평가하도록 도와줄 겁니다.

### 발전하는 관계 체크리스트

1. 나는 내 파트너에게 치명적인 결함이 있는지 체크해 봤는데(6장 참조) 없는 것으로 드러났다.

|  | 없음 |
|---|---|
| _ 중독 | ☐ |
| _ 분노 | ☐ |
| _ 어린 시절의 정서적 상처 | ☐ |
| _ 피해의식 | ☐ |
| _ 통제광 | ☐ |
| _ 성기능 장애(당신이 아는 한) | ☐ |
| _ 미성숙 | ☐ |
| _ 정서적인 부재 | ☐ |
| _ 이전 관계에서 회복되지 않음 | ☐ |

2. 나는 잘 되지 못할 10가지 관계 유형에 속하지 않는다(5장 참조).

| | |
|---|---|
| _ 그 사람이 나를 좋아하는 것보다 내가 그 사람을 더 많이 좋아하지는 않는다. | ☐ |
| _ 내가 그에 대해 마음 쓰는 것보다 그가 나에게 마음을 더 쓰지는 않는다. | ☐ |
| _ 나는 내 파트너의 잠재성 때문에 사랑에 빠진 것이 아니다. | ☐ |
| _ 나는 구원자의 임무를 수행하고 있지 않다. | ☐ |
| _ 나는 내 파트너를 역할모델로 여기며 받들어 모시는 것은 아니다. | ☐ |
| _ 나는 외적인 이유 때문에 파트너에게 빠진 것이 아니다. | ☐ |
| _ 나는 내 파트너와 부분적으로만 어울리는 것이 아니다. | ☐ |
| _ 나는 반항하기 위해서 내 파트너를 선택한 것이 아니다. | ☐ |

_ 내 예전 파트너에 대한 반응으로서
  현재의 파트너를 선택한 것이 아니다.               ☐
_ 내 파트너는 필요할 때 옆에 있다.                    ☐

3. 난 내 파트너와 성적인 공명을 시험해 봤는데(9장 참조), 60점 중 36점이 나왔다. 이것은 우리 둘 사이에 기본적인 성적 매력이 존재한다는 것을 말해 준다.

만일 당신 파트너가 건강하고 당신 관계가 건강하며 두 사람 사이에 매력이 존재한다고 결론을 내린다면, 당신은 그 다음 단계의 친밀한 관계로 나아가는 것에 대해 훨씬 더 확신하게 될 것입니다.

### 3단계(6개월 이상)-진지한 관계

당신 파트너와 6개월 이상 관계를 지속해 왔다면, 당신은 스스로에게 다음과 같이 질문할 것입니다. '그가 나를 위한 바로 그 사람일까?' 당신은 두 사람이 서로 사랑한다는 것을 알고 있습니다. 서로 잘 어울린다고 생각합니다. 당신은 이 행복한 관계를 방해할 만한 것이 무엇일까 궁금해하기 시작합니다. 이제 다음 체크리스트를 작성할 때가 되었습니다. 이 체크리스트는 관계를 파괴할 수 있는 잠재적인 문제를 명확히 알 수 있도록 도움을 줄 것입니다.

### 진지한 관계 체크리스트
1. 나는 우리 관계에 융화의 시한폭탄(7장 참조)이 있는지 확인해 보았고, 내 파트너와 잠재적인 문제에 관해 이야기를 나눴으며, 필요하다면 이러한 문제

들을 어떻게 처리할 것인지에 대해 의견 일치를 보았다.

_ 현저한 나이 차이 ☐
_ 다른 종교적 배경 ☐
_ 다른 사회적, 민족적, 교육적 배경 ☐
_ 독한 시댁/처가 식구들 ☐
_ 독한 전 배우자 ☐
_ 독한 의붓자식들 ☐
_ 장거리 관계 ☐

2. 난 상대방에게서 찾아야 하는 여섯 가지 특징을 내 파트너에게서 찾았다(8장 참고).

_ 개인적 성장에 몰두함 ☐
_ 정서적 개방성 ☐
_ 고결함 ☐
_ 성숙과 책임감 ☐
_ 높은 자존감 ☐
_ 삶에 대한 긍정적인 태도 ☐

## 융화 공식

이제 당신은 관계의 모든 측면들을 바라볼 준비가 되었습니다. 당신과 당신 파트너가 서로 얼마나 융화할 수 있는지를 결정할 시간입니다. 제가 만든 융화 공식을 사용한다면, 당신이 파트너에게서 원하는 것을 얼마나 얻을 수 있을지 정확히 분석할 수 있을 겁니다.

당신이 작성한 융화 목록을 꺼내세요. 범주마다 적어도 네다섯 개의 문항들을 적었는지 확인해 보세요. 목록이 철저할수록 융화 공식은 더 정확해질 것입니다.

당신이 바라는 특징이나 행동을 당신 파트너가 얼마나 많이 가지고 있는지를 토대로 각 문항에 점수를 매깁니다. 예를 들어, '정서적 스타일'에 다음과 같은 특징들을 원했다고 합시다.

- 항상 매우 다정함
- 나와 내 꿈을 지지함
- 쉽게 욺
- 쉽게 감정을 표현함
- 낭만적인 제스처를 취함
- 관계에 전념함
- 특별한 일에 대해 감성적임
- 나에 대해 자랑스러워하고 그것을 드러냄
- 믿음직하고 헌신적임

당신 파트너가 이런 특성들을 얼마나 많이 보이는지 다음 척도를 사용해서 점수를 매깁니다.

| | |
|---|---|
| 거의 항상 | 5점 |
| 자주 | 4점 |
| 종종 | 3점 |
| 가끔 | 2점 |
| 좀처럼 그러지 않거나 절대 그렇지 않음 | 1점 |

따라서 당신 파트너가 '자주' 다정하게 대하지만 늘 그런 것은 아니라면 4점을 주게 됩니다.

 매우 다정함        4점

다음에는 당신 파트너가 당신의 꿈을 얼마나 지지하는지 물어볼 차례입니다. 아마도 당신 파트너는 어떤 부분은 지지하지만, 다른 부분은 지지하지 않을 것입니다. 따라서 이것이 문제가 되어 왔습니다. 그러므로 당신은 '종종' 그렇다고 생각해서 3점을 줄 것입니다.

 나와 내 꿈을 지지함     3점

이제 다음 문항을 체크합니다. 당신은 '내 파트너는 가끔 울지만 그에게는 힘든 일이다.' 라고 생각해서 2점을 줍니다.

 쉽게 욺         2점

## 융화 공식의 단계적 사용법

1. 당신의 융화 목록을 살펴보고 당신 파트너가 얼마나 많이 그러한 특징들을 소유하고 있는지에 근거해서 점수를 매긴다. 방금 전에 이야기했던 방법을 사용한다.

2. 범주마다 최대 가능한 점수들을 합하고 실제로 당신 파트너가 얻은 점수들을 더한다.

최대 가능 점수를 구하기 위해서는 그 범주에 속한 문항의 수에다 5점을 곱합니다. '정서적인 스타일'에 9개의 문항을 적었다면, 9개의 문항에 5를 곱해서 최대 가능 점수는 45점이 됩니다. 당신 파트너가 실제로 얻은 점수를 구하기 위해서는 각 문항에 대해 당신 파트너에게 부여한 점수들을 더하면 됩니다.

예)
| | |
|---|---|
| _ 항상 매우 다정함 | 4 |
| _ 나와 내 꿈을 지지함 | 3 |
| _ 쉽게 욺 | 2 |
| _ 쉽게 감정을 표현함 | 3 |
| _ 낭만적인 제스처를 취함 | 3 |
| _ 관계에 전념함 | 5 |
| _ 특별한 일에 대해 감성적임 | 5 |
| _ 나에 대해 자랑스러워하고 그것을 드러냄 | 5 |
| _ 믿음직하고 헌신적임 | 5 |

합계: 35

범주마다 두 개의 숫자, 즉 두 개의 합이 있어야 합니다.

예) 최대 가능 점수      파트너의 실제 점수
    45점                      35점

이제 두 번째 숫자(실제 점수)를 첫 번째 숫자(최대 가능 점수)로 나누세요.

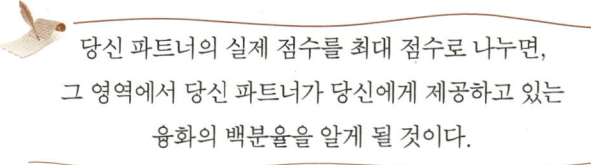

당신 파트너의 실제 점수를 최대 점수로 나누면,
그 영역에서 당신 파트너가 당신에게 제공하고 있는
융화의 백분율을 알게 될 것이다.

따라서 '정서적 양식'에서 당신 파트너의 최대 가능 점수가 45였고 실제 점수가 35였다면 35를 45로 나눕니다.

34 ÷ 45 = .777 또는 77% 융화함

그리고 다른 영역에서 당신 파트너의 최대 점수가 25였고 실제 점수는 23이었다면 23을 25로 나눕니다.

23 ÷ 25 = .92 또는 92% 융화함

융화 목록의 맨 마지막에는 10개의 영역에서 나온 합을 모두 더해서 최대 가능 점수의 총합과 실제 점수들의 총합을 계산합니다.

그런 후에 실제 점수의 총합을 최대 점수의 총합으로 나누어 전체 융화 백분율을 계산합니다.

예 #1) 최대 점수 총합     실제 점수 총합
         230점              197점

197 ÷ 230 = .856 또는 약 86% 융화함

예 #2) 최대 점수 총합     실제 점수 총합
         220                134

134 ÷ 220 = .609 또는 61% 융화함

**중요** 10개의 융화영역들이 대략 같은 수의 문항들을 포함하도록 하세요. 예를 들어, '신체적' 영역에는 7개의 문항이 있고, '정서적'인 영역에는 8개, '대인적' 범주에는 6개의 문항들이 있을 수 있습니다. 어느 한 영역이 다른 9개의 영역보다 너무 많거나 적은 문항들을 갖지 않도록 하세요. 그렇지 않으면 융화 공식을 적용할 수가 없습니다. 예를 들어, 영역 대부분이 6~9개의 항목을 갖는 것은 괜찮습니다. 그러나 어떤 영역은 단지 두 개의 항목밖에 없다거나 어떤 영역은 12개의 항목으로 구성되어 있다면 최종 점수에 영향을 줄 것입니다(당신이 수학을 잘하면 점수를 조정할 수 있겠지만, 복잡해질 수 있겠죠!).

## 융화 평가의 예

### 록산과 존

28세의 록산은 31세의 존과 약 9개월 가까이 만나고 있습니다. 여기 록산이 존에 대해 작성한 융화 평가를 살펴봅시다.

1. 신체적 스타일                          존의 점수

   _ 잘 먹는 것에 관해 신경을 씀           3
   _ 좋은 몸매/운동을 함                 4
   _ 중독은 없음(담배 등)                5
   _ 그 자신을 잘 돌봄                   4
   _ 옷을 잘 입음                       2
   _ 몸에 털이 많지 않음                 5
   _ 잘생긴 외모                         4

   최대 가능 점수: 35    실제 점수: 27
   신체적 융화 백분율: 77

2. 정서적 스타일                          존의 점수

   _ 나를 만지고 껴안는 것을 좋아함       3
   _ 관계를 중요하게 여김                2
   _ 감정을 쉽게 표현함                  1
   _ 낭만적임                            3
   _ 한 사람에게 전념하는 것을 꺼리지 않음   3
   _ 특별한 날에 감정이 풍부함            2
   _ 함께 있는 것을 좋아하고 친구들에게 우리 이야기를 함  3
   _ 나를 질투하게 만들지 않음            3
   _ 내가 어떻게 느끼는지 민감함           5

   최대 가능 점수: 40    실제 점수: 24
   정서적 융화 백분율: 60

3. 대인적 스타일                         존의 점수
   _ 재미있는 것을 좋아함                3
   _ 사람들과 함께 편안한 시간을 가짐       2
   _ 파티를 좋아하고 사람들과 함께 즐기는 것을 좋아함   2
   _ 재미있음                          3
   _ 신뢰할 수 있음                      3
   _ 다른 사람에게 존경을 받음             2
   _ 따뜻하고 친절함                     3
   _ 사려 깊음                          3
   _ 예의바르고 공손함                    5

  최대 가능 점수: 45   실제 점수: 25
  대인적 융화 백분율: 55

4. 지적 스타일                          존의 점수
   _ 교육을 잘 받음                      5
   _ 잘 읽음                            5
   _ 많은 것에 대해 앎                   5
   _ 세상일에 관심이 있음                5
   _ 똑똑함                             5
   _ 아는 것을 나에게 가르쳐 주는 것을 좋아함   5

  최대 가능 점수: 30   실제 점수: 30
  지적 융화 백분율: 100

5. 성적 스타일                          존의 점수
   _ 좋은 애인                          3
   _ 자신의 신체에 만족함                2
   _ 많이 키스하고 만지는 것을 좋아함      3
   _ 성적으로 이해함                    2
   _ 단지 성관계를 갖는 것이 아니라 사랑을 나눔   2
   _ 한 주에 몇 번 섹스를 원하지만 그 이상은 아님   1

  최대 가능 점수: 30   실제 점수: 12
  성적 융화 백분율: 40

6. 대화 스타일 존의 점수
   _ 자신의 감정과 생각에 대해 이야기함      3
   _ 나와 생각을 의논하는 것을 좋아함        2
   _ 기분이 안 좋을 때에도 말문을 닫지 않고 이야기함   1
   _ 내 의견과 감정에 열려 있음             3
   _ 내가 이해할 수 있도록 자신을 분명하게 표현함   3
   _ 화를 너무 자주 내지 않음 – 침착함        1

   최대 가능 점수: 30    실제 점수: 13
   대화 융화 백분율: 43

7. 직업적/재정적 스타일 존의 점수
   _ 재정적으로 책임감 있음       5
   _ 앞날에 신경씀               5
   _ 정리정돈을 잘하고 효율적임   5
   _ 돈을 절약하고 아낌           5
   _ 좋은 취향을 가지고 있음      3
   _ 일에서 정직함                5
   _ 미래를 계획함                5
   _ 비교적 성공함/자신의 집이나 콘도를 소유함   5

   최대 가능 점수: 40    실제 점수: 38
   직업적/재정적 융화 백분율: 95

8. 자기계발 스타일 존의 점수
   _ 성장하는 것에 관심이 있음    2
   _ 상담이나 독서를 통해 자기계발을 하려고 노력함   1
   _ 우리 문제를 논의하고 그 문제를 풀기 위해 함께 노력함   1
   _ 자신의 문제에 대해 스스로에게 솔직함    1
   _ 유연하고 기꺼이 변화하려고 함   2

   최대 가능 점수: 30    실제 점수: 7
   자기계발 융화 백분율: 23

9. 영적 스타일 존의 점수
   _ 하나님을 믿음                3

_ 기독교인　　　　　　　　　　　　　　　　5
　　_ 종종 교회에 감　　　　　　　　　　　　　4
　　_ 세상을 바라보는 긍정적인 시각　　　　　2
　　_ 창조와 하나님의 선물을 감사히 여김　　4
　　_ 내가 종교와 교회일에 열중하는 것을 받아들임　2
　　최대 가능 점수: 30　실제 점수: 14
　　영적 융화 백분율: 46

　10. 관심과 취미　　　　　　　　　　　존의 점수
　　_ 자전거 타는 것을 좋아함　　　　　　　5
　　_ 박물관과 예술 작품을 좋아함　　　　　5
　　_ 환경에 신경씀　　　　　　　　　　　　4
　　_ 음식과 외식을 좋아함　　　　　　　　5
　　_ 캠핑을 좋아함　　　　　　　　　　　　4
　　최대 가능 점수: 25　실제 점수: 23
　　관심 융화 백분율: 92

존에 대한 록산의 전체 융화

최대 가능 점수 총합　　　　　실제 점수 총합
　　335점　　　　　　　　　　　　213점

존에 대한 전체 융화 백분율: 63


## 당신의 전체 융화 백분율은 무엇을 의미하는가

　일단 각 영역에 대한 점수와 최종 점수를 알게 되면 당신 파트너와의 전반적인 융화 정도를 산출해 낼 수 있습니다. 저는 이 책을 쓰기 위해 연구를 수행하면서 수십 명의 사람들에게 융화 공식을 사용해 자신의 파트너를 평가해 달라고 부탁했습니다. 저 자신에게도 이 공식을 적용시켜 보았습니다. 지금 사귀고 있는 사람뿐 아니라 예전에 사귀었던 사람들을 대상으로 몇 퍼센트의 융화 정도가 나오는지 계산해 보았습니다.

그 관계들에서 계산된 점수들을 비교한 후에 융화 백분율을 해석하는 데 매우 정확하다고 생각되는 척도를 생각해 냈습니다.

### 80~100% 융화

당신과 당신 파트너는 융화될 가능성이 매우 높습니다. 두 사람 사이에 계속해서 조화롭고 기쁨이 넘치는 관계를 유지할 만큼 가치, 습관, 행동 그리고 목적 면에서 충분한 공명이 존재합니다.

물론 덜 융화되는 부분들이 존재할 겁니다. 당신 파트너가 낮은 백분율을 취득한 범주들에 주목하세요. 아마도 이 부분들은 당신과의 관계에서 가장 큰 갈등을 일으키고 있는 영역이자 가장 많이 다투는 부분일 겁니다.

어느 두 사람도 완전히 똑같을 수는 없기 때문에 어떤 관계도 100퍼센트 융화할 수는 없습니다. 그러나 점수가 100퍼센트에 가까울수록 두 사람이 더 잘 어울릴 것이고 더 많은 만족을 느낄 것입니다. 그렇다고 해서 점수가 가장 낮은 부분에 대해 기분 나빠해야 한다는 것은 아닙니다.

관계에서 가장 큰 갈등을 일으키고 있는
영역들은 가장 좋은 스승이 될 것이다.

당신과 당신 파트너의 전체적인 융화 점수는 86퍼센트였지만 대인 영역에서 65퍼센트를 얻었다고 합시다. 이건 분명 성격 스타일이라는 주제를 둘러싸고 두 사람 사이에 중요한 문제가 존재한다는 것을 의미합니다. 예를 들어, 당신의 융화 목록은 당신처럼 역동적이고 외향적이며 적극적인 사람을 원하는데, 정작 당신 파트너는 조용하고 내향적이며 조심성 있는 사람이라는 것입니다. 물론 두 사람이 함께 하는 것은 가능합니다. 당신은 점점 더 그 사람처럼 되어서 늘 활동적이고자 하는 당신의 욕구와 균형을 맞출 수 있게 되고, 당신 파트너는 좀 더 위험을 감수하고 일을 벌이는 법을 배우면서 점점 더 당신과 비슷해질 수 있습니다. 이것은 두 사람의 관계에서 학습 영역이 됩니다.

80퍼센트 이상의 융화를 가진 파트너들은 대체로 한두 개의 주요 학습 영역을 지니고 있습니다. 융화가 강한 나머지 영역들이 좀 더 약한 영역들을 해결해 나갈 수 있도록 튼튼한 기초를 제공합니다. 그러나 엄청난 갈등을 일으키는 영역들이 서너 개 존재한다면 상대방으로부터 배우게 되지는 않을 겁니다. 그리고 서로가 끊임없이 부딪칠 겁니다(이 경우 전체적인 점수가 80퍼센트보다는 훨씬 더 낮을 것입니다.).

당신이 80퍼센트 혹은 그 이상의 점수를 얻었다 해도 융화할 수 없는 관계를 맺을 가능성은 여전히 존재합니다. 가장 낮은 점수를 받은 영역이 좋은 점수를 받은 다른 영역들보다 훨씬 더 중요할 수 있습니다. 예를 들어, 당신 파트너가 전체적으로는 81퍼센트의 점수를 얻었지만, 자기계발 영역에서는 고작 53점을 얻었다고 합시다. 당신에게 자기계발은 매우 중요해서 문제들에 관해 이야기한다거나 새로운 사랑의 방식을 탐색하려 할 때마다 계속해서 갈등을 경험하게 됩니다.

그러면 다른 모든 좋은 점들에도 불구하고 그 관계를 지속하기가 불가능할 것입니다. 저는 이 점에 관해 조금 더 이야기를 할 것입니다.

또한 높은 점수를 얻었지만 지금까지 우리가 이 책에서 검토한 다른 요인들 때문에 융화할 수 없는 것도 가능합니다. 예를 들어, 당신과 당신 파트너가 여러 면에서 어울리지만 그 사람이 다루기를 꺼려 하는 '독한 시댁/처가 식구' 문제가 있을 수 있습니다. 혹은 당신 파트너가 10개의 모든 영역에서 당신에게 이상적인 사람이지만, 자신이 알코올 중독자라는 사실을 부인하고 있을 수 있습니다. 기억할 것은 치명적인 결함이나 융화의 시한폭탄이 하나라도 있는 것은 그런 것이 없었다면 아주 잘 어울릴 수 있는 관계를 파괴시킬 만큼 충분히 강력하다는 것입니다.

만일 당신과 당신 파트너가 함께 성장하는 것에 열심이라면 이 공식을 통해 나온 결과를 사용해서 서로의 융화를 강화시킬 수 있습니다. 이를 위해 당연히 두 사람 모두 목록을 만들고 평가해야 합니다. 목록을 서로 공유하고, 서로에게 더 원하는 것이 무엇인지 이야기해 보며, 각자가 원하는 것을 주겠다고 새롭게 다짐해야 합니다. 저는 이 공식을 사용하면서 제 파트너에게 두 번 점수를 주었습니다. 한 번은 우리가 처음 만났을 때 그가 어땠는지를 생각하면서 주었고, 한 번은 현재의 모습을 생각하면서 주었습니다. 결과는 아주 흥미로웠습니다. 제프리는 우리가 처음 관계를 시작할 때보다 현재의 모습이 점수가 더 높았습니다. 그 역시 저에 관한 목록을 작성하면서 저와 비슷한 경험을 했다고 말했습니다. 나중에 우리는 이에 관해 이야기를 나누었고, 서로가 원하는 것에 대해 대화하면서 서로의 필요를 충족시켜 주려고 노력했던 것이 정말로 보상을 받았다는 것에 동의했습니다. 실제로 우리는 시간이 흐르면서 더 융화되기 시작했고, 우리의 학습 영역을 사용해서 전력을 다해 사랑스럽고 다정한 파트너가 되었던 것입니다.

### 70~80% 융화

이 관계는 부분적으로 융화될 수 있습니다. 융화할 수 없는 몇 가지 중요한 영역들이 존재하고, 이로 인해 두 사람 사이에 갈등과 불편함이 발생하고 있습니다. 당신 파트너에게 이 정도의 점수를 주었다면, 아마도 당신은 이 관계가 당신에게 옳은 선택인지 혼란스러워하고 있을지도 모릅니다. 당신이 처해 있는 딜레마는 이해할 수 있는 것이며, 저는 당신이 이 공식을 사용해서 그 이유를 발견할 수 있기를 희망합니다. 당신과 당신 파트너는 어떤 영역에서는 융화할 수 있지만, 다른 영역에서는 융화할 수 없는 것입니다. 그렇다고 반드시 관계를 끝내야 한다는 것을 의미하지는 않습니다. 대신 당신이 행복해하지 않는 부분들을 상대방에게 솔직하게 말하고, 상황을 개선하기 위해 어떤 행동을 할 것인지 서로 합의해야 한다는 것을 의미합니다.

"우리는 다른 커플보다는 훨씬 낫다." 또는 "우리가 공유하는 이 모든 좋은 것들을 봐."와 같이 변명하는 것을 중단하세요. 이것이 사실일 수도 있지만, 당신은 만족하지 않으며 시간이 흐를수록 상황은 더욱더 악화될 뿐 더 나아지지 않을 겁니다. 전문적인 상담을 통해 문제가 되는 영역들에 초점을 맞추어서 그것들을 강력한 학습 경험으로 변화시킬 수도 있을 겁니다. 만일 당신 파트너가 관계를 개선시키는 일에 동참하는 것을 거부한다면, 당신에게 맞는 사람과 같이 있는 것이 아니라는 사실을 직면해야 합니다. 당신이 비참한 것이 아닙니다. 다만 행복할 수 있을 만큼 행복하지 못하고, 사랑받을 수 있을 만큼 사랑받지 못하는 것입니다. 당신은 스스로를 속이고 있습니다.

앞서 이야기했던 치명적 결함과 융화의 시한폭탄은 이 70~80퍼센트 그룹에도 해당됩니다. 특히, 80퍼센트 이하의 점수를 받은 사람들의 경우에는 문제들이 야기하는 치명적인 영향에 맞서 싸울 수 있는 충분한 토대가 존재하지 않을 수 있습니다.

### 0~69% 융화

당신에게 맞지 않는 사람과 관계를 맺고 있을 가능성이 매우 높습니다. 당신은 상대방을 사랑하고 있다고 느낄 수도 있습니다. 오랜 시간을 같이 보냈지만 계속해서 사랑이 넘치고 즐길 만한 관계를 만들어 낼 만큼 충분한 영역에서 공명하고 있지 않습니다. 당신이 원하는 것을 지금까지 얻지 못했기 때문에 긴장, 갈등, 싸움, 외로움 그리고 고통에 대한 내성을 키워 왔을 수 있습니다. 하지만 당신은 여전히 이 사람과 함께 있습니다. 이런 단어들을 읽는 것이 고통스럽다는 것을 잘 알고 있습니다. 그러나 스스로에게 정직하다면, 당신은 얼마 동안 아무도 모르게 이런 식으로 느껴왔다는 것을 깨닫게 될 것입니다. 아마도 당신은 이것을 직면하기가 두려웠을 겁니다. 그래서 지금까지 이 관계를 바라보는 것을 피해 왔던 것입니다. 자녀, 금전적 문제, 질병과 같은 이유들 때문에 이 관계에 머물러 있었던 것일 수도 있습니다. 그러나 사실은 이 관계가 당신에게 행복보다는 불행을 초래하고 있다는 것입니다.

**점수가 낮을수록 관계는 더 좋지 않습니다.** 당신 파트너가 50대 또는 60대의 점수를 얻었다면 그 관계는 극도로 융화할 수 없습니다. 상대방이 50퍼센트 미만의 점수를 얻었다면 그것은 악몽이라고 볼 수 있습니다. 전문적인 도움을 받더라도 두 사람 사이에 융화될 수 없는 영역들이 너무나 많아서 서로에게 맞출 수가 없습니다. 두 사람이 나쁘다거나 잘못이 있다는 말이 아닙니다. 단지 두 사람이 서로 어울리지 않는다는 것입니다.

## 당신의 10가지 융화 영역 평가하기

당신의 관계가 얼마나 조화롭게 융화될 수 있는지를 가장 쉽게 알 수 있는 방법은 10개 영역의 융화 점수들을 열거해 보는 것입니다. 각 영역은 당신의 여러 측면들을 반영하지만, 어떤 영역들은 다른 영역들보다 당신의 특정 부분에 대해 더 많은 것들을 밝혀 줍니다.

- ❋ 당신의 가치체계는 자기계발, 영적, 신체적, 직업적 영역들에 반영되어 있습니다.
- ❋ 당신의 정서적 프로그램은 정서적, 성적, 의사소통, 대인적, 직업적/재정적 영역들에 반영되어 있습니다.
- ❋ 당신의 배경은 당신의 직업적, 지적, 흥미 영역에 반영되어 있습니다.

> **중요** 사람들에게는 더 중요하게 여기는 융화 영역들이 있습니다. 예를 들어, 당신이 프로 운동선수라면 영적 혹은 자기계발 영역보다는 신체적 영역에서 융화 점수가 높은 것에 더 신경을 쓸 겁니다. 이런 방식으로 신체 영역은 융화 공식에서 10분의 1 이상의 가치가 있습니다. 반면에 당신이 성직자라면 영적인 영역이 신체 영역보다 더 중요할 것이며, 비록 신체 영역에서 낮은 점수를 얻었다 하더라도 영적 융화에서 높은 점수를 받았다면 그 중요도 면에서 신체 영역 점수는 그 가치가 다소 떨어질 것입니다. 당신의 10개 영역을 평가할 때 이 점을 고려하기 바랍니다.

몇 가지 예를 살펴보겠습니다.

### 록산과 존

록산과 존은 지난 9개월 동안 데이트를 했습니다. 록산은 이 관계를 지속해야 할지 끝내야 할지 혼란스럽습니다. 록산이 존에 대해 융화 평가를 내린 것을 보면 왜 그녀가 그렇게 많은 문제들을 가지고 있었는지 이해할 수 있습니다. 존의 전체 융화 점수는 63퍼센트로 조화로운 관계를 형성하기 위해 필요한 점수보다는 매우 낮습니다. 그러나 각 영역을 개별적으로 살펴보면 록산이 처한 딜레마를 좀 더 이해할 수 있게 됩니다.

| 범주 | 융화 백분율 |
|---|---|
| _ 신체 스타일 | 77 |
| _ 정서적 스타일 | 60 |
| _ 대인적 스타일 | 55 |
| _ 지적 스타일 | 100 |
| _ 성적 스타일 | 40 |

| | |
|---|---|
| _ 대화 스타일 | 43 |
| _ 직업적/재정적 스타일 | 95 |
| _ 자기계발 스타일 | 23 |
| _ 영적 스타일 | 46 |
| _ 흥미와 취미 | 92 |

**록산과 존은 제가 5장에서 말했던 '부분적인 융화'에 해당됩니다.** 그들의 지적, 직업적 스타일은 매우 비슷하고 흥미는 완벽하게 어울립니다. 이것이 왜 록산이 처음에 존에게 끌렸는지를 설명해 줍니다. 그는 지적이고 성공한 세속적인 사람입니다. 또한 공교롭게도 자전거 타기, 캠핑, 외식을 좋아하는 록산과 비슷한 취미를 지니고 있습니다. 자연스럽게 록산은 그녀가 꿈에 그리던 남자를 만났다고 생각했겠죠. **두 사람이 부분적으로 강하게 어울린다는 것 때문에 두 사람이 서로에게 맞는 사람이라는 환상을 불러일으켰습니다.** 관계를 시작한 지 몇 달 되지 않아 록산이 존에게서 더 많은 정서적 유대와 친밀감을 원하기 시작했을 때, 서로 융화될 수 없는 부분들이 표면으로 나타나기 시작했고 관계가 급격히 악화되었습니다.

'부분적인 융화'가 어떤 모습인지를 그림으로 나타내면 다음과 같습니다.

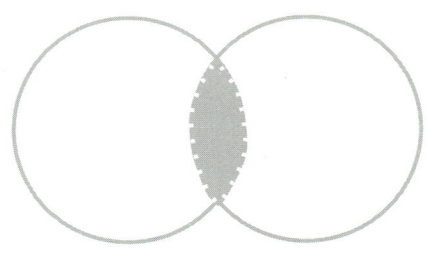

그림에서 망 부분이 서로 공유하고 있는 융화 영역입니다. 록산이 관계에서 이 부분에만 초점을 맞춘다면 존은 그녀에게 완벽하게 보일 겁니다. 그러나 록산이 자신의 정서적/대인적 욕구에 초점을 맞추면 불화가 시작됩니다. 관계의 역동에 영향을 미치는 모든 영역(정서적, 성적, 대인적, 영적)에서 존은 록산과 완전히 다릅니다. 자기계발 스타일에서 23퍼센트밖에 융화할 수 없다는 것을 보세요. 존에게 성장하는 것은 자신의 주식 가치가 상승하는 것을 의미합니다.

이 융화 공식을 사용했던 록산은 존이 자신을 위해 올바른 사람이 아니라는 것을 깨달을 수 있었고, 왜 두 사람이 어울리지 않는지 분명히 이해할 수 있었습니다. 그렇게 함으로써 록산은 끔찍한 실수를 저지르고 있는 것은 아닌지 걱정하지 않으면서 훨씬 더 쉽게 관계를 끝낼 수 있었습니다. 또한 다음에 사귈 파트너에게서는 어떤 것을 원할지 정확하게 초점을 맞출 수 있도록 도와주었습니다.

**기억할 것** 융화 공식을 사용해서 예전에 사귀었던 사람들을 평가해 보세요. 과거에 내렸던 선택에 관해 흥미로운 점들을 발견하게 될 것입니다. 만일 당신이 현재 싱글이라면 새로운 파트너를 만나기 전에 바로 지금 이 공식을 사용할 수 있습니다.

### 모니카와 찰스

찰스에 관한 모니카의 융화 목록은 전형적인 사례로서 전에 한 번 사용된 적이 있습니다. 모니카가 공식을 적용해서 남편인 찰스의 점수를 매겼을 때 매우 높은 점수인 91퍼센트가 나왔습니다. 하지만 모니카는 관계가 다소 행복하지 않게 느껴진다고 말했습니다. 그래서 10개 영역에 대한 결과를 모두 열거해 본 결과 문제가 되는 것이 어떤 영역인지 명확히 알게 되었습니다.

| 영역 | 융화 백분율 |
|---|---|
| _ 신체적 스타일 | 100 |
| _ 정서적 스타일 | 86 |
| _ 대인적 스타일 | 93 |
| _ 지적 스타일 | 83 |
| _ 성적 스타일 | 73 |
| _ 대화 스타일 | 83 |
| _ 직업적/재정적 스타일 | 95 |
| _ 자기계발 스타일 | 100 |
| _ 영적 스타일 | 100 |
| _ 흥미와 취미 | 96 |

이 목록을 보고 두 사람의 결혼생활에서 무엇을 발견할 수 있습니까? 무엇보다도 두 사람이 왜 함께 사는지는 분명합니다. 자기계발, 신체적, 영적 범주에 반영된 것처럼 두 사람의 가치체계는 거의 동일합니다. 이것은 그들이 비전을 공유하는 아주 견고한 토대 위에 관계를 맺고 있는 것을 의미합니다. 또한 직업적/재정적, 대인적, 흥미 분야에 반영되어 있듯이 그들의 성격도 아주 비슷합니다. 거의 모든 영역에서 전혀 갈등이 없거나 아예 존재하지 않습니다.

그들의 관계에서 문제가 되는 영역은 가장 낮은 점수를 보인 부분, 즉 성생활입니다.

_ 자주 섹스를 즐김               2
_ 매우 관능적임                 3
_ 민감하고 능숙한 연인           5
_ 유혹적임                     2
_ 껴안는 것을 좋아함             5
_ 쉽게 발기함                   5

모니카는 이 범주를 다시 한 번 살펴보면서 애인으로서의 찰스의 능력과 다정다감한 특성에는 매우 만족하고 있지만, 자주 성관계를 갖지 못한다는 것과 찰스가 보다 낭만적이고 유혹적이 되려는 노력을 기울이지 않는다는 사실에 자신이 만족하고 있지 않다는 것을 발견합니다. 이것은 모니카와 찰스가 함께 노력해야 할 부분입니다. 다행인 것은 두 사람이 자기계발 영역에서 너무나 잘 어울리기 때문에 성생활을 증진시키는 것이 그다지 문제가 되지 않을 것입니다. 또한 모니카는 찰스의 정서적 스타일과 대화 스타일이 자신이 원하는 만큼 융화되지 않는다는 사실을 알게 됩니다(남녀 사이에서는 이상한 일이 아닙니다.). 이 또한 지속적으로 논의하고 개선해야 할 필요가 있는 부분입니다.

## 융화 가능한 관계의 그림

진정으로 융화될 수 있는 관계에서는 두 사람이 대부분의 영역에서 공명하면서도 각자의 개성을 유지합니다. 아마도 다음과 같은 모양일 겁니다.

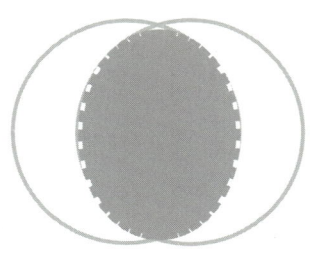

　서로가 지닌 차이점들은 성장을 위한 멋과 기회를 제공하지만, 대부분의 관계 영역들은 공명하고 조화를 이루면서 강력한 중심을 구축하게 됩니다. 두 사람의 관계가 일생 동안 지속되기 위해서는 두 사람의 개성을 이루고 있는 부분들이 세월이 흐르면서 점점 더 하나로 융합되어야 할 것입니다. 정반대의 경우가 발생한다면, 즉 개성을 이루고 있는 부분들이 제각기 멀어진다면, 서로 행복하고 조화롭게 사는 것이 어려울 것이고 아마도 헤어져야 할지도 모릅니다.

## 누가 당신에게 맞는지는 당신만이 안다

　이 책을 처음 쓰기 시작했을 때, 저는 융화에 대한 부분을 많이 걱정했습니다. 독자들에게 몇 가지 지침과 공식을 제공해서 그들의 관계를 평가하도록 해야겠다는 것은 알았지만, 융화와 관련된 간단한 퀴즈를 내서 그것에 기초해서 당신이 얼마나 관계에서 행복한지를 말하는 일에 대해서는 단호하게 반대했습니다. 어떻게 하면 제 기준과 욕구가 아니라 독자 자신의 기준과 욕구에 근거해서 관계를 평가하도록 도울 수 있을지에 관해 많은 시간을 생각했습니다. 이러한 걱정과 염려를 통해 융화 목록과 공식이 나오게 된 것입니다. 이러한 결과에 저는 만족합니다. 그리고 이 목록과 공식이 당신의 애정생활을 좀 더 명확히 이해하는 데 도움이 되었기를 바랍니다.

　궁극적으로 중요한 것은 당신 자신의 행복이고, 제가 어떻게 생각하느냐가 아니라 당신 자신이 어떻게 생각하느냐입니다. 따라서 당신 파트너의 융화 점수가 63퍼센트로 나왔고 제가 그것은 썩 좋지 않은 점수라고 말했다 하더라도, 당신 생각에 그 관계가 잘 될 수 있다고 생각한다면 당신 자신의 느낌대로 진행하기 바랍니다. 저 역시 제가 틀렸기를 희망하고 그 관계가 잘 되기를 희망합니다. 제가 설정한 영역은 많은 관계에서 사실이라고 느껴 왔던 것들에 대해 간단히 일반화한 것입니다. 그것들이 완전히 돌처럼 굳어진 것도 아니고 과학적으로도 정확하지 않습니다. 따라서 그것들이 당신에게 도움이 되면 사용하시고, 도움이 되지 않는다면 다음 섹션으로 넘어가세요!

　간단한 것을 좋아하고 퍼센트, 나누기, 모든 종류의 계산을 싫어하는 분들을 위해 누군가와 얼마나 잘 어울리는지를 알 수 있게 해 주는 62초짜리 융화검사가 있습니다. 저는 특정한 파트너에 대해 어떤 느낌인지를 즉각적으로 알고 싶어 하는 분들에게 이 검사를 권합니다. 파티나 데이트를 하면서 이 검사를 가지고 이야기하는 것 또한 재미있을 겁니다. 그러나 사소하게 보이는 다음 네 개의 질문들이 사람을 현혹시킬 수도 있다는 점을 경고합니다. 이 질문들에 답하는 것이 생각보다 더 강렬한 경험이 될 수 있습니다. 준비되셨나요? 그럼 한 번 해 보죠.

### 62초 융화검사

당신의 미래 혹은 현재 파트너에 관한 다음 네 가지 질문을 스스로에게 해 보세요.

1. 난 이 사람과 아이를 갖고 싶은가?
2. 난 이 사람을 꼭 닮은 아이를 갖고 싶은가?
3. 난 이 사람처럼 되고 싶은가?
4. 그가 현재 모습에서 전혀 변하지 않는다 해도, 내 인생을 이 사람과 보내고 싶은가?

당신이 이 모든 질문들에 '예'라고 답했다면, 아마도 두 사람은 서로 융화할 수 있을지도 모릅니다. '아니요'라고 대답했다면 왜 아닌지 스스로에게 물어보세요.

이 네 가지 질문에 답하기 위해서는 이 장 전체를 다시 한 번 읽어 봐야 한다는 것을 알아차리셨나요? 이 질문들이 쉬울 거라고 약속하지는 않았습니다. 단지 계산하는 것이 아니라고만 말했지요.

융화를 이해하는 것은 두 사람을 함께 묶어 주는 열정적이고 낭만적인 사랑을 찾는 것만큼 강한 흥미를 불러일으키지 않습니다. 그러나 철학자 니체는 말했습니다. "결혼을 불행하게 만드는 것은 사랑이 부족해서가 아니라 우정이 부족해서다."

사랑과 융화가 있다면 당신과 당신 파트너가 이 이후로 영원히 행복하게 사는 것이 더 쉬울 것이라고 저는 믿습니다.

11 S·t·o·r·y

# 전념하기:
## 그 관계가 옳은 것일 때 전념하고 지키며, 옳지 못할 때 떠나 보내기

당신이 어떤 사람을 다시 보고 싶지 않다면, "난 당신을 사랑해요. 당신과 결혼하고 싶어요. 당신의 아이를 갖고 싶어요."라고 말하세요. 그들은 엄청 빨리 사라질 겁니다.
-희극인, 리타 러드너

흥미로운 저녁 시간을 위한 한 가지 아이디어가 있습니다. 미혼인 사람들을 모아서 '관계에 전념하기'라는 주제를 꺼내 보세요. 그리고 그들의 열띤 반응들을 지켜보세요. 대부분의 여자들 얼굴에서는 뭔가 갈망하는 표정을 읽을 수 있겠지만, 남자들은 단지 그것에 관해 이야기하는 것조차 고문처럼 여기는 것을 보게 될 것입니다. '전'으로 시작하는 단어는 사람들에게 이런 영향을 미치는데, 희망과 행복이라는 강렬한 감정을 불러일으키기도 하지만 한편으로는 저항과 두려움의 감정 또한 불러일으킵니다.

저는 로스앤젤레스에서 라디오쇼를 진행한 2년 동안 전념(commitment)과 관련해서 수천 통의 전화를 받았습니다.

* "제가 이 관계에 전념하기를 원할 만큼 남자친구를 충분히 오래 사귀었는지 어떻게 알 수 있죠?"
* "여자친구는 저보고 자꾸 청혼하라고 압력을 주고 있지만, 전 아직 준비가 되어 있지 않아요. 제가 얼마나 오래 기다려야 하나요?"
* "결혼한 지 두 달이 되었지만, 결혼하기 전에 단지 6개월 동안 남편을 알고 지냈어요. 지금 결혼생활에서 몇 가지 문제들이 발생하고 있는데 우리가 너무 빨리 결정을 내린 건 아닌지 의문이 생겨요."

지금까지 올바른 파트너를 선택하는 데 공명과 융화가 중요하다는 점을 살펴보았습니다. 이제는 세 번째 요소인 전념을 추가할 시간입니다.

관계가 순조롭게 진행되기 위해 필요한 세 가지 요소
1. 공명  2. 융화  3. 전념

관계에 전념하지 않을 때, 그 관계는 피상적이고 방향을 잃은 것입니다. 서로에게 진정으로 전념하지 않는다면 사랑과 친밀감의 깊이를 경험할 수 없습니다.

관계에 전념하는 것의 진가는 다음과 같습니다.

* **전념은 관계에 목적을 부여한다_** 전념하지 않는 관계는 마치 망망

대해에 방향타 없는 배와 같습니다. 배 자체는 특정한 방향을 찾는 힘이 없습니다. 방향은 조류나 바람에 따라 변합니다. 전념은 관계에 목적과 방향을 제공하고, 관계가 제자리에서 빙빙 돌기보다는 앞으로 나아갈 수 있게 해 줍니다.

✽ **전념함으로써 관계에 몰입한다_** 관계에 전념하지 않고 누군가를 사귀는 것과 전념하면서 사귀는 것의 차이는 집을 전세 들어 사는 것과 소유주가 되는 것의 차이와 같습니다. 대부분의 사람들은 자신의 소유가 아니면 주택이나 아파트를 다룰 때 덜 조심합니다. 하지만 우리가 처음 집을 샀을 때는 모든 게 달라집니다. 갑자기 스크래치와 얼룩이 눈에 들어옵니다. 당신은 당신의 자녀, 친구 또는 애완동물이 당신의 소중한 재산에 뭘 흘리거나 망가뜨리지는 않는지 마치 독수리처럼 감시합니다.

**한 사람에게 완전히 전념하게 되면 당신의 더 많은 부분들이 투자되기 때문에 그 관계를 다루는 방식이 달라집니다. 이렇게 되면 전념하지 않았을 때는 가능하지 않았던 방식으로 관계가 성장하고 발전하게 됩니다.**

> 관계에 전념하면 그 관계에서의 주인이라는 것을 경험하기 때문에 더욱더 진심으로 관심과 에너지를 쏟는다.

✽ **전념은 정서적인 안정감을 준다_** 계약 없이 아파트나 사무실을 세냈다고 상상해 보세요. 언제라도 집주인은 당신을 길거리로 내몰 권리가 있다고 할 수 있습니다. 당신에 대한 집주인의 책무가

이토록 미약하다는 것을 알면서 그 집에 살게 되었을 때 느낄 긴장감을 상상해 보세요. 이것은 전념하지 않는 관계에서 느끼게 되는 긴장감입니다. 당신은 이 관계가 안전하지 않다고 느끼며 불안한 상태가 지속됩니다. 저는 누군가와 3개월 동안 데이트를 하면서 진지하게 관계에 전념하지 않는 것을 말하고 있는 것이 아닙니다. 제가 이야기하고 있는 것은 상당한 기간 동안 누군가와 성적으로나 정서적으로 관계를 맺으면서도 이 관계를 위한 앞으로의 계획에 대한 언질이나 약속 등을 받지 못하는 것을 말합니다.

물론 관계에 전념한다고 해서 상처나 상실감을 경험하지 않는다는 것은 아닙니다. 이것은 마치 집을 계약했다고 해서 집에서 쫓겨나는 것을 완전히 보호해 주지 못하는 것과도 같습니다. 그러나 이것은 당신 파트너의 의도를 반영합니다. 이러한 의도는 당신에게 일정한 수준의 정서적 안정감을 제공하게 되는데, 관계에서 긴장을 늦추고 마음을 놓게 합니다.

※ **전념하면 자유로워진다_** 많은 사람들은 '전념'이라는 말을 들었을 때 부정적인 이미지를 연상합니다. 특히, 남자들은 전념을 자유의 제한 내지는 상실과 동일시하기 때문에 전념하는 것에 저항합니다. 저는 전념이 정반대의 효과를 지니고 있다고 믿습니다. 한 관계에 전념하면 여러 다른 방향으로 소모되고 있는 당신의 정서적 에너지를 한 사람에게 집중할 수 있게 됩니다. 당신은 자유롭게 관계에 몰입하게 되고, 아무런 제약 없이 온전하게 사랑하고 줄 수 있게 됩니다. 이것은 해방의 경험을 제공하는데, 당

신 파트너에게 굴복하는 것이 아니라 사랑 자체에 당신을 온전히 맡기는 것입니다. 물론 이것은 당신에게 맞는 바로 그 사람과 함께 있을 때에만 이루어집니다.

당신에게 맞는 바로 그 사람에게 전념하게 되면 정서적으로 해방된다. 잘못된 사람에게 전념하게 되면 당신을 구속할 것이다.

## 왜 우리는 관계에 전념하는 것을 두려워하는가

사람들이 저에게 자신의 파트너가 관계에 전념하는 것을 두려워한다고 말할 때마다, 저는 전념하는 것을 두려워하는 것이 문제가 아니라 무의식적이고 보다 근원적인 두려움이 문제라고 말해 줍니다. 저는 우리로 하여금 전념하는 것을 불편하게 만드는 네 가지 기본적인 두려움을 발견했습니다.

{ 전념하는 것에 대한 두려움 01
### 미래에 대한 두려움 }

파트너에게 전념하는 것을 주저하는 사람들이 전념하는 것은 솔직하지 못한 행위라고 주장하는 것을 종종 들었습니다. "제가 어떻게 제 여자친구에게 항상 사랑할 거라고 약속할 수가 있겠습니까?" 어떤 남자가 저에게 묻습니다. "우리가 십 년 후에 헤어지면 어떡하나요? 혹은 그녀가 저를 배신해서 제가 그녀를 떠나면 어떡하죠? 그러면 제가 한 약속을 지키지 못하는 것이 되잖아요."

 두 쌍 중 한 쌍이 이혼하는 상황에서는 파트너에게 전념하는 것에 대해 덜 확신하는 것이 당연합니다. 우리는 예측 불가능하고 가끔은 우리를 깜짝 놀라게 만드는 세상에 살고 있습니다. 우리 중 어느 누구도 미래에 어떤 일이 발생할지 알지 못합니다. 만일 상대방에 대해 미래에 어떻게 생각하고 느낄지를 약속하는 것이 전념이라고 생각한다면 관계에 전념하는 것이 더더욱 불편할 겁니다.

 제 대답은 이렇습니다.

 진정으로 전념한다는 것은 사랑이 얼마 동안 지속될 것인지를 약속하는 것이 아니라 매 순간 파트너를 온전하게 사랑할 것을 약속하는 것입니다. 이러한 약속은 그 관계를 통해 우리가 우리 스스로를 사랑하고 존경하는 동안에만 한정되는 것입니다.

 예를 들어, 당신은 결혼생활에 전념하기로 결심했는데, 나중에 당신 파트너가 관계를 개선시키려 하지도 않고, 술을 끊으려 하지도 않으며, 당신 또는 아이들을 학대하는 것을 중단하지 않을 수도 있습니다. 만일 당신이 정말로 그 약속을 지키려 한다면 끔찍하게 고통스러운 딜레마에 빠지게 될 겁니다. '난 이 결혼생활에 남아 있기로 약속했어. 하지만 비참해.' 라고 당신 스스로에게 말합니다. 반면에 관계가 건강할 경우에 한해서만 사랑할 것을 서약한다면, 일단 그 관계를 구하기 위해 당신이 할 수 있는 모든 일을 다 한 후에 그 관계를 끝낼 수 있을 것입니다. 왜냐하면 당신은 당신 스스로에게 한 약속을 지키고 있기 때문입니다.

 작은 불편함이라도 경험하면 그 서약을 깨라고 제안하는 것이 아닙니다. 제가 말하고 싶은 것은 미래에 대한 두려움 때문에 서로에게 좀 더 진지하게 전념하는 것을 거부해 왔다면 좀 더 솔직하게 느껴지도록 전념의 의미를 다시 정의할 수도 있다는 말입니다.

{ 전념하는 것에 대한 두려움 02
## 상처받는 것에 대한 두려움 }

이혼한 적이 있거나 큰 이별을 경험한 사람들은 대부분 약간의 '전념 공포'를 갖게 되는 경향이 있습니다. 결국 당신의 마음을 누군가에게 완전히 주게 되면 당신에게 고통과 슬픔을 가져올 것이라는 증거가 있는 것입니다. 제 친구 중 한 명은 최근에 실연을 경험했는데, "얼마 전에 겪었던 것을 왜 또 자진해서 그 전쟁을 치르려고 해?"라고 말했습니다.

저는 결혼하고 이혼한 것이 한 번이 아니기 때문에 이런 식의 생각을 전적으로 공감할 수 있습니다(성급하게 관계에 전념하는 것이 제가 가장 즐겨했던 취미생활 중 하나였거든요.). 그러나 제가 깨달은 중요한 교훈 중 하나는 다음과 같습니다.

> 궁극적으로 우리에게 고통을 야기하는 것은
> 사랑에 빠지는 것 또는 관계에 전념하는 것이 아니다.
> 그것은 잘못된 사람에게 전념하기 때문이다.

저는 당신이 이러한 차이점을 이해할 수 있기를 바랍니다. 그것이

제가 이 책에서 강조하고 있는 가장 중요한 요점 중 하나이기 때문입니다. 당신이 정서적으로 상처를 입을까 봐 전념하는 것을 회피하는 것은 어떤 식당에 가서 식중독에 걸렸기 때문에 다시는 외식하지 않겠다고 결정하는 것만큼이나 불필요한 것입니다. 더 신중하게 식당을 선택하면 그만입니다. 그리고 이 점이 제가 이 책 전체를 통해 전달하려고 하는 메시지입니다. 좀 더 현명하게 사랑을 선택할 때, 그 관계는 상처가 아닌 기쁨의 원천이 될 것입니다.

여러 면에서 사랑하면서 큰 실수를 범했던 사람들은 다음번에는 더 나은 선택을 할 수 있는 좋은 위치에 있습니다. 물론 과거 경험을 통해 배웠고 정말로 어울릴 수 있는 사람을 선택한다면 말이죠. 관계에 내재된 문제들에 주의를 기울이지 않아서, 그리고 파트너에게서 원하는 것을 요구하지 않아서 치르는 대가를 잘 알고 있습니다. 따라서 당신이 과거에 상처를 받았다고 생각한다면 태도를 바꿔서 이제는 성공적인 관계를 만들어 낼 만큼 충분한 자질을 갖췄다고 생각하면 어떨까요?

{ 전념하는 것에 대한 두려움 03 }
## 잘못된 사람을 선택하는 것에 대한 두려움

만일 관계에 전념하면서 놀라 본 적이 있다면 아마도 다음과 같은 끔찍한 환상을 가져보았을 겁니다.

많이 사랑하는 사람과 얼마 동안 사귀었지만, 당신은 이 사람에게 전념하는 것이 두렵습니다. 언젠가 이 사람보다 더 좋은 사람 혹은 당신과 더 잘 어울리는 사람을 만나면 어떡해야 할지 걱정합니다. 오랜 시간 결정을 미뤄 오다가 마침내 그런 걱정이 바보 같은 것이라고 결정하고 당신 파트너와 결혼하기로 합의합니다. 완벽한 결혼식을 치르고 화려한 신혼여행을 다녀옵니다. 돌아와서 몇 주가 지난 후, 당신이 어느 가게에 서 있는데 가게 안을 둘러보다가 당신의 심장이 멎습니다. 당신의 두 눈이 진정한 소울메이트라는 것을 단번에 알아볼 수 있는 그 사람에게 꽂힙니다. 당신은 그 즉시 사랑에 빠집니다. 그런 사람이 어딘가에 있을 거라는 것을 늘 알고 있었습니다. 그리고 갑자기 한숨을 쉽니다. "오 하나님, 전 결혼했어요."

이런 악몽을 꾸어 본 사람이 어디 저뿐이겠어요? 제가 해 온 연구에 의하면 저 혼자만은 아닐 거라고 생각합니다. 당신이 누군가에게 전념할 때, 특히 평생을 전념하려고 할 때, 이렇게 걱정하는 것은 자연스러운 일입니다. 내가 조금만 더 기다린다면 더 좋은 사람이 나타날 수 있지 않을까 궁금해할 것입니다. 내가 지금 실수하고 있지 않다고 어떻게 100퍼센트 확신할 수 있을까요? 이것은 마치 신께서 다음과 같이 말하는 것과도 같습니다. "바버라, 들거라. 네가 제프리와 결혼할지 고민하고 있다는 것을 잘 알고 있다. 그는 내가 너를 위해 생각했던 바로 그 사람이라는 것을 보장한다. 그러니 나를 믿어라. 너는 실수하는 것이 아니다. 이제 기분이 좀 나아졌느냐? 이제 가야겠구나. 하늘에서는 할 일이 많아서. 잘 지내거라." 제가 올바른 선택을 하고 있다고 신께서 말씀하시니 이제 안심할 수 있을 겁니다.

불행하게도 우리는 우리가 선택하는 사랑에 대해 이러한 종류의 확신을 가질 수 없습니다. 누군가에게 영원히 전념하는 것을 심사숙고할 때, 이런 정도의 의심은 정상이라고 생각합니다. 그러나 어느 이상으로 의심하는 것은 당신이 올바른 선택을 하고 있지 않다는 마음으로부터의 경고 신호일 수도 있습니다. 궁극적으로 시간만이 당신의 선택이 옳았는지 말해 줄 것입니다. 융화할 수 있는 파트너를 선택하고 관계가 잘 되기 위해 전념하는 것은 당신에게 달려 있습니다.

만일 당신이 전념하는 것을 심사숙고하고 있지만 당신 파트너에 대해 심각하게 염려되는 점이 있다면 이 책을 다시 읽고 모든 연습을 주의 깊게 했는지 다시 한 번 확인해 보세요. 저는 가능한 한 많은 의심들을 줄일 수 있기 위해 그리고 과연 당신과 당신 파트너가 융화할 수 있는지를 결정하는 데 도움이 되는 증거들을 제공하기 위해 모든 퀴즈와 체크리스트를 고안했습니다.

{ 전념하는 것에 대한 두려움 04
## 당신의 부모처럼 될지 모른다는 두려움 }

"전 제 여자친구와 결혼하고 싶지 않아요. 지금 당장은 우리 관계가 너무 좋죠. 정말로 멋진 시간을 보내고 있으니까요. 성관계도 너무 좋고 서로를 잘 이해해 줍니다. 만일 우리가 결혼한다면 결국 제 부모님이나 제 주변에 결혼한 사람들처럼 될 거예요. 상대방의 흠집을 잡기 시작할 겁니다. 제 여자친구는 살이 찔 거고, 제 몸매 역시 망가지겠죠. 서로를 당연하게 여길 거예요. 미안하지만 저는 결혼해서 현재의 관계를 망가뜨리고 싶지 않습니다."

자신의 부모처럼 관계를 맺고 싶은 사람이 얼마나 되는지 손을 들어보라고 하면 거의 모든 사람들이 손을 들지 않고 대부분의 사람들이 불편한 웃음을 터뜨립니다. 자라면서 건강하고 행복한 결혼생활을 목격한 사람들이 거의 없다는 것은 슬프지만 사실입니다. 그래서 우리가 한 사람에게 '정착'하는 것에 대해 덤덤하게 느끼는 것은 당연한 일입니다. 특히, 이혼한 가정에서 어린 시절을 보낸 사람들에게는 더욱 그렇습니다. '정착(settling down)'한다는 말은 결혼에 대해 덜 긍정적인 관점을 포함하고 있습니다. 결혼은 우리를 끌어올리기보다는 깎아내린다는 것을 함축하고 있습니다. 저와 함께 일했던 많은 사람들이 다음과 같이 느낍니다.

전념 = 지루함, 자유의 상실, 고된 일, 재미없음, 성생활 없음

문제는 전념에 대한 우리 부모의 정의와 상(像)을 우리가 물려받았지만, 관계에 전념한다는 것이 어떤 모습을 가져야 하는지 우리 스스로 정의 내리지 않았다는 것입니다. 결혼하든 결혼하지 않든 전념한다고 해서 미리 결정된 일련의 경험들을 자동적으로 하게 된다는 것은 아닙니다. 당신은 경험을 창조하고 당신이 원하는 의미를 당신 관계에 부여할 자유를 지니고 있습니다. 어떤 커플이든 관계에 전념하는 것을 고려하고 있건 이미 그렇게 하고 있건 간에 전념하는 것이 무엇을 의미하는지, 그리고 그들 관계가 어떤 모습을 갖기를 원하는지 시간을

두고 의논하는 것이 중요합니다. 이렇게 함으로써 전념하는 것과 관련된 당신의 걱정이 근절되고 두려움이 흥분으로 변합니다.

## 당신은 전념을 갈망하고 있는가

※ 당신은 신부들을 위한 잡지를 보면서 그 물건들을 살 자격이 되는 날을 꿈꾸고 있습니까?
※ 당신은 매번 새로운 사람을 만날 때마다, 만난 지 몇 분 이내에 머릿속으로 그 사람과 결혼을 하고 아이를 갖습니까?
※ 당신은 신청서나 서류에 '미혼'이라고 체크하는 것이 싫으신가요?
※ 당신은 계속해서 멋진 남자들을 만나다가 결혼하는 친구들을 남몰래 미워합니까?
※ '시어머니'라는 말이 당신을 기분 좋게 흥분시킵니까?

위의 질문 중 어느 하나라도 '예'라고 답했거나 그랬던 적이 기억난다면, 당신은 '전념을 갈망한다.'라는 말이 무슨 의미인지 알고 있습니다. 제가 성차별주의자처럼 들리는 것이 싫지만, 분명 사회학적인 이유로 인해 여자들이 남자들보다 훨씬 더 '전념을 갈망'한다고 생각합니다(더 자세한 설명을 원한다면, 제가 저술한 『모든 여자들이 알아야 할 남자들에 관한 비밀』을 읽어 보세요.). 당신이 전념을 갈망하고 있을 때, 당신은 좋은 관계를 찾고 있기보다는 전념을 찾고 있는 것입니다.

종종 전념을 갈망하는 사람들은 우리가 관계 초기에 많이 저지르는 실수 중 하나인 성급한 전념을 감행합니다. 이런 사람들은 자신의 파트너가 관계에 전념하는 것을 몹시도 원하기 때문에 관계 자체의 질에는 거의 또는 전혀 관심을 기울이지 않습니다. 같은 집으로 이사를 들어오거나 혹은 결혼한 다음에 미몽에서 깨어나 그들이 완전히 융화할 수 없는 관계라는 것을 깨닫습니다.

제가 라디오쇼를 진행하고 있을 때 전념을 갈망하는 여성들에게서 항상 전화를 받곤 했습니다. 통화한 지 몇 분 내에 저는 그들이 다음과 같은 부류라는 것을 알 수 있었습니다. "박사님, 당신의 도움이 필요해요. 남자친구를 사귄 지 7개월 정도 되었죠. 정말 결혼하고 싶지만, 그 사람은 아직 준비가 되질 않았다고 하네요. 저는 스물한 살이고, 그 사람은 스물두 살이에요. 전 정말로 그 사람을 사랑해요. 다음 크리스마스까지는 약혼하고 싶어요. 그에게 최후통첩을 보내야 할까요?"

이런 분들에게 제 대답은 늘 같습니다. "뭐가 그리 급하죠? 왜 그렇게 서둘러서 약혼 또는 결혼을 하려는 건가요?" 저는 이미 그 대답을 알고 있기 때문에 이 질문은 수사적인 어구에 불과합니다. 전념을 갈망하는 사람들에게는 누군가에게 소속되려는 깊은 욕구가 있습니다 (저 역시 예전에 그랬기 때문에 잘 알고 있습니다.). 중요한 것은, 이런 사람들은 '누구' 와 함께 있느냐보다는 '소속되는 것' 에 더 많은 관심을 갖는다는 것입니다. 관계를 시작하는 순간부터 관계에 전념하라고 상대방에게 압력을 가하는데, 종종 관계에서 불화를 일으켜서 실제로는 이 과정이 더 오래 걸립니다. 슬프게도 이 부류에 속한 많은 여성들이 그들의 어머니에 의해서 전념을 갈망하도록 훈련받는데, 그들의 어머니 역시 헌신을 갈망했던 사람일 가능성이 높습니다. 얼마나 많은 여성들이 십대 후반과 이십대 초반에 남자를 찾아서 결혼해야 한다고 압력을 느끼는지 알면 놀랄 것입니다.

견고하고 성숙하며 사랑으로 가득한 관계를 형성하기도 전에 결혼하는 것은 무책임한 일입니다. 곧장 아이를 갖기로 결정한다면 더더욱 그렇습니다. 약혼의 흥분감은 사라질 겁니다. 결혼식과 신혼여행을 계획하고 준비하는 것도 곧 끝날 것입니다. 그러면 그 모든 즐거움과 행위 밑에 숨어 있던 것들이 당신에게 남겨질 것입니다. 그건 바로 아직 덜 발달한 미성숙한 관계입니다. "결혼해서 첫 1년은 지옥이다."라는 속담이 있는 것도 바로 이런 이유 때문입니다. 진실은 처음부터 결혼할 준비가 안 되어 있었다면 결혼 후 1년 혹은 그 이상의 세월이 지옥과 같을 것이라는 겁니다. 그리고 두 사람이 대화하고 신뢰하며 서로를 존중하는 견고한 기초를 다져 놓았다면, 결혼 후 첫 1년이 천국과 같을 것입니다.

만일 당신이 전념을 갈망하고 있다면 이 책에 제시된 연습들을 해 보고 당신 자신을 그리고 자신의 욕구를 이해하기 바랍니다. 안에서부터 당신 자신을 채우는 시간을 가져 보세요. 당신이 누구인지 그리고 인간으로서 당신의 특별한 장점이 무엇인지 발견해 보세요. 그렇게 강하게 밀어붙이는 것을 중단하고, 대신 견고하고 사랑스러운 관계를 만드는 일에 신경 쓰기 바랍니다.

## 전념의 네 수준

작년에 여성들을 대상으로 주최한 세미나에서 전념을 주제로 강연을 하고 있었는데, 어떤 참여자가 일어나서 다음과 같은 이야기를 했습니다. 그녀는 아주 멋진 남자를 만나서 약 두 달 동안 데이트를 한 것 같았습니다. 두 사람의 관계가 무르익기 시작했고, 따라서 그녀는 관계가 더 이상 진전되기 전에 이 남자가 두 사람의 미래에 관해 어떻게 생각하는지 알아야겠다고 결심했습니다. 어느 날 밤 데이트가 끝나갈 무렵, 그를 계속 만나고 더 깊이 친해지기 위해서는 어떤 식으로든 약속이 필요하다고 그에게 말했습니다.

"그 사람이 아주 조용해지더군요. 그러더니 너무 피곤해서 심각한 이야기를 할 수 없다고 핑계를 댔어요. 제가 너무 보채는 것 같아서 다음날 이야기하기로 하고 그만두었죠. 하지만 다음날에 전화가 오지 않았고, 그 다음날도, 심지어 일주일이 지나도 전화를 하지 않았어요. 저는 그 사람한테 전화해서 메시지를 남겼지만 저를 무시하는 것 같았어요. 처음에는 상처를 받았죠. 그러다 무슨 일이 일어났는지 이해할 수 없어서 화가 많이 났어요."

"전 더 이상 참지 않겠다고 결심하고 그 사람 사무실 밖에서 기다렸죠. 저를 보자 그 사람 얼굴이 빨개졌어요. 저는 그 사람을 되돌리려고 온 것이 아니라 왜 그렇게 서둘러서 저를 떠났는지 알고 싶어서 왔다고 말했습니다."

"내가 당신을 정말 좋아했지만 난 아직 결혼할 준비가 안 되어 있어. 어쨌거나 지금은 아냐. 당신을 알려면 시간이 더 필요해. 이것을 어떻게 말해야 할지 잘 모르겠더라구. 정말 미안해."

"결혼이라니요? 누가 결혼에 대해 말했다는 거죠?" 전 놀라서 소리 쳤어요.

"글쎄, 당신이 그랬지. 관계에 전념한다는 약속 없이는 더 이상 나아가지 않겠다고 했잖아." 그 사람이 혼란스러운 표정을 지으며 대답했습니다.

"전 제 귀를 믿을 수가 없었어요. 제가 그 사람에게서 원한 것이라고는 서로가 다른 사람을 만나는 것을 멈추고 성적으로 한 사람과만 관계를 맺자는 것이었어요. 이 불쌍한 남자는 제가 청혼하기를 원했다고 생각했던 거예요!"

우리 중 많은 사람들이 이 여성이 범했던 것과 똑같은 실수를 저지릅니다. 우리는 '전념'이라는 단어와 '결혼'이라는 단어가 같다고 생각합니다. 우리가 누군가를 만나서 좋아하게 되면 어느 시점에서 그 관계를 견고하게 하기 위해 그 관계에 전념해야겠다고 생각합니다. 따라서 당신 스스로에게 다음과 같이 질문합니다. '내가 이 사람과 결혼하고 싶은 걸까?' 이 질문에 대답하는 것이 너무 이르다면 아마도 당신은 혼란스러워지면서 '내가 지금 무엇을 하고 있는 걸까?' 라고 의아해할 겁니다.

저는 관계가 성장하면서 거치게 되는 기본적인 네 가지 수준의 전념이 있다고 생각합니다. 각 수준에 대해 설명할 겁니다. 이것이 당신의 관계를 이해하고 언제 다음 수준으로 넘어갈 시기인지를 이해하는 데 도움이 될 것이라 생각합니다.

## { 전념 수준 01 }
## 성적으로 감정적으로 한 사람에게만 전념함

현재 당신이 미혼이고 데이트를 하고 있는 중이라면 아마도 새로운 파트너를 알게 되는 데 어느 정도의 시간을 보낼 것입니다. 이 기간은 10장에서 이야기한 '새로운 관계' 범주에 해당됩니다. 그러다가 몇 주 혹은 몇 달 내로 관계를 더 진전시키기 위해 어떤 종류의 전념을 필요로 하게 됩니다. 이것은 성적·감정적으로 한 사람에게만 전념하는 것입니다.

수준 1에서 합의해야 할 것은 다음과 같습니다.

* 당신과 당신 파트너는 이 관계가 오직 하나뿐인 친밀한 관계라는 데 동의한다. 그리고 그 어느 누구도 아닌 서로에게만 시간과 에너지를 쏟는 데 전념한다.
* 당신과 당신 파트너는 서로에게 유일한 성적 파트너란 것에 동의한다('성'은 키스에서 삽입까지의 모든 것을 의미한다.). 그리고 4장에서 언급했던 성 관련 지침들에 동의한다.

만일 당신 파트너가 이 첫 번째 수준을 거부한다면, 저는 지금 당장 당신 파트너에게 이별을 고하라고 권하겠습니다. 한 사람만 사귀는 것을 가정하지 않는다면 그 관계는 성장할 수 없을 것입니다. 따라서 당신 파트너가 이 수준의 전념을 당신에게 제공할 만큼 충분히 당신을 존경하고 가치 있게 여기지 않는다면 그 사람은 기다릴 가치가 없습니다.

{ **전념 수준 02** }
# 동반자적 관계로 나아가는 데 전념함

일단 당신과 당신 파트너가 서로만 만나고 있다면 서로에 대해 더 깊이 알고 서로 융화할 수 있는지를 확인하기 위해 몇 달을 더 보낼 것입니다. 이것은 우리가 10장에서 '발전하는 관계'로 불렀던 것과 일치하는 과정입니다. 당신이 관계가 점점 더 좋아지고 있다고 느낄 때, 대부분의 시간과 생활을 공유하고 있다고 느낄 때, '우리'라고 생각하기 시작할 때 동반자관계를 형성하기 위한 두 번째 수준으로 들어갈 준비가 되어 있는 것입니다. 이것은 당신이 커플이 되었다는 것을 인정하는 것입니다(제가 어렸을 때에는 '애인이 되었다.'라고 불렀죠.).

수준 2에서 합의해야 할 것은 다음과 같습니다.

* 당신과 당신 파트너는 이 관계가 특별하고 가꾸어 갈 가치가 있다는 데 동의한다.
* 당신과 당신 파트너는 이 관계가 오래 지속될 동반자적 관계가 될 잠재성을 가지고 있다는 데 동의한다.
* 당신과 당신 파트너는 잠재적으로 오래 지속될 동반자적 관계를 만들기 위해 솔직하게 감정을 의사소통하고, 친밀해지는 것을 방해하는 장애물을 인식하며, 더욱더 서로를 이해하려고 함께 노력하는 것에 동의한다.

이 시기에 많은 사람들이 수준 2에서 필요한 전념의 수준에 다다르지 못하는 실수를 범합니다. 당신은 당신 파트너가 당신과의 미래를 꿈꾸고 있다고 가정합니다. 그렇지 않다면 왜 당신을 사랑한다고 말하며, 왜 모든 시간을 당신과 보내겠습니까? 실제로 당신은 당신의 그 가정들에 관해 이야기하지 않습니다. 그러다가 몇 달이 지난 어느 날 상대방에게 결혼이나 그 비슷한 이야기를 꺼냈을 때, "난 우리가 미래를 함께할 거라는 이야기를 한 적이 없어. 그런 식으로 당신을 사랑하는 게 아니야."라고 상대방이 말하게 되면 당신의 마음은 비통해집니다.

두 번째 수준으로 들어가지 않은 채 4개월 또는 그 이상 그 관계에 머물러 있지 마세요.

## 전념 수준 03
## 미래를 함께하겠다는 서약

일단 두 사람이 동반자 관계를 만들기 위해 함께 노력하는 것에 동의했다면 두 사람의 나이와 이 관계를 둘러싸고 있는 주변 상황에 따라 동반자 관계를 형성하는 데 6개월에서 몇 년이 걸렸을 겁니다. 제가 말하고자 하는 것은 당신이 어리면 어릴수록 세 번째 수준의 전념에 동의하기까지 더 많은 시간을 들여야 한다는 것입니다. 당신이 20대 초반이라면 사랑의 기반을 튼튼히 다지기 위해서 몇 년의 시간을 들여 관계 기술과 정서적 성숙을 이룩해야만 합니다. 만일 당신이 30대이고, 진지한 관계를 가져 본 적이 있으며, 당신이 누구인지 무엇을 원하는지 매우 분명하게 알고 있다면 동반자 관계로 발전시키는 데 그렇게 많은 시간이 필요하지 않을 겁니다. 1년 내에 함께 미래를 약속할 준비가 될 수도 있습니다. 그러나 경우마다 다릅니다.

다음과 같은 경우에 세 번째 수준에서 전념할 준비가 되어 있는 것입니다.

- ✱ 두 사람은 거의 항상 잘 기능하는 견고하고 건강한 동반자 관계를 만들어 왔다.
- ✱ 비록 나머지 인생 전체는 아니라 하더라도 미래를 함께 보내고 싶다는 확신이 든다.
- ✱ 이 사람 말고 혹시 다른 사람도 내 파트너로 가능한지 알아보고 싶은 욕구가 없다.
- ✱ 당신은 거의 항상 당신 파트너가 당신을 전적으로 사랑하고 있고 소중히 여기고 있다고 느낀다.

수준 3에서 합의해야 할 것은 다음과 같습니다.

- ✱ 미래를 함께 보내고 싶다는 것에 동의한다.
- ✱ 다음 중 어느 한 가지를 통해서 당신의 서약을 공식화하는 것에 동의한다.
    - • 약혼 또는 결혼한다.
    - • 가능한 한 빨리 약혼하려고 계획한다.
    - • 함께 살기로 결심한다.
- ✱ 평생을 상대방에게만 전념하는 것을 의심하게 만들거나 장애가

되는 것들을 제거하려고 함께 노력하는 것에 동의한다.

아마도 당신은 세 번째 수준의 전념이 영원을 기약하는 것이 아니라 가까운 장래를 함께 보내는 것에 동의하는 것임을 알아차렸을 겁니다. 인생을 함께 보내고 싶다는 것은 알고 있지만 다양한 이유 때문에 이러한 바람을 공식화할 준비가 아직 완전하게 된 것은 아닙니다(이것은 네 번째 수준의 전념일 것입니다.).

전통적인 가치를 소유했는지 아닌지, 그리고 두 사람의 관계를 둘러싸고 있는 상황에 따라 세 번째 수준의 전념이 커플마다 다른 양상을 보입니다. 세 번째 수준에서 전념하고 있는 커플들을 예로 들어보겠습니다.

### 애니와 크리스-약혼함

29세의 애니와 31세의 크리스는 18개월 동안 사귀었습니다. 둘 다 결혼한 적은 없으며, 둘 다 만족하면서 직장생활을 하고 있습니다. 지난 1년 동안 서로의 삶을 공유했고, 상대방의 가족도 알게 되었으며, 함께하고 싶은 미래에 관해서도 이야기했습니다. 이 모든 과정을 거치면서 두 사람은 견고하고 사랑이 넘치는 동반자 관계를 발전시켰는데, 나머지 인생에서도 이것을 유지하고 싶어 합니다. 비록 결혼에 대해 상의한 적은 있었지만, 구체적인 결정을 내린 적은 없었습니다. 그래서 크리스는 형식을 갖추어서 애니에게 청혼하기로 결심했고 공식적으로 약혼을 했습니다. 일 년 후에 결혼식을 올리기로 계획하고 있는데, 이 기간 동안 두 사람이 네 번째 수준의 전념으로 나아가기에 앞서 두 사람의 유대를 강화할 수 있을 것입니다.

크리스와 애니는 둘 다 상당히 보수적인 가치를 지니고 있습니다. 비록 서로의 아파트에서 많은 밤을 함께 보내지만 결혼하기 전까지는 함께 살지 않기로 결정했습니다. 그들에게 약혼은 완벽한 세 번째 수준의 전념이었습니다.

### 조앤과 키스-함께 살기로 결정함

조앤은 36세이고 키스는 38세로 둘은 2년 반 동안 함께 지내왔습니다. 조앤은 전에 한 번 결혼한 적이 있고(아이 없음), 조앤과 키스의 부모님은 모두 이혼을 했습니다. 그래서 처음부터 두 사람은 솔직하게 대화하면서 그들이 원하는 관계를 만들기 위해 매우 열심히 노력했습니다. 두 사람의 결합은 매우 강하고 건강한데, 두 사람 모두 이 관계가 다음 단계로 나아가야 할 때라는 것을 알고 있습니다. 하지만 둘 다 결혼할 준비가 되어 있지 않습니다. 조앤은 가까운 장래에 아이를 가질 계획이 없고, 가능하다면 갖지 않기를 원합니다. 그리고 법적으로 결혼하는 것이 그녀가 원하는 형태의 관계인지에 대해 의문을 갖고 있습니다. 키스 역시 이에 동의합니다. 키스는 조앤 없는 미래는 상상할 수 없고, 자신은 결혼에 대한 부정적인 생각을 극복해 가고 있다는 것을 알고 있습니다. 그들은 서로의 감정에 대해 이야기한 후 함께 살기로 결정합니다. 이 결정은 서로에 대해 새롭게 전념하겠다는 것을 나타내는데, 이 다음 수준의 사랑을 준비한다는 것을 의미합니다.

조앤과 키스는 전통적인 커플이 아닙니다. 따라서 약혼하는 것이 함께 사는 것만큼 그들의 관계에 기여하는 바가 크지 않습니다. 이 결정은 다음과 같은 두 가지 목적을 달성하는 데 기여하기 때문에 두 사람 모두 이 선택이 편했습니다.

- 함께 삶으로써 더 높은 수준에서 전념하게 된다.
- 가족으로서 함께 시간을 보내기 때문에 결혼 또는 이와 비슷한 설정에 대해 갖고 있는 두려움과 걱정을 치유할 시간을 갖게 된다.

### 결혼하지 않고 동거하는 것의 장점과 단점

동거하는 문제를 논의하지 않은 채 전념의 수준을 이야기하는 것은 저에게는 무책임한 일입니다. 과거 수십 년 동안 모든 연령대의 수백만에 달하는 커플들이 결혼을 위한 예비행위로서 또는 결혼을 대신하는 행위로서 동거를 선택해 왔습니다.

> **주의** 만일 당신이 종교적 또는 도덕적 신념 때문에 동거하는 것을 강하게 반대한다면, 제가 이 문제를 순수하게 심리적인 관점으로 바라보고 있다는 것을 이해해 주기 바랍니다. 나머지 분들에 대해서 저는 사랑하는 사람과 동거할 때의 긍정적 결과와 부정적 결과를 모두 이해하는 것이 중요하다고 생각합니다.

### 동거를 찬성하는 경우

한편으로 저는 많은 세월 동안 역기능적이고 융화할 수 없는 관계들을 수없이 지켜보면서, 모든 커플이 결혼을 결정하기에 전에 반드시 함께 살아 봐야 한다고 생각해 왔습니다. 두 사람이 하루 24시간 함께 지내려고 노력하면서 주말 또는 일주일에 며칠만 서로를 보면서 피해 왔던 문제들을 직면하고 얼마나 많은 건강하지 못한 관계들이 끝이 났을까 궁금합니다.

동거할 때 얻는 이득에는 다음과 같은 것이 있습니다.

1. 함께 살지 않으면 알 수 없는 파트너의 성격적인 측면들을 발견한다.

함께 사는 것만큼 속속들이 사람을 알 수 있는 방법은 없습니다. 데이트를 하는 세 시간 동안 상대방에게 최선의 행동을 보여 주는 것은 같은 지붕 아래 함께 살면서 매일 그 행동을 유지하는 것보다 훨씬 더 쉽습니다. 당신이 누군가와 함께 살면 그렇지 않은 상황에서는 볼 수 없었던 습관, 태도 그리고 행동들을 발견하게 됩니다. 당신은 있는 그대로의 생활환경, 즉 그 사람 집에서 그를 봅니다. 따라서 데이트만 했을 때는 보지 못했던 그 사람의 성격이 노출됩니다. 그가 피곤할 때, 아플 때, 화가 날 때, 좌절해 있을 때 그리고 기분이 언짢을 때 그를 봅니다. 함께 사는 것은 힘과 통제를 공유할 것을 요구합니다. 두 사람에게 타협과 유연성을 요구합니다. 당신은 그 사람이 내보이는 모든 범위의 정서적 반응에 노출됩니다.

저는 사람들이 결혼해서 함께 살자마자 상대방에게서 절대 받아들일 수 없는 것들을 발견했다는 악몽 같은 이야기를 수없이 많이 들었습니다. 결혼은 불쾌하도록 놀라게 만드는 일들이 없어도 충분히 힘이 듭니다.

2. 두 사람의 생활양식이 정말로 융화할 수 있는지 더 많이 알게 된다.

어떤 남자들은 연애할 때는 멋진 애인이지만 남편으로서는 엉망입니다. 어떤 여자들은 잠깐 동안 시간을 보내기에는 환상적인 친구이지만 아내로서는 형편없습니다. **당신은 누군가를 사랑하는 것은 좋아하지만 그 사람과 함께 사는 것은 싫어할 수 있습니다.** 사랑에 빠지게 하고, 만나서 멋진 시간을 보내게 해 주는 특징들은 일단 함께 살게 되면 일상의 조화를 만들어 낼 만큼 충분하지 않을 수 있습니다. 상대방의 생활양식과 당신의 그것이 잘 맞지 않는다는 것을 깨닫게 되는데, 이것은 생활 공간을 오랜 시간 공유하지 않으면 알지 못하는 것입니다.

3. 당신 파트너가 진정한 동반자 관계를 얼마나 잘 맺을 수 있을지 알게 된다.

함께 사는 것은 서로가 힘과 통제를 공유할 것을 요구합니다. 독특한 두 사람의 습관과 욕구가 한곳에서 만나기 때문에 두 당사자의 타협과 유연성이 요구됩니다. 두 사람이 함께 살기 전까지는 당신 파트너가 얼마나 의욕적으로 그리고 유능하게 진정한 동반자 관계를 맺을 수 있는지 모를 수 있습니다. 두 사람이 재정, 음식, 가사 분담, 수입 등에 대해 함께 결정을 내려야만 할 경우에라야 당신 파트너가 진정 어떤 유형의 팀플레이어인지 알 수 있게 됩니다.

**동거를 반대하는 경우**

동거할 때 예상되는 부정적인 결과는 다음과 같습니다.

1. 관계가 아직 발전하고 있는데, 관계에 너무 많은 기대를 함으로써 관계 자체를 망칠 수 있다.

비록 저 개인적으로도 관계의 어떤 단계에서는 상대방과 함께 사는 것이 가치 있는 경험이 될 수 있다고 생각하지만 성급하게 동거에 들어가는 것 또한 큰 실수라고 생각합니다. 저는 다음과 같이 잘못된 이유로 동거에 들어간 많은 커플들을 상담했습니다.

✽ 돈을 절약하기 위해
✽ 한 사람이 더 좋은 집에서 살기 때문에
✽ 두 사람이 더 많은 시간을 함께 보낼 수 있기 때문에
✽ 한 사람이 다른 사람을 놓칠까 두려워해서

관계가 높은 수준의 전념, 성숙함 그리고 정서적 안정감에 이르기 전에 두 사람이 함께 살게 되면 실제로 관계의 해체를 가속화시킬 수 있다.

함께 사는 것과 관련된 압력들을 다룰 준비가 되어 있지 않다면 성급하게 동거함으로써 발생하는 긴장감 때문에 그 관계가 붕괴될지도 모릅니다.

2. 정서적으로 게을러질 수 있다.

누군가와 함께 사는 것이 마치 목표처럼 느껴져서 준비가 채 되기도 전에 같이 살게 된다면, 당신은 그 관계에서 정서적으로 게으르게 될 위험을 감수하는 것입니다. 이때 평화를 유지하기 위해 갈등을 피하려고 할 수 있는데, 특히 두 사람이 갈등을 함께 해결하는 방법을 터득하지 않았을 경우에는 더욱 그렇습니다. 상대방이 늘 그곳에 있기 때문에 상대방에게 덜 관심을 기울이게 되고 덜 고마움을 느낄 수 있습니다. 또는 다른 식으로 관계에 소홀해질 수 있습니다. 생활환경 자체는 관계가 아닙니다. 단지 관계의 한 표현일 뿐입니다. 커플들이 범하는 가장 보편적인 실수 중 하나는 정서적으로 게을러지는 것인

데, 두 사람이 강한 정서적 유대를 확립하기도 전에 동거하는 커플들에게는 더 큰 위험이 됩니다.

3. 서로에게 더 전념하는 것을 회피할 수 있다.

다음과 같은 속담을 들어본 적이 있을 겁니다. "우유를 공짜로 얻을 수 있는데 왜 소를 사겠는가?" 이 말은 주로 우리 어머님들이 하는 말로, 남자들은 성관계를 하고 나면 원하는 것을 이미 얻었기 때문에 결혼하려고 하지 않는다고 우리를 설득할 때 하는 말입니다. 동거에 대해서도 이와 똑같은 이야기를 들었습니다. 어떤 남자가 당신과 함께 살면서 가정생활에서 얻는 혜택을 이미 누리고 있다면 당신에게 청혼할 이유가 없다는 것입니다. 저는 어떤 경우에는 이것이 사실이라는 것을 인정합니다. 특히, 동거하기 전에 상대방에게 수준 3에 해당되는 전념을 받아 본 적이 없거나, 서로 안 지 얼마 되지 않았을 경우라면 더욱 그렇습니다. 전념하는 것을 두려워하는 사람들에게는 그들이 갈망하는 친밀감을 경험하기 위해 동거하지만 그 이면에 결혼이라는 최종적인 형태의 전념을 피하려는 의도가 숨어 있을지도 모릅니다.

동거하는 것이 당신에게 옳게 느껴지지 않는다면 약혼이나 결혼하기 전에 누군가와 함께 사는 것을 거부하는 것이 해결책은 아니라고 생각합니다. 만일 당신이 누군가와 함께 사는 것을 고려하고 있지만 언젠가는 결혼이라는 공식적인 틀을 원한다면 동거에 들어가기 전에 이 모든 문제를 상의해서 오해를 피해야 합니다. 두 사람이 시간을 계획할 수도 있을 겁니다. 예를 들어, 9개월 또는 일 년이라는 시간을 정해서 이 관계를 재평가하고 결혼할 준비가 되었는지를 결정하는 것입니다.

## { 전념 수준 04 }
## 당신의 남은 삶을 함께 보내겠다는 서약

다음과 같은 경우 당신은 네 번째 수준에서 전념할 준비가 된 것입니다.

- *일정 기간 동안 세 번째 수준에서 관계에 전념해 왔다(약혼, 동거 등). 그리고 당신의 성장을 방해했던 것들이나 정서적인 문제들을 해결해 왔다.
- *당신의 관계를 전적으로 신뢰하며, 어떤 역경이 닥쳐와도 그 역경을 이기고 살아남을 뿐 아니라 계속 성장할 것이라 믿는다.
- *당신 파트너와 함께 더 깊은 수준의 사랑과 친밀감을 경험하고, 상대방에게 온전히 모든 것을 내어 주는 것에 고무되어 있다.

수준 4에서 합의해야 할 것은 다음과 같습니다.

- *두 사람이 나머지 인생을 함께 보내고 싶다는 것에 동의한다.
- *두 사람은 인생의 동반자로서 이 관계가 두 사람이 창조한 것, 즉 두 사람의 '자녀'가 되고, 두 사람은 동반자 관계로 불리는 이 '자녀'를 소중히 여기고 보호하며 양육할 것에 동의한다.
- *두 사람은 새로운 수준의 하나됨을 시작하기 위해 중요하다고 생각되는 것이면 무엇이든 전념하는 것에 동의한다.

대부분의 사람들에게 네 번째 수준의 전념은 법률적으로 혼인함으로써 표현됩니다. 덜 전통적인 사람들에게는 이것이 법적이지 않은 의식이나 그들의 관계를 공식화하는 또 다른 사적인 방식으로 표현될 수 있습니다. 어떤 형식을 취하든 네 번째 수준에서 전념하는 것은 다른 사람에게 할 수 있는 가장 높은 수준의 전념입니다.

## 결혼의 진정한 의미

진정으로 관계에 전념하게 만드는 것은 결혼식도 아니고 결혼증명서도 아니라는 것을 저는 강하게 믿고 있습니다. 결혼은 종이 한 장이 아닙니다. 결혼은 반지를 끼는 것도 아니고 휴가 때 놀러가서 찍은 사진을 모으는 것도 아닙니다. 단지 "우리는 결혼한 지 25년 되었어요."라고 말하는 것도 아닙니다.

> 결혼은 서로에 대한 헌신의 표현으로서
> 상대방을 매일 사랑하고 존경하며
> 축하해 주는 한 가지 방법이다.

이런 식으로 결혼은 정적인 상태가 아니라 적극적으로 참여하는 과정입니다. 당신이 성대한 파티를 개최했기 때문에 결혼한 것도 아니고, 동사무소에 결혼 신고를 했기 때문도 아니며, 모든 사람들이 당신이 결혼했다고 생각하기 때문도 아닙니다. 정신적으로, 감정적으로, 신체적으로 그리고 영적으로 두 사람이 함께 공명할 때 진정으로 결혼한 것입니다. 저는 진정한 결혼행위는 교회나 호텔에서가 아니라 마음속에서 일어나는 것이라고 믿습니다. 이것은 특별한 날에만 내리는 선택이 아니라 매일 계속해서 내리는 선택입니다. 그리고 이런 선택은 상대방을 대하는 방식에 반영됩니다. 어떤 여성이 라디오쇼로 전화를 걸거나 저에게 편지를 써서 20년 동안 결혼생활을 하고 있지만 남편이 자신을 학대하고 있고, 그들 문제에 관해 그녀에게 말하려 하지 않으며, 바람을 피우고, 술을 마시며, 그녀를 쓰레기처럼 대해서 매우 비참하지만 정작 자신은 남편을 떠나고 싶지 않고 '결혼을 깨고' 싶지 않다고 말합니다. 저는 늘 같은 식으로 반응합니다. "당신은 결혼한 것이 아닙니다. 그것은 생활하는 한 가지 방식일 뿐이에요."

결혼은 전쟁터가 아니라 동반자적 관계며 하나의 결합입니다. 서로를 사랑과 존경으로 대하지 않는 순간부터 결혼은 존재하는 것을 멈춥니다. 일단 당신이 상대방에 대해 분노와 불신을 가지고 살기 시작하면 그 사람은 더 이상 당신의 남편이 아닙니다. 함께 살고 있기는 해도 결혼생활을 하는 것은 아닙니다. 몇 년을 기다려서 이 관계를 끝낼지도 모릅니다. 하지만 서로에게 마음을 닫는다면 정서적으로 이혼한 것입니다.

저는 많은 젊은 사람들이 결혼하면 뭔가 놀라운 일이 관계에서 일어날 것이라는 위험한 생각을 가지고 살아가는 것을 발견합니다. 그들은 스스로에게 '우리가 마침내 결혼하면 모든 것이 좋아질 거야.'라고 말합니다. 제 생각엔 결혼하기로 결정하는 것은 우리 인생을 영적으로 촉진시키고 강화시키는 것입니다. 결혼은 큰 확대경과 같아서 결혼 전에 발생했던 어떤 조건이든 확대시키고 과장시킵니다. 아주 멋진 관계였다면 결혼은 그것을 더 좋게 만들어 줄 겁니다. 흔

들리는 관계였다면 결혼은 그것을 더욱더 격렬히 흔들 것입니다. 결혼 전에 어떤 문제를 가지고 있었든 결혼 후에는 더 근심하게 만듭니다. 결혼 전에 가지고 있었던 장점은 나중에 훨씬 더 크게 보일 것입니다.

당신이 결혼할 준비가 되었는지 어떻게 알 수 있을까요? 제가 당신에게 보여 준 모든 체크리스트를 해 보라고 권하는 것과는 별도로 당신 스스로에게 이렇게 질문하기를 권합니다. 나는 바로 지금 내 파트너와 결혼했다고 느끼는가? 만일 이미 당신 마음속에 하나됨과 공명을 느끼고 있다면 결혼은 축복이 되고 당신이 힘들게 노력해서 만들어 온 결속을 축하하는 의식이 될 것입니다. 당신의 결혼식은 이러한 축하를 공식화하는 것이지만 결혼 상태는 이미 두 사람 사이에 존재하고 있습니다.

어느 누구도 당신만큼 당신과 결혼할 힘을 가진 사람은 없다고 생각합니다. 저는 당신의 결혼을 축복받기 위해 신이나 절대자에게 그 결혼을 바치는 것은 엄청나게 힘을 받는 것이라 믿습니다. 그것은 서로에게서 발견한 사랑의 선물에 대해 절대자에게 경의를 표하는 한 가지 방법이고, 이 선물을 확장할 수 있도록 지속적으로 청명한 시각을 요청하는 것입니다. 당연히 당신 자신의 믿음이 중요합니다. 지난 몇 년 동안 사람들은 제 생각이 결혼에 대한 그들의 견해를 분명하게 하도록 도와주었다고 말했기 때문에 제 생각을 당신과 공유하고 싶었습니다.

## 전념에 관한 질의 응답

전념에 관해서 제가 받았던 가장 보편적인 질문과 그 대답은 다음과 같습니다.

1. "어떤 사람이 전념하는 데 문제가 있다는 것을 제가 어떻게 알 수 있을까요?"

사귀면서 경고 신호에 주의를 기울이지 않았을 때 관계에서 발생하는 문제가 우리에게 놀라운 일로 다가온다는 사실에 대해 여러분은 지금쯤 제가 이것을 강하게 믿고 있다는 것을 잘 알고 있을 겁니다. 따라서 전념하는 것을 두려워하는 사람을 알아보는 가장 좋은 방법은 제가 이 장에서 제시한 전념 수준 지침을 따르는 것입니다. 이것은 새롭게 관계를 시작하는 단계에서 관계에 전념하는 것에 대해 상대방이 어떻게 생각하는지를 물어보고 그 대답에 주의를 기울여야 한다는 것을 의미합니다. 그런 후, 시간이 흐름에 따라 단계마다 적절한 수준의 헌신을 받고 있는지 확인해 봐야 합니다. 그것에 대해 이야기하는 것을 피하지 마세요. 미루지 마세요.

만일 당신 파트너가 관계에 전념하는 것에 저항하거나 노력하는 것조차 거부한다면 관계를 끝내는 것은 당신에게 달려 있습니다. 만일 그 사람이 관계에 전념하는 것을 두려워하고 전념하지 않고서도 당신 곁에 머물러 있을 수 있다고 생각한다면 그 사람은 그렇게 할 겁니다. 당신은 당신 자신의 욕구와 기준을 존중해야 하고 당신이 옳다고 생각하는 것을 고수해야 합니다.

2. "제 파트너는 우리 관계와 미래에 대해 진지하게 전념하고 싶다고 말해요. 하지만 '준비가 안 되어 있다.' 고 말합니다. 그것이 무슨 뜻인가요? 단지 변명하는 건가요?"

당신 파트너가 전념할 준비가 안 되어 있다고 말할 때는 사실을 말하고 있는 것입니다. 이때 그에게 물어봐야 할 질문은 "왜 준비가 안 되어 있는가?" 입니다. 관계에 좀 더 깊이 전념하는 것에 저항하는 이유를 모른다면, 그 사람이 이 상황을 개선하기 위해 할 수 있는 것이 아무것도 없습니다. "난 그게 무엇인지 모르겠는데."라고 말하는 것은 수용할 수 있는 답이 안 됩니다. 당신의 대답은 "계속해서 날 만나고 싶으면 그 이유를 알아내세요."가 되어야 합니다. 그렇지 않으면 당신은 상대방이 어느 날 문득 전념하는 것을 두려워하는 것이 사라졌다는 것을 발견할 때까지 몇 개월 또는 몇 년을 감정적으로 지옥과 같은 시간을 보내게 될 수 있습니다.

자신의 정서적 프로그램과 오랜 상처를 들여다보는 것은 두려운 일입니다. 상대방이 불편해하는 것을 당신이 이해한다는 사실을 상대방이 알게 하세요. 하지만 당신 자신과 당신의 감정 또한 중요하기 때문에 이 관계가 어디로 가고 있는지 알지 못한 채 무한정 관계에 머물러 있을 수만은 없다는 점도 상대방이 알게 하세요.

당신 파트너의 주변 생활에 대해 생각할 시간을 가져 보세요. 그 사람이 관계에 전념하는 것을 막고 있는 문제들이 있나요? 예를 들어, 까다로운 이혼으로부터 회복되고 있는지, 경제적인 문제가 있는지 살펴보세요. 이러한 문제를 그 사람과 상의해 보세요.

당신이 취해야 할 또 다른 중요한 조치는 당신 파트너가 언제쯤 준비될지, 준비가 되려면 어떤 일들이 일어나야 할지를 당신 파트너에게 물어보는 것입니다. 그가 어떤 종류의 기간을 이야기하고 있는지 알 권리가 당신에게 있습니다. 당신 파트너에게 다음과 같은 연습을 해 보도록 요청하세요. 전념하는 것에 대한 그 사람의 느낌을 아는 데 도움이 될 것입니다.

"나는 _____ 때 진지하게 전념할/결혼할 준비가 되어 있을 것이다."

이것은 빈칸을 채우는 연습입니다. 이 연습을 하는 사람은 적어도 열 번은 이 문장을 반복해야 합니다.

예) 나는 _____때 진지하게 전념할/결혼할 준비가 되어 있을 것이다.

- 내 집을 소유하게 될
- 은행에 1억 원이 있을
- 서른 살이 될
- 파트너에게 성적으로 흥분될
- 모범이 되는 행복한 결혼생활을 볼

3. "제 파트너에게 관계에 전념할 필요가 있다고 말해 왔어요. 그 사람은 '노력하고 있다.'고 말했고요. 제가 얼마나 더 기다려야 하죠?"

'노력하고 있다.'는 것이 무엇을 의미하느냐에 달려 있습니다. 어떤 사람들에게는 "노력하고 있으니까 날 그만 좀 비난하고 시간을 줘."라고 말하는 것일 수 있습니다. 다른 사람들에게는 전념하는 것에 대한 두려움을 이해하기 위해 진지하게 자신의 정서적 프로그램을 검토하고 있다는 것을 의미할지도 모릅니다. '노력하고 있다.'는 것이 무엇을 의미하는지 당신 파트너에게 물어봐야 합니다. 그가 어떻게 노력하고 있는지도 질문하세요. 그가 상담을 받고 있는지, 책을 읽고 있는지, 집단상담에 참석하고 있는지 또는 결혼한 다른 친구들과 이야기하고 있는지 물어보세요. 노력하기 위해 그가 구체적으로 취하고 있는 행동이 무엇인가요?

'내가 노력하고 있다.'는 말을 대답으로 받아들이면 안 됩니다. 만일 당신이 이 말이 무엇을 의미하는지 안다면 그가 노력하는 동안 관계에 머물러 있는 것이 훨씬 더 기분이 좋을 것입니다. 친밀감에 대한 자신의 두려움에 정면으로 맞서는 사람에게는 잘못이 없습니다. 사실 맹목적으로 관계에 뛰어들었다가 나중에는 감정적으로 벽을 쌓는 사람들보다 이런 사람들이 훨씬 더 건강하고 솔직합니다. 따라서 당신 파트너가 스스로를 분석하는 것을 지지해 주세요. 그러나 어떤 식으로든 당신이 그 과정에 포함되어야 하고 파트너의 진행 사항을 계속해서 알고 있어야 합니다.

그러나 성급하게 관계에 전념하는 것은 아닌지 확인하세요. 예를 들어, 서로를 알게 된 지 얼마 안 되었는데 약혼이나 결혼을 몹시 하고 싶어 한다면 상대방이 아니라 바로 당신에게 문제가 있을 수도 있습니다. 성급하게 전념하는 것과 관련된 부분을 다시 읽어 보세요.

4. "제 파트너는 곧 약혼반지를 사줄 거라고 계속 약속을 합니다. 하지만 정작 그러지는 않고 있죠. 그에게 **최후통첩을 보내야 할까요?**"

제가 당신을 잘 모르지만 저라면 청혼하라고 압력을 준 사람한테서 약혼반지를 받는다는 것이 그렇게 감격스럽지는 않을 것 같습니다.

요점이 무엇일까요? 진짜 문제는 왜 상대방이 저항하고 있는가, 무엇을 걱정하고 있는가입니다. 강제로 그에게 약혼반지를 사게 하는 것은 조작하는 행동이며 유치한 일입니다. 당신은 관계에서 문제들을 해결하는 데 보다 더 관심을 가져야 합니다. 반면에 그가 이 문제에 대해 자신의 입장을 분명히 할 수 없고 그 이유를 말하지 않는다면, 이 관계는 당신이 희망해 온 관계가 아니라는 사실을 받아들여야 합니다.

저는 필요할 경우 최후통첩을 보내는 것이 옳다고 믿지만 다른 모든 가능성이 고갈된 이후에 사용해야 한다고 생각합니다. 예를 들어, 몇 달 동안 그 사람을 사귀었고 자주 약속 시간에 늦게 나타난다고 해서, "또 이렇게 늦을 거면 아예 오지 마세요."라고 말하지는 않을 것입니다. 이것은 매우 통제적인 형태의 행동입니다. 반면에 일 년 정도 사귄 후에도 당신 파트너가 여전히 무책임하게 행동한다면, "몇 주 내로 전문적인 상담을 받는 것에 동의하지 않으면 난 이 관계를 지속하고 싶지 않아요."라고 말할 수 있습니다.

그 최후통첩이 얼마나 구체적이었는지 주목하세요. 최후통첩의 내용이 구체적일수록 결과는 더 좋을 것입니다. 상대방은 당신이 무엇을 기대하는지 알게 되고, 그러면 당신의 요구에 따르는 것이 더욱 쉬워질 것입니다. 예를 들면, 다음과 같습니다.

※ "우리가 곧 결혼하지 않는다면 전 떠날 거예요." (잘못된 방법임!)

※ "전 당신이 저와 함께 상담자에게 가서 왜 결혼 날짜를 잡으려

하지 않는지 이야기하는 것에 동의했으면 좋겠어요. 저는 2주일 내로 이렇게 하면 좋겠어요. 그렇지 않으면 저는 떠나겠어요."
(올바른 방법)

최후통첩은 우리가 부인해 왔던 부분에 대해 눈을 뜨게 하는 데 유용할 수 있습니다. 또는 우리가 지금까지 회피해 왔던 무언가를 미루는 것을 중단하게 합니다. 그러나 모든 강력한 도구들이 그런 것처럼, 시의적절하고 민감하게 사용해야 합니다.

5. "만일 제가 어떤 식으로든 관계에 전념할 준비가 되어 있지 않다는 것을 안다면 이 관계를 어떻게 다루어야 할까요? 전 이제 스물두 살이고 한동안은 결혼하고 싶지 않거든요."

만일 당신이 연애에만 관심이 있고 당신 자신과 다른 사람들에 대해 알기만을 원한다면 당신 파트너와 얼마나 융화할 수 있는지에 관한 문제에 대해 훨씬 더 유연해질 수 있습니다. 장기간 관계에 전념할 준비가 되어 있는 사람에게는 융화 가능성이 70퍼센트 정도인 관계가 건강하지 못할지도 모르지만, 젊은 사람이 즐기기에는 완벽할 정도로 받아들일 만합니다. 그러나 당신이 상처받지 않고 감정의 벽을 세우지 않기 위해서는 우리가 지금까지 이 책에서 이야기했던 것들에 주의를 기울이는 것이 여전히 중요합니다. 이상적인 관계에 있을 필요는 없지만, 나쁜 관계에 머물러서도 안 됩니다.

6. "저는 동시에 두 사람을 사랑하고 있어요. 두 사람 모두에게 전념하는 것이 가능할까요?"

제가 이 질문에 답하려면 몇 시간이 걸릴 수도 있겠지만, 짧게 답을 하면 "불륜의 연애는 잘 되지 않습니다. 결국 관련된 모든 사람들에게 상처를 주게 됩니다."라고 말하겠습니다.

당신은 각각의 파트너에게서 서로 다른 욕구들을 충족시킨다고 느낄 수도 있습니다. 그러나 비록 그 사람들이 당신이 맺고 있는 다른 관계에 대해 신경 쓰지 않는다고 말하더라도 당신은 이 관계에 속한 모든 사람들에게 공정하지 않은 것입니다. 당신의 주된 관계에서 존재하지 않는 것을 메우기 위해 불륜의 관계를 이용하지 마세요.

만일 동시에 두 사람을 사랑하고 있다면 각각의 파트너에게서 무엇을 원하고 필요로 하는지 진지하게 살펴보세요. 제가 이 책에서 제공했던 도구들을 사용해서 선택하세요. 당신이 한 사람에게 전념하기 전까지는 어느 누구한테서도 건강한 사랑을 진정으로 경험할 수 없을 겁니다.

7. "저와 제 파트너는 오랫동안 3단계와 4단계 사이에 머물러 있는 것 같습니다. 서로 사랑하고 있고 함께 있고 싶어 하지만 우리 둘 다 결혼하는 것을 두려워해요. 저희는 영원히 이 상태에서 벗어나지 못할까요?"

어떤 사람들은 서로 미래를 함께하고 싶다는 것을 알게 되면 자연스럽게 그것을 실제 행동으로 옮기는 반면, 다른 사람들은 그것에 대한 두려움과 의심 때문에 애를 먹습니다. 만일 당신 또는 당신 파트너의 부모님이 이혼을 했거나 두 사람이 이전 관계에서 너무 심하게 상처를 받았다면 더욱 그럴 것입니다. 그 두려움이 사라지기를 기다리기보다는 정면으로 부딪혀 보세요. 당신이 두려워하는 것들을 적어 보고 그것을 당신 파트너와 공유해 보세요. 당신 파트너 혹은 상담자의 도움을 받으면서 각각에 대해 솔직하게 이야기하세요. 두려움의 진짜 이유를 이해하려고 노력해 보세요. 그 두려움들이 대부분 어렸을 때 형성된 정서적 프로그램으로 인해 발생하는 것이라면 관계에 직접 뛰어들어서 전념하기 전까지는 사라지지 않을 것입니다. 다른 이유 때문이라면 관계에서 구체적인 변화를 꾀하는 것이 도움이 될 겁니다. 당신은 두려움을 무시하고 맹목적으로 돌진하는 것과 너무나 두려워해서 결국 아무것도 못하게 되는 것 사이에서 균형을 찾아야 합니다.

## 언제 관계에 전념하는 것을 그만두고 관계를 끝내야 하는지 알기

인생에서 가장 고통스러운 것 중 하나는 지금 맺고 있는 관계가 잘되고 있지 않다는 것과 이제 떠나야 할 때라는 것을 스스로에게 인정하는 일입니다. 다음날 잠에서 깨어나면 모든 것이 달라져 있기를 소망하지만 그렇게 할 수는 없습니다. 마술처럼 당신 파트너가 당신이 원하는 사람이 되기를 바라지만 그렇게 되지는 않을 겁니다. 당신은 충분히 오랫동안 이 결정을 미뤄 왔으며, 이제는 이별을 고해야 할 때라는 것을 알고 있습니다.

저는 문제가 많은 관계를 구하기 위해서는 당신의 힘으로 모든 것을 다 해 봐야 한다고 생각합니다. 이것은 전문적인 상담, 세미나, 책, 지지집단, 회복 프로그램 등과 같은 형태의 외부의 도움을 포함합니다. 그러나 당신은 관계를 지속하고 싶지 않다거나 그럴 수 없다고 느끼는 시점에 이미 도달했을지도 모릅니다. 이 시점에서는 관계에 머물러야 할지 떠나야 할지를 결정해야만 합니다.

다음과 같은 경우가 관계를 끝내야 할 때입니다.

1. 두 사람이 융화할 수 없다는 것을 깨달았다.

이 책을 읽고 난 후 이해해야 할 것이 한 가지 있다면 그것은 관계가 잘 되기 위해서는 두 사람이 융화할 수 있어야 한다는 것입니다. 서로 융화할 수 없다면 두 사람의 사랑만으로는 관계에서 불가피하게 발생하는 문제들을 극복할 수가 없습니다. 융화할 수 있는 새로운 관계를 찾을 때 비로소 융화할 수 없었던 사람을 떠난 것이 얼마나 옳은 일이었는지를 깨달을 수 있을 겁니다.

2. 두 사람 사이에 성적 공명이 존재하지 않는다는 것을 깨달았다.

만일 이 책을 다 읽고 난 후 두 사람의 사랑이 좋은 우정 이상의 것이 될 만큼 두 사람 사이에 성적인 공명이 존재하지 않는다는 것을 깨달았다면 좀 더 적합한 사람을 찾을 수 있도록 서로를 놓아 주어야 합니다.

3. 두 사람이 서로 다른 방향으로 성장해 왔다.

저는 연인들이 일정 기간을 함께 보내게 되면 각자 상대방을 위한 교사가 된다고 믿습니다. 그리고 필요한 교훈들을 배웠으면 계속 앞으로 나아가야 합니다. 두 사람은 함께 보낸 그 기간 동안 엄청나게 성장했을 수도 있고, 서로에게 정서적으로 큰 선물을 주었을 수도 있습니다. 하지만 소위 갈라진 길, 즉 서로 다른 방향으로 여행하도록 운명 지어진 지점에 두 사람이 도달했을지도 모릅니다. 성장하는 것에 대한 두 사람의 목표와 스타일이 너무 다르다면 그 관계에 함께 머물러 있는 것이 더 이상 건강하지도 않고 정서적으로도 만족스럽지 않습니다.

갈라진 길에 도달하는 것과 관련해서 가장 힘든 점은 상대방에 대한 사랑이 변하지 않았을지도 모른다는 것인데, 이럴 경우 이별을 고하는 것이 더욱더 힘이 듭니다. 저 역시 갈라진 길에 도달한 적이 몇 번 있었기 때문에 이것을 잘 압니다. 제가 당신을 안심시키려고 할 수 있는 말은 매번 새로운 길이 저에게 더 큰 행복과 지혜 그리고 사랑을 가져왔다는 것입니다.

4. 당신 파트너에게는 치명적인 결함이 있는데 그 사람은 그것을 다루려고 하지 않는다.

수백만 명의 남녀들이 사랑하는 사람을 떠나야만 했던 가슴 아픈 경험들을 했는데, 그 이유는 치명적인 결함을 지니고 있는 상대방이 그것을 직면하기를 거부했기 때문입니다. 우리는 지금까지 알코올중독이든, 마약중독이든, 포르노중독이든, 분노중독이든 간에 이러한 결함들이 얼마나 독한지 봐 왔습니다. 6장에서 언급했듯이, 당신 파트너가 자신의 문제와 씨름하면서 도움을 구하려고 하지 않는다거나 심지어 자신에게 문제가 있다는 것을 완전히 부인한다면, 그 관계를 중단하는 것 이외에는 건강한 선택이 없습니다.

5. 당신 파트너가 관계를 위해 노력하는 것을 거부한다.

이것은 아마도 당신이 동반자적 관계를 끝내야 하는 가장 슬픈 이유이자 가장 큰 낭비일 것입니다. 당신 파트너가 서로의 문제를 직면하고 상의하는 것을 거부하거나 갈등을 해결하려고 할 때 어떤 외부의 도움도 거부한다면, 그것은 마치 바람을 피우는 것만큼이나 이 관계에 전념하겠다는 약속을 깨는 것입니다. 그 사람은 두려울지도 모릅니다. 혹은 어린 시절에 학대를 경험했을 수도 있습니다. 또는 그 사람 내부 어디엔가 사랑스럽고 멋진 마음이 있을지도 모릅니다. 하지만 당신과의 관계에 적극적으로 참여하려는 의향이 없다면 동반자적 관계는 존재하지 않으므로 당신은 떠나야만 합니다.

현재 당신이 이 관계에 머물러야 할지 떠나야 할지를 결정하는 문제로 씨름하고 있다면, 이 책에서 다룬 내용들이 도움이 되었으면 합니다. 당신이 좀 더 확신을 갖고 결정을 내리고, 비록 쉽지 않은 결정이지만 당신이 옳은 선택을 하고 있다는 확신을 이 책에서 발견하기를 희망합니다.

## 다시 전념하는 것을 수행하기

제 세미나에 참석했던 커플들에게서 받았던 몇 가지 요청 중 가장 멋졌던 것은 저에게 그들을 위해 재혼 또는 재헌신에 대한 의식을 수행해 달라는 것이었습니다. 저는 종종 그들에게서 다음과 같은 말을 듣곤 합니다.

* "결혼한 지 15년이 되었지만 당신과 일을 하기 전까지는 관계에 전념하는 것이 무엇을 의미하는지 진정으로 이해하지 못했어요. 저희가 원하는 방식대로 결혼생활을 해 온 것이 아니라는 것을 깨달았기 때문에 이제 저희는 새로운 의식을 가져야만 합니다."
* "저와 제 남편은 상대방과 스스로에게 정서적으로 너무나 닫혀 있었기 때문에 지금까지의 결혼생활은 단순히 그것이 우리에게

기대하는 것을 행하는 것에 불과했어요. 지금 저희는 서로를 너무나 사랑하고 있습니다. 결혼했다고 느끼고 있기 때문에 다시 결혼하고 싶어요."

저는 정기적으로 재헌신을 수행하는 것이 성장하는 관계에서 중요한 부분이라고 생각합니다. 그것은 서로에 대한 약속을 상기시켜 주고 새롭게 약속할 기회를 제공합니다. 그것은 결혼의 진정한 의미가 계속해서 새로워지는 경험이라는 것을 기억하게 해 줍니다. 매년 결혼기념일은 당신 파트너에게 재헌신하기 위한 완벽한 시간입니다. 단지 카드를 사거나 외식을 하는 대신, 또 한 해를 상대방에게 전념함으로써 진정으로 당신 관계에 경의를 표하는 것은 어떨까요? 재결혼 혹은 재헌신 의식은 친구들과 가족 그리고 자녀들과 함께하는 멋진 이벤트가 될 수 있습니다. 서로에게 사랑을 보여 줌으로써 의식에 참여한 다른 사람들에게 멋진 본보기가 될 겁니다.

두 사람의 관계가 지금 막 사랑이 넘치는 관계로 변화되었는데 이것을 축하하고 싶다거나, 두 사람이 힘든 시간을 보냈는데 새롭게 시작하기를 원한다거나 또는 단지 정기적으로 재헌신한다는 아이디어가 마음에 든다면 이러한 의식을 행함으로써 새로운 차원의 기쁨과 친밀감이 당신 관계에 더해질 것입니다.


## 전념하면서 살기

일전에 저는 세미나에 참석했던 분들에게 전념의 정의를 내려보고 서로 공유하라고 요청한 적이 있습니다. 처음 몇 개의 답변들은 제가 기대한 것이었습니다. '100퍼센트 주기' '내어주기' '온전히 함께 있기' 등등. 그때 한 남성이 자리에서 일어나서 관계에 전념하는 것이 무엇인지를 이해하려면 햄과 계란을 생각해야 한다고 말했습니다.

"햄과 계란이요?" 제가 다시 질문했습니다.

"네, 햄과 계란이요." 익살스러운 미소를 지으면서 그가 대답했습니다. "바로 여기에 관여하는 것(involvement)과 전념하는 것(commitment)의 차이가 있습니다. 닭은 관여하지만, 돼지는 전념합니다."

다 웃고 나서 저는 그가 핵심을 짚었다는 것을 인정해야만 했습니다. 우리 중 많은 사람들이 자신은 파트너에게 전념하고 있다고 생각합니다. 그러나 우리는 마치 닭이 계란을 제공하듯 우리 자신의 일부분 혹은 우리 사랑의 일부분만을 상대방에게 주고 있을 뿐입니다. 진정으로 전념한다는 것은 가끔 "사랑해."라고 말한다거나 결혼기념일에 카드를 주는 것으로 표현되지 않습니다. 오히려 그것은 사랑이 제공하는 최상의 기쁨과 교훈을 경험하기 위해 두 사람이 함께 신성한 과정으로 들어섰다는 것을 지속적으로 인식하는 것입니다. 매 순간 서로에게 귀를 기울이는 방식에서, 서로를 터치하는 방식에서, 서로에게 주는 방식에서 그리고 상대방에게서 받는 방식에서 관계에 전념하는 것이 드러납니다. 관계에 전념함으로써 단순한 동반자적 관계가 합일의 관계로 바뀌게 되고, 당신의 모든 행동이 의미로 가득 채워집니다. 이렇게 온전히 전념하는 특권을 누리게 될 때, 당신은 당신 자신에게 놀랄 만한 선물을 주는 것입니다.

# 12 S·t·o·r·y
# 사랑의 모험

저는 늘 개인의 성장과 관련된 책을 읽는 것이 마치 저자를 안내자로 삼고 스릴 넘치는 모험을 하는 것과 같다고 생각해 왔습니다. 당신이 책을 펴고 첫 페이지를 읽는 순간, 저자는 자신의 손을 뻗어서 다음과 같이 말합니다. "여보세요. 제 생각을 당신과 나누게 해 주세요. 삶과 당신 자신을 새롭게 바라보는 방법들을 보여 주겠습니다. 제가 당신을 안내하도록 허락한다면 이전에 경험하지 못했던 감정과 깨달음으로 통하는 문을 열어 주겠습니다. 이 여행을 하면서 때로는 놀라는 일도 있을 겁니다. 왜냐하면 저 역시 그 여행을 했기 때문입니다. 하지만 가능한 한 최선을 다해 안전한 여행이 될 것을 약속합니다. 제가 항상 당신 곁에 있을 겁니다." 그리고 당신이 매 페이지를 열 때마다 당신 자신에 대해 무엇을 발견하게 될까 두려워했던 것이 이제는 안심이 됩니다. 왜냐하면 동일한 실수를 더 이상 범할 필요가 없다는 것을 깨달았기 때문입니다. 그리고 갑자기 당신이 이전에 가졌다고 생각했던 것보다 훨씬 더 많은 선택을 갖게 된 것에 흥분하게 될 것입니다.

이 책 『당신이 바로 나를 위한 그 사람인가요』는 이런 종류의 여행을 의미합니다. 여러분에게 이 책이 보람 있는 여행이었기를 소망합니다. 당신이 지닌 사랑의 신화, 정서적 프로그램 그리고 파트너를 선택하는 그 모든 잘못된 이유들에 대해 아는 것이 그 순간에는 기분 좋은 일이 아니라는 것을 잘 압니다. 그러나 이러한 이해를 통해서 이전과는 다르게 행동할 자유가 생기게 됩니다. 따라서 당신에게 성장하려는 의지가 있다는 것을 자랑스러워하고 다시 한 번 사랑에 대해 높은 꿈을 가져 보세요. 당신에게 생긴 새로운 능력을 믿고, 융화 공식과 이 책을 통해 획득한 다른 도구들을 가지고 언제가 적절한 시기인지를 구별해서 당신이 늘 꿈꾸어 오던 관계를 만들어 보세요.

이 책과 함께했던 모험은 이제 거의 끝나갑니다. 하지만 이제 훨씬 더 중요한 여행, 즉 제가 가장 좋아하는 사랑의 모험이 당신을 기다리고 있습니다. 우리가 방문할 수 있는 그 모든 흥분되는 장소 중에서, 그리고 우리가 여행할 수 있는 이국적인 길 중에서 사랑은 가장 위대한 모험입니다. 사랑이 우리에게 보여 줄 장엄한 광경들은 우리 내부에 관한 것들입니다. 사랑은 마음의 경이로움과 느낄 수 있는 인간 능력의 위대함을 보여 줍니다. 사랑은 우리로 하여금 우리가 누구인지, 어떤 사람이 되어야 하는지에 대한 진리에 눈을 뜨게 해 줍니다. 사랑이 우리를 만지도록 허용하는 순간, 사랑은 우리의 영혼을 만지고 우리를 축복합니다. 사랑은 완전히 우리를 변화시키는 여행이기 때문에 여행을 할 경우 다시는 똑같은 사람이 될 수 없습니다.

모든 위대한 탐험들처럼, 사랑이라는 모험도 정서적으로 대단한 용기를 필요로 합니다. 사랑은 위험을 무릅쓰게 하고, 변하고 성장할 것을 요구합니다. 이제는 쉬어도 괜찮다고 생각하는 순간, 조금 더 성장하도록 요구합니다. 이러한 성장과정을 거치면 내가 완전하고 고결하게 살아 있다는 경험을 보상으로 받습니다. 이전보다 더 많이 느끼게 되고, 따라서 이전의 당신 모습 그 이상이 됩니다.

더 오래 그리고 더 깊이 사랑할수록 점점 더 분명해지는 사실은 당신의 진정한 목적지가 미래의 어느 시점이 아닌 바로 지금 여기라는 것과, 어딘가에 도착하는 것이 아닌 현재 있는 곳에서 완전하게 존재하는 것이라는 사실입니다. 사랑한다는 것은 어떤 결과를 얻기 위해 하는 그 무엇이 아닙니다. 그것은 그 자체로서 당신을 기쁨으로 채워주는 행위이기 때문에 매 순간 그 고유한 목적을 수행합니다.

만일 당신에게 맞지 않는 사람과 사랑의 여행을 하고 있다면, 그 여정은 당신을 힘든 행로로 이끌 것이고 고통스러운 교훈들을 많이 주게 될 것입니다. 비록 사랑의 여정이 늘 도전이 되는 일이기는 하지만, 당신에게 맞는 사람을 여행의 동반자로 삼을 때에만 그 여정은 당신에게 행복을 가져다줄 것입니다. 그리고 올바른 파트너를 선택할 경우에만 '사랑에 빠지기' 위해서가 아니라 '사랑 속에서 상승하기' 위해 관계를 활용할 수가 있습니다. 결국 사랑이라는 모험은 우리에게 각자의 한계를 초월해서 사랑하는 사람과 하나가 되는 경험을 제공하는데, 이로써 우리가 혼자라는 환상을 돌파하게 해 줍니다. 이런 방식으로 사랑은 우리를 신성함으로 인도합니다. 따라서 누구를 여행의 동반자로 삼을지 아주 조심스럽게 결정해야 합니다. 왜냐하면 신을 어렴풋이 보기 위해 당신이 응시해야 할 것이 바로 그 사람의 눈 속에 있기 때문입니다.

잠시나마 당신과 함께 여행을 할 수 있도록 허락해 준 것에 감사합니다. 당신의 여정에 사랑과 평화기 있기를 기원합니다.

**저자: 바버라 드 안젤리스(Barbara De Angelis)**

안젤리스 박사는 인간관계와 개인적 성장에 관한 최고 전문가 중 한 명으로 국제적으로 널리 알려져 있는 인물이다. 그녀는 이 책을 비롯해 『모든 여자들이 알아야 할 남자들에 관한 비밀』과 같이 뉴욕타임스 베스트셀러가 된 책들을 저술했다. 또한 『용기』 『열정』 『진정한 규칙』 『바버라 박사에게 물어보세요』 『진실한 순간들』 『연인들을 위한 진실한 순간』 그리고 『항상 사랑하는 법』 등의 베스트셀러를 저술한 바 있다. 그리고 『연인들의 영혼을 위한 치킨스프』의 공동저자이기도 하다. 안젤리스 박사는 저술활동, 텔레비전 프로그램, 세미나 등을 통해 전 세계 수백 만의 사람들이 그들의 관계와 인생에서 더 큰 개인적 만족감을 획득하도록 안내하고 있다.

**역자: 서영석**

고려대학교 심리학과를 졸업하고, 미국 미네소타대학교에서 상담심리학 전공으로 석사와 박사 학위를 받았다. 미국 대학생들과 성인들을 대상으로 4년간 상담실습을 했고, 미시건주립대학교 상담센터에서 predoctoral intern 과정을 마쳤다. 박사학위 취득 후에는 미네소타대학교 교육대학 부설 연구소에서 연구원으로, 귀국 후에는 한국청소년상담원에서 상담교수로, 건국대학교 대학원 교육학과 조교수를 역임했다. 현재는 연세대학교 교육학과 상담교육전공 조교수로 재직 중이다. 역서로 『교육심리학: 교육 실제를 보는 창』(공역)이 있다.

# 당신이 나를 위한 바로 그 사람인가요
Are You The One For Me?

2008년 1월 18일 1판 1쇄 발행
2019년 10월 10일 1판 7쇄 발행

지은이 | Barbara De Angelis
옮긴이 | 서영석
펴낸이 | 김진환
펴낸곳 | (주) **학지사**

04031 서울시 마포구 양화로 15길 20 마인드월드빌딩
대표전화 • 02)330-5114    팩스 • 02)324-2345
등록번호 | 제313-2006-000265호

홈페이지 | http://www.hakjisa.co.kr
페이스북 | https://www.facebook.com/hakjisabook
ISBN 978-89-5891-597-3  03180

가격 14,000원

역자와의 협약으로 인지는 생략합니다.
파본은 구입처에서 교환해 드립니다.
이 책을 무단 전재 또는 복제 행위 시 저작권법에 따라 처벌을 받게 됩니다.

출판 · 교육 · 미디어기업 **학지사**

간호보건의학출판 **학지사메디컬** www.hakjisamd.co.kr
심리검사연구소 **인싸이트** www.inpsyt.co.kr
학술논문서비스 **뉴논문** www.newnonmun.com
원격교육연수원 **카운피아** www.counpia.com